敦煌石窟全集

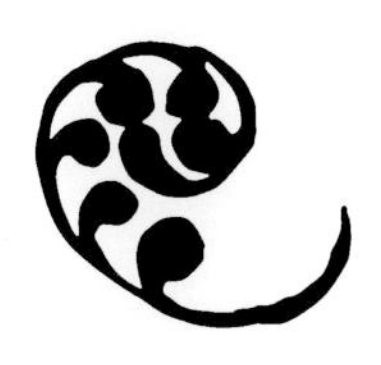

敦煌石窟全集 26

交通畫卷

敦煌研究院主編

本卷主編　馬德

商務印書館

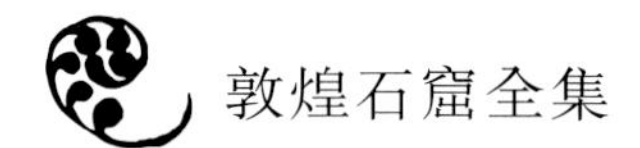

敦煌石窟全集

主編單位 ……………… 敦煌研究院

主　　編 ……………… 段文杰

副 主 編 ……………… 樊錦詩（常務）

編著委員會（按姓氏筆畫排序）
主　　任 ……………… 段文杰　樊錦詩（常務）
委　　員 ……………… 吳　健　施萍婷　馬　德　梁尉英　趙聲良

出版顧問 ……………… 金沖及　宋木文　張文彬　劉　杲　謝辰生
羅哲文　王去非　金維諾　周紹良　馬世長

出版委員會
主　　任 ……………… 彭卿雲　沈　竹　劉　煒（常務）
委　　員 ……………… 樊錦詩　龍文善　黃文昆　田　村
總 攝 影 ……………… 吳　健
藝術監督 ……………… 田　村

交通畫卷

主　　編 ……………… 馬　德

攝　　影 ……………… 宋利良
綫　　圖 ……………… 呂文旭　吳曉慧　李　鏄

封面題字 ……………… 徐祖蕃

出 版 人 ……………… 陳萬雄
策　　劃 ……………… 張倩儀
責任編輯 ……………… 李德儀
設　　計 ……………… 呂敬人
出　　版 ……………… 商務印書館（香港）有限公司
香港筲箕灣耀興道3號東滙廣場8樓
http://www.commercialpress.com.hk
製　　版 ……………… 中華商務分色製版公司
香港新界大埔汀麗路36號中華商務印刷大廈三字樓
印　　刷 ……………… 中華商務彩色印刷有限公司
香港新界大埔汀麗路36號中華商務印刷大廈
版　　次 ……………… 2000年12月第1版第1次印刷
©2000 商務印書館（香港）有限公司
ISBN 962 07 5297 X

All inquiries should be directed to:
The Commercial Press (Hong Kong) Ltd.
8/F., Eastern Central Plaza, No.3 Yiu Hing Road, Shau Kei Wan, Hong Kong

前　　言

中國古代交通史的瑰寶

交通，是人類生存和發展的主要條件之一；交通的發達，是文明進步的標誌；而交通要道上的重鎮，則是這一標誌的集中體現。敦煌就是這樣一處交重通要塞和歷史名城。自公元前1世紀末以來，在漢族和其他各族人民的共同開發、建設下，敦煌經濟繁榮，商貿發達，形成了以漢文化為基礎的極具地方特色的高度發達的文化。佛教的傳播，促進了敦煌佛教石窟羣的創建和發展，又使這一獨具特色的文化發揚光大，同時為我們留下了一筆珍貴的文化財富。從公元4世紀到14世紀的1000多年間，在幾十代敦煌藝術創作大師的努力下，用他們熟悉的社會生活場景，描繪和表現佛教世界的景象和佛教人物和事迹，以及上至帝王將相，下至販夫走卒的善男信女禮佛參拜的情況，為中國古代社會生活留下豐富的形象資料，成為今天我們研究中國古代文化史的一大資料寶庫。在這1000多年間，畫師們從一個側面將耳濡目染的交通情況，繪畫在敦煌石窟壁畫中。這些珍貴的交通圖像，使我們能具體了解中國古代交通發展的情況。

中國交通的起源，可追溯到遙遠的新石器時代。當時的先民使用舟船，修築道路橋樑、馴養牛馬，後來又發明了車。可以說，中華民族早在進入文明社會之前，在水陸交通方面，已經多方面使用水陸交通工具。

夏代開始，隨着國家的形成，中國社會的總體交通得以運行，而且在中國的史書記載：“陸行乘車，水行乘船，泥行乘橇，山行乘輂；左準繩，右規矩，載四時，以開九州，通九道，肢九澤，度九山。”經過殷商時代的進一步發展，到西周時期，中國有了較強的交通運輸能力，例如四通八達的水陸交通道路網和畜駄車載的交通工具。當時，陸路上的車主要是馬車，從考古出土的商、周車馬坑及先秦《考工記》的記載看，西周馬車已十分完備；也正是由於有了發達的交通環境，中國建立了以車兵為主力的軍隊；中國的疆域也隨着交通的進步而向四周拓展。春秋、戰國時代，由於諸雄爭霸，戰爭頻繁，客觀上促進了交通業的進一步發展，浮橋橫跨黃河天險，千里棧道架設於人迹罕至的秦嶺，開通橫貫南北、連接江淮河漢的人工運河，水陸交通連在一起。交通工具也不斷改進，馬車的形制已開始由軛靷繫駕的獨輈車向胸帶式繫架的雙轅車過渡；騎乘大規模的普及，鞍具的使用，不僅導致騎兵的產生與發展，而且也使遠行者有了輕鬆快捷的交通工具；肩輿和木板船也在此時相繼出現。春秋、戰國時期的水陸交通網、交通工具的使用及緊張繁忙的交通盛況，為中國古代交通奠下發展的基礎。

秦漢以來，隨着統一帝國的形成，中國古代交通也基本定型：以秦都咸陽為中心，通往四面八方的水陸道路，結成了全國統一的交通幹綫網；架設各類橋樑，將被江河隔斷的陸道連接起來；這一時期中外有了聯繫，象徵中國同世界各國經濟文化交流的陸海“絲綢之路”全面開通；陸上交通工具（雙輪雙轅車）和水上交通工具（木板船等）在基本定型的基礎上，用途越來越廣，也越來越多樣化。以馬匹為騎乘、駕車、郵遞等的運輸和作戰能力日趨強大，中原王朝大量飼養馬匹的同時，又從西域引進良馬，而產生了十分完善的“馬政”；另外，更從西域和南越一帶引進大象、駱駝、驢、騾等充作乘騎和拉車的動力。海路交通工具出現裝置完備、適應長距離航行的大型帆船，沿海地區建有大型的造船工廠……，作為當時世界一流的秦漢帝國，水陸交通規模空前蓬勃發展，盛況蓋世。

魏晉南北朝至隋唐時期，中國水陸交通在秦漢的基礎上進一步全面發展，更加興旺發達。中國與周邊各國的交流更加頻繁。水陸交通工具除了運輸、傳訊和軍事用途外，還出現了專供貴族乘用享樂的豪華牛車，發明了平穩舒適的高馬鞍和雙馬蹬等先進馬具，製造了適應海上遠航的水密艙船和沙船等航海工具，江河上架起了世界上第一流的橋樑，開鑿了世界上最長最寬的運河，帝王們可以乘遊船走遍全中國。先進的中華文化通過水陸交通傳播到世界許多國家。

橫貫歐亞的“絲綢之路”，是所有“絲綢之路”中最先開拓的一條，是中國與世界各國的經濟文化交流之路，是連接中華民族同世界各國人民的友誼之路；而敦煌就地處這條絲綢之路的要衝，乃中西文化交流的咽喉之地。敦煌的古代文明，特別是敦煌石窟留給我們的文化遺產，是古代東西方文明的聚焦，是世界古代文明的集中展現。古絲綢之路的開拓、經營和發展的歷史面貌，一一展現在十六國時期至元代創建的近600座敦煌石窟羣中。我們從石窟壁畫和彩塑中，可以看到公元5～10世紀來往於絲綢之路的各族、各國的人物，以及他們歷盡千辛萬苦的情景，看到了為管理和守衛絲綢之路而付出了巨大代價的一代又一代的人物形象。同時，我們在壁畫中還看到了中國中原部分地區的古代交通狀況，看到了馬、牛、駝、象、驢等各種載人和馱運貨物的實況。而且，在其中的百餘座洞窟中，有車、船及輦輿等珍貴圖像資料400餘幅。耐人尋味的是，敦煌是陸上中西交通的要塞，但壁畫中還出現有系統的水上交通運輸的圖像！在浩如煙海的中國古代文獻中，有關車、船製造和使用的記載十分豐富，但留存至今的實物資料卻如鳳毛麟角，極為罕見。雖然近年考古發現了不少古代車船遺物，可惜都比較零散。相比之下，敦煌壁畫的古代交通工具圖像資料，則比較集中而系統地反映了公元4～14世紀，特別是隋唐時期交通工具的製造和使用情況，我們從中可窺視中國古代交通工具歷史。

更出人意表的是出現在敦煌壁畫的交通工具圖像中，有向來人們以為中國古代極少製造和使用的四輪車、多輪車，還有只是在文獻中讀過的通幰牛車，有出現於宋代家具變革前幾百年的亭屋式豪華椅轎，有唐代製造和使用的大型舟船。凡此種種，都可以印證或補證歷史文獻的記載。

為了讓更多的人能鑑賞到上述瑰寶，我們搜集敦煌石窟壁畫的交通圖像資料，並選編為《敦煌石窟全集．交通畫卷》，力圖向讀者全面系統地介紹石窟所展現的交通史料。但是，石窟壁畫中的交通圖像，都是用來表現佛教義理的。同時，壁畫經過藝術加工，自然有很多想像的成份，特別是一些壁畫的作者，不一定見過所畫交通工具的實物，這就使壁畫交通圖像與現實中的交通狀況有了距離。而且，壁畫中的古代交通形象，並不等於中國古代交通的百科全書，因為有很多交通工具、道路設施等在壁畫中沒有出現，這就限制了本卷的內容。另一方面，因體例和篇幅等局限，壁畫中有一些內容，如城鎮街道、宮院道路、園林小道、石窟棧道等，以及與交通有關的石窟人物形象，壁畫以外許多記載古代交通情況的文獻，還有其他有關的遺迹等，都一時無法收錄入本卷。因此，本卷難以反映古代敦煌交通的整體面貌，而只是向讀者提供部分研究和欣賞的資料。

目 錄

從敦煌石窟看絲綢之路

公元前2世紀漢武帝派張騫出使西域，發兵攻打匈奴，將河西全境納入漢朝版圖，列四郡，據兩關，從此拉開了中西交通史的序幕。河西四郡最西端是敦煌郡，玉門關和陽關均設在敦煌境內。所以，敦煌很自然就成為“絲綢之路”的門戶，被譽為“華戎所交一都會”。歷魏、晉、南北朝、隋、唐、五代、宋和元，一直保持了其重要的歷史地位。敦煌處於內陸，而陸上交通的繁盛期是在公元10世紀之前，所以不論是敦煌境內現存的遺址、遺迹，還是敦煌石窟壁畫所反映的絲綢之路盛況，呈現的主要是公元5～10世紀500年間的陸上交通情況。

在敦煌境內，有關絲綢之路的遺址和遺迹，主要是漢至唐代的州郡古城、驛站、長城、烽燧等；在敦煌石窟壁畫中，反映古絲綢之路的壁畫極為豐富，包括中西交通的開拓、商旅貿易、道路、郵驛、防衛、交通工具、運載牲畜、軍政管理、馬政管理等方面；有些現存的遺址，如城堡、長城、烽火台等，可以與壁畫所繪相印證。

展現絲綢之路交通的壁畫，除早期有一部份出自“福田經變”外，主要均出自隋唐的“法華經變”。在所有的佛教大乘經典中，《法華經》的許多內容比較貼近社會，表達人們的生存、生活的需要和意願。同時，人們的現實生活也為藝術家繪製“法華經變”提供了素材，這就給我們留下了今天窺視古代社會的珍貴圖像資料。

第一節　絲綢之路的開拓與商旅貿易

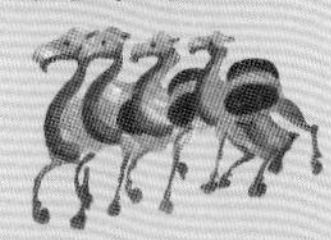

敦煌石窟壁畫保存了從西漢時代開拓絲路之初至隋唐宋時期，主要是公元5～10世紀500年間絲綢之路上的道路、橋樑、運輸、來往商旅、交通管理、商品貿易等圖像。

由石窟壁畫所繪可知，古代通過敦煌的絲綢之路的道路大體有兩種類型：一是平坦的道路，在這一類道路上，沿途有管理機構，有可供來往商旅人畜飲食、住宿的驛站、客舍和其他相應的服務設施。第二類道路是崎嶇和險峻的山路，在這類道路上來往的商旅，不僅遭受風雨的襲擊，經常滑落山崖溝澗，將一切葬送在途中，而且還會遭遇到強盜的搶劫，將自己千辛萬苦賺到的錢財拱手奉送給攔途截劫的匪徒，有時甚至還要賠上自己的性命。如果沒有壁畫中的細節描繪，我們今天在稱頌絲綢之路的繁榮興盛，和它帶來的巨大文化貢獻時，很難具體地了解先人付出的巨大的代價。

生存離不開水，但水也給陸路交通帶來不便，人們於是就架設了橋樑。敦煌一帶有大可載舟的河川，也有滴滴涓流的小溪，橋樑因此應運而生。壁畫也繪畫了各式各樣的橋樑。在商旅隊伍腳下的橋樑，分樑橋和拱橋兩類，人畜及車輛均可從這些橋樑上通過；這種情況在地處大漠的敦煌一帶比較多見。

根據敦煌石窟壁畫所示，來往於絲綢之路上的商旅，基本上是“胡商”，而從事絲路管理者都是中國軍政機構的人員。這一點同漢代以來的敦煌歷史事實是一致的，同歷代史書及敦煌文獻的記

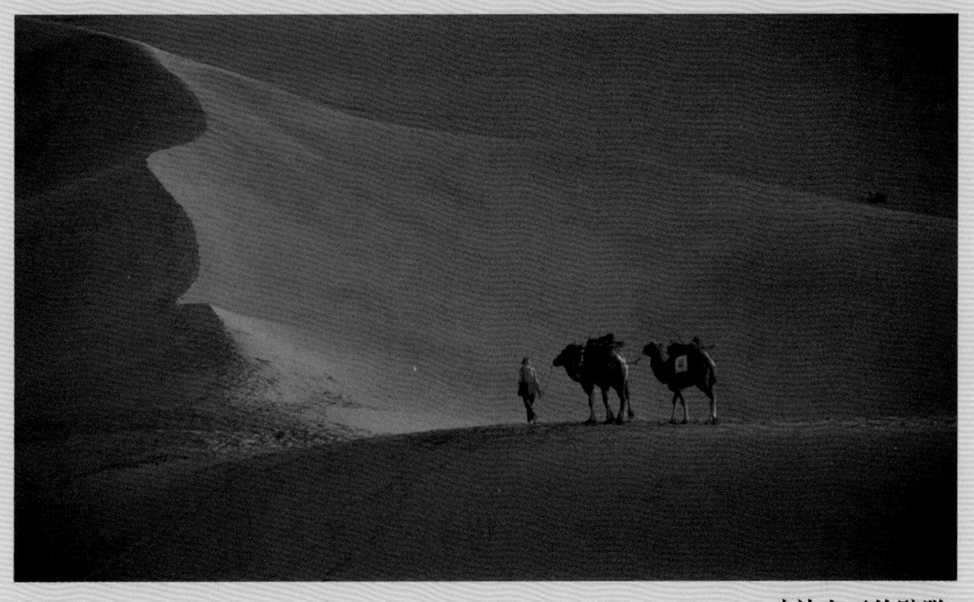

鳴沙山下的駝隊

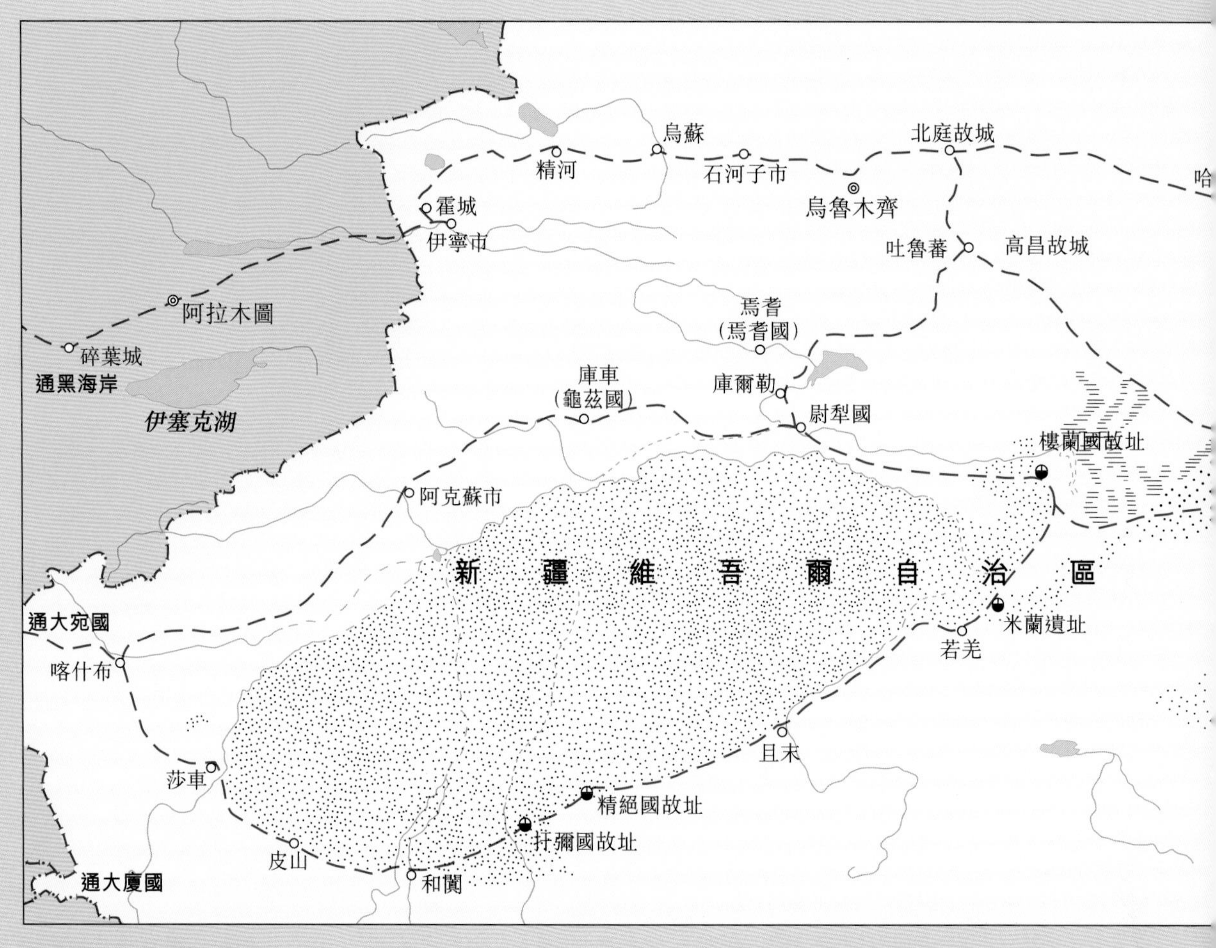

絲綢之路中國段地圖

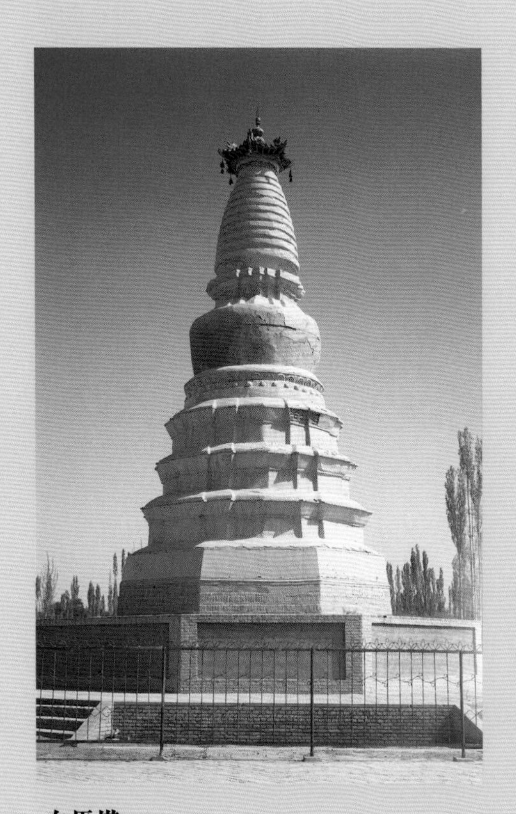

白馬塔

載也是相吻合的。居住在中亞的粟特人，2000多年來是絲綢之路上商貿隊伍的主體。在國都長安、洛陽及其以西絲路沿綫的城鎮和鄉村，都有粟特人從事商貿活動的場所和居住的地點，敦煌當然更不例外。石窟壁畫上展現的北朝至隋唐的大量“胡商”，雖然沒有明確記載其族屬，但從歷史文獻看，他們大都是粟特人，也即人們常說的活躍於古絲綢之路上的西域“昭武九姓”。

從6世紀下半葉的北周時代開始，壁畫中出現了大量的商旅圖，內容表現了商隊出發、行進及途中的各種遭遇、小憩的情景。引人注目的是，這類畫面都極富敦煌及大漠特色，如建於公元570年前後的第290窟的途中小憩圖即是如此。敦煌石窟壁畫所反映的絲綢之路的交通主要是馱運，乘騎馱運是最早出現

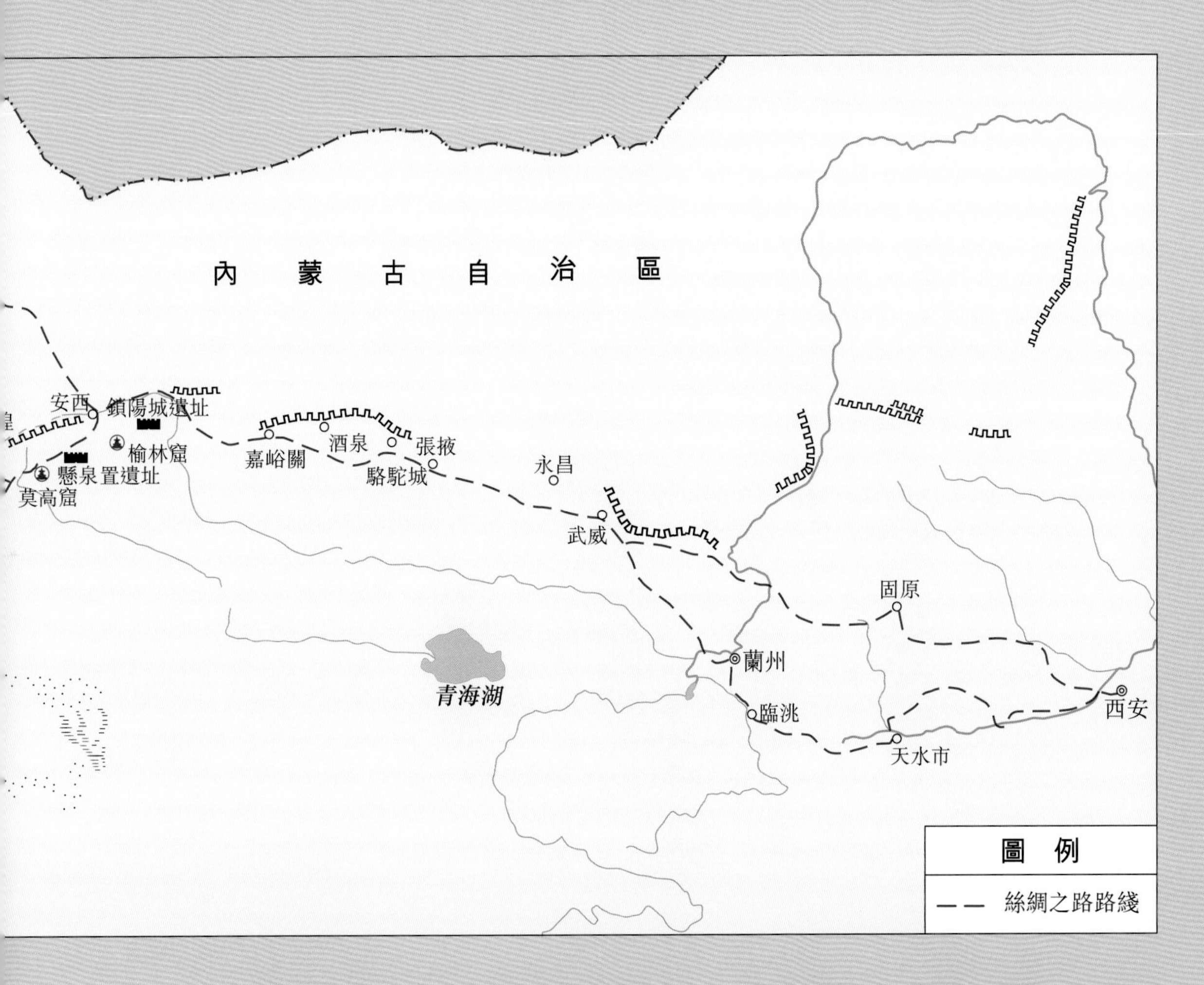

的運輸形式，是車輛出現之前的陸上重要交通工具。即使車輛出現之後，在很長時期內，馱運和乘騎仍用於長途運輸，而車輛只用於短距離交通。我們在石窟壁畫上所看到的正是這一歷史情景：馬、象、駝、騾、驢等牲畜隊伍重馱滿載，在商人的驅趕下穿梭於絲綢古道上。歷代高僧西行取經，也用馬馱經。相傳十六國時代的鳩摩羅什東行傳教，途經敦煌時，替他馱經的白馬病死，便就地埋葬並建塔紀念。塔建於敦煌古城境內，現在的磚座土塔為清代及近代數次重修後的狀況。

馬作為運輸工具在中國起源較早，新石器時代就開始馴養，至商代已用馬拉運和馱運貨物。駱駝是沙漠上獨特的有運送能力的牲畜，商湯時代傳入中原，最初只作為貢品供王族賞玩，後來也成為運載工具。南北朝時期，大量毛驢從西北輸入，漸漸廣泛用作乘騎和運載貨物。大象是來自中國雲南省的亞洲象，易於馴服和驅使。

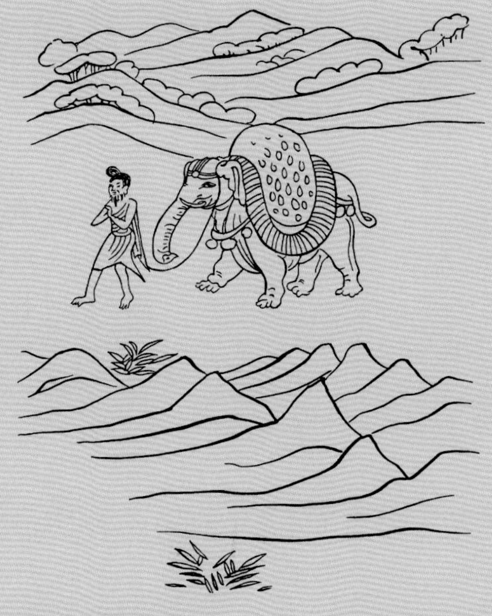

第 103 窟象運圖

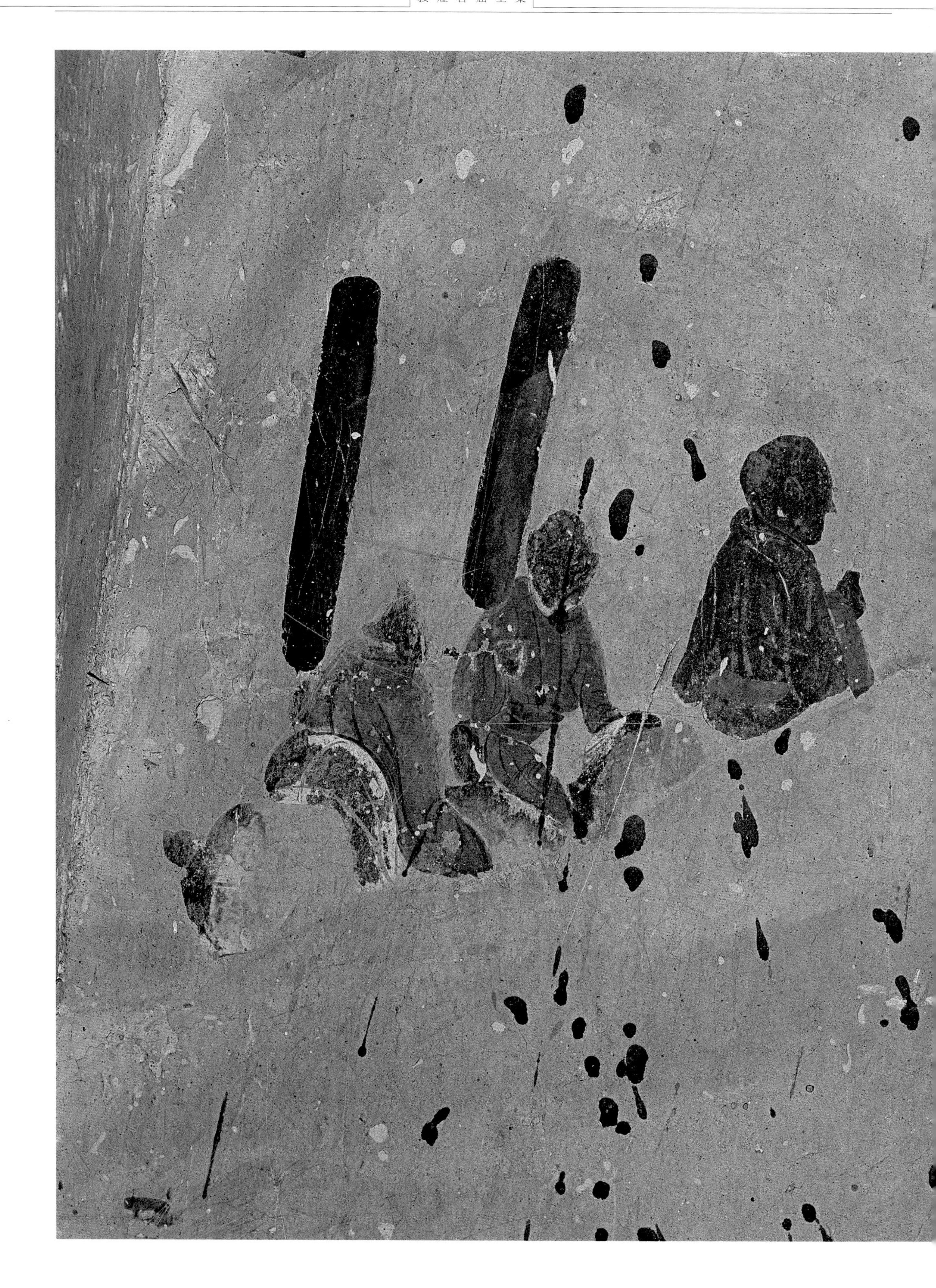

1　張騫出使西域

張騫，這位中西交通的開拓者，他的名字和"絲綢之路"的歷史緊緊地聯繫在一起，受到後代敦煌和全國人民的敬仰。在莫高窟的唐代壁畫中出現的"張騫出使西域圖"，描繪張騫拜別漢武帝，出入在崇山峻嶺，到達西域大夏國等內容。其中雖然附會了佛教的傳説，但也不失為敦煌人給張騫樹立的一座豐碑。本圖為往大夏途中。

初唐 莫323 北壁

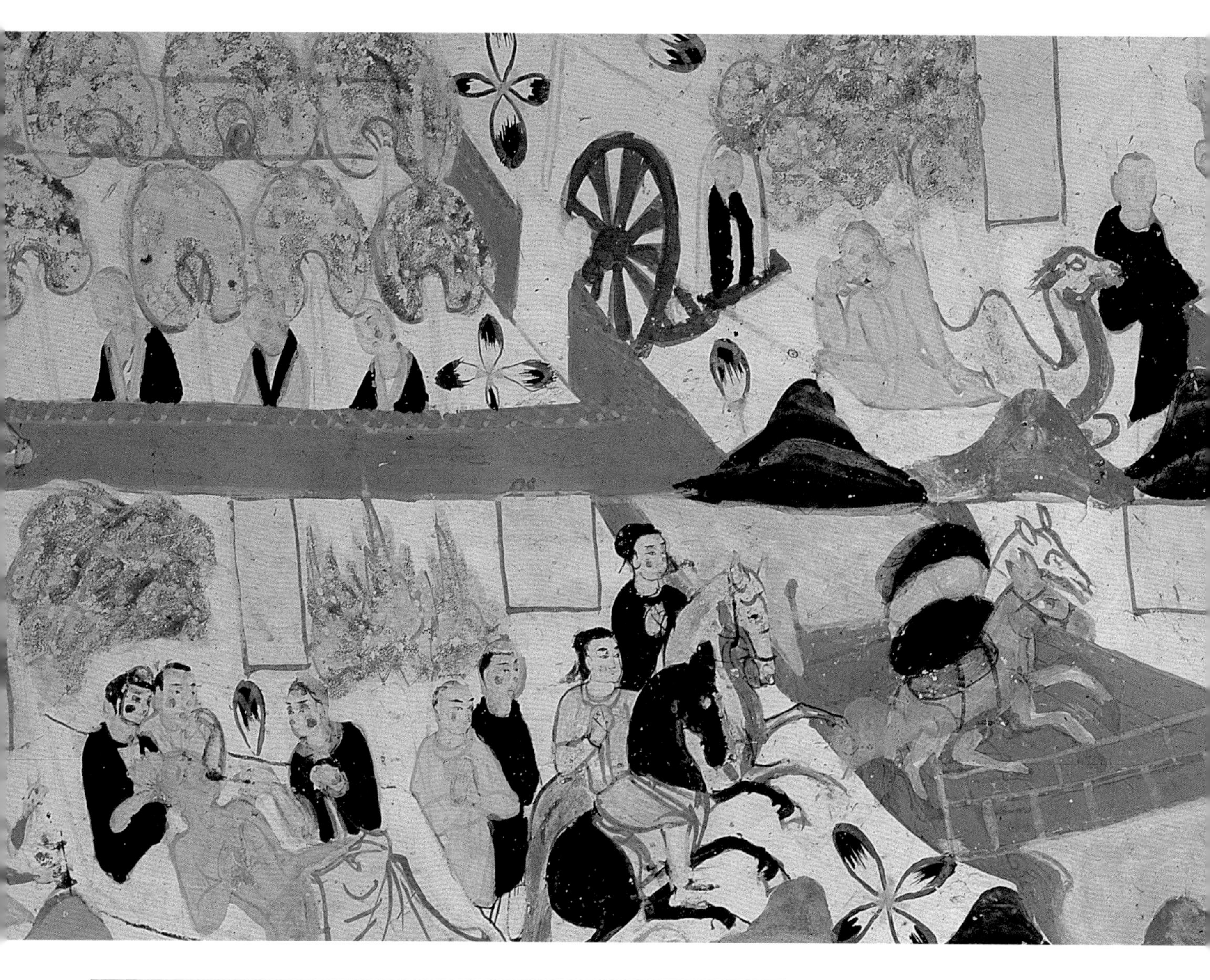

2 踏上征途的商旅

上排從右至左依次為灌駝、槽飲、汲水、等待飲水的臥駝和駝車等場面。給即將出征的駱駝灌藥，可以使其預防疾病和抵禦酷暑風寒，是沙漠上一項重要的運輸保障措施。下排畫牽駝趕馬的胡商與騎馬趕馱的漢人商隊相會在小河兩邊，漢商隊的馬馱已走上平板拱橋，馬隊後邊有一仰臥於露天的病患者，旁有三人正在護理和診治。這組畫面表現的是"三階教"佛典《福田經》關於"末法時代"佛教面向社會，廣施福善的內容。遺憾的是，因畫面所限，無法知道各馱運的牲畜所馱為何物。

北周 莫296 窟頂北坡

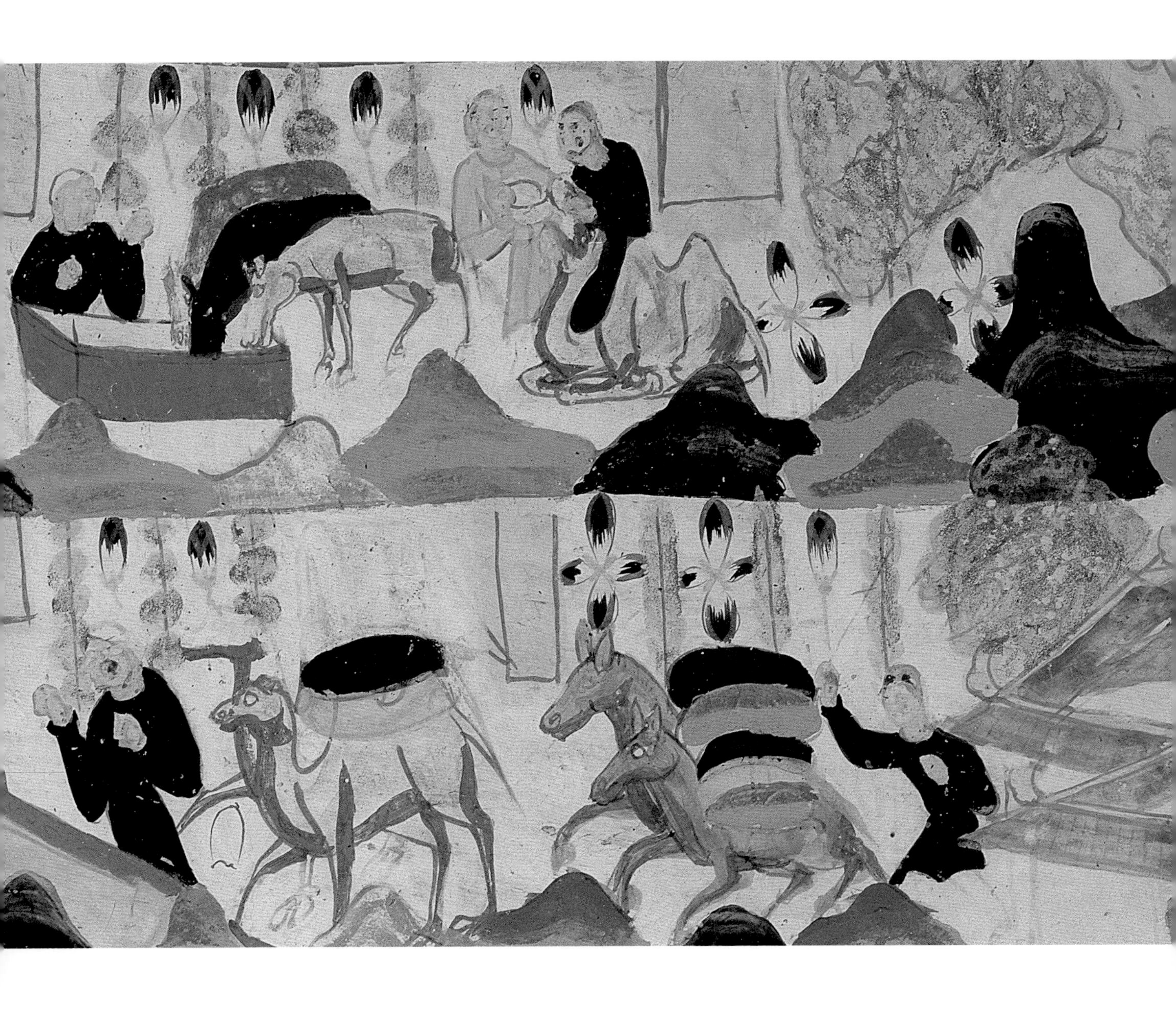

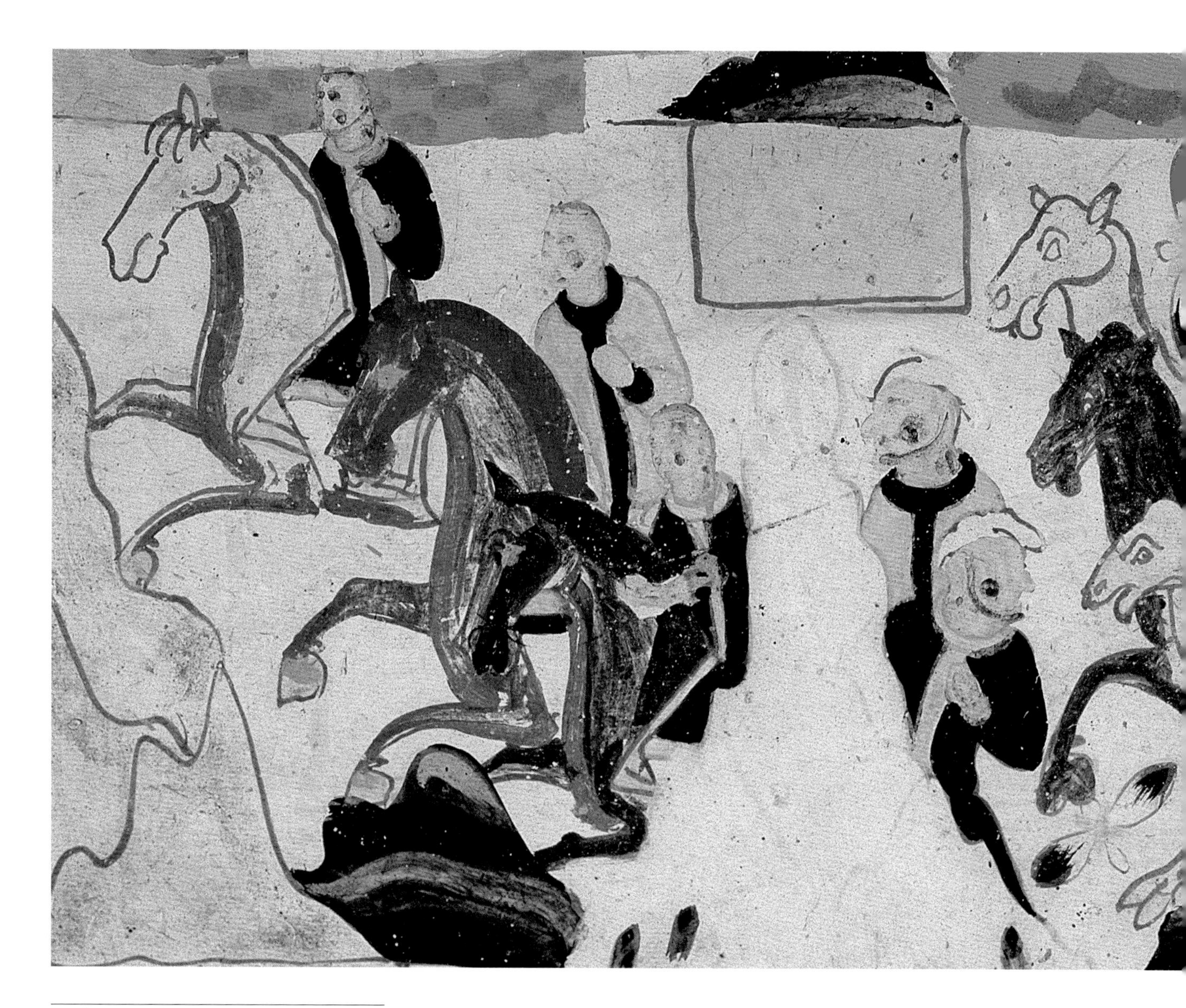

3 **騾馬和駝隊**

畫中表現的是《賢愚經》中善友太子為謀得眾人的幸福，受父王派遣，率大隊人馬出發入海求寶的情景，反映出絲路的交通盛況。圖中人物都是按漢人形象描繪的。

北周 莫296 窟頂東坡

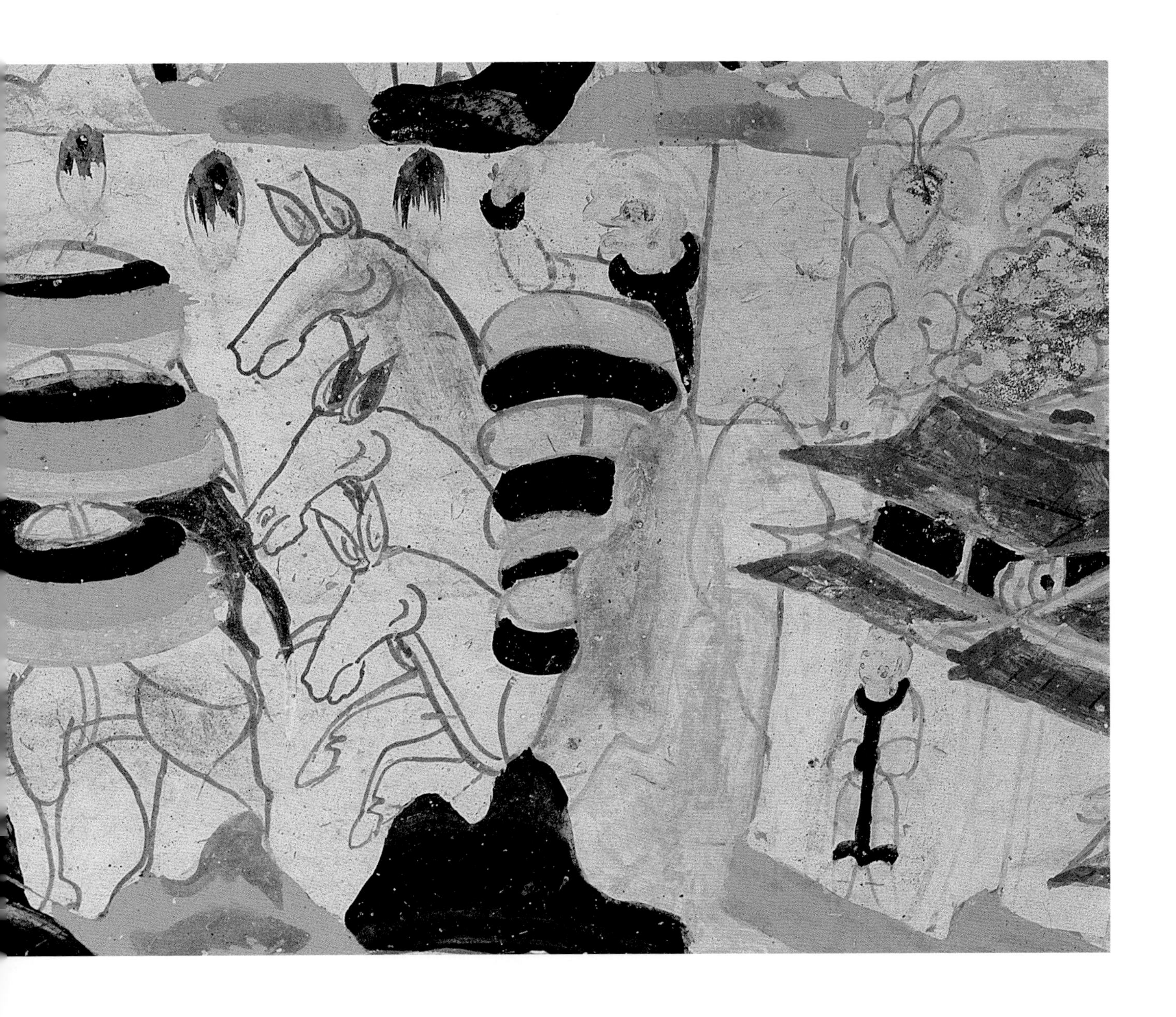

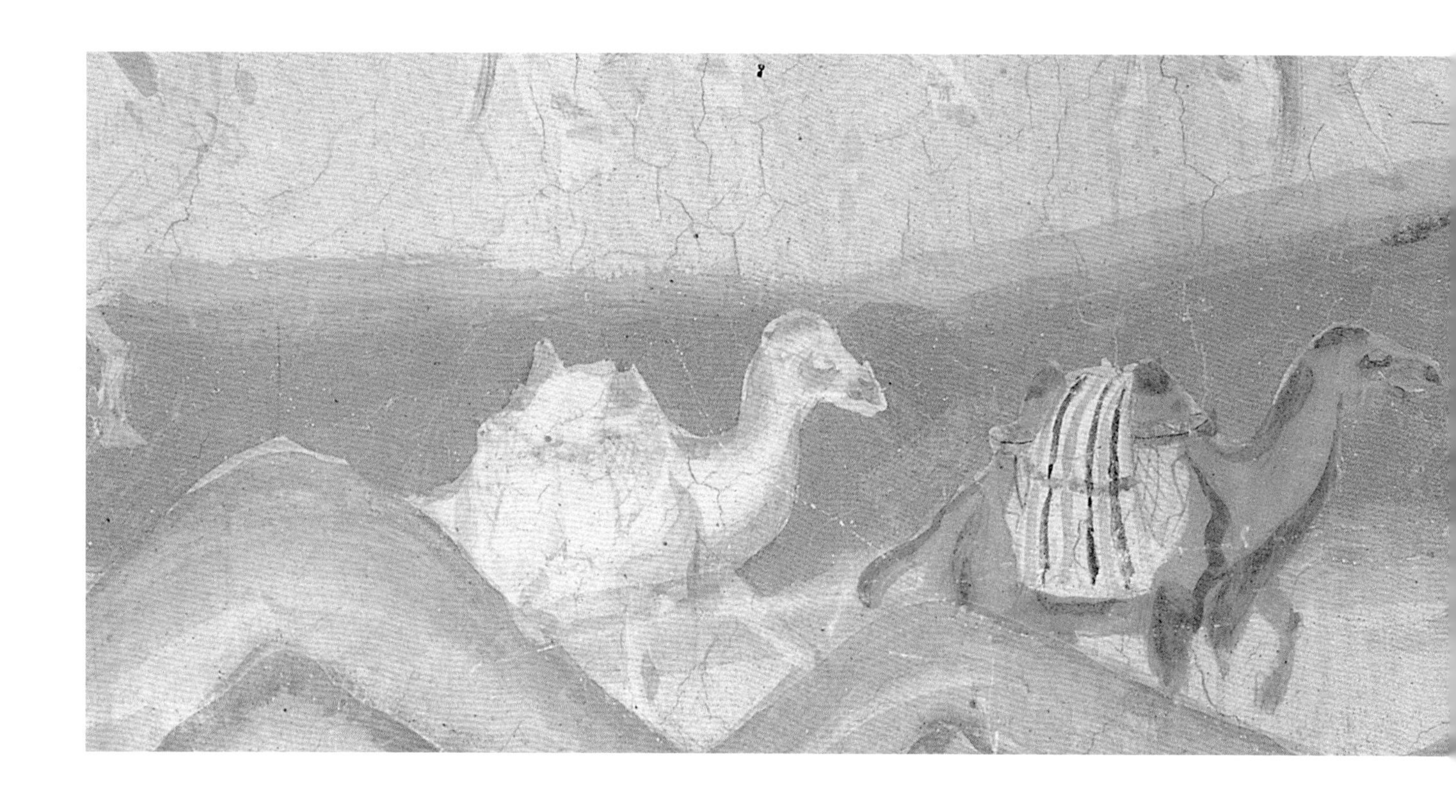

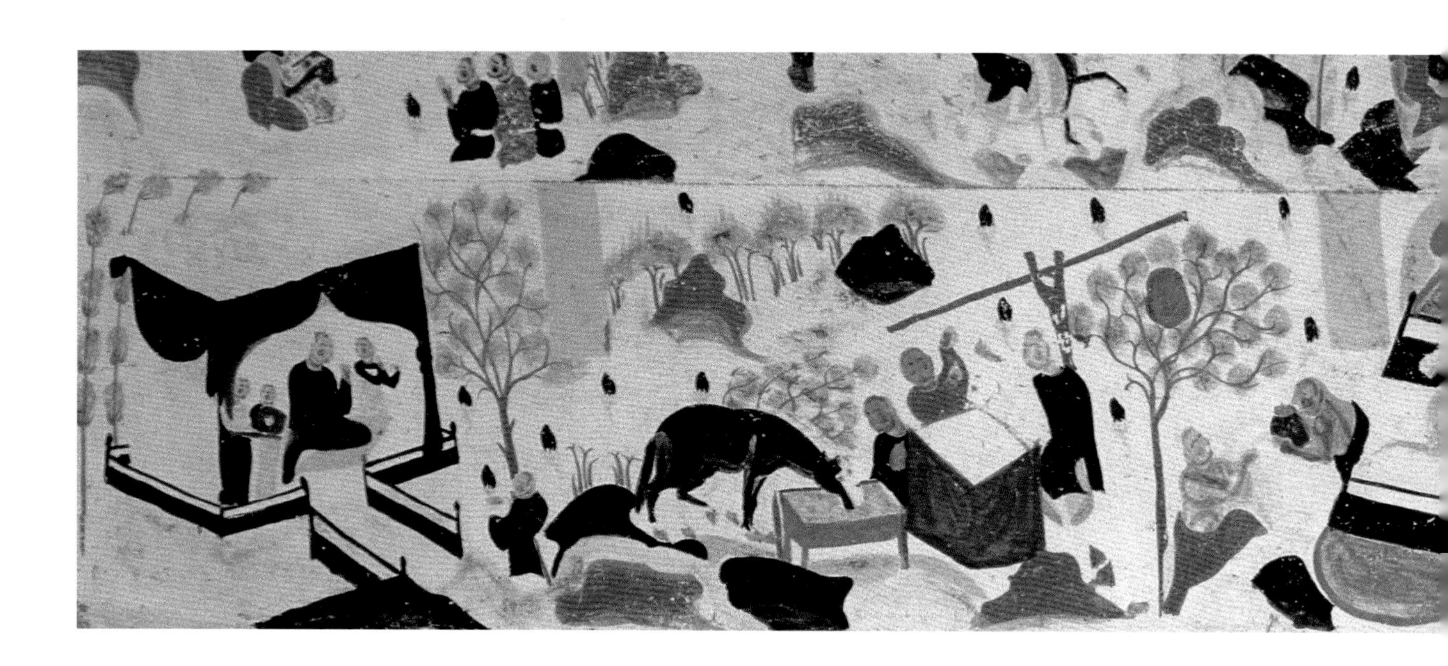

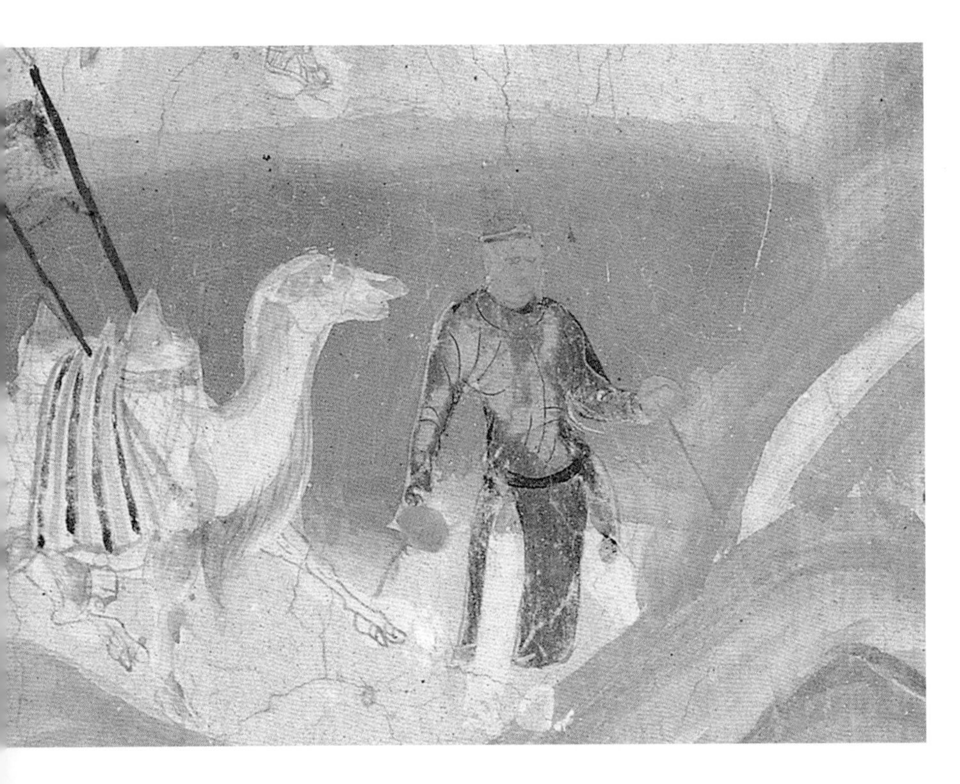

4 **駝運圖**

五代 莫61 西壁

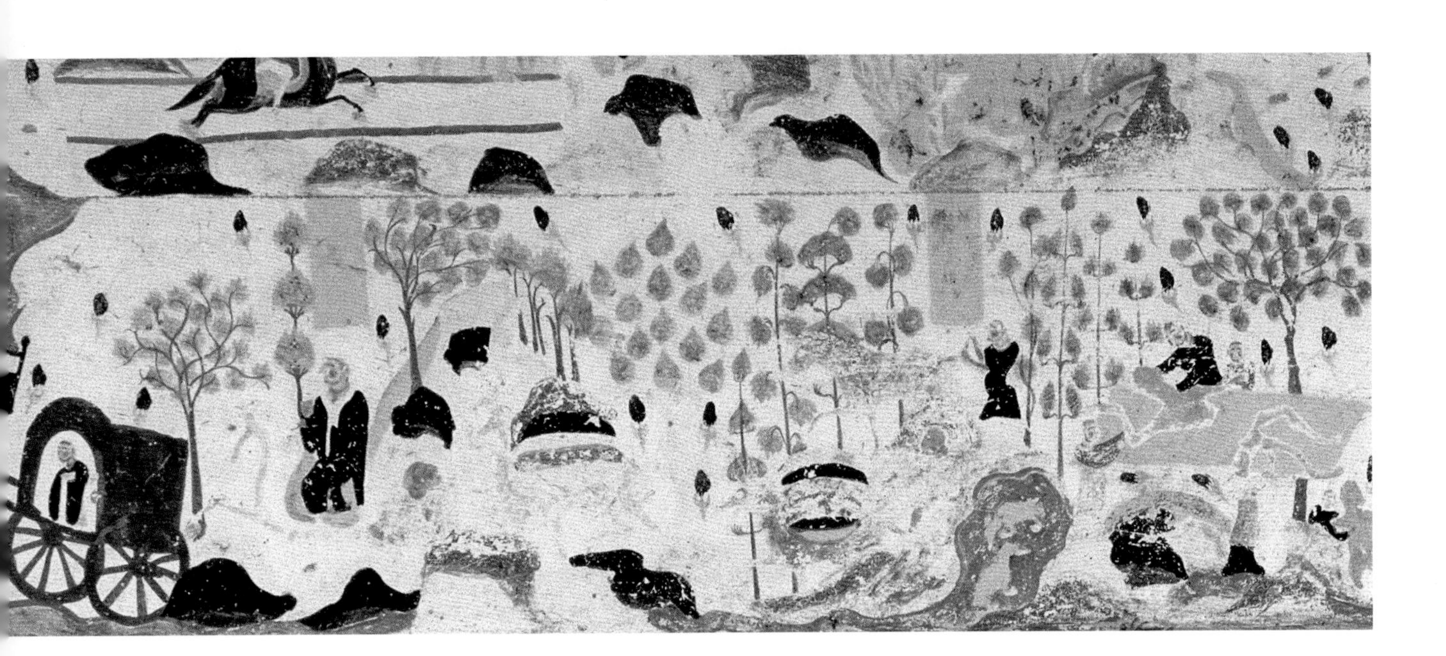

5 **絲路水陸交通圖**

畫面自左至右依次為：脩杆取水（井飲）、小河及小筏、駝車過橋、駝馬馱隊、釘馬掌等，都是典型中國西北特色的水陸交通情景。其中脩杆取水是現存至今的半機械的人工掘井及汲水方式。釘馬掌是馬匹的管理和使用方法，旨在提高馬的長行耐力。河上的小橋為木欄平橋，河中小筏可能是佛教典籍所記的"浮囊"。

隋 莫302 窟頂西坡

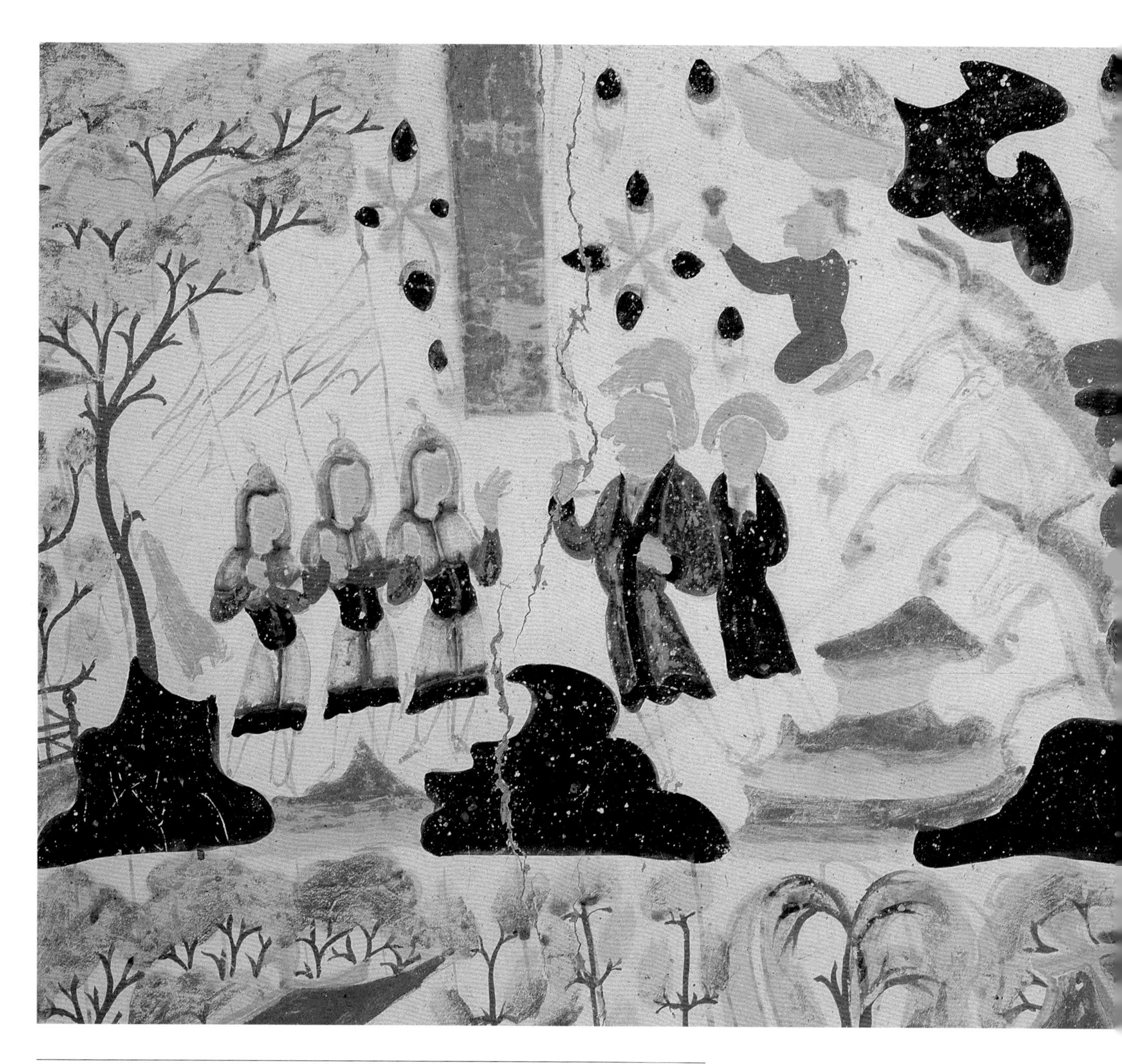

6 西域胡商

這是《法華經‧觀音普門品》中胡商遇盜而得觀音菩薩救助的情節。古代畫匠們顯然非常熟悉這一社會現象，把商人、商隊及其途中的艱難辛苦，都作仔細的描繪。商隊領隊為高鼻深目的胡人，他率領馬馱隊同全副武裝的匪盜在路口相遇。若離開佛經內容，換一個角度來理解的話，這裏就是敦煌地方政權的關卡，全副武裝的官兵為守關人員，他們正在準備盤查過往的行人商客。

隋 莫303 人字坡東坡

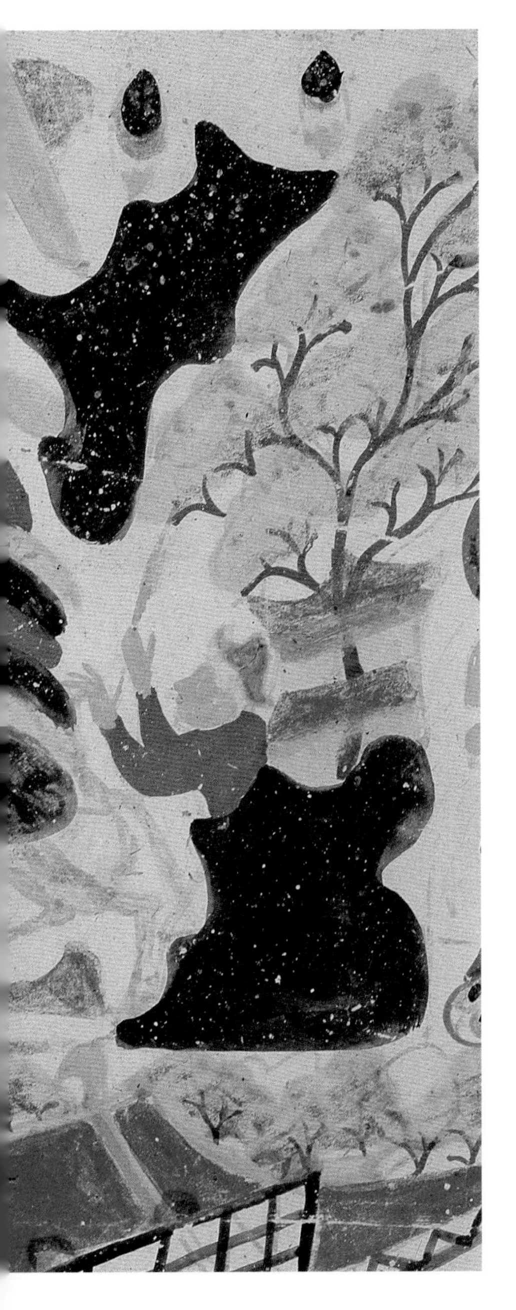

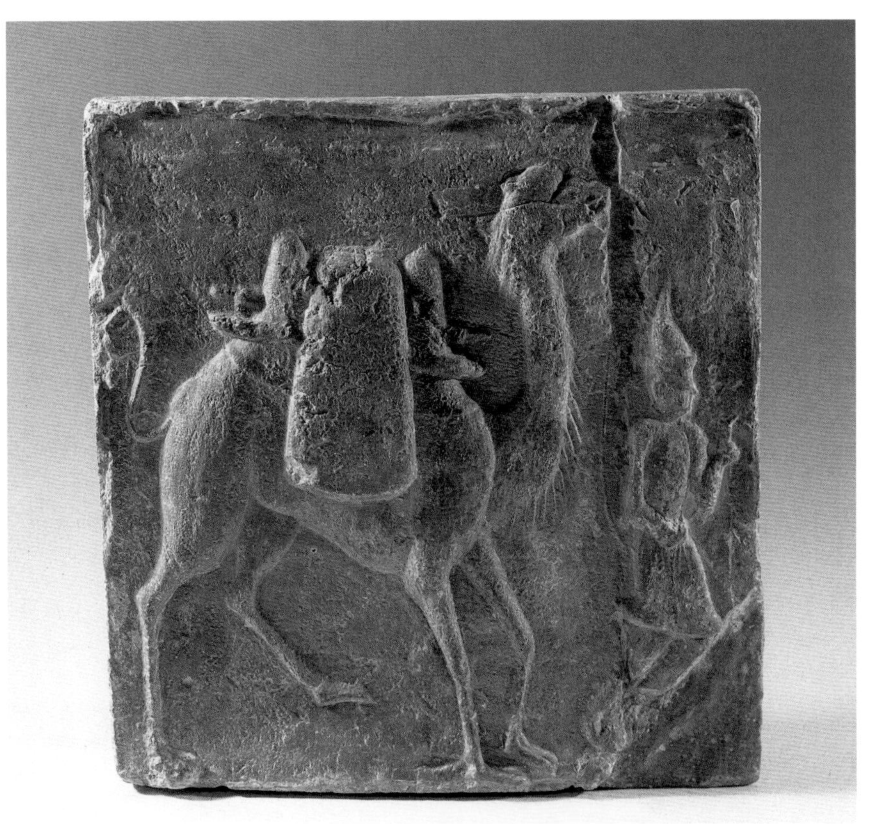

7 唐代胡人牽駝磚

這塊在莫高窟附近出土的唐代方磚，上有戴尖帽的胡人牽駝的浮雕，反映了當時絲路貿易的情況。

唐 莫高窟佛爺廟出土

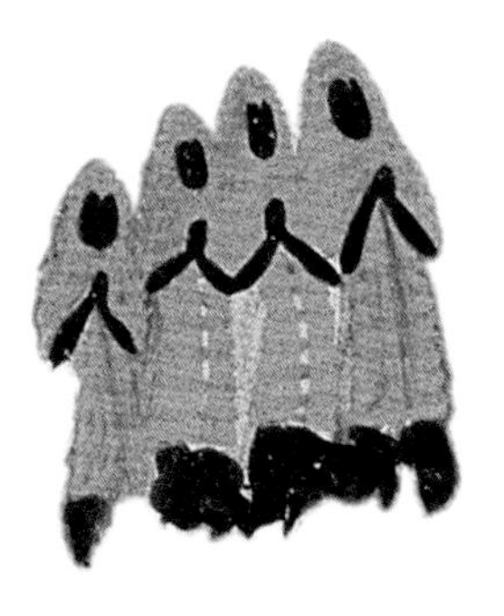

10. 強盜排成兩列，雙手合十，似欲悔過

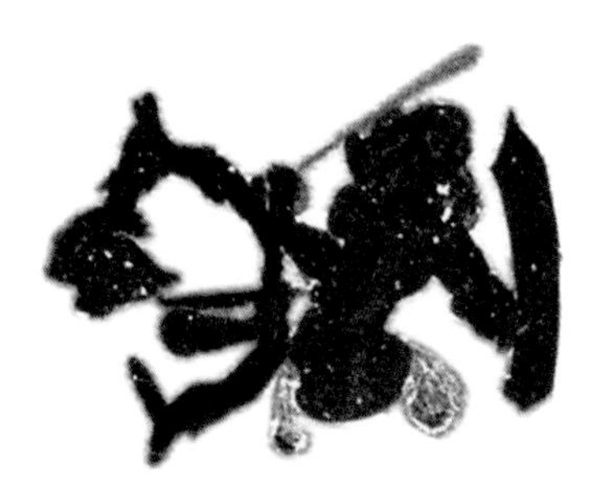

8. 胡人商隊倉卒應戰

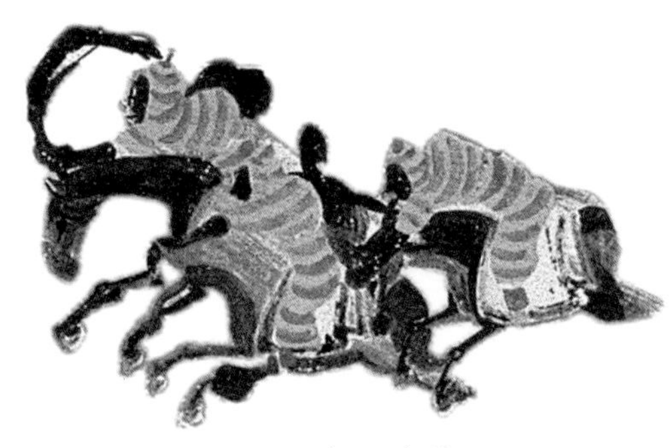

7. 全副武裝的強盜

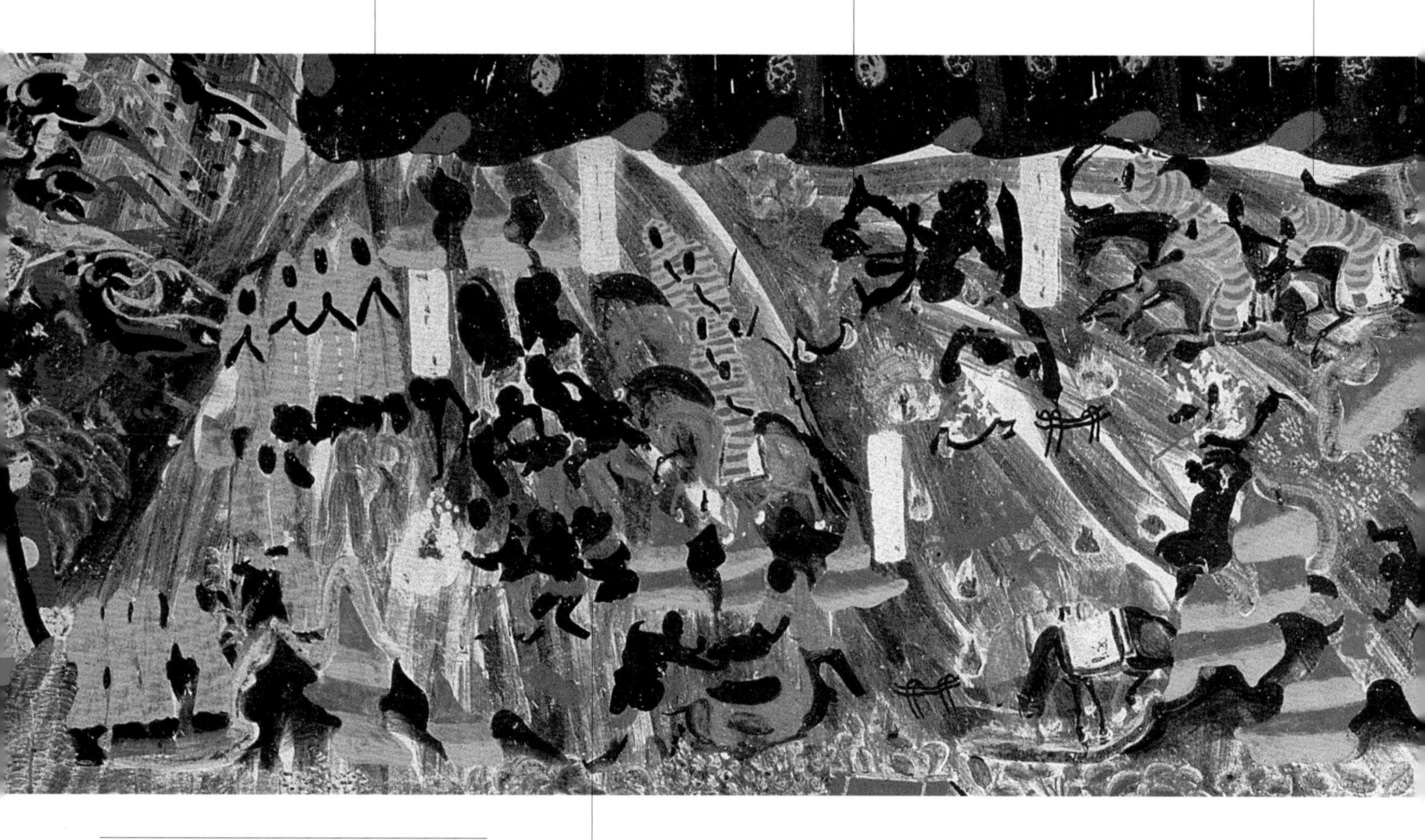

8 西域商隊遇盜

此圖是《法華經·觀音普門品》變相中"胡商遇盜圖"，十分生動而具體地反映了商隊旅程的艱難。在絲綢之路上不僅僅要走過茫茫沙漠，也需要翻山越嶺，有時還要履冰踏雪、跋山涉水，歷盡艱險。畫的後半段，商隊遇到更艱難的一關——遭全副武裝的強盜搶劫，最後觀音顯靈，強盜悔過。

隋 莫420 窟頂東坡

9. 強盜戰勝，監押商人令其奉上財物

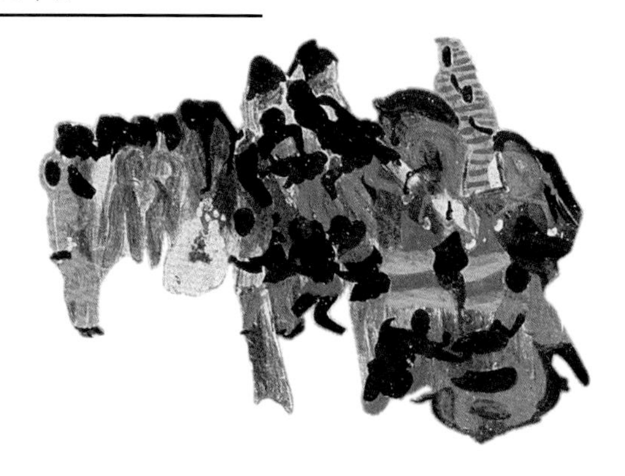

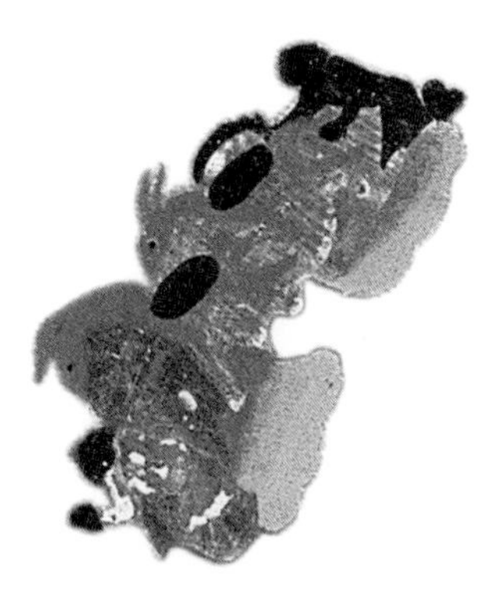

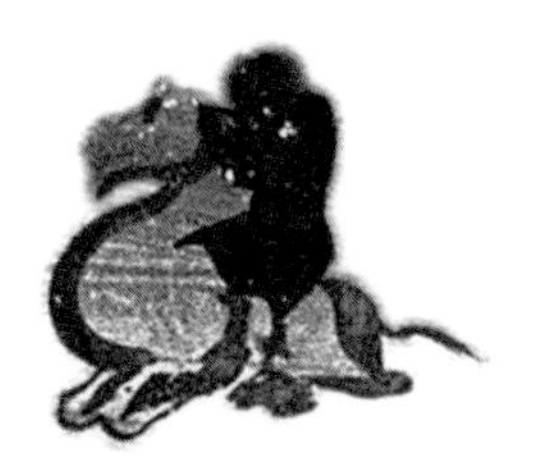

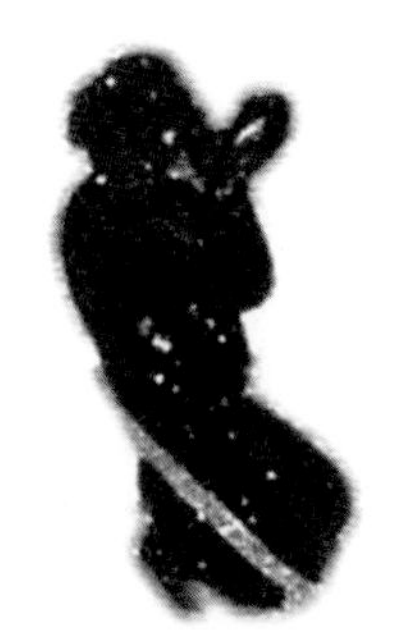

2. 灌駝

1. 商主跪拜祈禱

6. 商人拉着駝尾下山

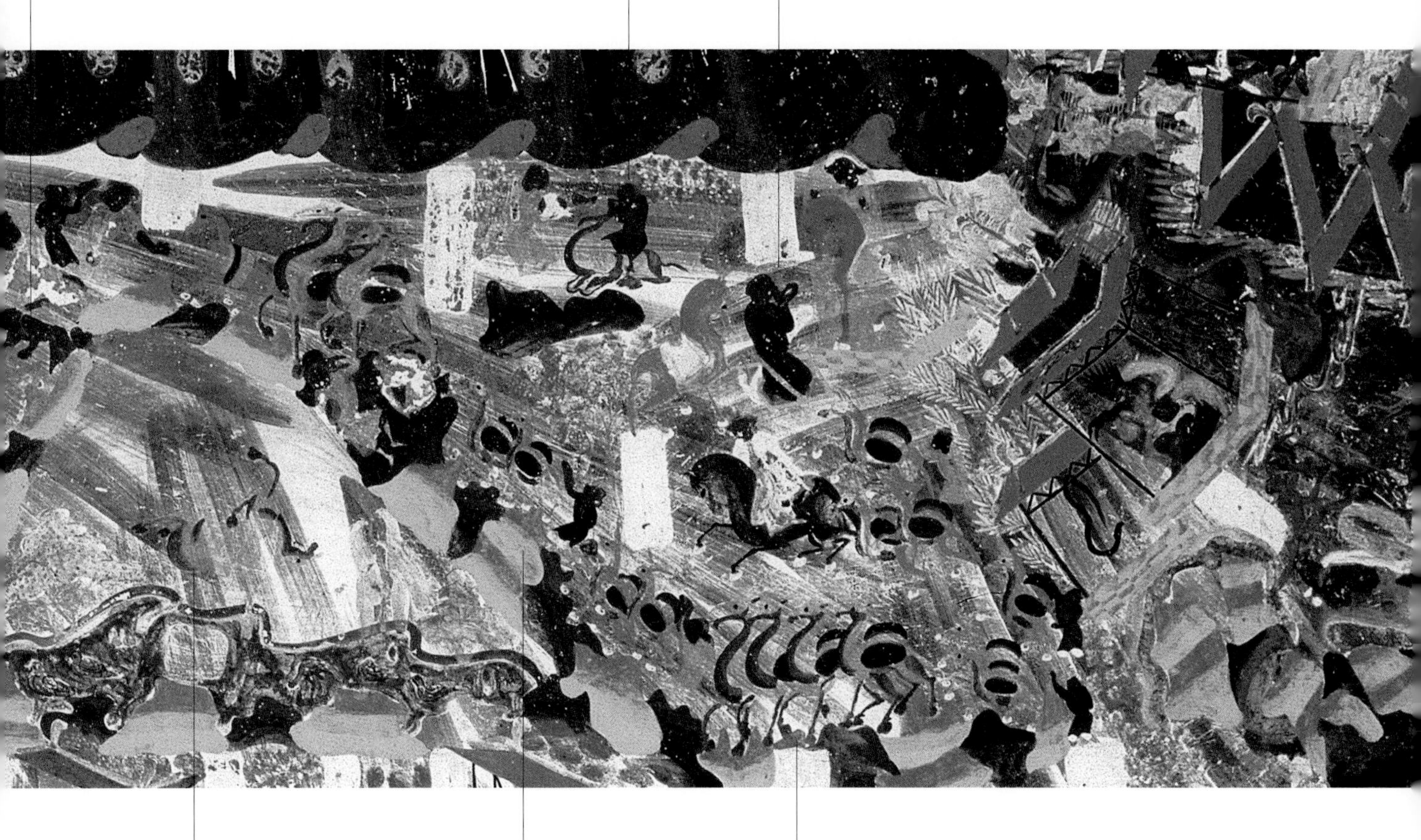

5. 一駝跌下山崖

4. 駝隊在陡峭的山路上攀登行進

3. 駝隊出發

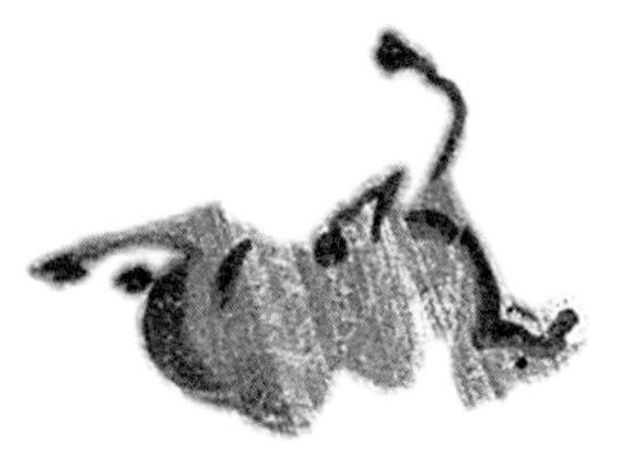

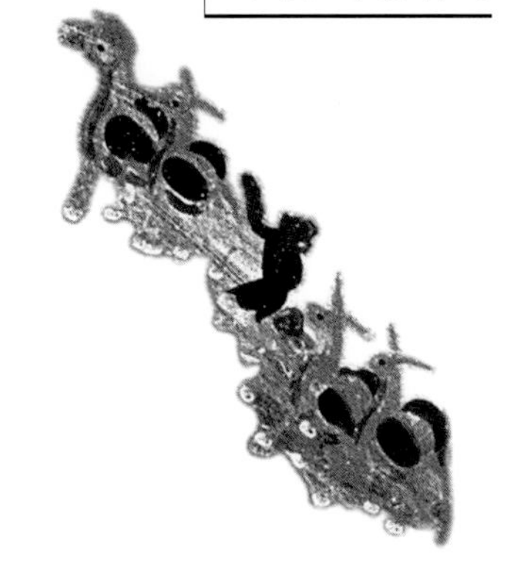

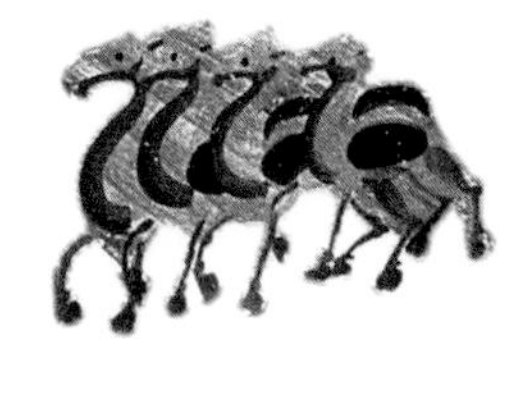

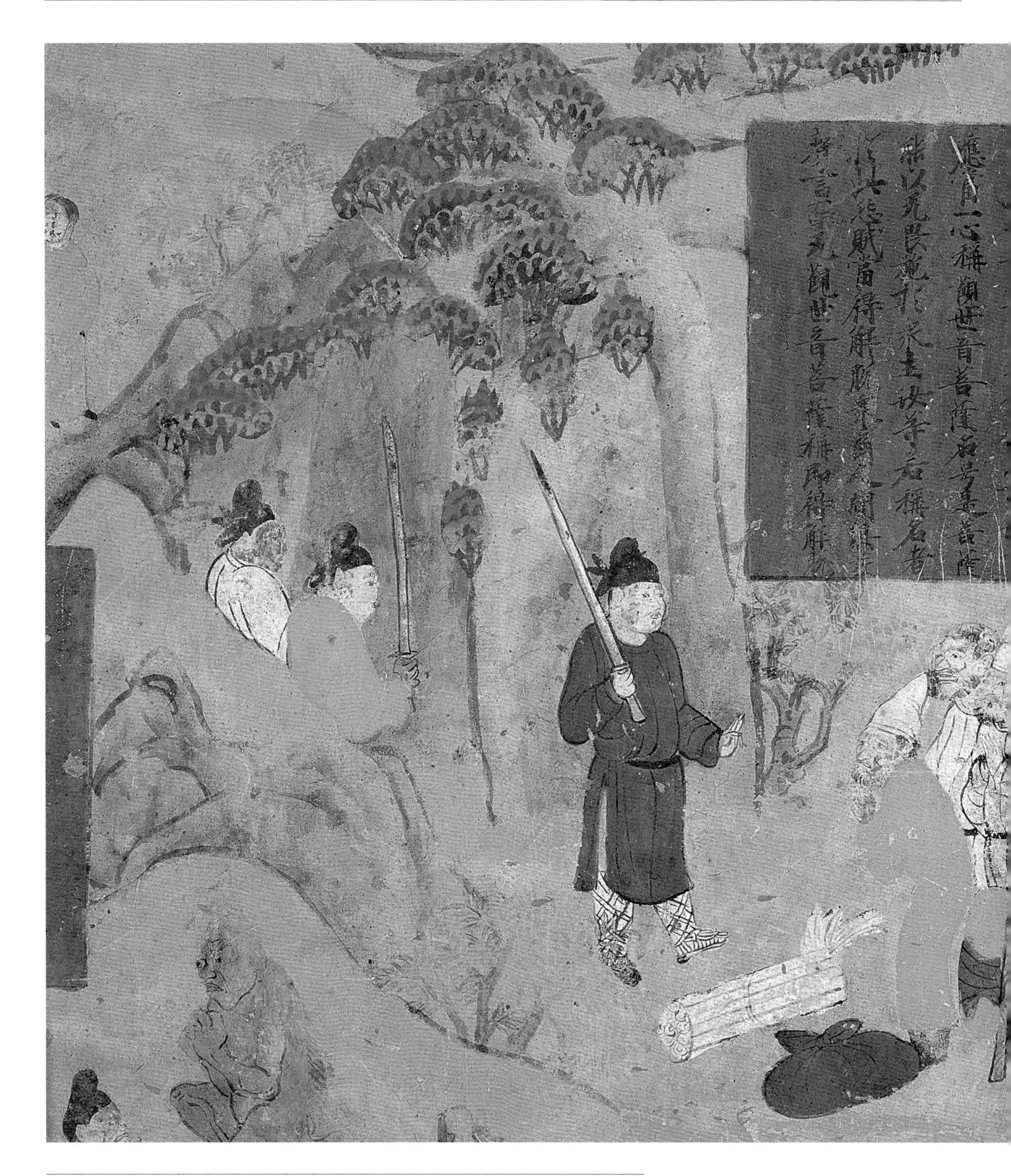

9　胡商遇盜

圖中畫有高鼻、深目、長鬚之胡商6人及驢馱2乘，商人將貨物卸下後，立於手持刀劍的漢裝匪盜面前，一起合掌唸觀音名號。這條絲綢之路上，不僅有崎嶇陡峭的山路，而且山中經常有匪盜出沒，這幅畫從另一個角度展示了歷史的真實。

盛唐　莫45　南壁

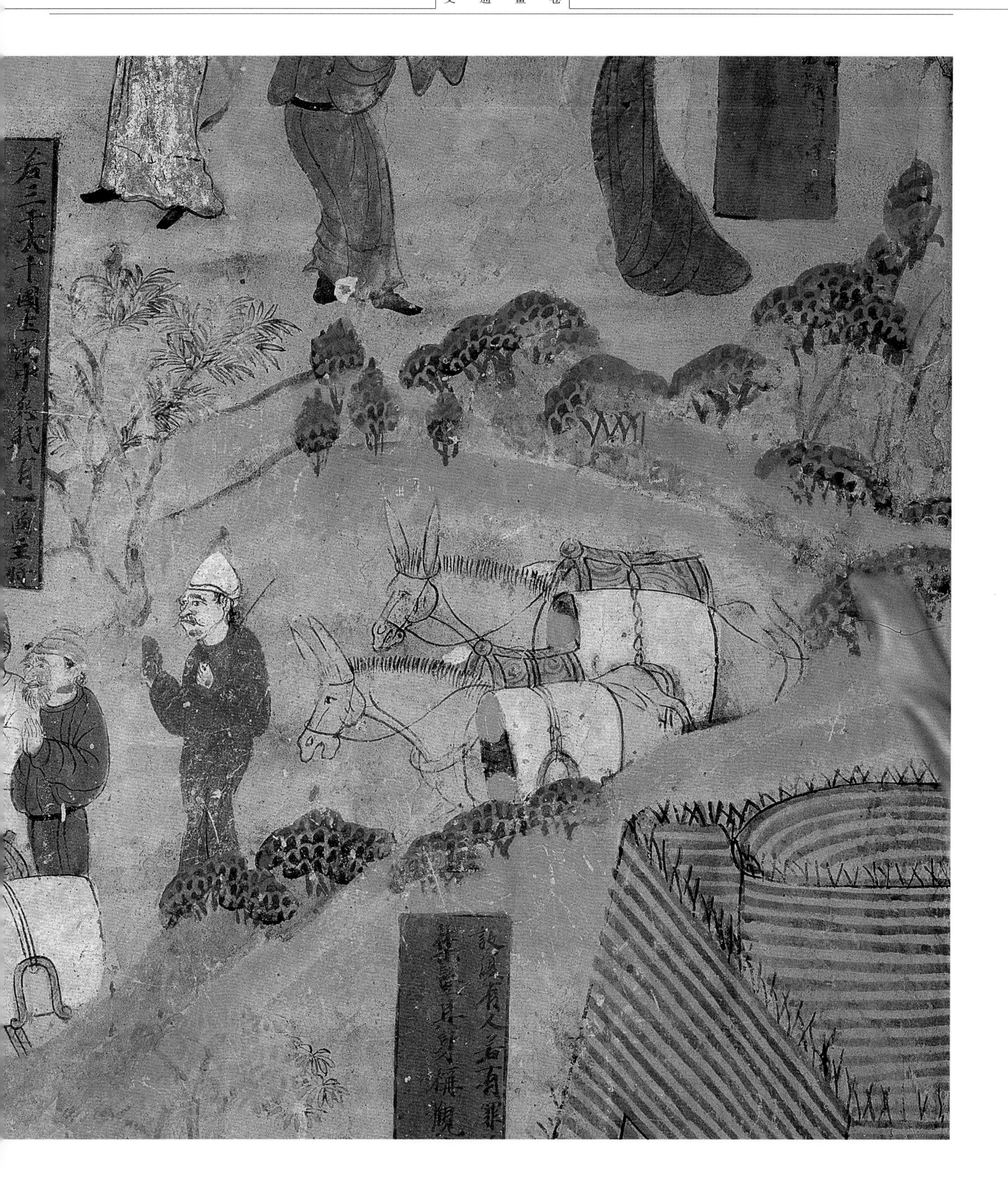

第二節 保衛與管理：軍防、郵驛和馬政

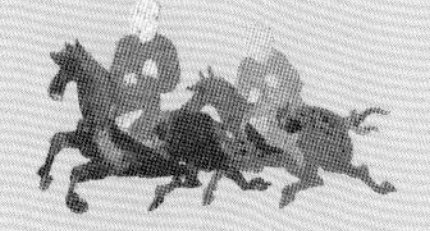

由漢到唐宋的1000多年間，歷朝為了保障絲綢之路的安全暢通，修築長城，派駐重兵，建設各類保障設施。直到現在，敦煌一帶還保存有漢至唐代絲路重鎮要塞及相關設施的遺址和遺迹。絲路重鎮敦煌，由漢代至元代的古城遺址仍存，現位於敦煌市西的黨河兩岸，長方形的城垣三面已殘，但殘高也有達16米。西北角有一城墩，比城牆還高出一倍多。敦煌石窟壁畫和絹畫中，還為我們保存有公元7～10世紀時的長城、關隘及烽火台畫面。見於歷史遺迹和石窟壁畫的絲綢之路的管理情況，主要有軍防、郵驛和馬政三個方面。軍防主要是絲綢之路的安全保衛設施和措施。漢代以來，敦煌郡城成為中西交通要塞，與敦煌境內的長城、烽燧、玉門關和陽關，都是中西交通的象徵和歷史見證。敦煌古城現存遺迹很多，如敦煌西部西漢時修築的長城遺迹長約150公里，沿長城有烽燧（即烽火台）15座，其中玉門關以西的長城內外側，每隔10華里就有烽燧一座，即所謂“十里一大墩，五里一小墩”。這種古代的軍事設施烽火台，點火後便可迅速把軍情傳遞到整條長城防綫。現今在敦煌一帶有較多遺存。在敦煌市與安西縣之間，保存有比較完整的漢代烽火台遺迹。絲路打通後，漢朝便於其上設置關卡，玉門關及陽關是漢朝於河西所的兩關之一，玉門關是絲路北道必經之地。西漢時由“都尉”負責管治。考古學家在玉門關發現漢代木簡

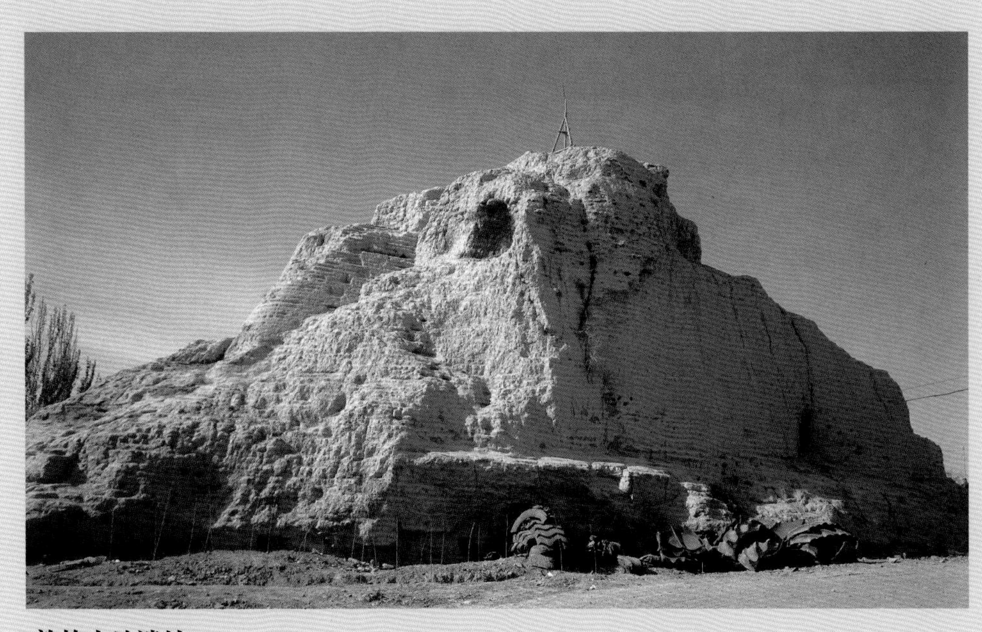

敦煌古城遺址

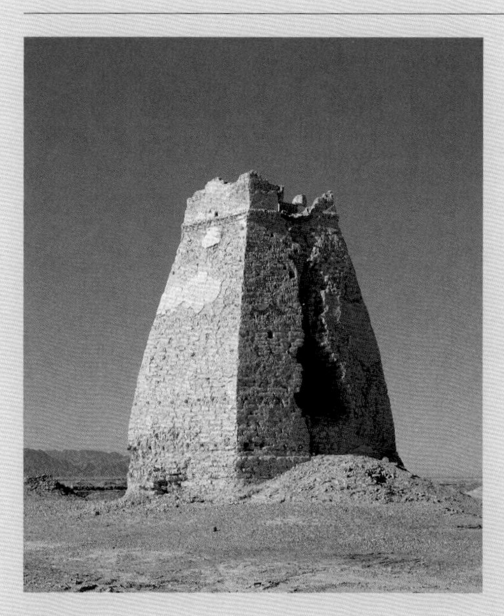

烽火台

“玉門都尉”公文可為明證。現存玉門關遺迹只餘一座呈方形的城堡，俗稱“小方盤城”。四垣保存較完整，城牆東西長14米、南北寬26.1米、殘高9.1米、西北兩牆各開1門，總面積633平方米；城北坡下即南北大道。現位於敦煌以東80公里，其實它出現在敦煌的時間比敦煌設郡還要早，先屬酒泉郡，敦煌設郡後才改屬敦煌。陽關則是古絲綢之路南道的必經關隘，周圍並設有烽燧10餘座，陽關僅存遺迹，位置於敦煌面南70公里的南湖鄉“古董灘”。位於古董灘北面的墩墩山烽燧，有陽關眼目之稱，這些設施在各個朝代一直發揮作用。唐代為加強軍力還修築了瓜州城，即今甘肅省安西縣鎖陽城。城為長方形，夯土版築，城牆高10米左右，城外有環牆遠處又有土塔羣，重重保護。城中偏東有一南北隔牆，將城分為東（內）西（外）兩部，東小西大，隔牆北端拐角有門，上有各種防衛設施。城垣角有四角圓角土墩。城牆上共有馬面17個，其中南、北牆各5個，東牆3個，西牆4個。該城有4個甕城，其中北牆1個，南、西牆各1個。城牆西北角有有一個圓形高大建築，並有拱形門洞，東西貫通；城內有土築房屋遺迹。根據近年歷史地理學家的考證研究，此城堡基址為唐代所築瓜

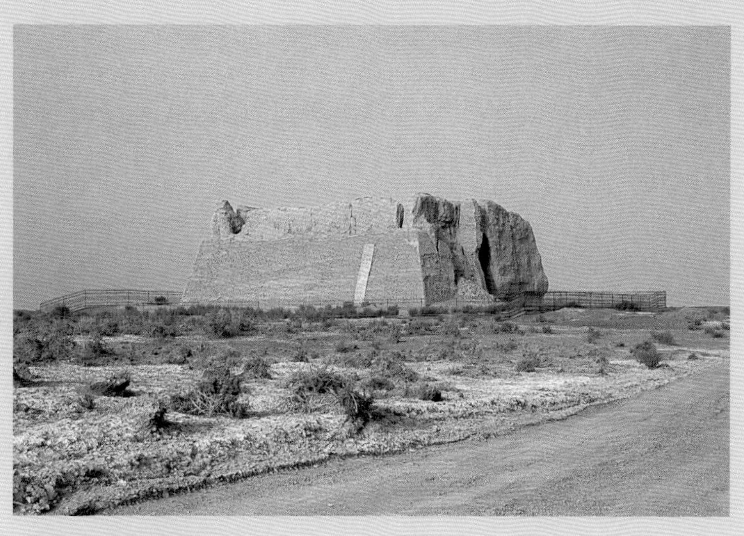

漢代玉門關遺址

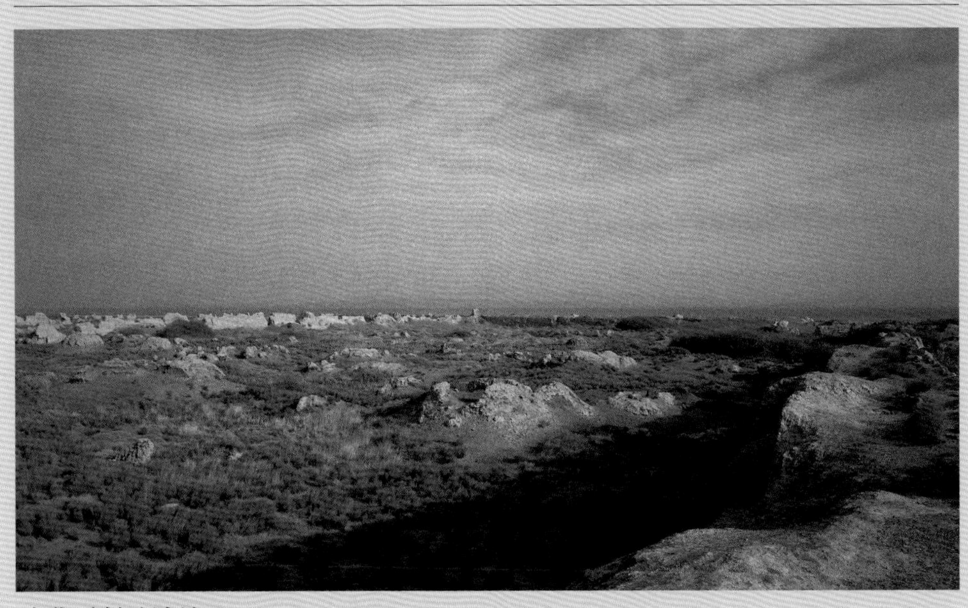

唐代瓜州城遺址

州城。瓜州原在敦煌，唐代移建於此，而在敦煌另設沙州。

郵驛是中國古代重要的行政管理措施。歷代中央王朝為維護統一，加強對地方的駕馭及經濟和文化的聯繫，傳達王命政令，遞送官方文書，不斷發展以國都為中心的四通八達的交通網絡，建設通往各地的專用的寬闊的郵驛道路，沿途設置驛站，派有驛夫，配備驛馬。官方的驛吏、使節在驛站食宿、換馬，以便用最快的速度傳達政令。在漢代敦煌境內就有驛站設置，古稱“驛置”。1990～1992年發掘的漢代懸泉驛置遺址，就是典型的漢代驛站。遺址中曾出土各類目賬以及官文公函、驛使往來等情況。史書記載貳師將軍李廣利因初伐大宛不利，滯留於敦煌而率兵屯田1年，故懸泉驛出現前，可能是李廣利率兵屯田和駐之地。唐代於此懸泉鄉，為敦煌13鄉之一，同時又設懸泉鎮駐軍。鄉的設置說明懸泉驛一帶當時或有從事農牧業的鄉民。懸泉驛置遺址資料顯示，古代驛置一般設在遠離郡縣的交通要道上，平時由軍隊管理，它的主要作用有三：一是保證交通道路的暢通和平安；二是駐紮過往軍旅，相當於兵站；三是郵政傳遞。所以，它是歷代絲綢之路上的重要設施，擔負着守衛絲綢之路和郵政傳遞等任務。在絲路北道關卡玉門關東面20公里也建有一座屯儲糧食之所——俗稱“大方盤城”的河倉城，供給守關兵馬及過往使節、商旅之需，於漢代設

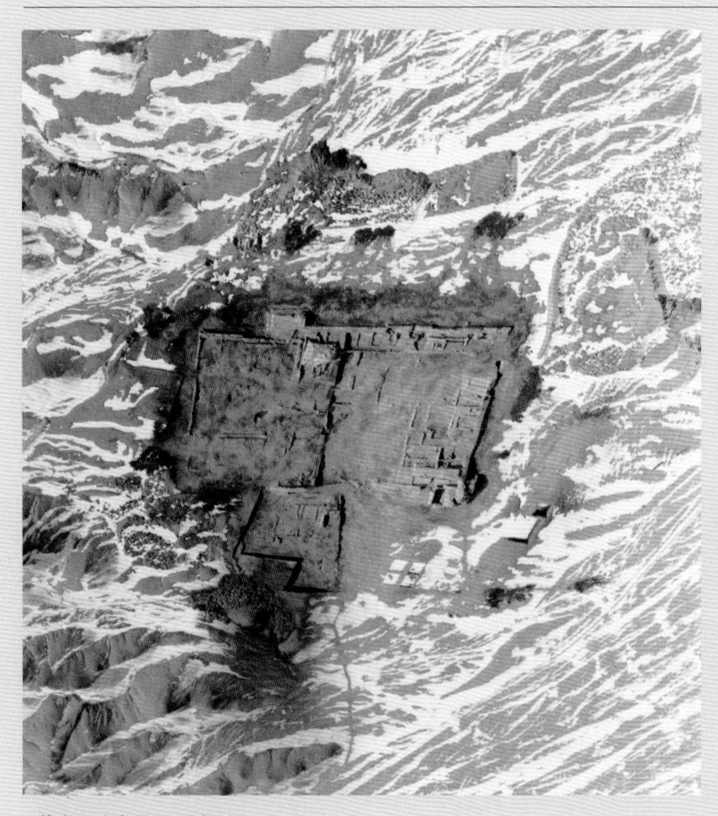

漢代懸泉驛置遺址

斯殺後，商人全部被俘，被迫將錢財交給“強盜”；由於畫面上的“強盜”是官兵形象，故可理解為商隊在通過邊關口岸時接受檢查，這屬於絲路管理的內容；而這些戍邊官兵平時駐紮在荒無人煙的深山峻嶺的驛站上。第 321 窟的“長城圖”，描繪長城沿綫的關隘。繪於公元9～10世紀的第100和156窟的歷史人物出行圖，描繪有驛夫乘驛馬，穿梭於人羣之間，從事郵政傳遞的場面。

立，其作用亦與驛置相同。現存遺址呈長方形，坐北向南，內有隔牆分成3間，牆上有通風設施，在城外東西北更有圍牆兩重保護，此外，城外南面稍高處建有烽燧，都可顯示它作為補給站的重要性。

隋代以後的敦煌石窟壁畫中，有一些類似戍邊軍隊的畫面，多出自《法華經》〈觀音普門品〉中“商人遇盜”情節，如第420窟，商隊在翻山越嶺之後遇到渾身甲冑、全副武裝的“強盜”隊伍，一番

在絲綢之路的守衛和管理方面，馬匹起着非常重要的作用。它不僅是古代主要的交通運輸牲畜之一，也是古代必需的軍事裝備。所以在中國，馬匹的飼養和管理受到歷代王朝的重視，古稱“馬政”。它的起源最早大概要追溯到馬匹已普遍馴養和使用的新石器時代；夏代開始，馬已用來拉車；直到近代運輸工具問世之前，馬一直是乘騎、馱運、駕車和拉車的重要牲畜，馬的飼養和管

理更顯得重要。敦煌地區也不例外，自漢代開發以來，馬一直是主要用於交通和生產，也是主要的軍事和郵政裝備，因此馬政也很發達。

宋人曾將馬政分為三個階段："古者牧養之馬，有養之於官，有藏之於民；官民同牧者，周也；牧於民而用於官者，漢也；牧於官而給於民者，唐也。"漢以後至唐以前，為民養官用和官養民用（軍用）並存；具體地説，北朝之前為前者，隋代以後為後者。所以，敦煌石窟壁畫中所繪畫的馴馬養馬場景，實際上是北朝至唐代的"馬政"。如西魏和北周壁畫中的"馴馬圖"，馬夫（馭手）不論是漢是胡，均只有一人，可能是"民牧"；而隋代壁畫中的馴馬圖，一馬前後有馬夫五六人，是集體馴服，應為"官牧"；唐代的馴馬磚浮雕，兩馬夫馴一馬，馬夫為身着甲胄的士卒，也是"官牧"。

據敦煌藏經洞出土文獻所記，唐代敦煌有官辦或由官府控制的馬坊、馬社等，還有所謂"官馬家飼"養馬民戶；文獻中還有大量關於馬的使用，死役處理等管理的記載。官方使用的馬還有專門的"長行馬"，即主要用於郵政的馬，驛夫們通過驛站時可根據需要換乘。另外就是官府所屬的"傳馬坊"，向軍隊、使節及過往行人配送馬、驢等。這些情況，都與敦煌石窟唐、五代和宋代壁畫

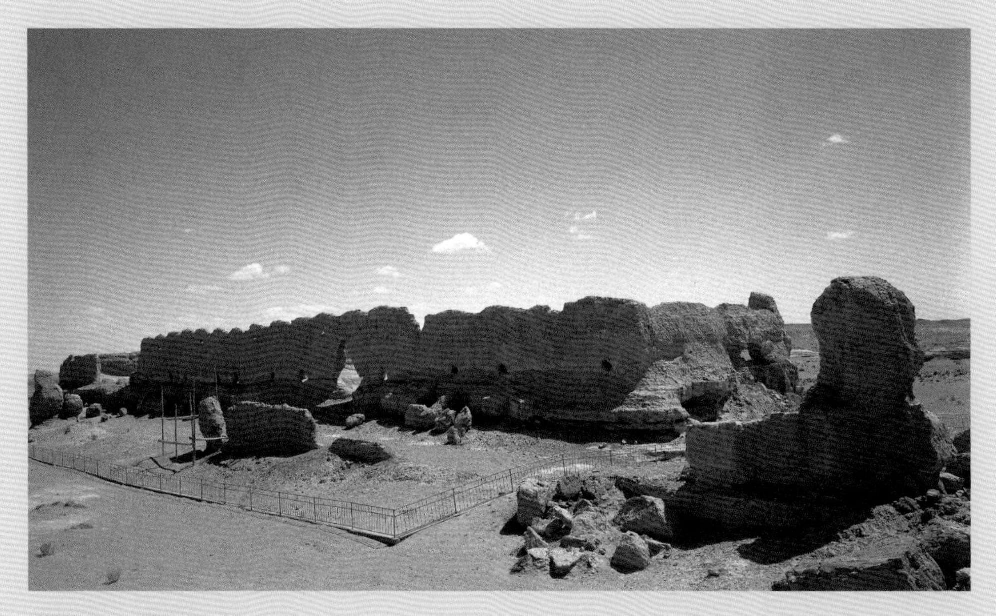

漢代河倉城遺址

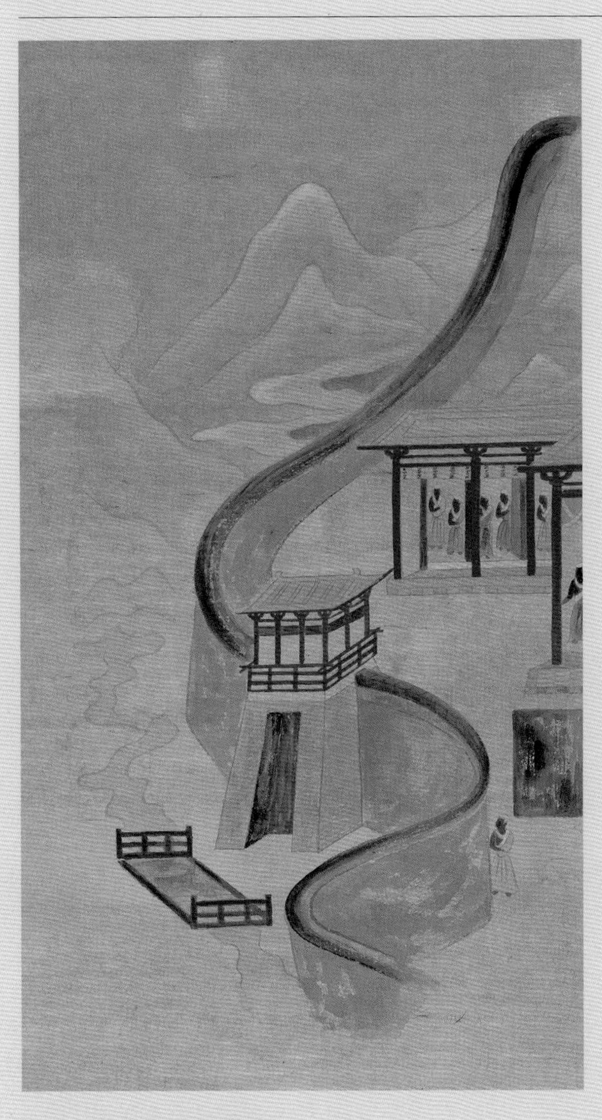

第321窟長城復原圖

中的"馬廄圖"所描繪的內容相符。馬廄圖大量出現於唐代中期及以後的巨幅"法華經變"壁畫中，馬廄內設施齊全，飼養人員各司其職；大部份馬廄中都有清掃場面，說明了古人在養馬衛生方面的嚴格要求。在這些大同小異的畫面上，有膘肥體壯的馬匹，也有忙裏偷閒的養護人員，從中可知這些馬廄當為官營養馬場所或"傳馬坊"。

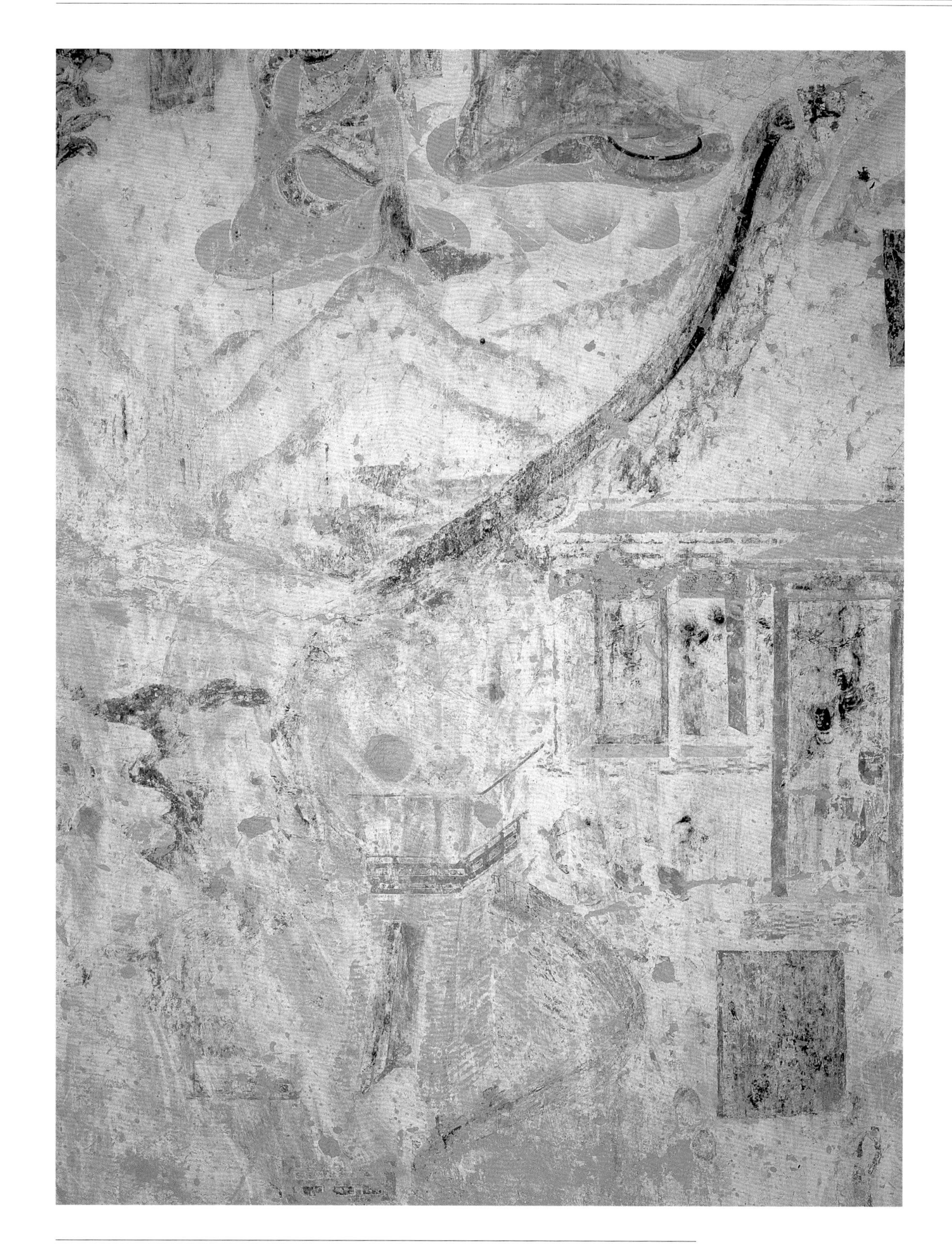

10 長城、關隘及戍邊官兵

此圖繪於公元7世紀末的武周時代，為“寶雨經變”的一部份，表現商旅來往出入關口的情節。長城上無女牆設置，這與河西一帶現存唐代以前的城牆遺址是一致的；沿長城設有關隘一座，關前有一歇山頂迴廊式建築物，似為關口，內有身着甲冑的兵士及着便裝的商人若干，當為守關官兵為過往商人辦理出入境手續的情景。這幅圖畫面雖已模糊，但規模龐大，內容全面，有較高的史料價值。

初唐 莫321 南壁

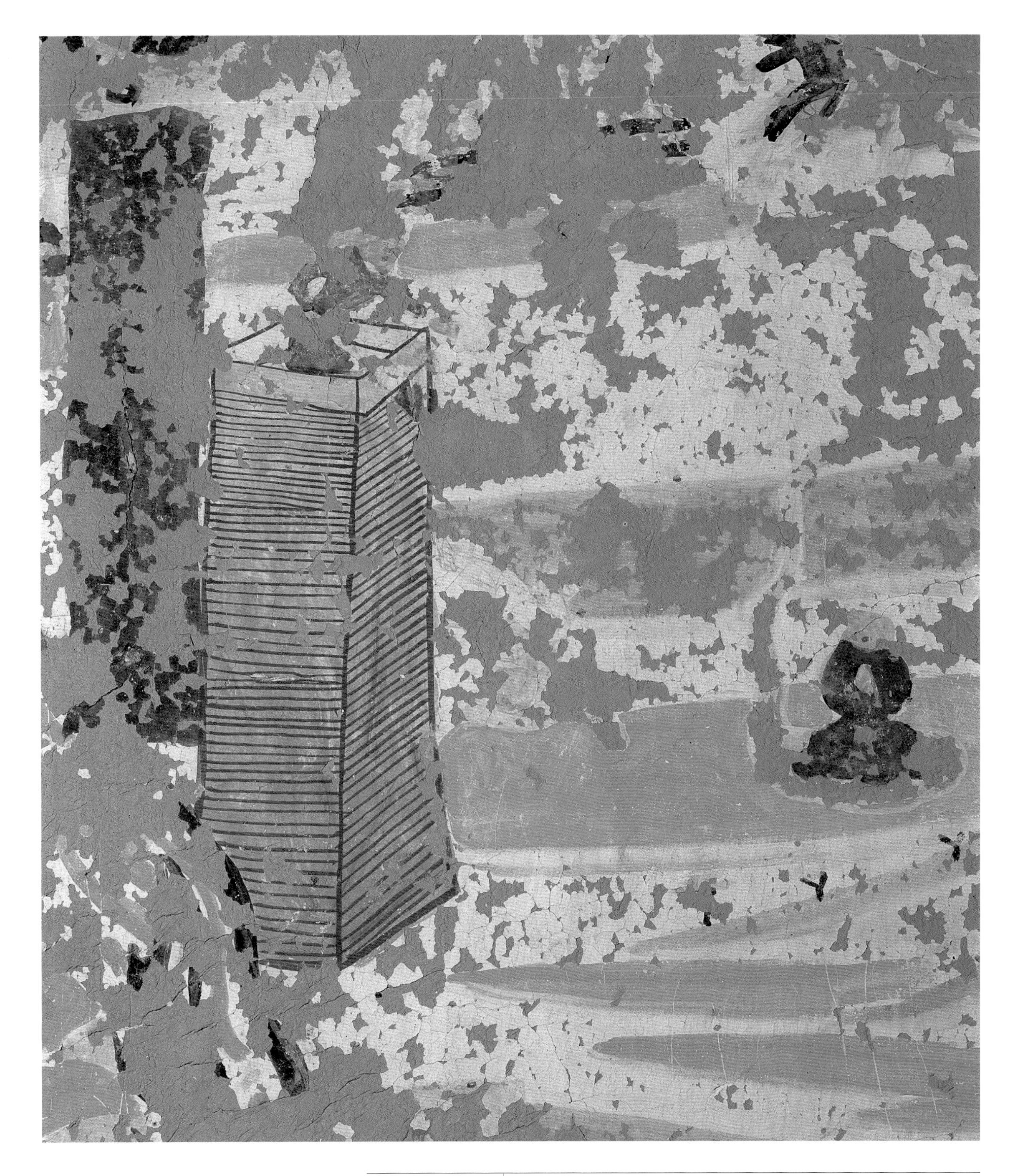

11 **烽火台**

敦煌石窟壁畫中也有烽火台的描繪，如本圖繪於公元10世紀中期的五代曹氏歸義軍時代，原為表現佛典《法華經》〈觀音普門品〉中觀音菩薩救眾生"墮落金剛山"之難的內容。夯土版築的方形高台上有一人向遠處眺望，實為古代的烽火台及守台兵士。敦煌遺書中的圖說本《法華經》〈觀音普門品〉和一些絹本"觀音變相"中都有類似的情節和畫面，但絹畫題榜中有時寫"墮落金剛山"，有時寫"或在須彌峰為人所推墮"。

五代 榆38 室前南壁

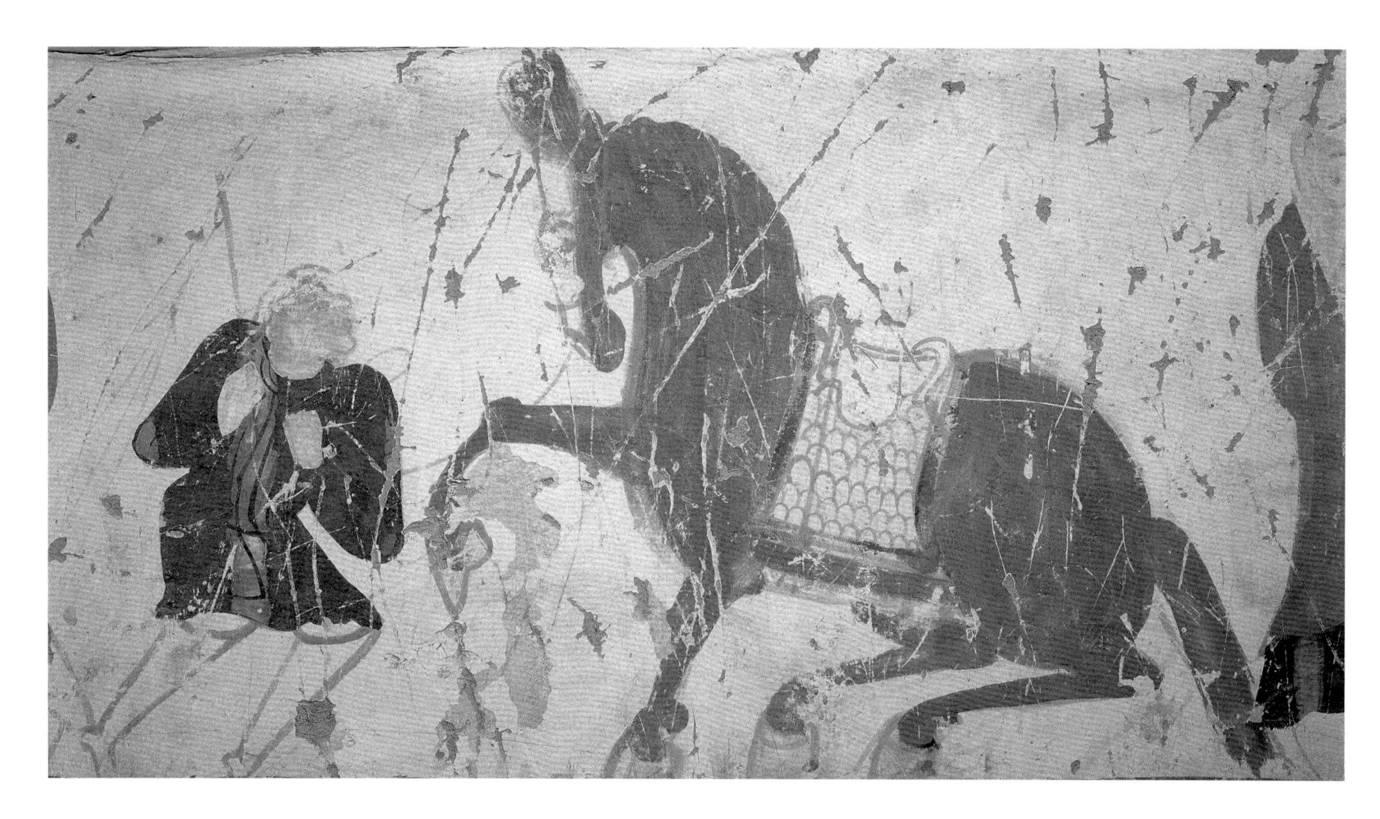

12 **民間馴馬**

此窟在公元570年前後建成。這是敦煌壁畫中較早出現的馴馬圖：一匹馬低頭掙扎，牽轠執鞭的馬夫為深目高鼻之胡人，當為民間為官府養馬調馴的情景。
北周 莫290 中心柱西

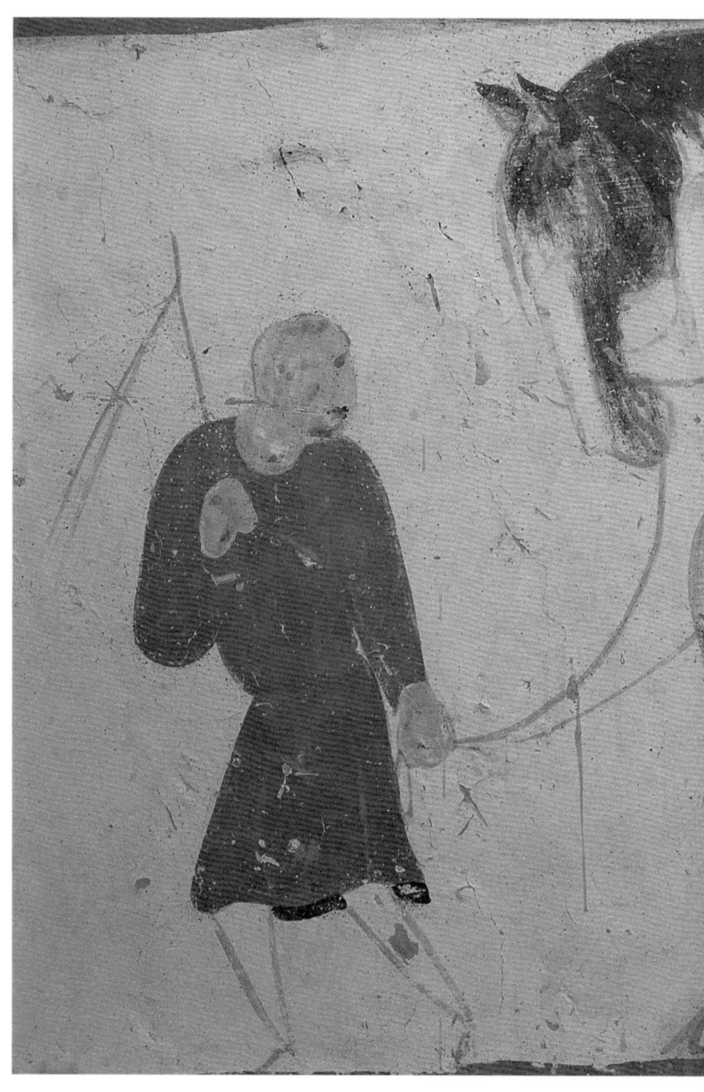

13 馴馬實況

圖中繪一人牽二馬，後立四人，其中二人執長竿，都應為馴馬的馬夫；受馴的兩匹馬低頭抬蹄作掙扎狀。

隋 莫303 東壁門北

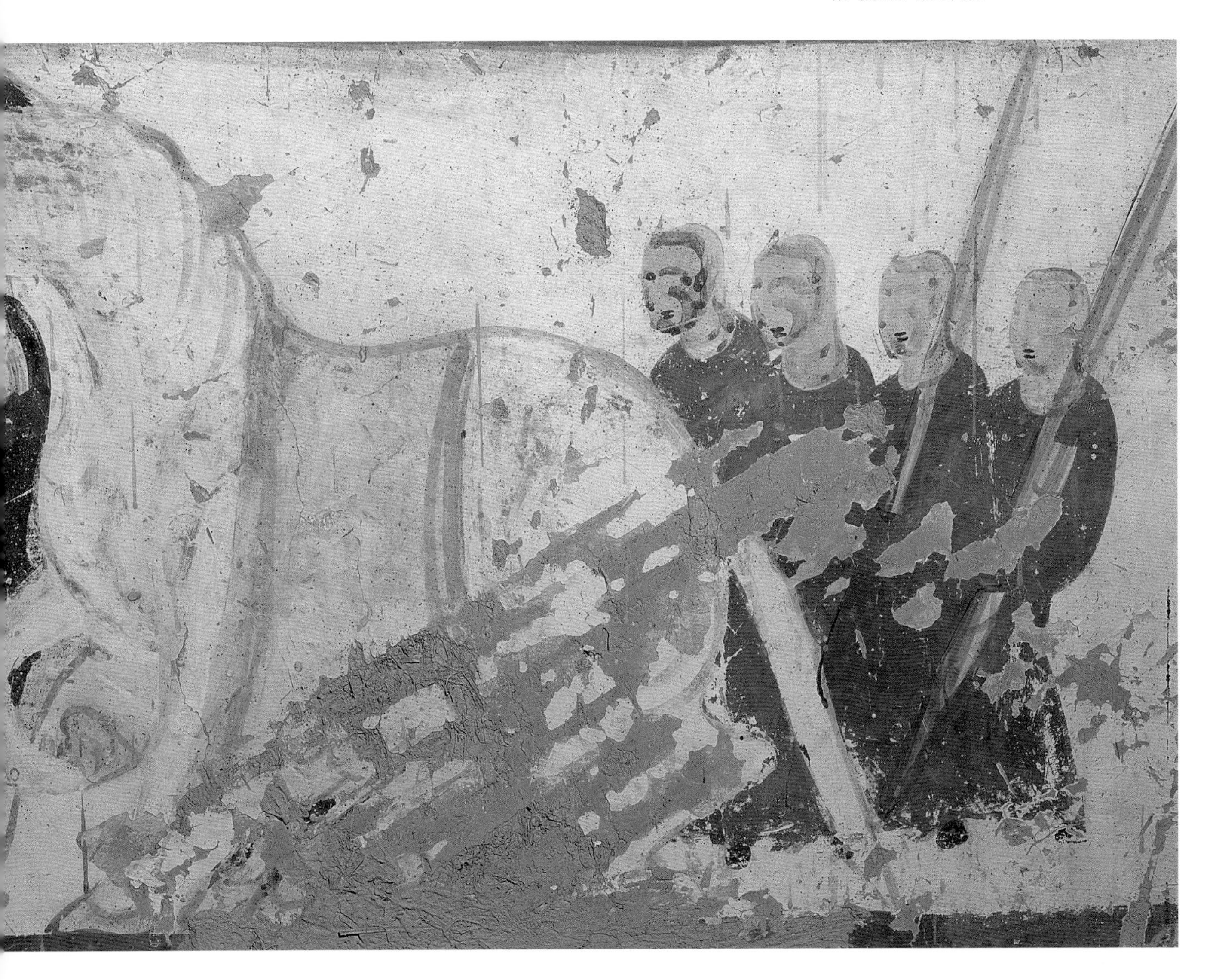

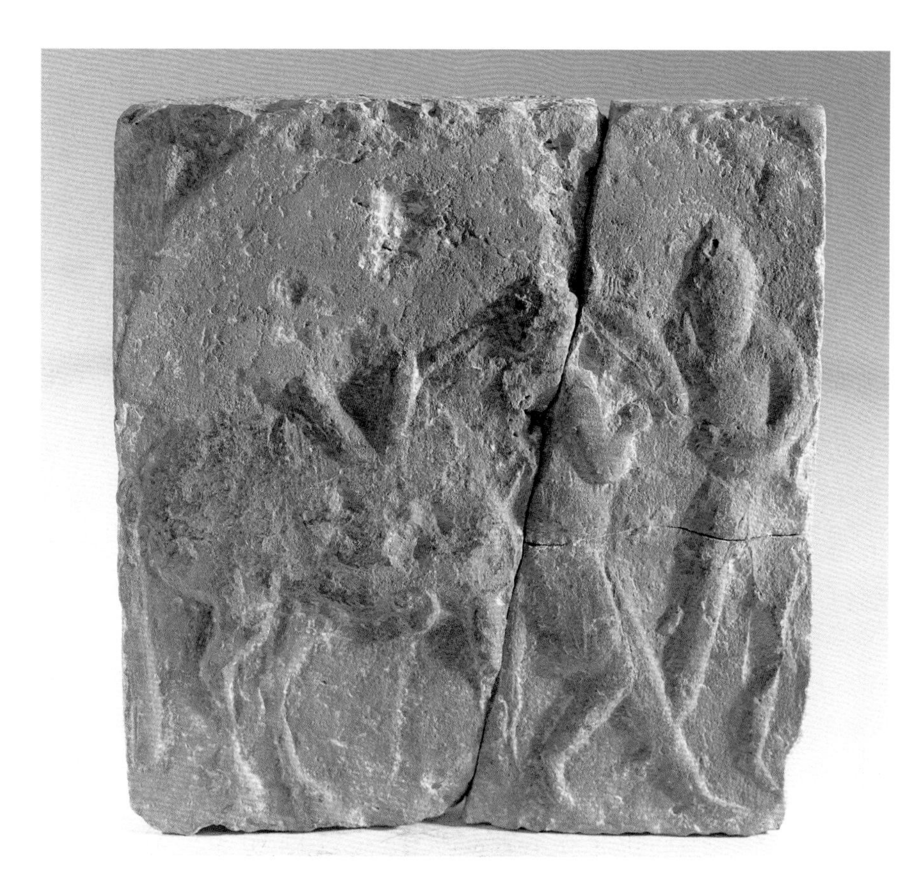

14 唐代馴馬磚

此磚浮雕圖中的人物形象與西魏及隋代壁畫中“胡人馴馬”有所不同。馴馬者為二武士，從形象及裝束上看，應為唐代的士卒。既如此，當為唐代的軍馬調馴。

唐 莫112 窟前出土

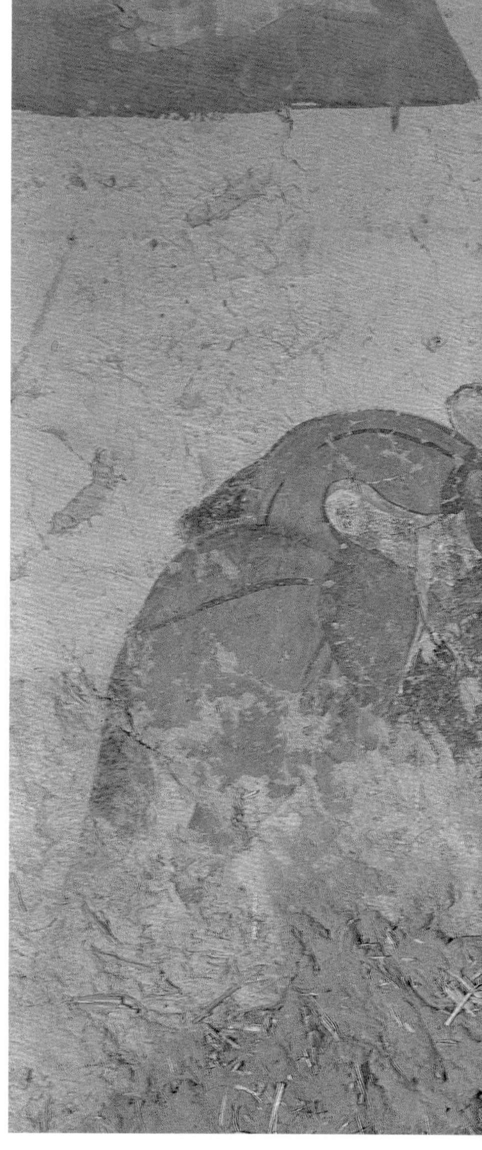

15 供養人與馬

在一行供養人像列中，有一位供養人向後轉身、揮手招呼一牽馬人及馬。隋唐之際在很多供養人像列中都畫有馬，這説明馬在當時的受重視程度。

初唐 莫431 西壁

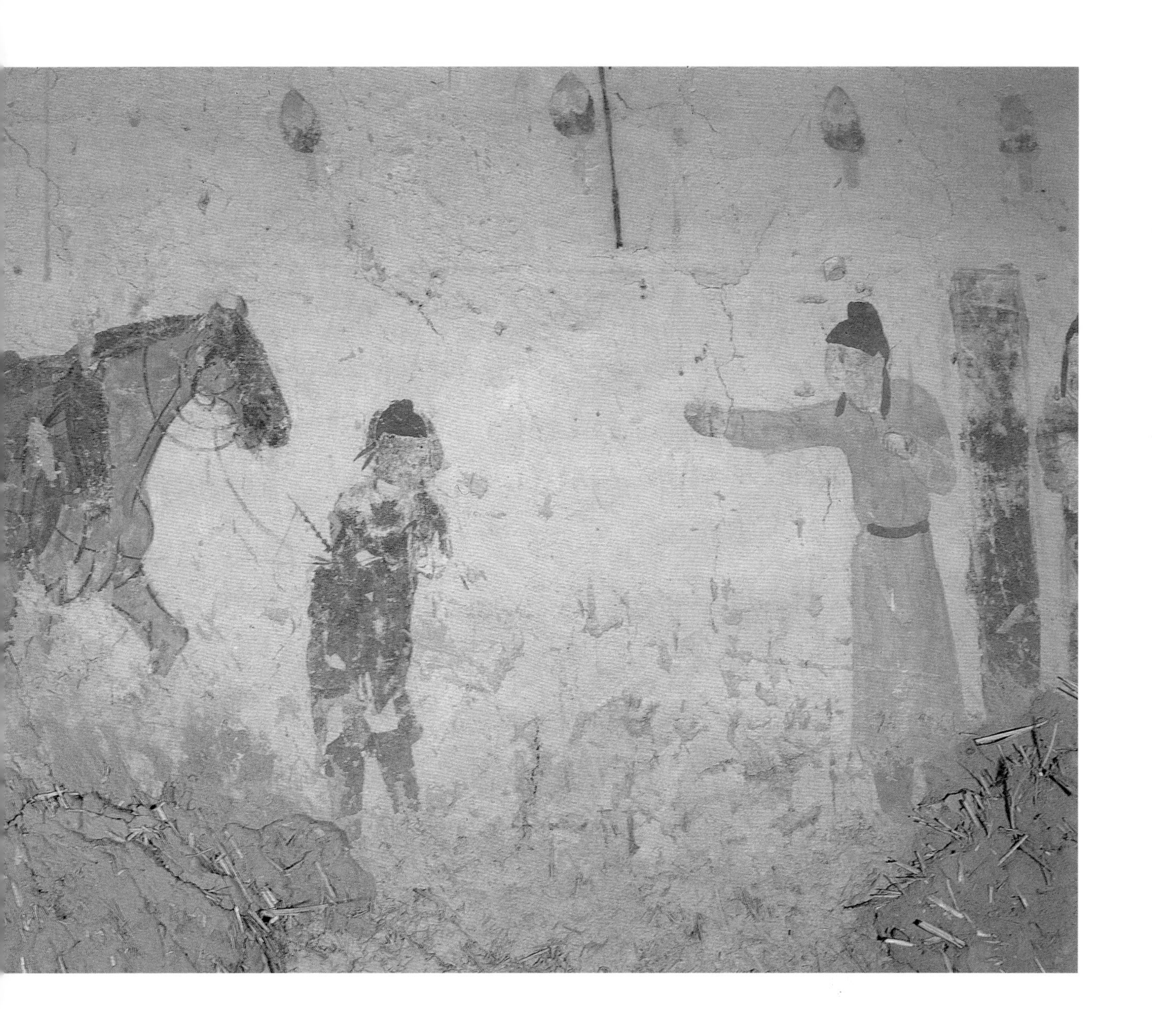

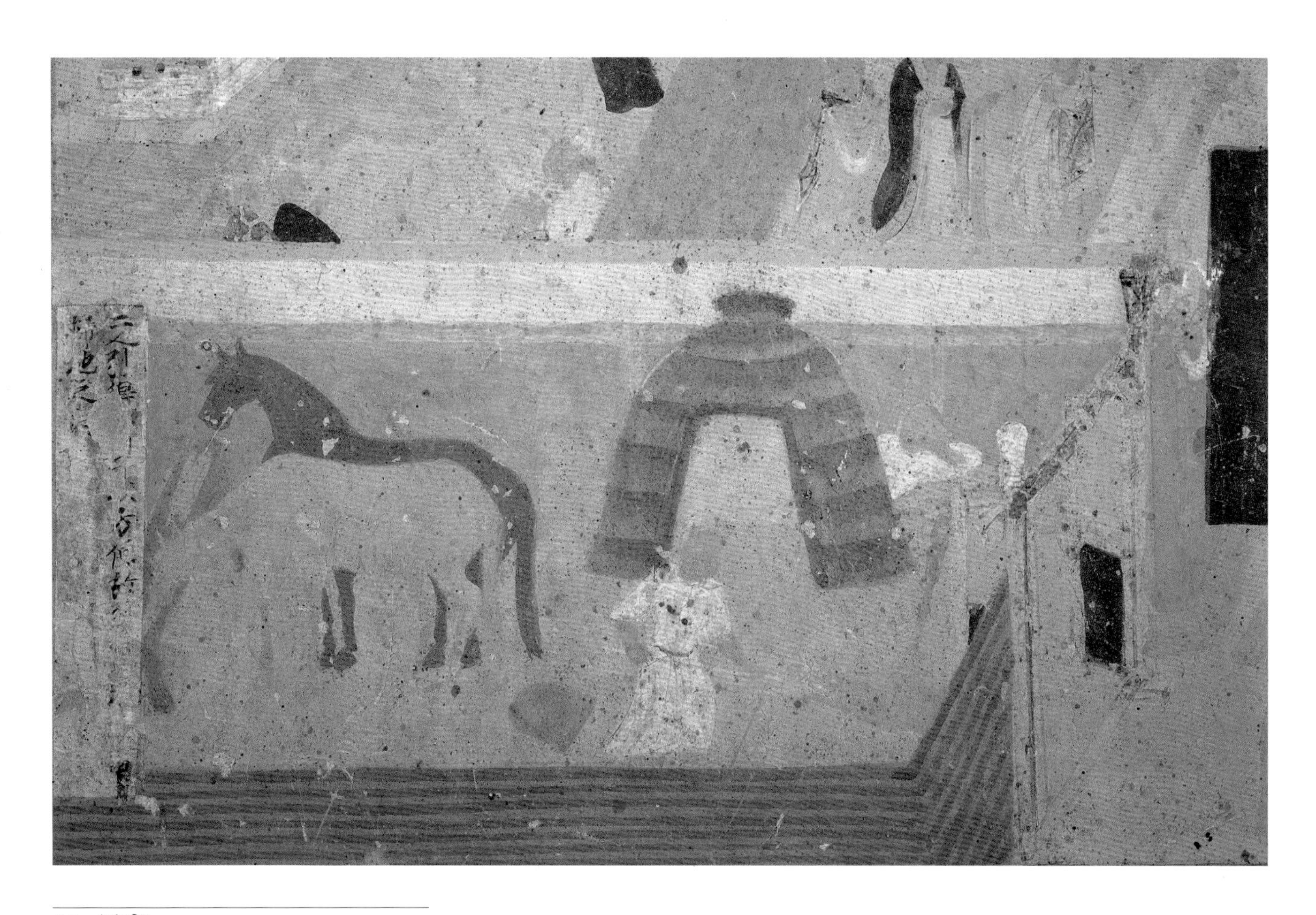

16 馬廐

馬廐是養馬的地方，設施齊全，並有馬夫專門飼馬和打掃。

中唐 莫231 南壁

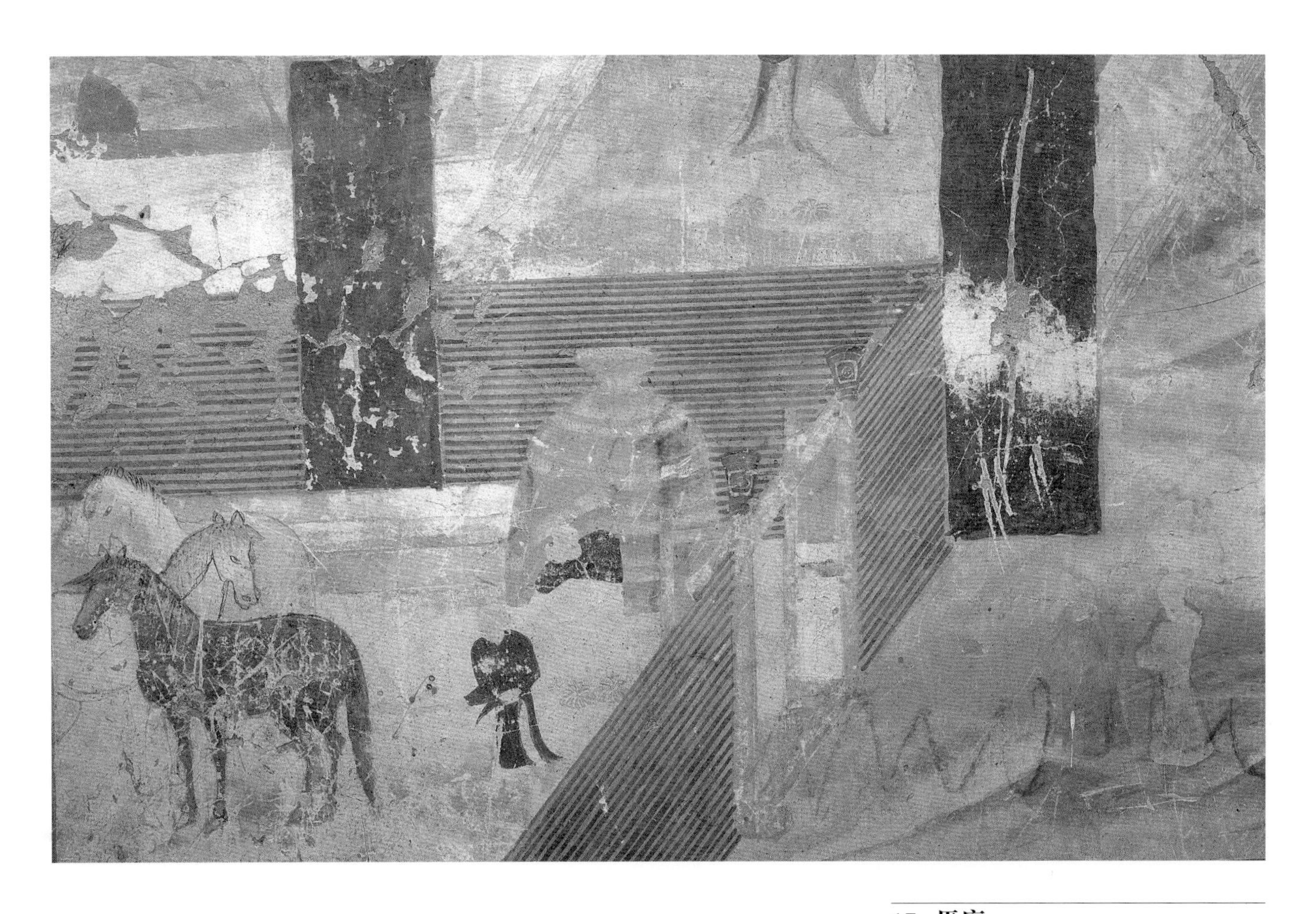

17 **馬廐**

中唐 莫237 南壁

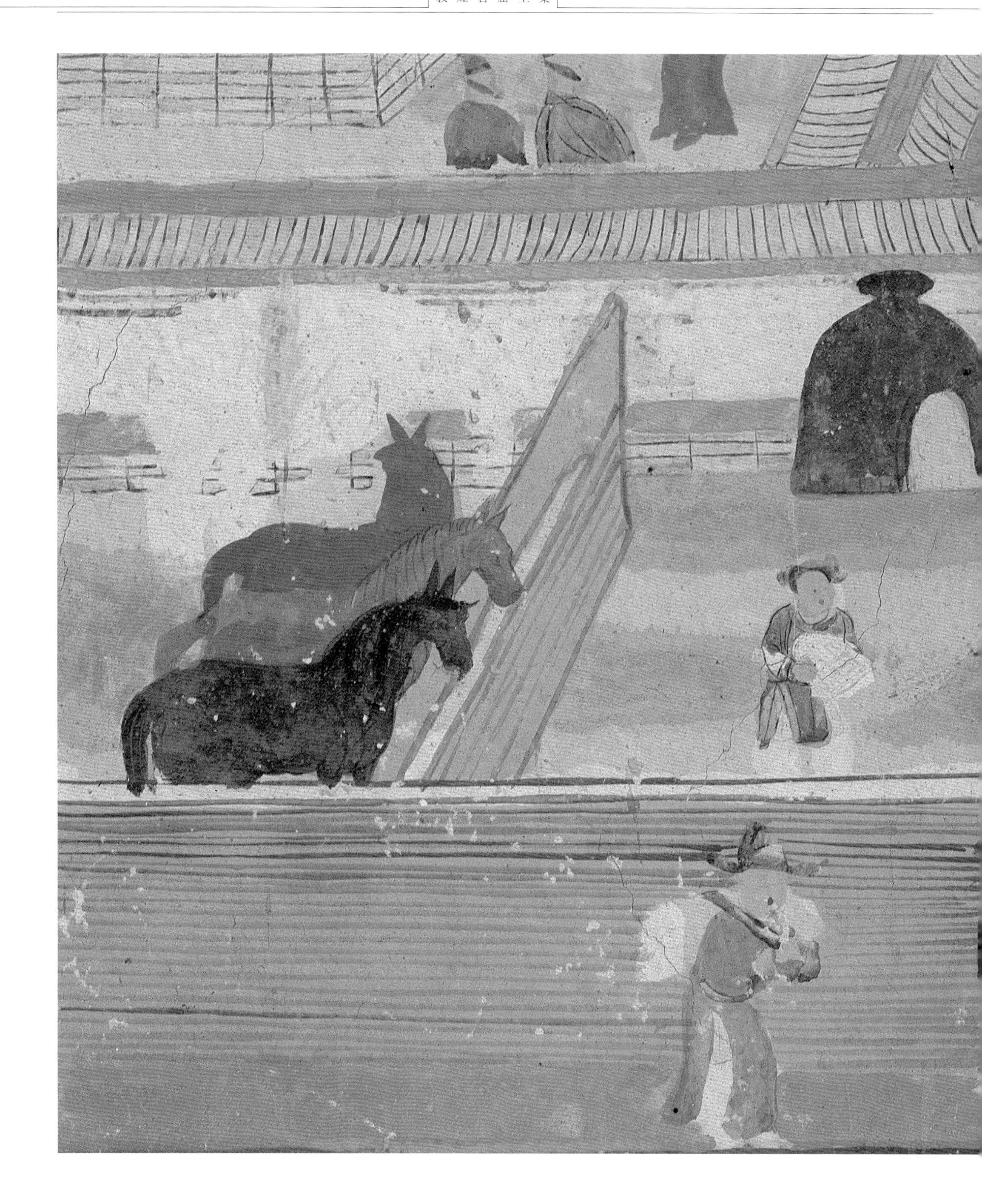

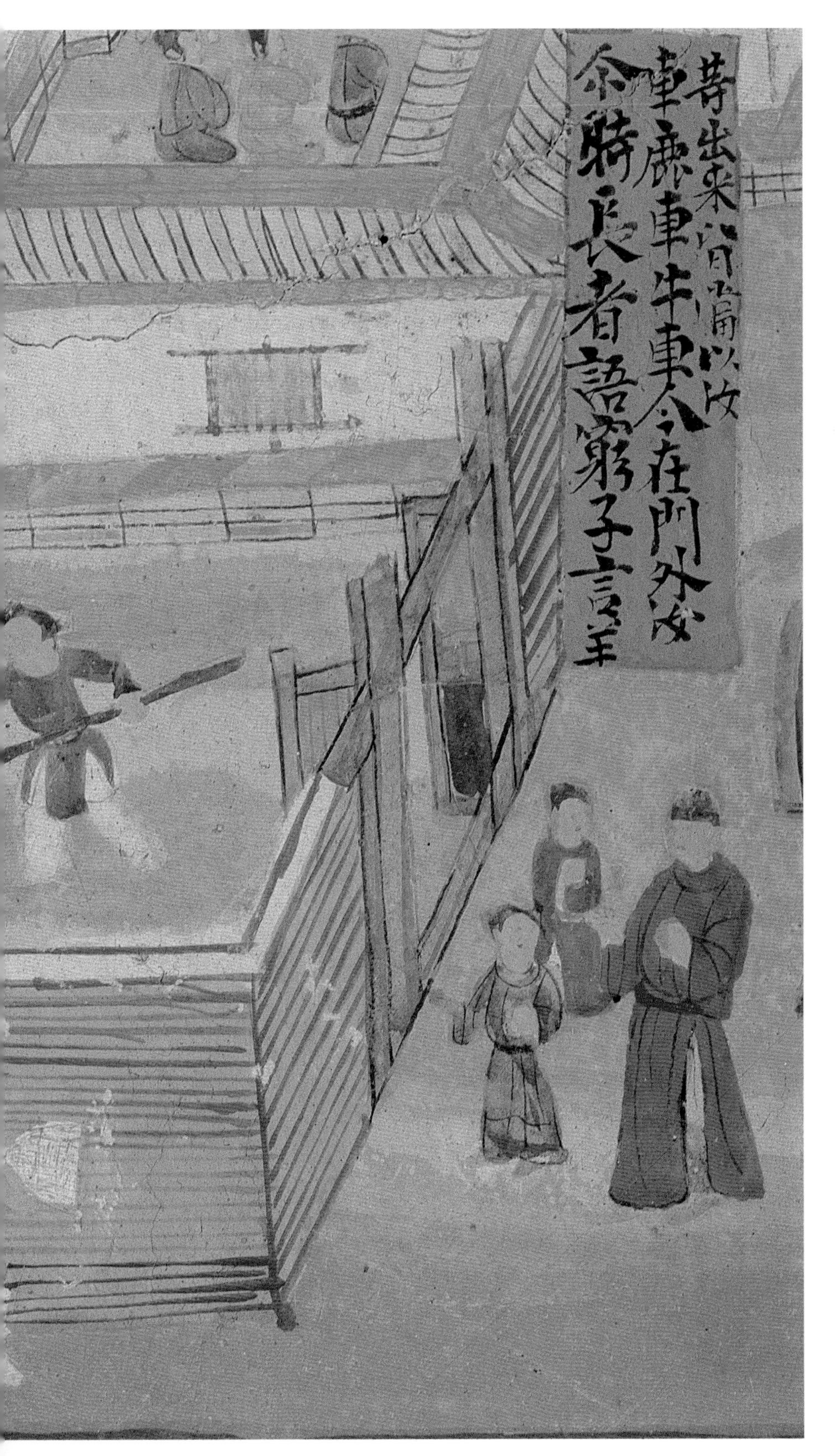

18 有內外間的馬廄

此圖顯示晚唐至五代的馬廄規格：隔牆把馬廄一分為二，即內外間。外間是馬夫休息的地方，所以有臨時建築的草庵；外間也是馬伕打草和準備飼料之處；內間是馬匹的活動場所。

五代 莫98 南壁

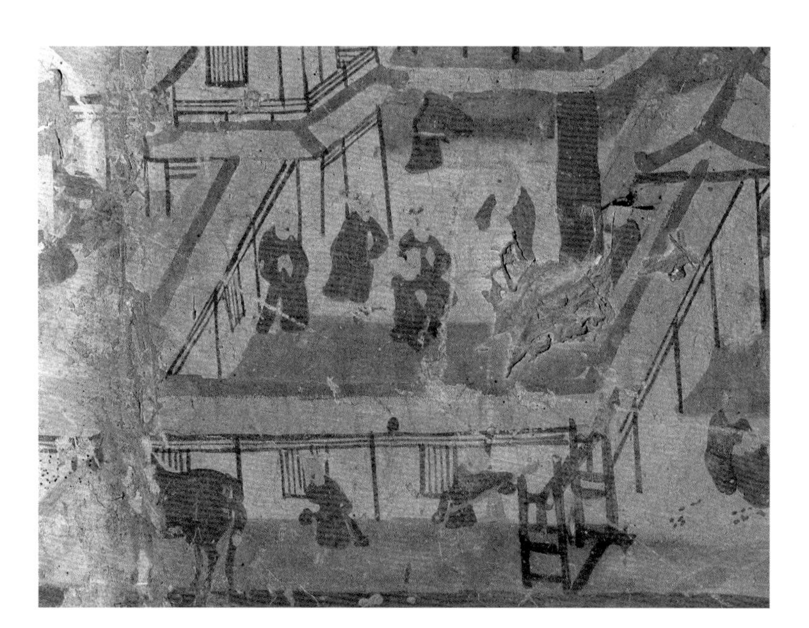

19 **大宅旁的小馬廄**

小馬廄在大宅旁呈長條形。

晚唐 莫138 南壁

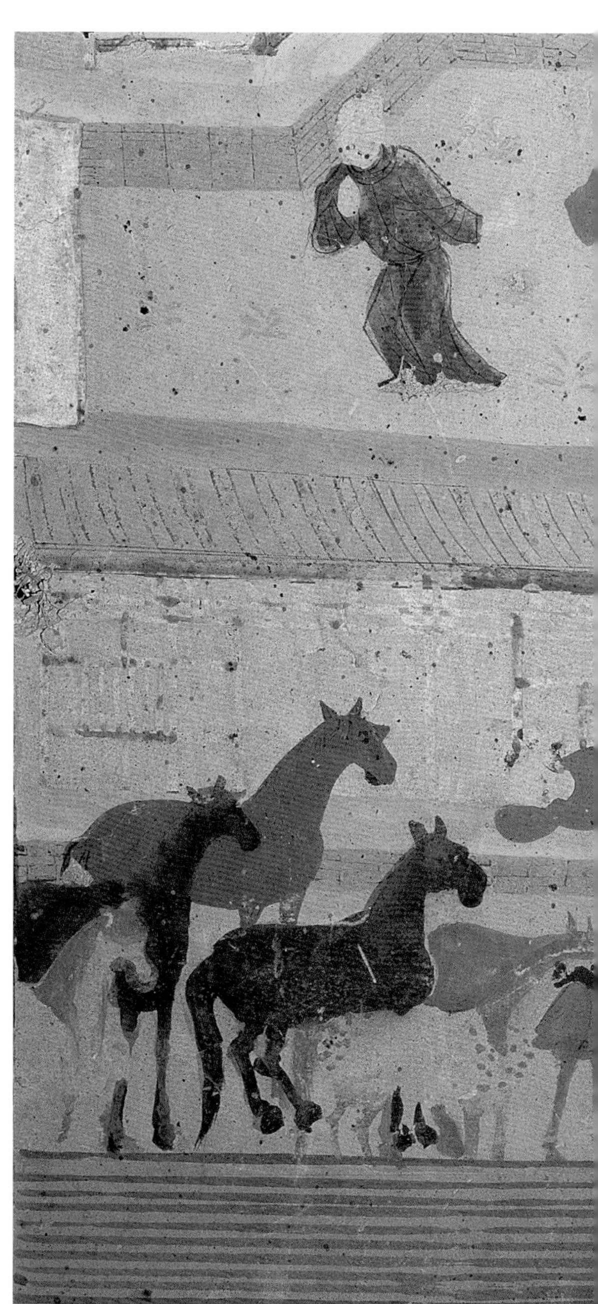

20 **大宅旁的馬廄**

晚唐 莫85 窟頂南坡

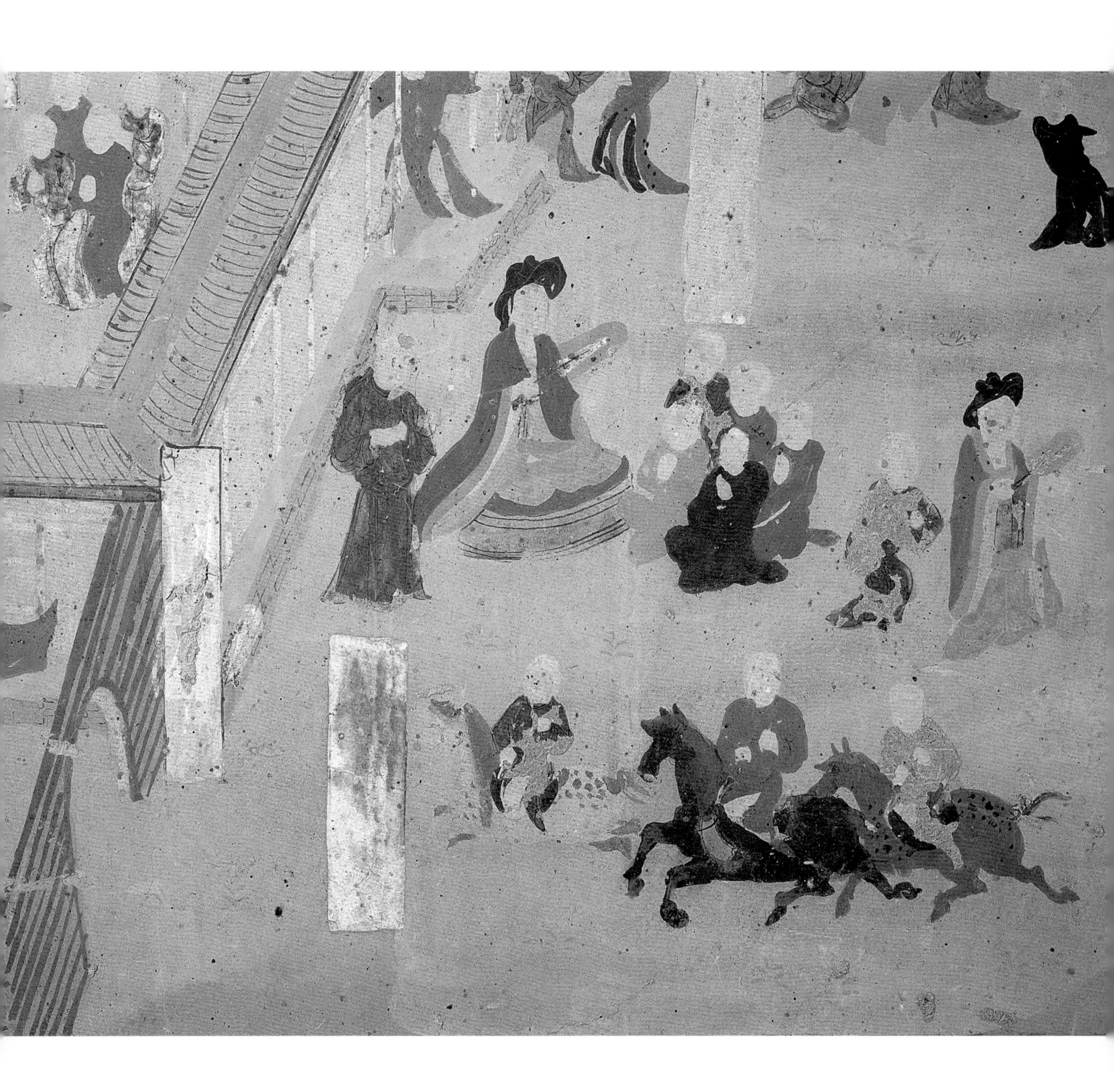

第三節 連接西北和西南絲綢之路的棧道

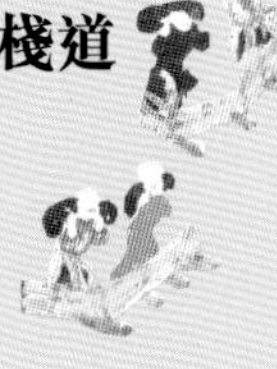

敦煌地處大漠戈壁，戈壁上的道路雖然十分艱難，卻比較平坦。然而我們在敦煌石窟公元9～10世紀的“法華經變”壁畫中，看到許多〈觀音普門品〉中的棧道與行人畫面，它們表現的是觀音菩薩救“或在須彌峰，為人所推墮”一難的內容；也有觀音菩薩救“或被惡人逐，墮落金剛山”一難的內容。畫面上的棧道都懸空於峭壁上，有行人、牲畜擔馱通過，十分險峻和逼真。

離敦煌最近的古代棧道為入蜀之道，即從今天的陝西（秦）至四川（蜀）的道路：自關中越秦嶺至漢中有斜谷與駱谷兩道，而自漢中至四川有文川谷路，均因架設棧道而通。古代棧道有多種形式，最典型者為樑橋式棧道，將一根根橫木排列，一端插於懸崖峭壁上的壁孔內，一端懸空伸出，然後於橫木上擱置木板連接構成。條件好一些的棧道又在伸出的一方設欄杆；敦煌石窟壁畫中的棧道就屬這種類型。敦煌文書中保存有一批來自蜀地的寫本和印本，其時間大概在公元9～10世紀之間，當年即是通過這條蜀道，經長安而到達敦煌的。據此推斷，敦煌壁畫中所描繪的棧道極有可能就是當年的秦蜀之道。

據史籍記載，蜀地與中原的交通早在春秋時代就已開通；戰國時期，在人迹罕至的秦嶺鑿岩插樑，淩空架設了千里棧道，解決了秦蜀兩國的交通問題，即所謂“秦棧道千里通於蜀漢”。秦漢以後，兩地交往更加緊密，棧道被不斷地修復和改建。漢代開發河西以來，以漢都長安為中心的交通網已將蜀地與河西連在一起。南北朝時期，又有河湟地區與蜀地來往的記錄。唐朝時期，玄宗和僖宗都曾入蜀避難。

秦蜀（或曰蜀漢）之道的艱難險阻，從唐代初年開始，許多詩人墨客都作過描述和記載：如張文瓊說：“梁山鎮地險，積石阻雲端，……飛樑架絕嶺，棧道繞危巒”；李白的《蜀道難》千百年來一直膾炙人口；岑參形容棧道上“行人貫層崖，……石窄難容車”。歐陽詹的描述更為逼真：

“秦之坤，蜀之艮，連高夾深，九州之險也。陰谿窮谷，萬仞直下，奔崖峭壁，千里無土；……猿垂絕冥，鳥傍危嶺，鑿積石以全力，樑半空於禾柵；……總庸蜀之通途，統岐雍之康莊。”

劉禹錫也曾記錄過公元839年修築秦蜀新路時的狀況，云“層崖峭絕，構木互鐵。”公元849年，唐宣宗因蜀漢道“勞人御馬，常困艱險”，而獎勵山南西道節度使和鳳翔節度使新修文川谷路和斜谷道，並在斜谷道遭洪水沖毀後又敕令重修：“差軍將所由領官健人夫併力修造道路橋閣等”，“通過商旅騾馬擔馱往來”，保證“其商旅及么行者，任馭穩便往來。”公元886年，唐僖宗又一次過斜谷道，親睹因沿途道路崎嶇，死傷者眾。到公元930年前後，駱谷道依然“險阻尤甚”。蜀道之難，成為長期困擾人們出入四川的話題；但出入四川、往來於漢蜀之道的商旅卻從無間斷，以至於遠處西北邊陲的敦煌也與四川交往。

最早的棧道壁畫繪於公元865年建成的第156窟，時為敦煌張氏歸義軍政權初期。這與敦煌文獻中記載敦煌同蜀地交往的時間是一致的。但陳寅恪先生明確指出，“蜀漢之地當（南朝）梁時為西域胡人通商及居留之區域”想必有所據。西域胡人到蜀漢通商及居留，都應通過敦煌，則敦煌與蜀地的交通道路，最遲於南朝梁時開通了，比敦煌文獻的記載早300多年。值得注意的是，畫面上的棧道大多是同驢馱隊連在一起的，出棧道後的驢馱隊伍都在休息。這些畫面早已脫離了佛經的原意，而較貼切地展現古代西北地區與川蜀交通道路及運輸的一些情景。

中國古代與西方各國的交通，除了以敦煌為樞紐站的這條地處中國西北的絲綢之路外，在中國的西南地區，長期以來也有一條通向南亞各國的經濟文化交往之道，被人們譽為“西南絲綢之路”。產生於印度的佛教，經緬甸傳入中國雲南的時間，比佛教經中亞傳到中國的時間還要早。中國西北的絲綢之路與西南的絲綢之路正是通過“難於上青天”的蜀道連接在一起的。而敦煌壁畫中的棧道即是這一歷史真實的直接表現。

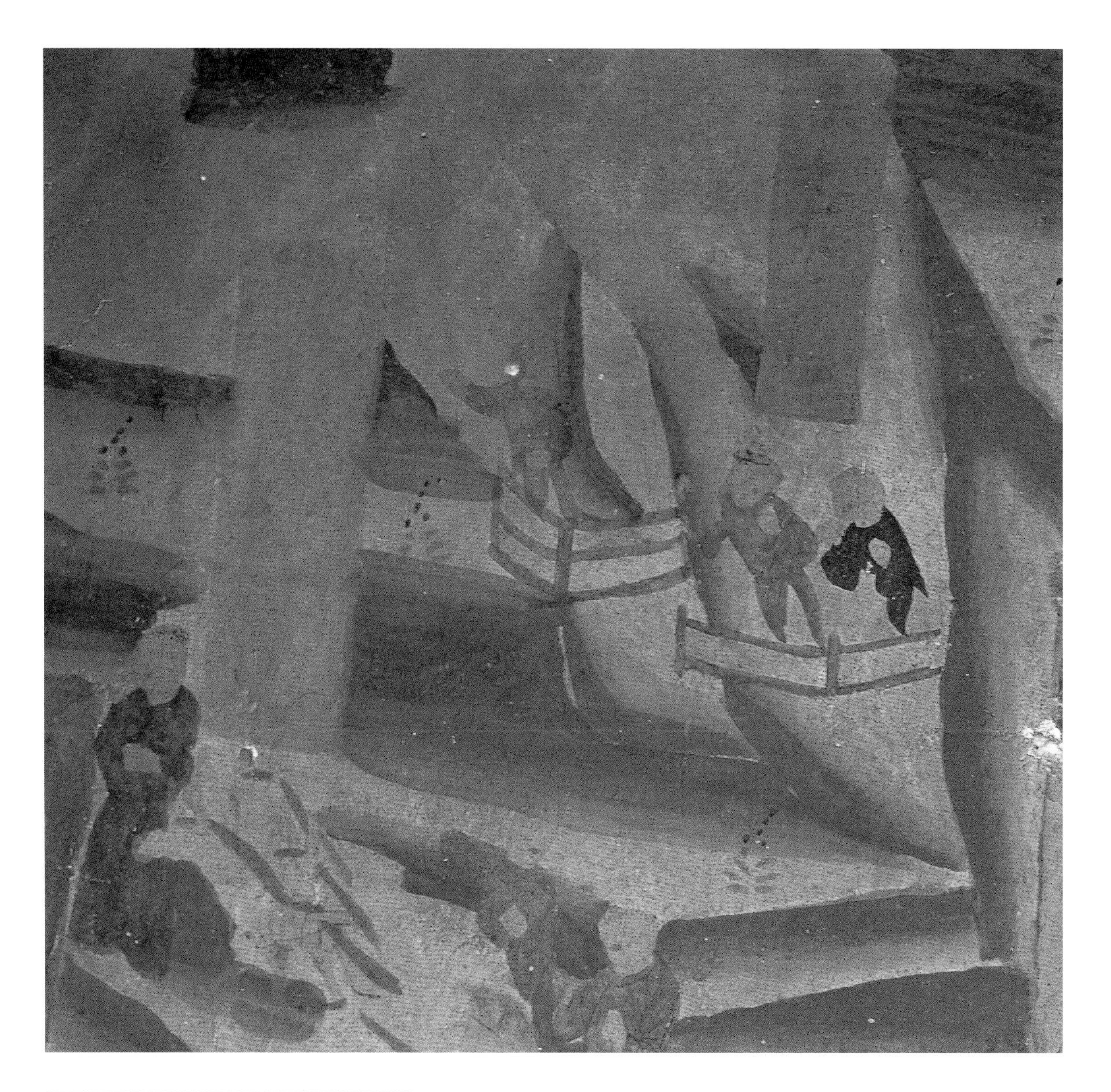

21 棧道與行人

古代棧道有多種形式，最典型為樑橋式棧道，就是將排列好的一根根橫木的一端插入懸崖峭壁上，另一端懸空伸出，然後在橫木上鋪設木板，以利行走。講究安全的棧道，另設欄杆，敦煌壁畫的棧道就屬於這種類型。

晚唐 莫156 窟頂南坡

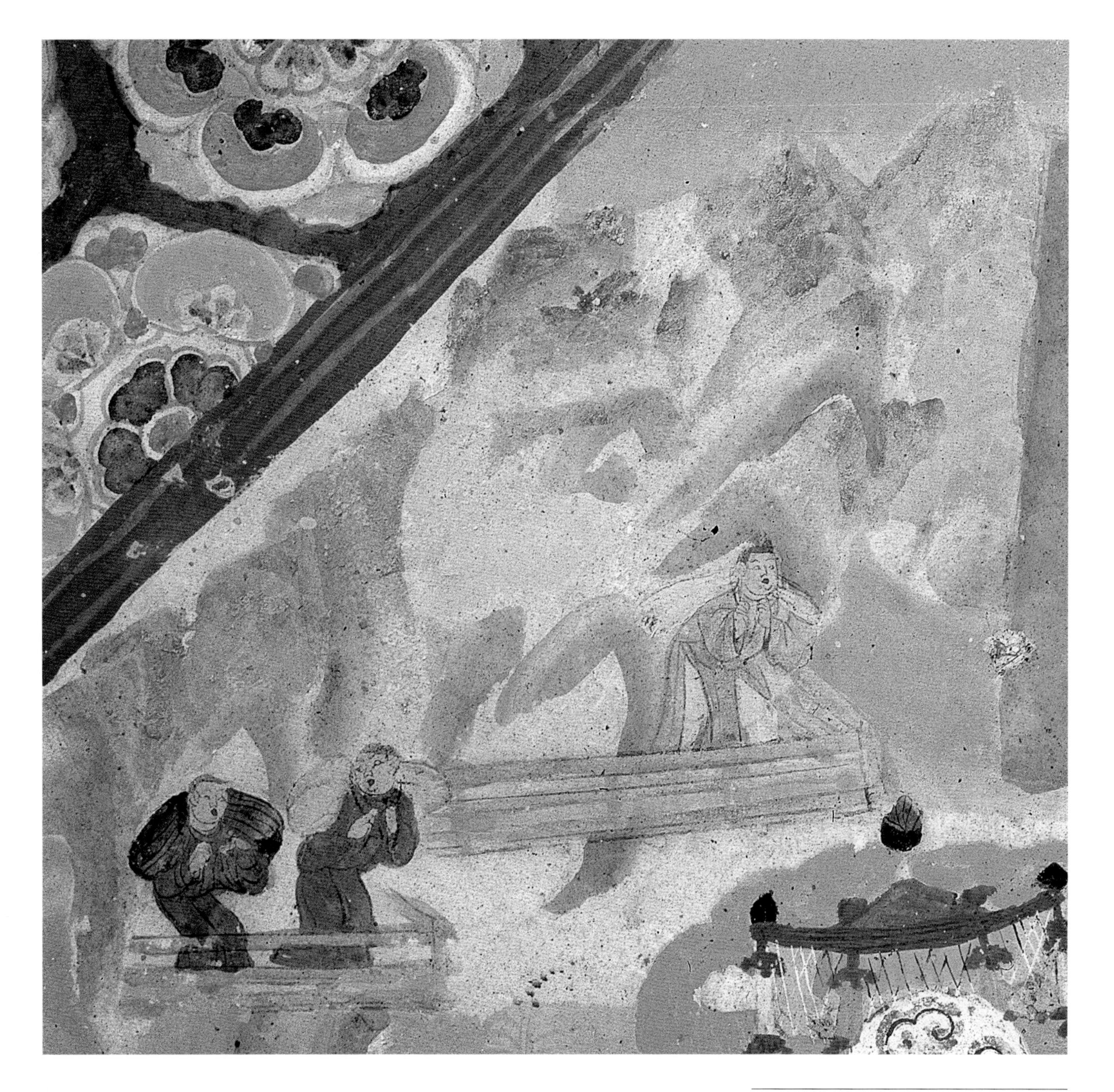

22 **過棧道的行旅**

晚唐 莫85 窟頂南坡

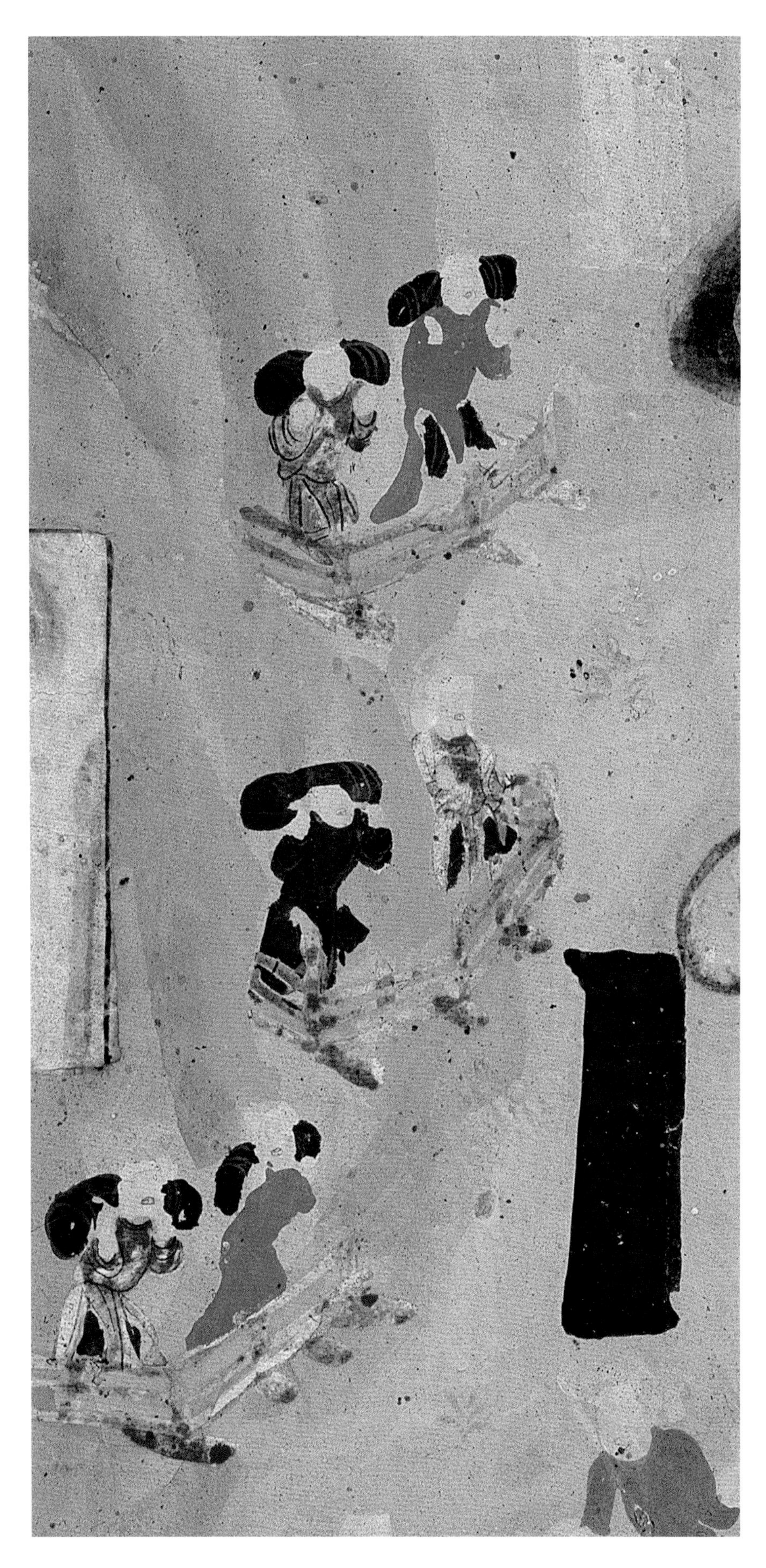

23 **難於上青天的蜀道**
晚唐 莫12 南壁

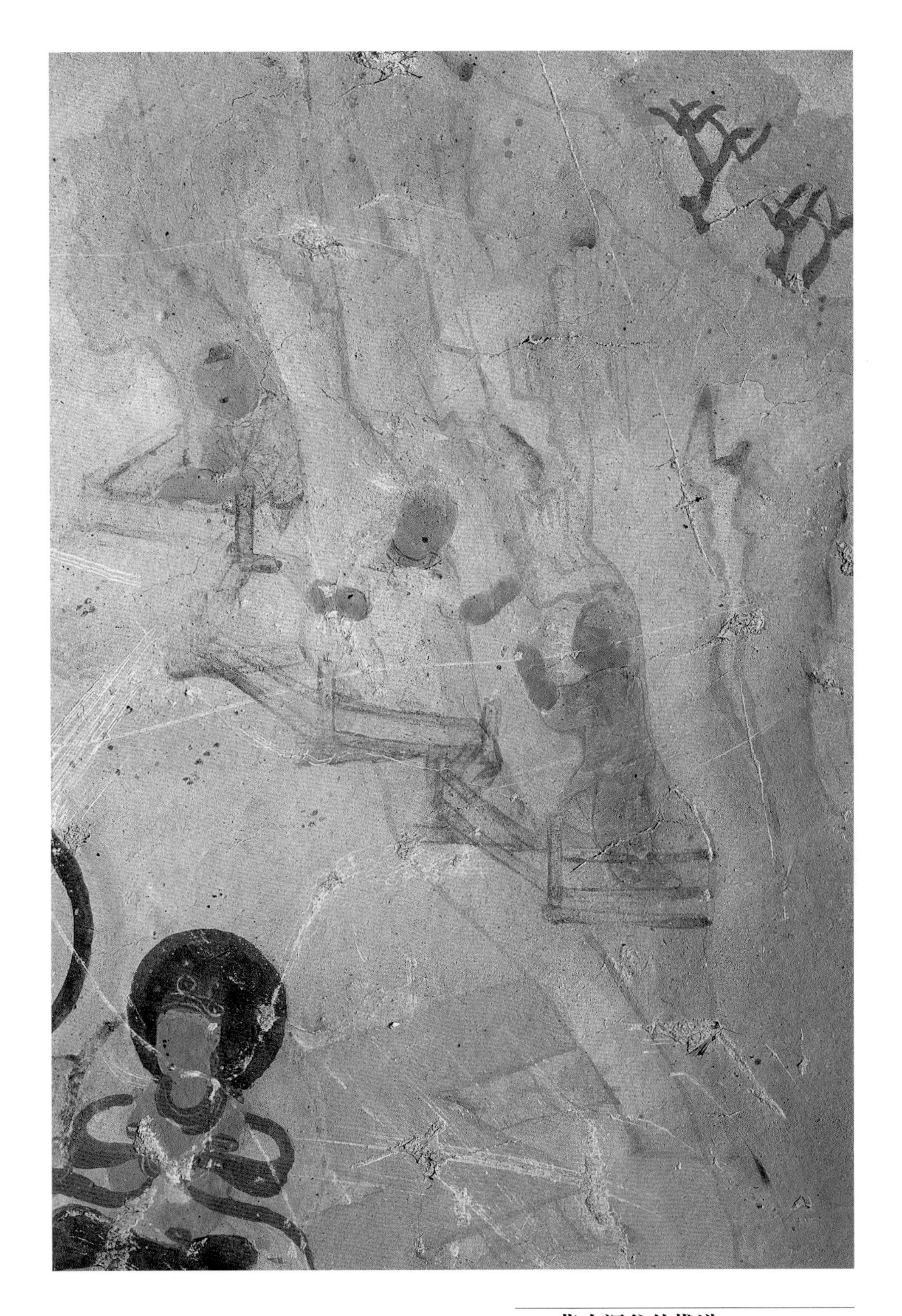

24 **萬丈深谷的棧道**

晚唐 莫14 南壁

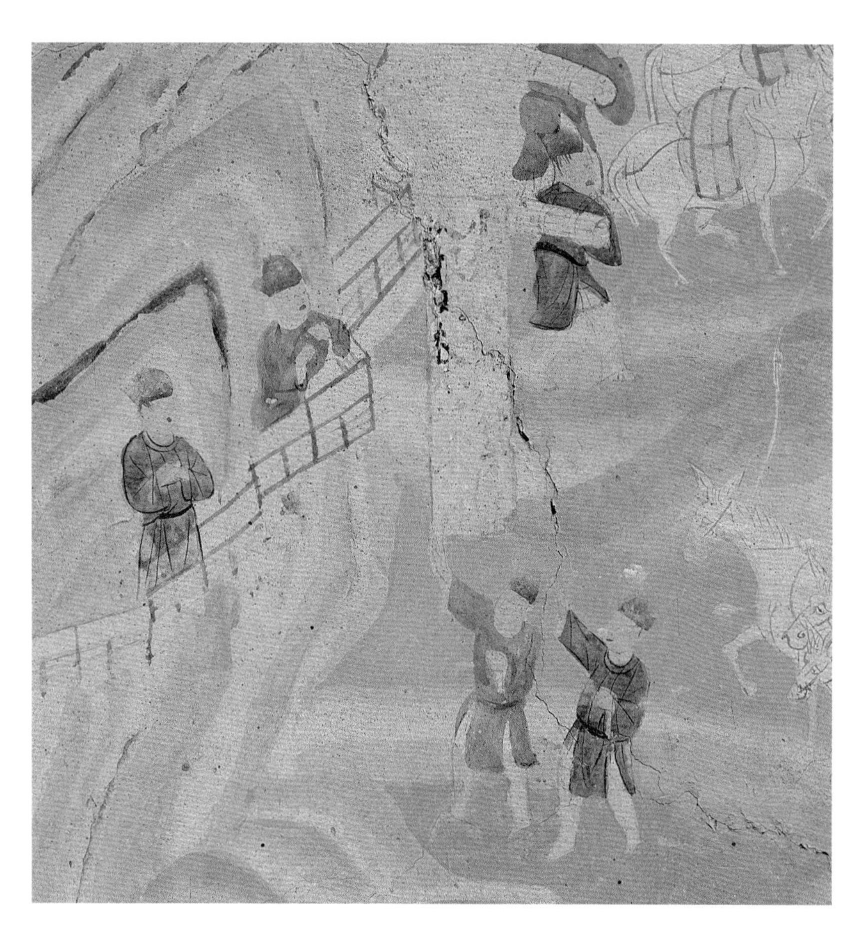

25 有欄杆的棧道

五代 莫98 南壁

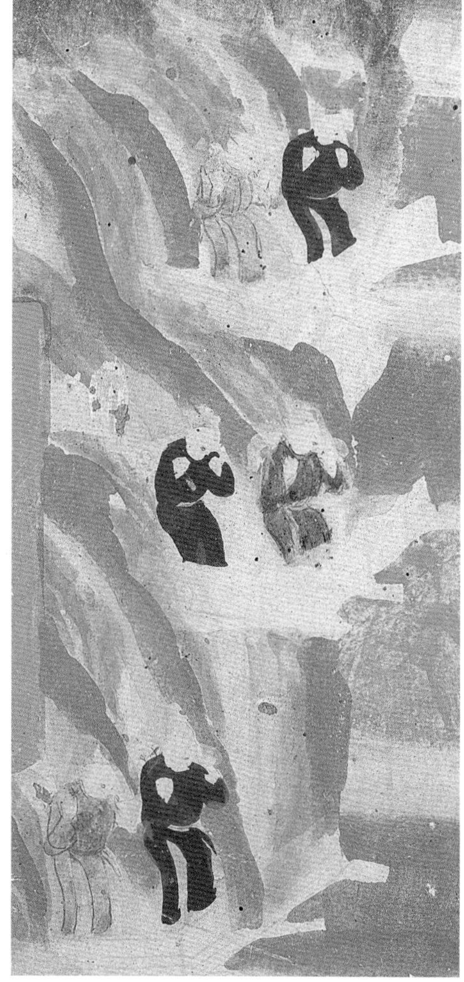

26 峭壁上的棧道

宋 莫6 南壁

山重水復

——五台山圖的朝聖送供道

敦煌石窟各個時期的壁畫中，有關道路交通的圖像較多，但也比較零散，特別是在反映中國古代交通制度方面就不太明顯，如在壁畫上幾乎看不到官道與民道的區別，一般畫面上單個的乘騎馱運、車輛運載及步行者等等都沒有繪出，甚至一些交通隊伍也是如此。只有第61窟的"五台山圖"所表現的道路比較可以反映唐至五代時中國交通情況。

敦煌石窟現存有7幅"五台山圖"，其中6幅是唐代所繪，只有1幅是五代的作品。唐代的五台山圖屬於屏風畫一類，規模很小，內容也很簡單，這些屏風畫主要是裝飾和襯托文殊菩薩變相的，遠遠不及五代的"五台山圖"。著名的五代"五台山圖"繪於公元950年前後建成的莫高窟第61窟的西壁，這幅畫面積達45.9平方米，是中國現存較早的在石壁上彩繪的地圖（更早的有內蒙古和林格爾縣漢墓彩繪的寧城圖）。它不僅形象地描繪了佛教聖地五台山古剎林立、香煙繚繞的盛況，而且清晰地展現了唐、五代時期從河北道南部（今天的河北省）和河東道（今天的山西省）出入五台山的兩條交通要道，亦即從今天河北省正定向西北至五台山和從山西省太原向東北至五台山的兩條主要路綫。圖上山河地貌、道路橋樑、關隘城鎮、驛站客棧等靡不具備，還包括來自天南地北的香客、信徒、使團，以及道路、交通工具和各種運輸形式。所以此"五台山圖"是極為珍貴的交通史圖像資料，也是敦煌石窟中反映古代交通的代表作品。

"五台山圖"的出現和廣泛流傳，可以說是文殊信仰普及所致。據唐史記載，早在公元824年（唐穆宗長慶四年），吐蕃王朝曾遣使至唐朝求取"五台山圖"；日本和尚圓仁所著《入唐求法巡禮記》（以下簡稱《入唐記》），記述自己曾得到五台山僧義圓和尚所贈"五台山化現圖"。敦煌也是從唐代中期開始盛行文殊信仰，這一點從當時敦煌石窟中繪製大量的文殊菩薩畫像和塑像即可證明。

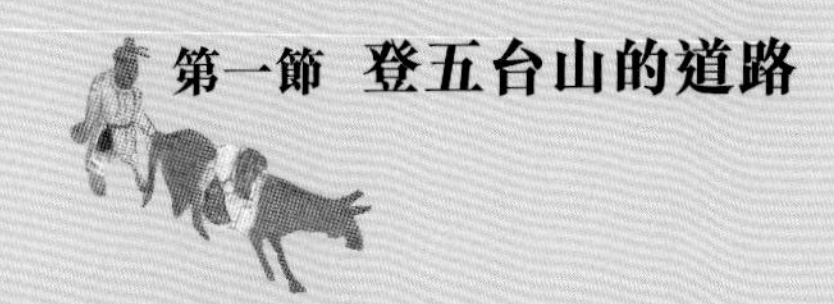

第一節 登五台山的道路

五台山位於中國山西省太行山麓，自古出入五台山有四條道路可行：南面二道和北面二道。南面二道即東南從河北道鎮州、西南從河東道并州至五台山；公元840年（唐文宗開成五年）陰曆四月二十一日，日本和尚圓仁一行就是從河北道鎮州向西北進發，二十九日到達五台山；同年七月五日，圓仁一行離開五台山向西南行，十三日到達河東太原府。圓仁所著《入唐記》詳細記述了沿上述路綫出入五台山所經過的城鎮、村莊、道院、客棧等。這條路被後世學者稱作“五台山進香道”。北面二道，即西北從河東道朔州或雲州進入代州再上山，東北從河北道幽州、易州方向入河東道蔚州至五台山。但由於河北道北部及河東道以北地區，所居多為遊牧民族，不似中原人篤信佛教，所以，不管是中國人還是外國參拜者，一般都是從南面二道出入五台山。唐朝時期五台山

第61窟五台山圖與《入唐求法巡禮記》登山路綫比較表

	五台山圖的登山路綫	《入唐記》的五台山進香道	（兩地相隔距離）
鎮州至五台山路綫 (五台山圖榜題稱為 “河北道山門東南路”)	*鎮州	*鎮州	
	*新榮之店	*使莊	10里
	*靈口之店	*南接村	20里
		行唐縣	15里
		黃山八會寺上房普通院	15里
		劉使普通院	10里
		兩嶺普通院	25里
		果莞普通院	30里
		解普通院	30里
	*柳泉之店	*淨水普通院	20里
		塘城普通院	30里
	*龍泉之店	*龍泉普通院	15里
		張花普通院	20里
		茶鋪普通院	10里
	*青陽之嶺	*大復嶺	10里
	河北道山門	角詩普通院	20里
		停點普通院	30里
	*五台山	*五台山中台頂	
五台山至太原路綫 (五台山圖榜題稱為 “河東道山門西南路”)	*五台山	*五台山佛光寺	
		上房普通院	2里
		思陽嶺	12里
		大賢嶺(嶺上有重門山樓)	13里
	*五台縣	*五台縣	5里
	河東道山門	定襄縣七岩寺	30里
	定襄縣	胡村普通院	30里
	忻州	宋村普通院	30里
	*石嶺關鎮	*石嶺鎮南關頭普通院	35里
		大于普通院	20里
		踴地店	20里
	*太原白梘店	*白楊普通院	35里
	*太原三橋店	*三交驛	15里
	*太原新店	*古城普通院	15里
	*太原	*太原府	15里

*為同名或同地異名的沿綫地點。

第61窟五台山上山路綫圖

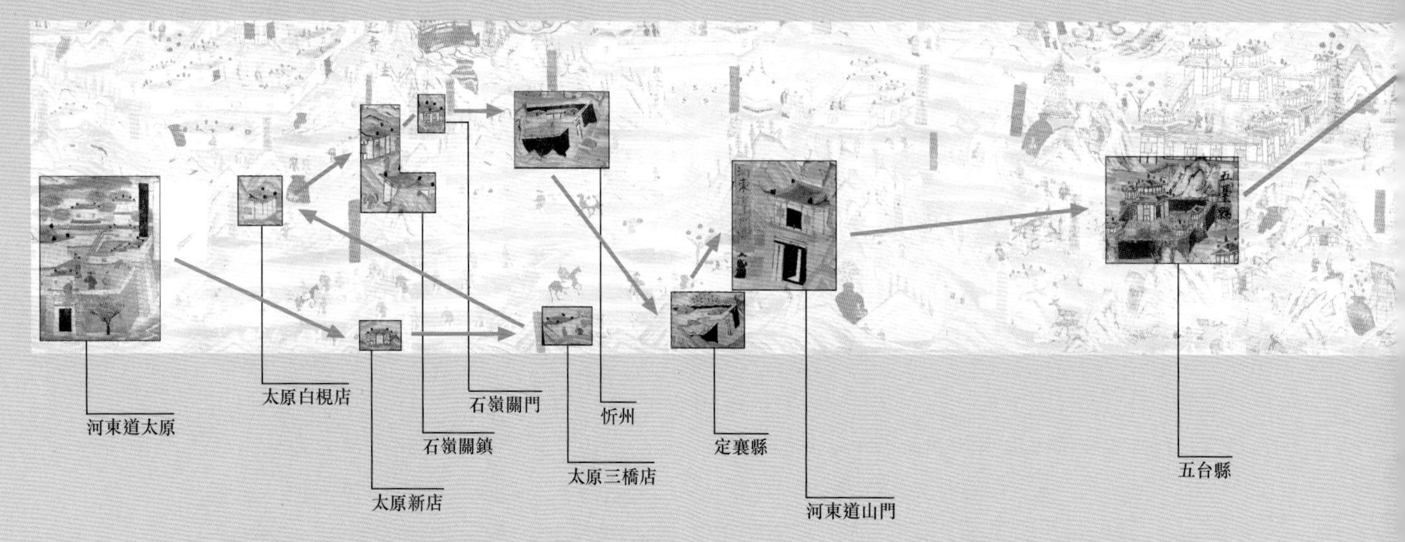

周圍的交通狀況，特別是太原和正定（即古之真定）的兩條道路，在當時就為人所熟知。

第61窟“五台山圖”所繪出入五台山的道路，即是常見的五台山至鎮州和太原的兩條道路，分別繪於圖下部的左右兩邊：從鎮州出發向西北方向，途經行唐縣、龍泉鎮、石觜關鎮等城鎮村落，翻越太行山大復嶺至五台山，圖中題榜稱為“河北道山門東南路”。

從五台山出發向西南方，過五台縣，途經定襄縣、忻州治所秀容縣，南下過石嶺關至河東節鎮并州太原，圖中榜題稱為“河東道山門西南路”。這兩條路綫並沒有按照實際的地理方位繪製，而是根據畫面的整體佈局，分別作了S形構圖處理。

從鎮州至五台山的路綫上，“五台山圖”和《入唐記》所載的“五台山進香道”比較，二者所記之同名地僅鎮州一處；異名同地者有：新榮之店即使莊、靈口之店即南接村（屬靈壽縣）、柳泉之店即淨水普通院、龍泉之店即龍泉普通院、青陽之嶺即大復嶺等。

從五台山至太原的路，“五台山圖”所繪與“五台山進香道”所記地名相同者，有五台縣、石嶺關和太原；異名同地者，已認定太原白梘店是白楊普通院。此外太原新店或即古城普通院，太原三橋店或即三交驛等處。位於五台山下的五台縣，原為漢代慮遞縣，隋代因山改名五台縣；這裏是南北出入五台山的必經之地，古今依然。在“五台山圖”中，它所在位置也與實際相符。

在“五台山圖”所展示的從南邊出入五台山的道路上，我們看到了沿途的山川、河流、道路、橋樑以及城鎮、關隘、驛站和客棧等形象。但“五台山圖”是一幅象徵性的地形示意圖，圖中所有的建築都是象徵性的，與實際外觀不符；而且，州縣城池在畫面上均小於寺院，村鎮及店鋪均小於蘭若、草庵，這是為了突出五台山作為佛教聖境的主題。這一點，僅就從我們選取的這些畫面上，也看得十分清楚。

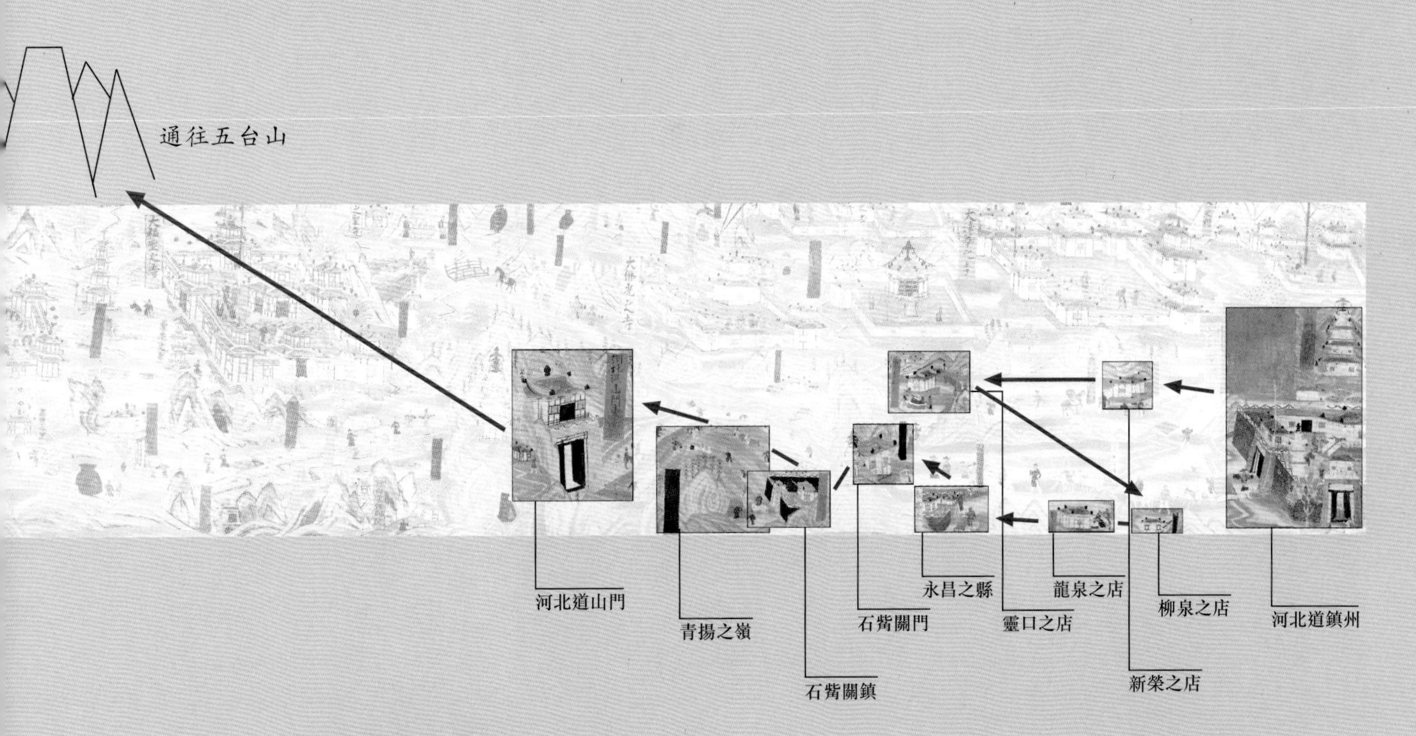

五台山進香道地圖

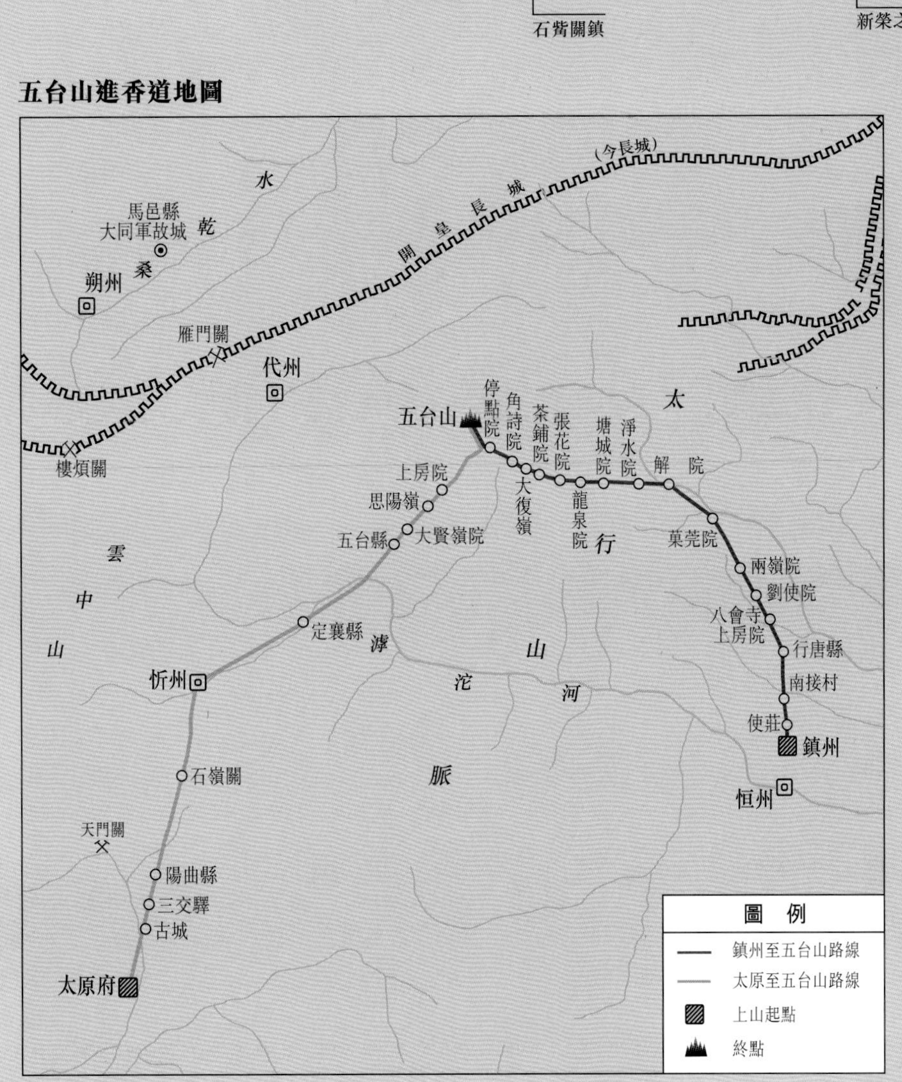

這幅真實的五台山進香道地圖，兩條上山路綫所經之處與《入唐記》所記(見頁57路綫比較表)的大致相同；再將之與第61窟的五台山上山路綫圖比較，亦可見五台山圖在地理位置方面具有一定程度的依據。

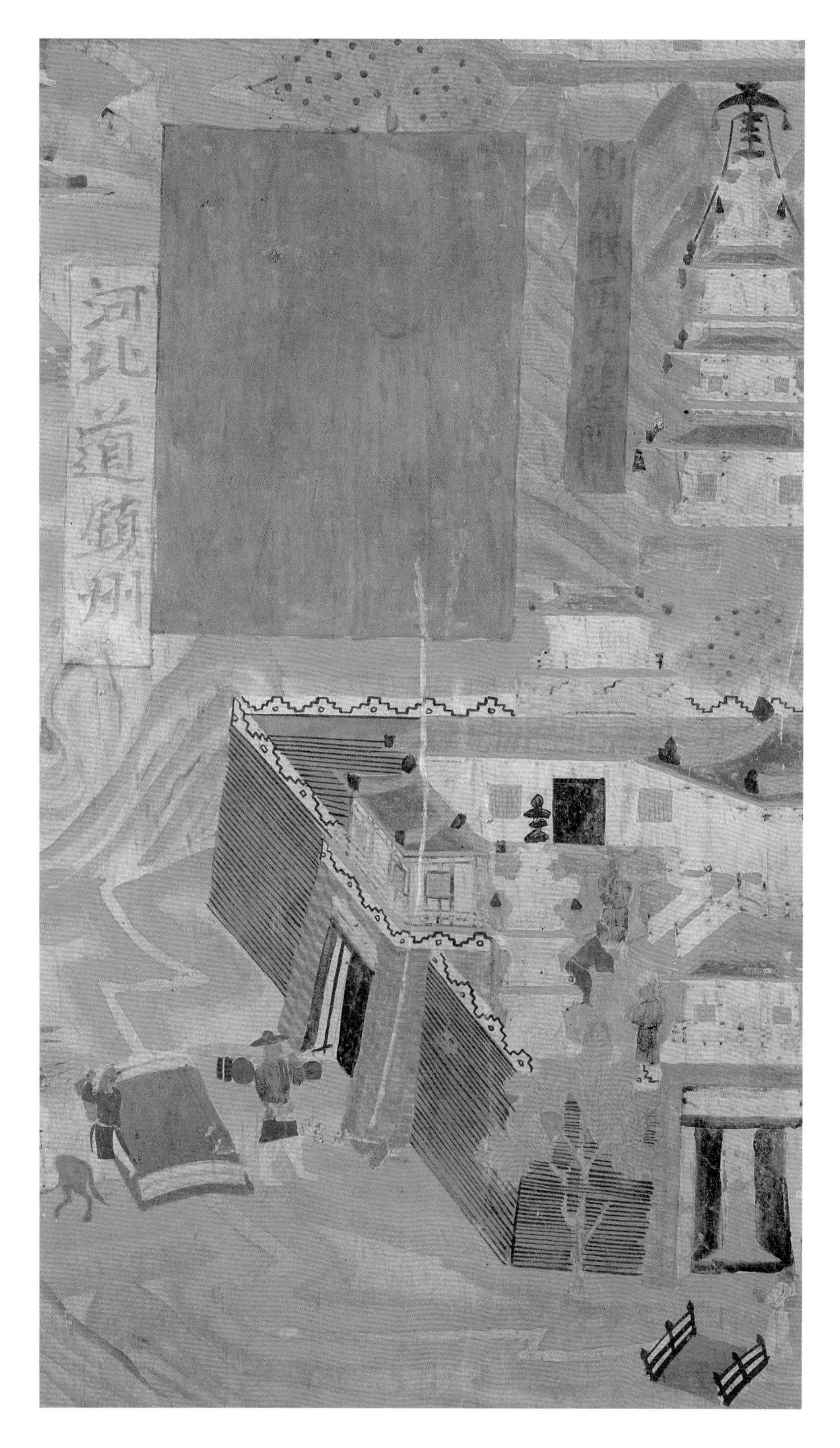

27 **河北道鎮州**

河北道鎮州，秦代稱為常山郡，即今河北省正定縣，唐代置鎮州，為成德節度軍治所；五代後漢時仍稱鎮州，即"五台山圖"繪製時代。圖中所示為旅行者出鎮州城西門，過橋向五台山進發的情景。

五代 莫61 西壁

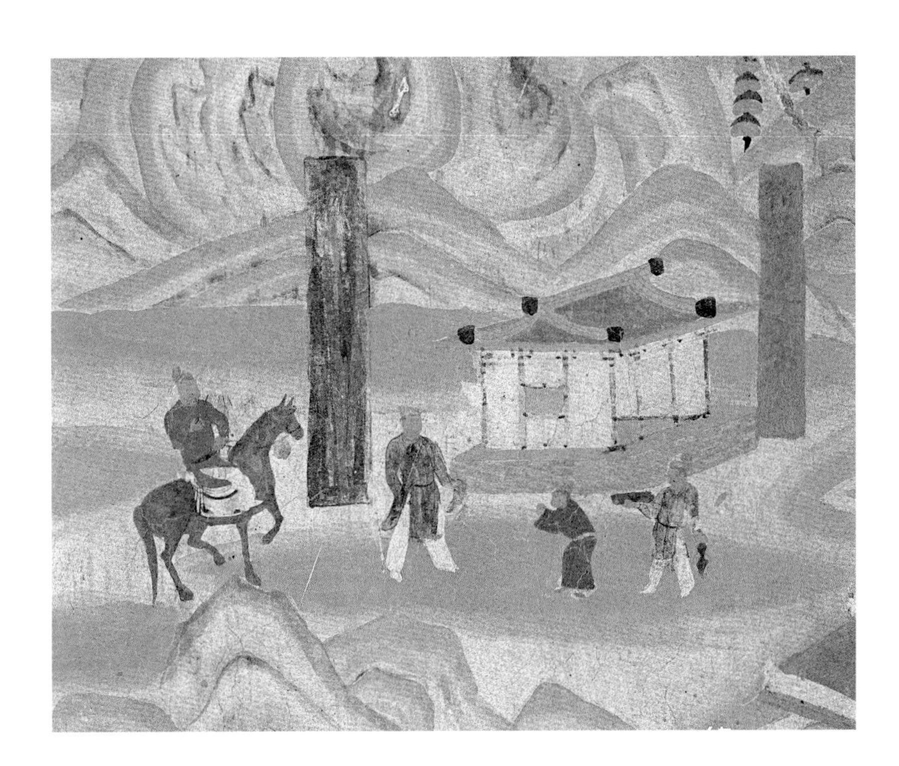

28 新榮之店及新羅送供使

在"河北道鎮州"城西側上部，繪有一座簡單的歇山頂小屋，有榜題"新榮之店"，小屋旁繪兩名店員正在迎接客人；來客一行二人一馬，有榜題"新羅送供使"。新榮之店應該是圓仁所記鎮州城北20里的"使莊"。畫面上的使者背對五台山進入新榮之店，當為新羅使臣從五台山東歸的途中。而"使莊"可能是因接待各國和各地往五台山的使者而得名，新榮之店即是該莊一處能夠接待使臣的客店。

五代 莫61 西壁

29 石嶺關門、石嶺關鎮及永昌之縣

石嶺關在今山西省代縣境內，唐屬河北東路的代州，地處五台山與鎮州之間的通道上。史籍記載該關為金代所置，而五台山圖以較大面積繪石嶺關門及石嶺關鎮，表明公元950年前後已有此關、鎮。永昌縣無考，據圖中所示位置，應在石嶺關鎮以東。此三處很可能是五代後晉時新設置之城、關、鎮，其位置當在龍泉鎮（五台山圖中之"龍泉之店"）與大復嶺（圖中之"青陽嶺"）之間。

五代 莫61 西壁

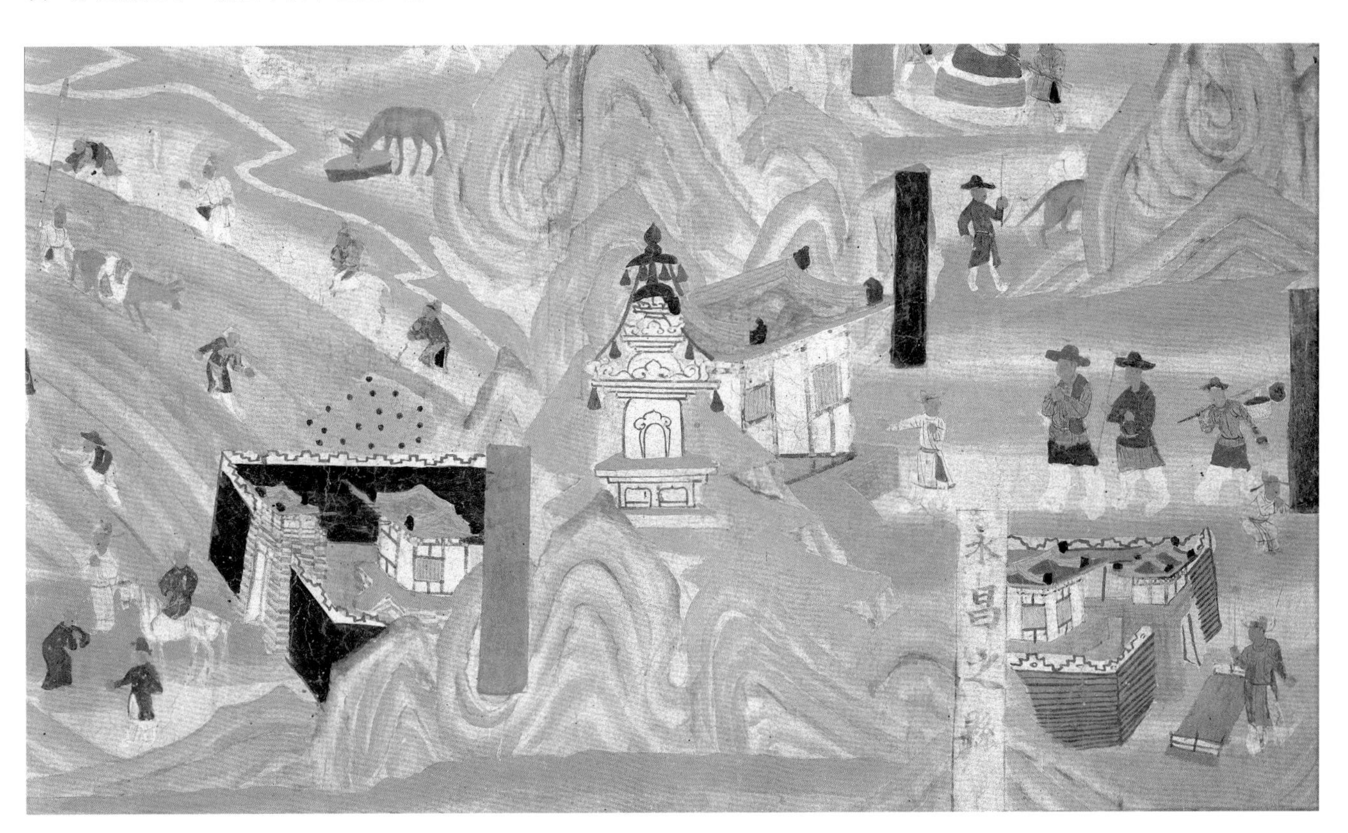

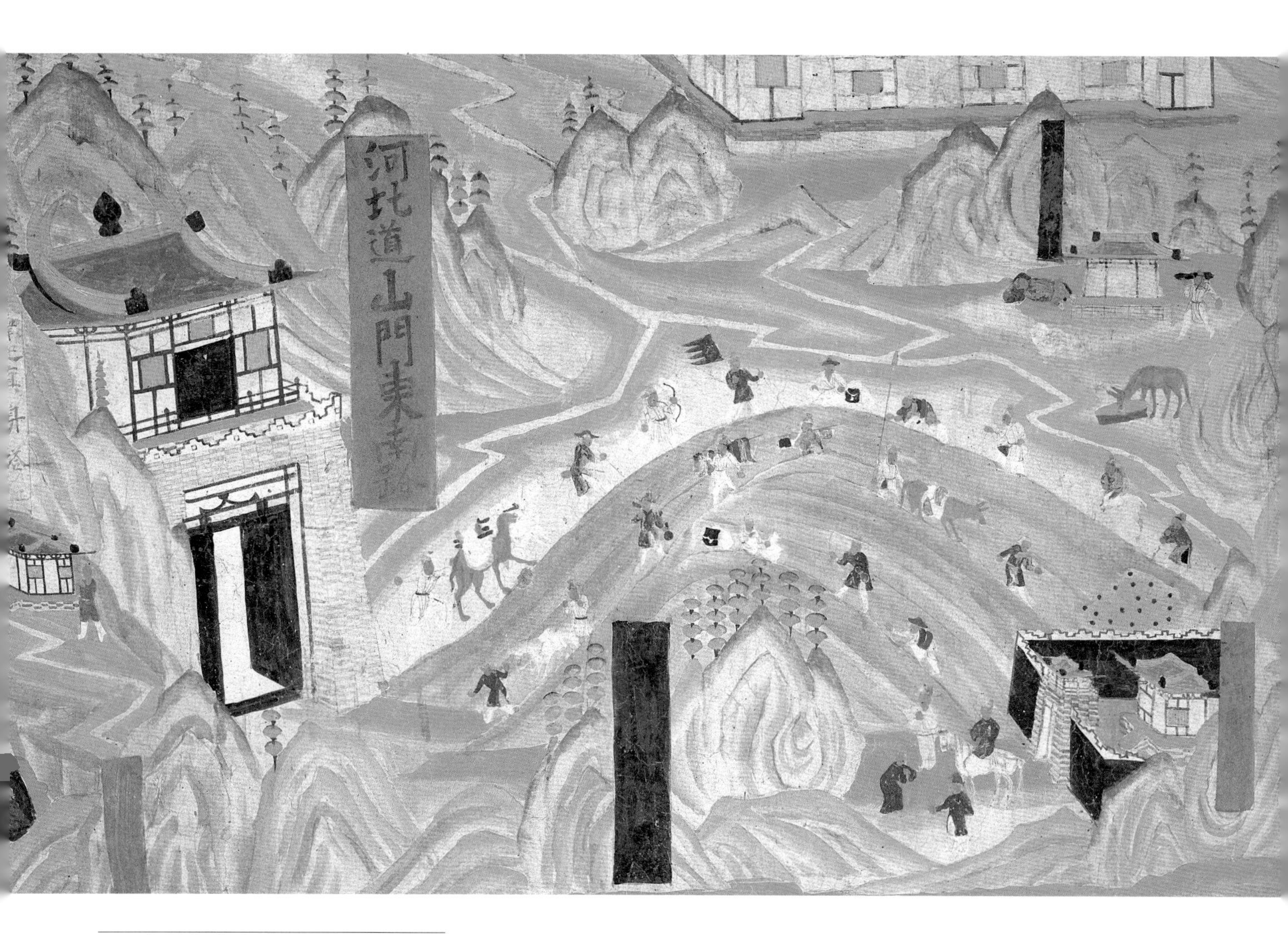

30 青陽之嶺與河北道山門

根據畫面位置，“青陽之嶺”與五台山相連，可能是《入唐記》所記之大復嶺。大復嶺是東入五台山的最後一道大山；畫面上為展現了朝聖者翻山越嶺的景象。河北道山門，史籍無載，可能是設置在大復嶺上的關隘；從鎮州往來於五台山的人都是從這裏出入。

五代 莫61 西壁

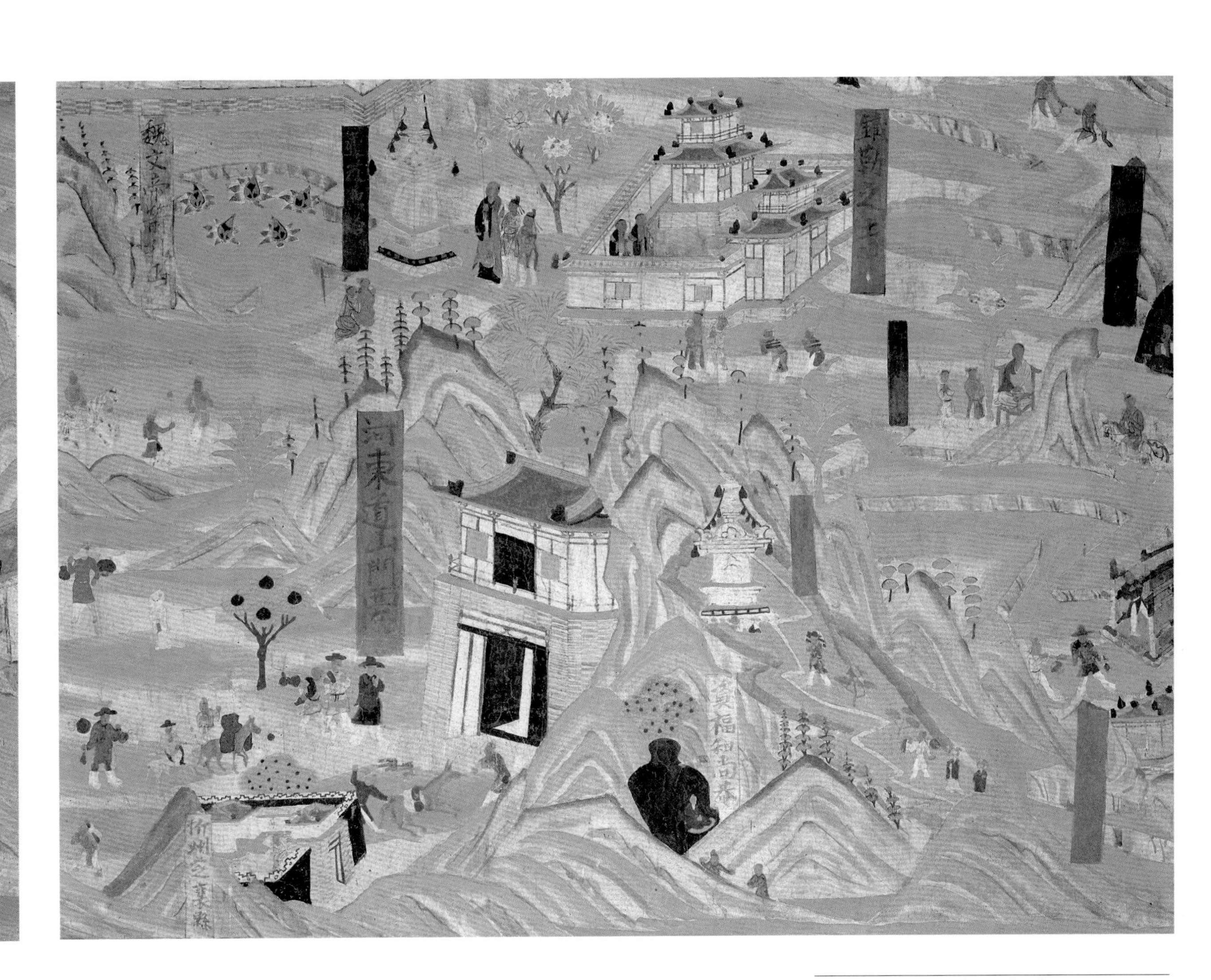

31 河東道山門西南路

五台山圖中之河東道山門西南路，是當時五台山向西南至太原之道。本圖只選取“河東道山門”以及其左側的行旅。在“河東道山門”西側底部，畫一小城，榜題“忻州定襄縣”，東漢所置，即今山西省定襄縣，位於忻州以東與五台山之間，東北距五台縣15公里，西距忻州22公里。從五台山到太原，定襄縣是必經之地。

五代 莫61 西壁

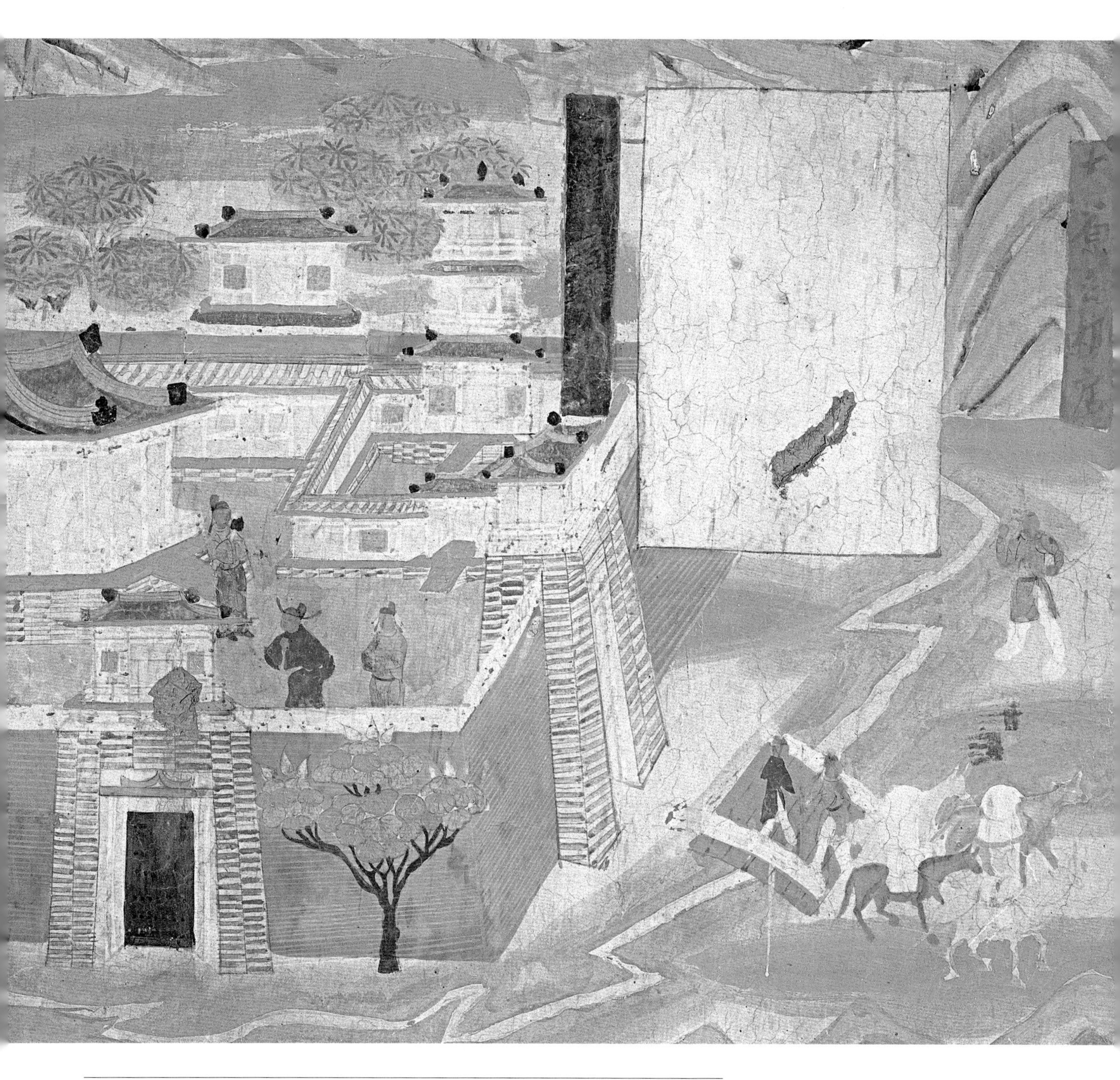

32 河東道太原城

繪於五台山圖的西側下部，圖中所示即唐代河東節度使治所太原府，在今山西省太原市之南。畫面下部所示為旅行者出太原城東門，過橋向五台山進發的情景；右上角繪一歇山頂式小屋，榜題“太原白梘店”，當為北距太原城80里的白楊店，或稱白楊普通院。太原城右側有一隊送供天使正在出城、過橋，即是五代後唐朝廷送供品往五台山的稱使團。

五代 莫61 西壁

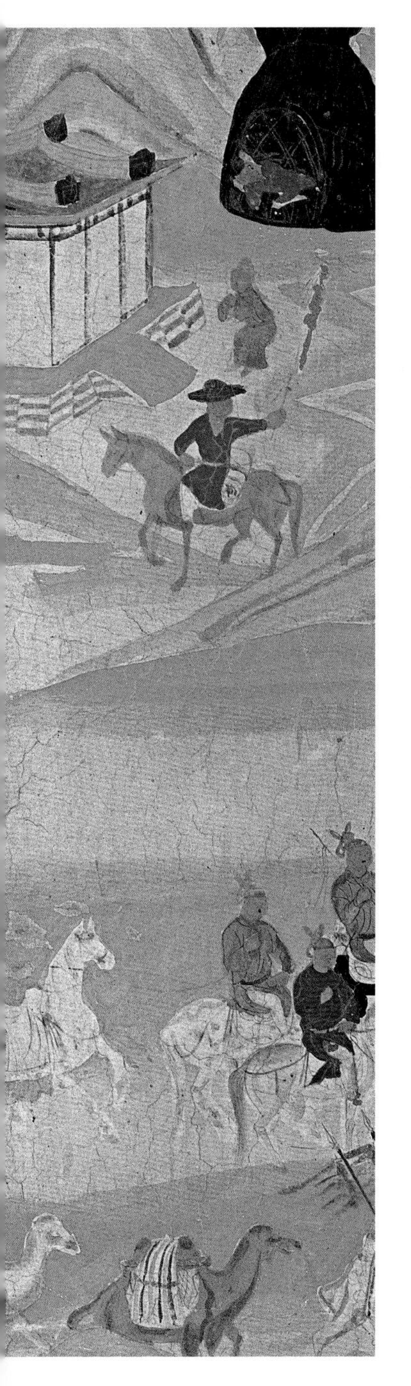

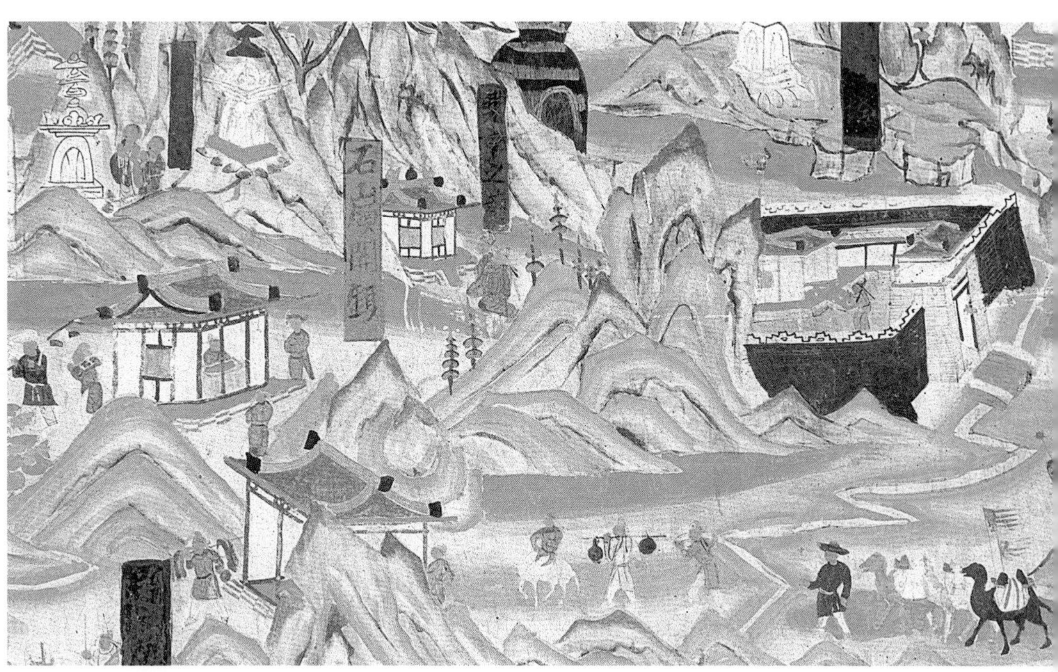

33 **石嶺關鎮與忻州**

《五台山圖》中的石嶺關鎮，即今太原以北約70公里的石嶺關與石嶺軍鎮，是太原的北大門，乃歷史上的戰略要塞。畫面上“石嶺關鎮”榜題上下共繪三處位於崇山峻嶺中的單檐歇山頂建築物，均應與石嶺關有關：榜題右上方的小房屋象徵北面的石嶺關；榜題左側稍大的建築當為石嶺軍鎮，中坐一人即為守鎮軍將，已進關(朝太原方向)的一行當為犯人與押解人。右側畫一城，規模大於下方的定襄縣城，無榜題，疑即石嶺關北面約20公里的忻州治所秀容縣城，上述罪犯及押解人等當時經由此城過石嶺北關。榜題下側的建築物可能是當時石嶺關鎮專為過往行旅所設的通道，畫面所繪進關者均為普通行旅。兩條道路及其不同身分的出入者，反映的可能是唐代的“官道”和“民道”。

五代 莫61 西壁

第二節 山路交通

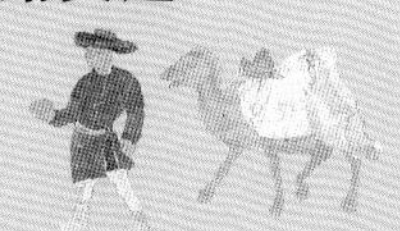

五台山，為中國佛教四大名山之首，相傳為文殊菩薩的道場。文殊師利菩薩為佛陀釋迦牟尼的脅侍菩薩之一，主司智慧。據佛典《華嚴經》〈諸菩薩住處品〉載，文殊菩薩居於東北方的"清涼山"為眾生說法；而《文殊師利法寶藏陀羅尼經》則說此居處及說法之地為東北方的"五頂山"；因此推定佛經所說的清涼山或五頂山就是中國的五台山。

傳說東漢明帝永平年間五台山開始興建寺廟；根據明代《清涼山志》及五台山寺廟碑文的記載，北魏孝文帝時已建有寺廟，至北齊時有寺院200多所；唐代又有增建和重建。北朝時期，不斷傳說有僧人在五台山見到文殊菩薩真容。唐代名僧澄觀、道宣等著書，明確肯定了五台山為文殊菩薩的道場，澄觀還在《大華嚴經疏》中就為此作過論證。敦煌莫高窟藏經洞出土晚唐文書中也有如下表述：

"昔人頌宇內靈奇之境，恒空五岳之外，復有三山，蓋五台，峨嵋，普陀也。三山皆因佛教顯，而五台山以闢最早，境地最幽，靈貺最赫，故得獨盛。"

唐代以來，五台山香火鼎盛，上自朝廷皇族，下至庶民百姓，凡有條件者都要上五台山"朝聖"；朝廷也不斷派遣"天使"向五台山"送供"；同時，作為文殊菩薩的道場，五台山每年要接待來自天南地北，特別是中國周圍佛教國家的使團和香客。第61窟五台山圖上就可見多處與新羅有關的畫面。新羅古稱高麗，即今朝鮮；新羅僧人上五台山事，《入唐記》有多處記載。敦煌文書中《五台山贊》中也有頌辭："滔滔海水無邊岸，新羅王子泛舟來，不辭白骨離鄉遠，萬里將身到五台。"五台山圖的中部下方（中台下）也繪有"新羅王塔"；又有場面表現正在進入五台山的"高麗王使和新羅送供使"……這一切都表明五台山與新羅國的密切關係。

五台山圖繪製年代的上限，據圖中的"湖南送供使"出發於公元947年之後，以及圖中有一些關、城在唐代不見記載（疑為五代時期新設）等情況看，第61窟所依據者可能是五代時期新出的底本，其年代不會早於公元947年。公元950年前後，為中國歷史上的五代十國時期，敦煌屬曹氏歸義軍管轄，執政者為節度使曹元忠，是石窟營造活動的倡導者與身體力行者。當時敦煌社會穩定，經濟繁榮，佛教活動興盛。曹氏政權與中原王朝關係密切，不論中原屬哪個朝代，都遣使朝貢。曹氏使臣中可能有不少人到過五台山，所以在敦煌文獻中發現的10世紀前期的《五台山行記》、《五台山勝境贊》等文書，可能就是由使臣從中原帶到敦煌的；使臣也可能帶來五台山的地圖。在這種背景下，節度使曹元忠為窟主營造了窟名"文殊堂"的莫高窟第61窟，中心佛壇正中塑製的主尊為騎獅文殊菩薩，像後的主壁（西壁）幾乎是用整壁繪製了文殊道場的五台山圖。這就是現時最知名的敦煌石窟五台山圖。曹元忠營造文殊堂的用意，旨在用佛教的智慧教化他所管治的百姓及周邊各民族，以求偏安一隅的曹氏歸義軍政權得以生存和發展。

五台山圖中許多建築形象如城池、寺院、橋樑等，都帶有濃厚的敦煌地方色彩。例如敦煌壁畫中，道路上的橋樑圖像較少，但在"五台山圖"中，繪製了"化金橋"（神靈化現的金橋）、"五台縣西南大橋"、與城門相接的護城河橋，以及其他小溪橋等各種橋樑圖像10多座。這些橋有一個明顯的特徵，即不論規模大小，橋的建築結構和形制都基本上是相同或相似的，都是象徵性的，大多繪成虹橋形式；有可能都是敦煌本地畫工依其所見而繪。它反映的是地處大漠戈壁的敦煌一帶的橋樑。所以説，五台山圖在繪製時應參照了中原底本，但整個的設想和佈局，則以敦煌當時當地的情況及第61窟內的條件為主要根據。

根據《入唐記》及各類文獻的記載，河北道與河東道的兩條通往五台山的道路多為山路，人畜行走便利，但車輛無法通行。第61窟五台山圖所描繪的正是這樣一種景象：儘管當時車輛已大量製造和使用，但五台山圖中一輛車的圖像也未出現。來往五台山的各國、各族、各個階層的朝聖者，基本分步行與乘馬兩種，步行者中還有不少是背負行囊和肩挑重擔者；牲畜有馬、驢、駱駝等；各類城鎮、關隘、驛站、客棧也都地處深山，各類人馬都行進和留宿於崇山峻嶺之中、大河小溪沿岸。所以五台山圖客觀反映的五代時期五台山交通情況，在中國古代的長途運載工具的使用和運輸方面極有代表性。

到五台山的旅行者，有朝拜者、使臣和商人等，他們來自天南地北，但在五台山圖中所表現的交通運輸形式，基本上是中國北方特色的馬、驢馱隊及駱駝隊，也有靠人背負行囊，肩挑扛擔的。

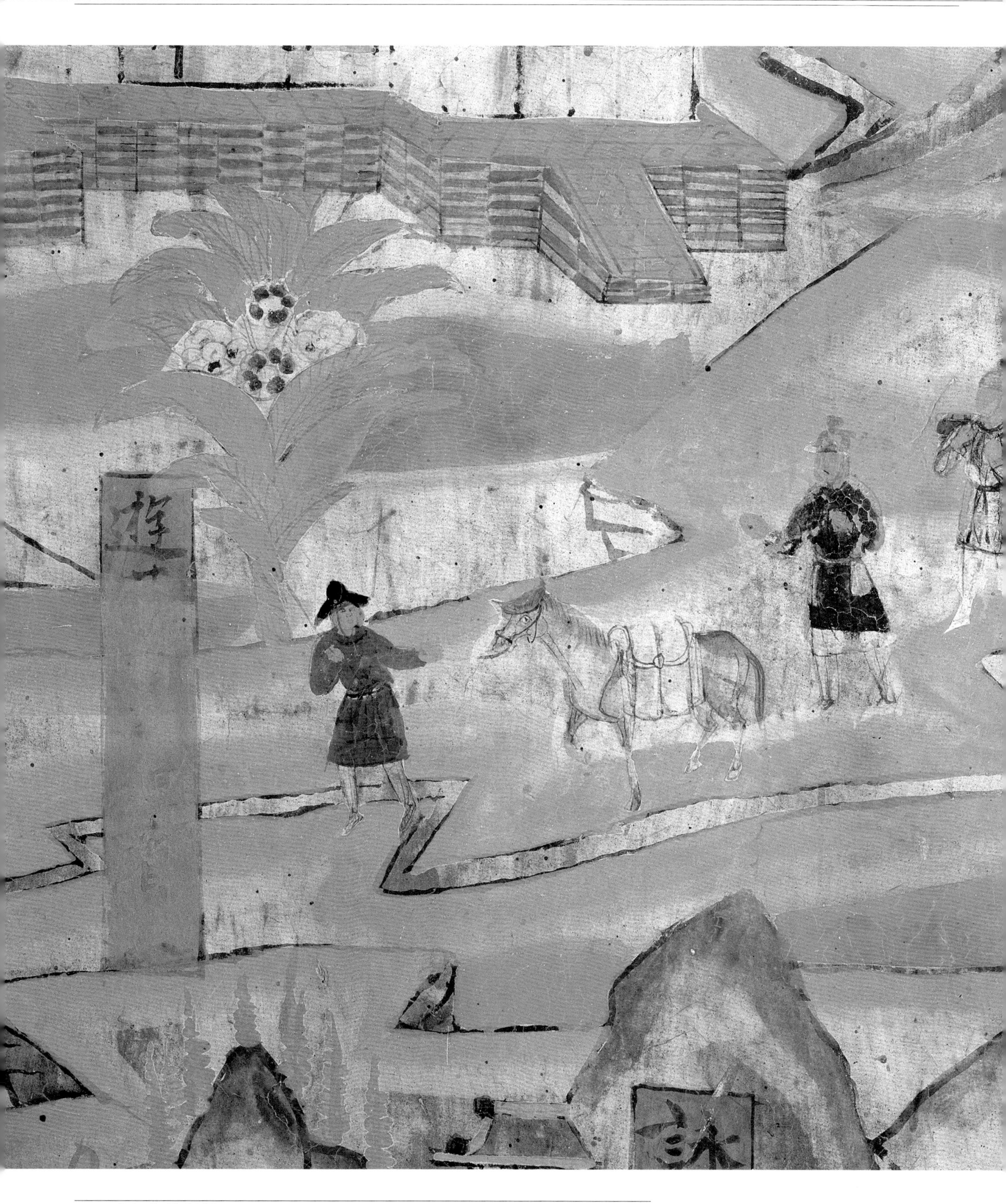

34 五台山的行旅

四人一馬排成一行沿山谷中的小溪行進，前面第一人牽馬，第二人趕馬，後面的第三人背負行囊，第四人挑擔，表現出朝禮五台山的普通百姓形象。

五代 莫61 西壁

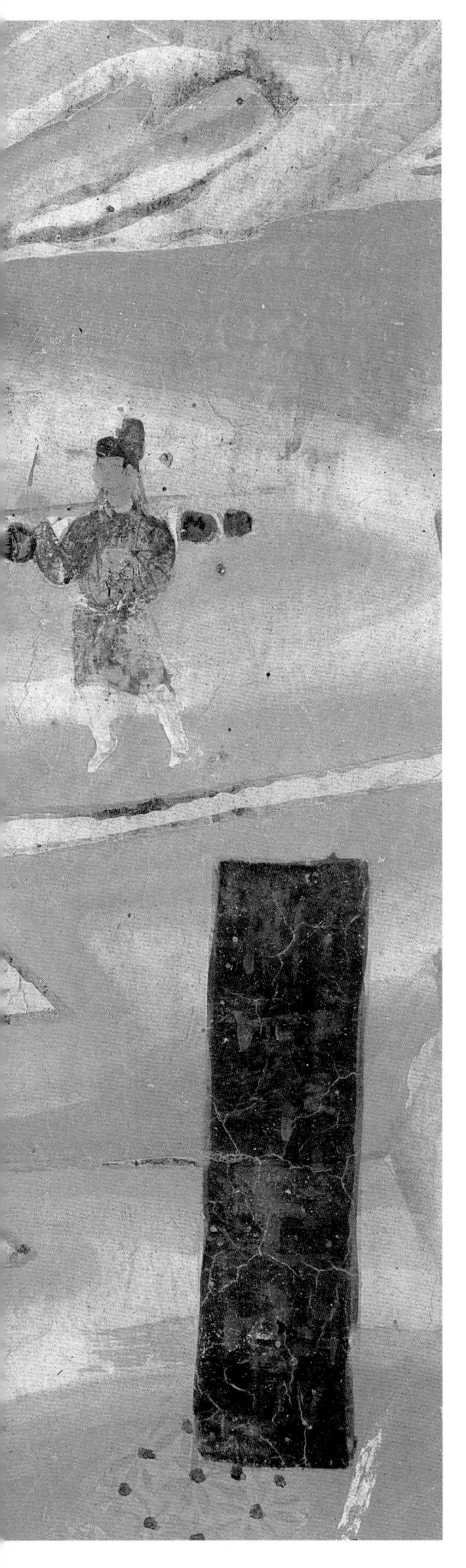

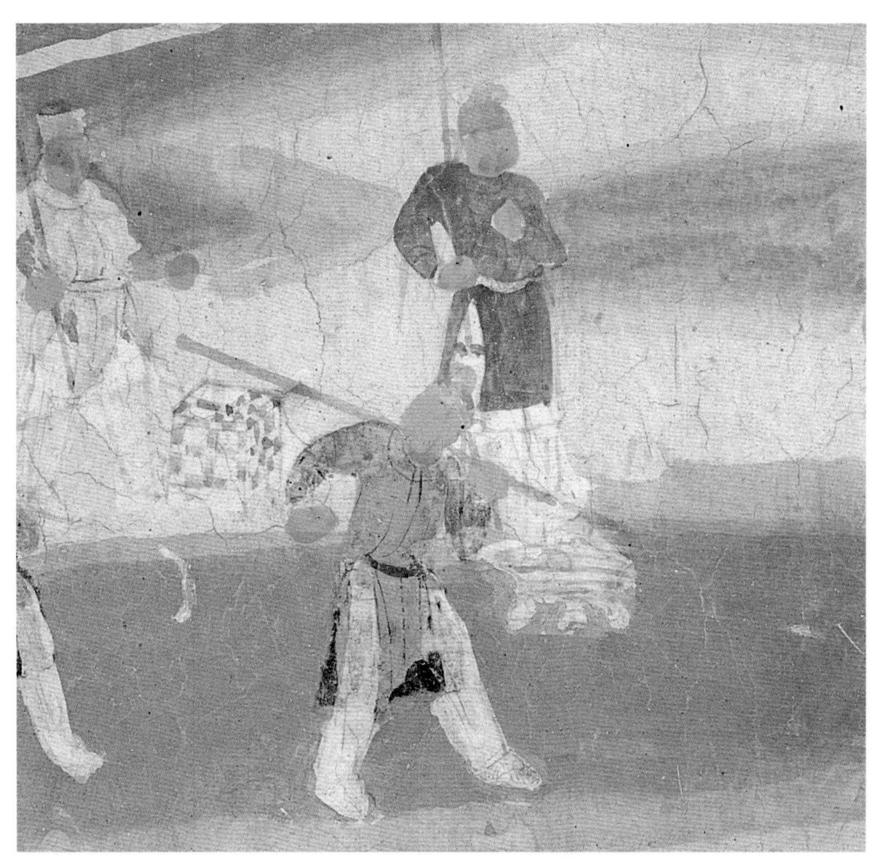

35 **挑擔登山**

在五台山圖中可見有不少挑擔登山的人物形象。行走於這條漫長的登山道路上，挑擔雖然吃力，但也是比較便捷的運輸方式。

五代 莫61 西壁

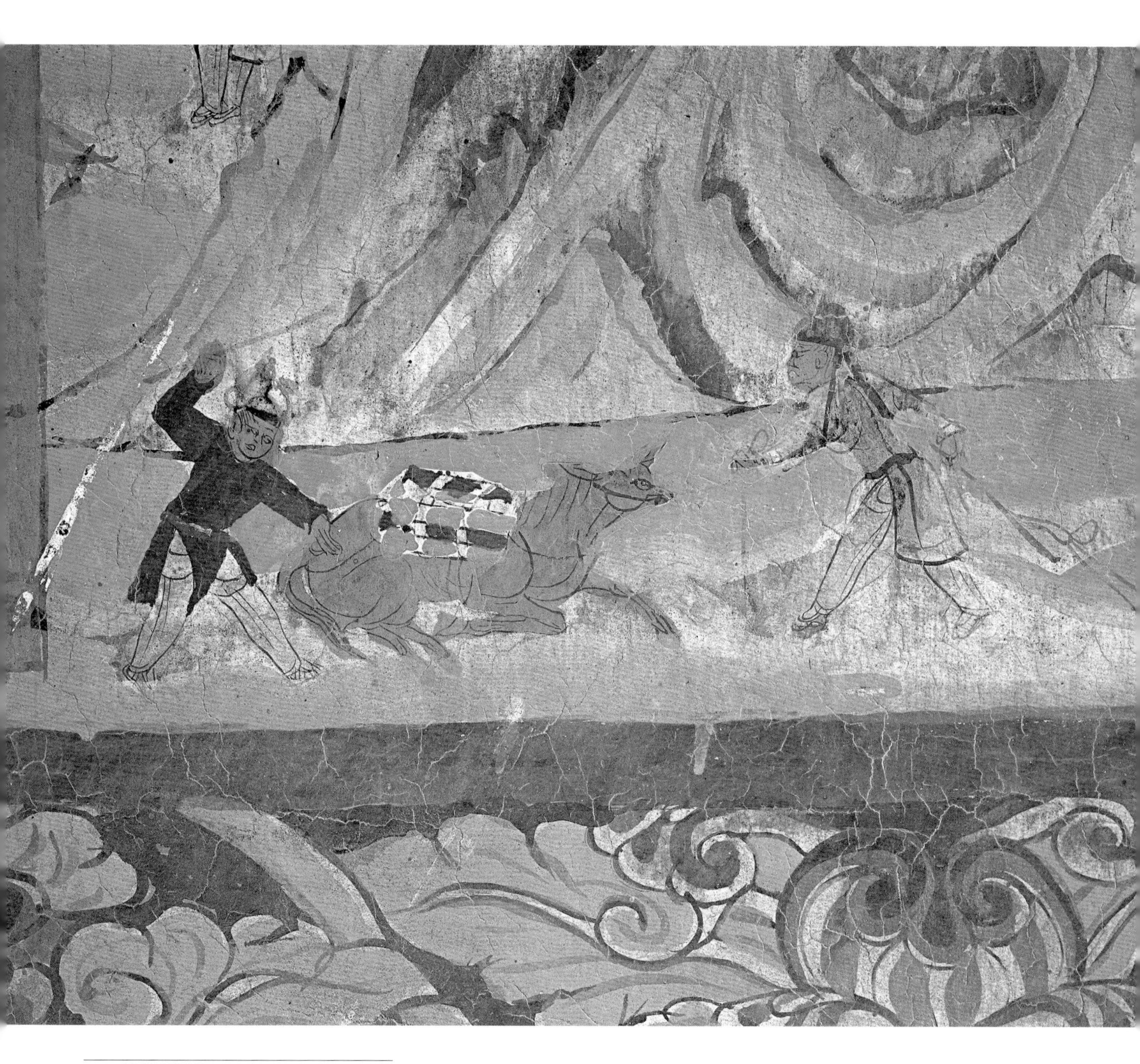

36 拽趕臥驢

一頭不堪重負的毛驢因困乏而臥倒在途中，前面一人在用力拉前，後面一人執鞭猛抽驢之臀部。這幅畫生動地表現了普通百姓的生活場景，同時也在一定程度上反映登五台山"聖域"的艱辛。

五代 莫61 西壁

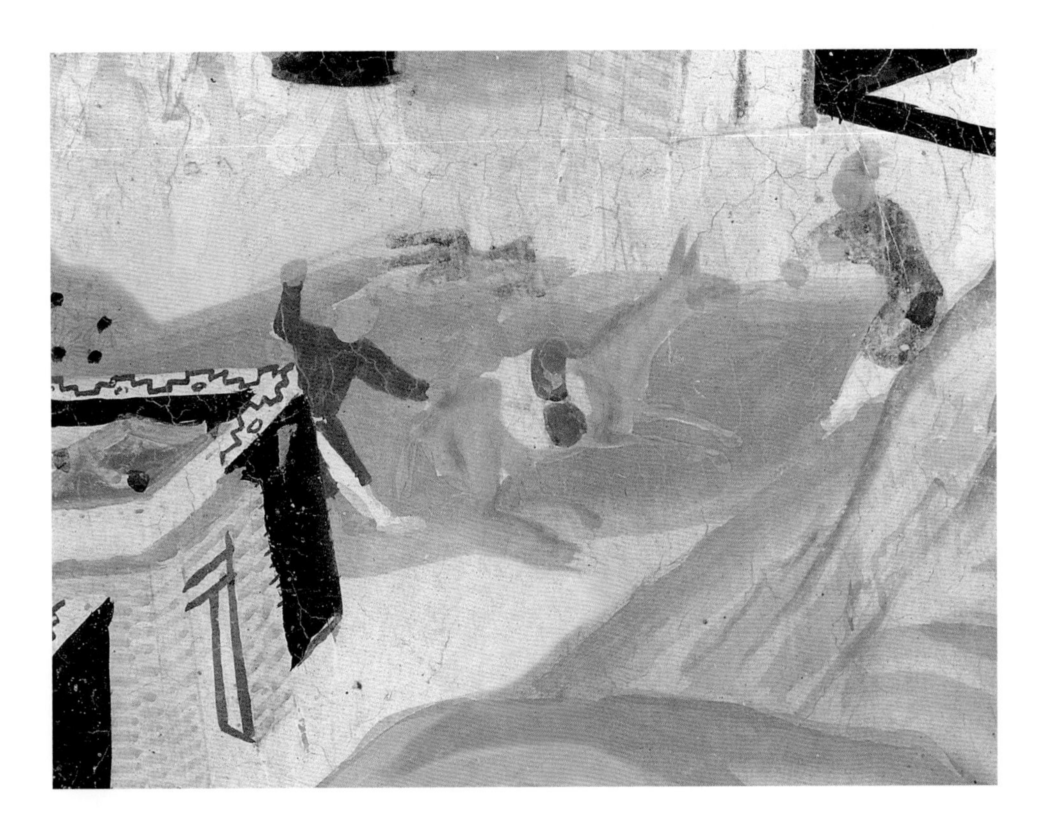

37 **趕驢上山**

前面一人已經登山，正在俯身拉驢，後面一人則一面揮鞭，一面用力在推。

五代 莫61 西壁

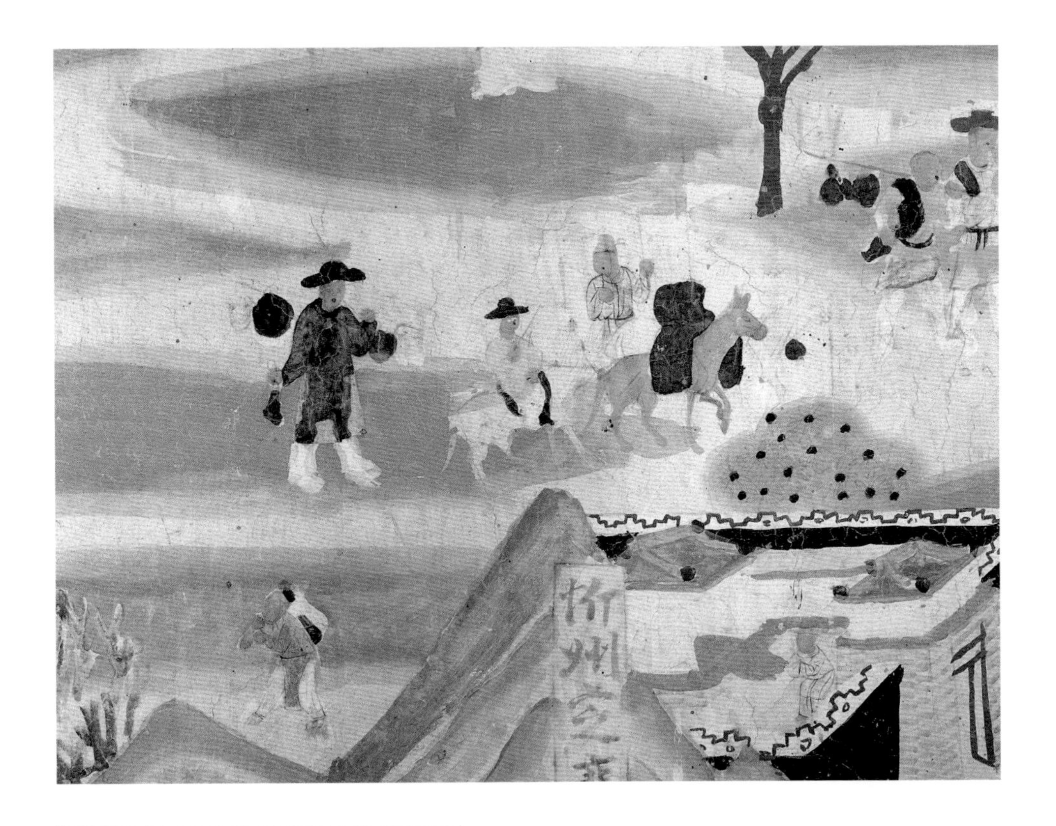

38 **山中馱運**

五代 莫61 西壁

40 過五台縣西南大橋的旅客

本圖繪於五台山圖的中部，“河東道山門”的內側，即已屬五台山境內的五台縣。這是整個敦煌石窟壁畫中最清晰的一幅橋樑圖，但這座木構虹橋也是象徵性的，兩邊的欄杆分別只繪了四根蜀柱，結構簡單但造型別致精巧，是敦煌石窟壁畫中橋樑圖像的代表作品。

五代 莫61 西壁

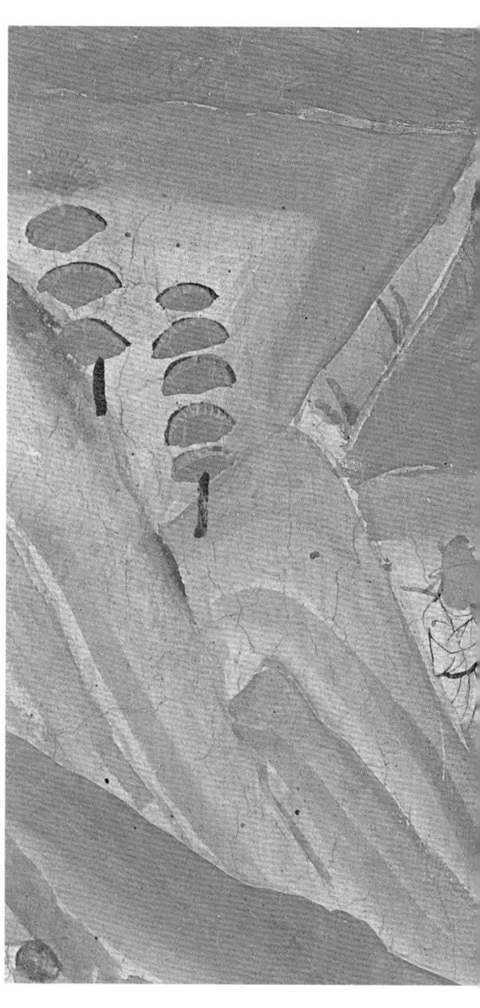

39 駝隊西歸

在“五台山圖”所繪向西通往石嶺鎮的山路上，有一幅“駝隊西歸圖”，畫面上駝夫手牽3頭駱駝，向西南行進於五台山至太原的道路上，反映中國古代北方普遍使用駱駝作為交通運輸的情況。

五代 莫61 西壁

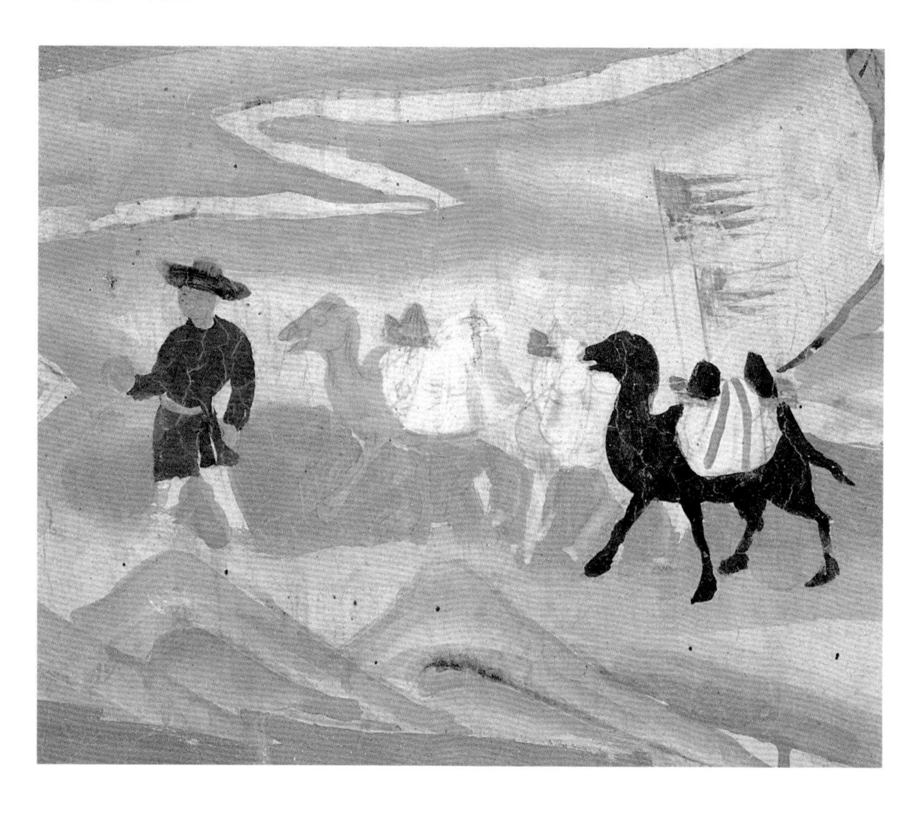

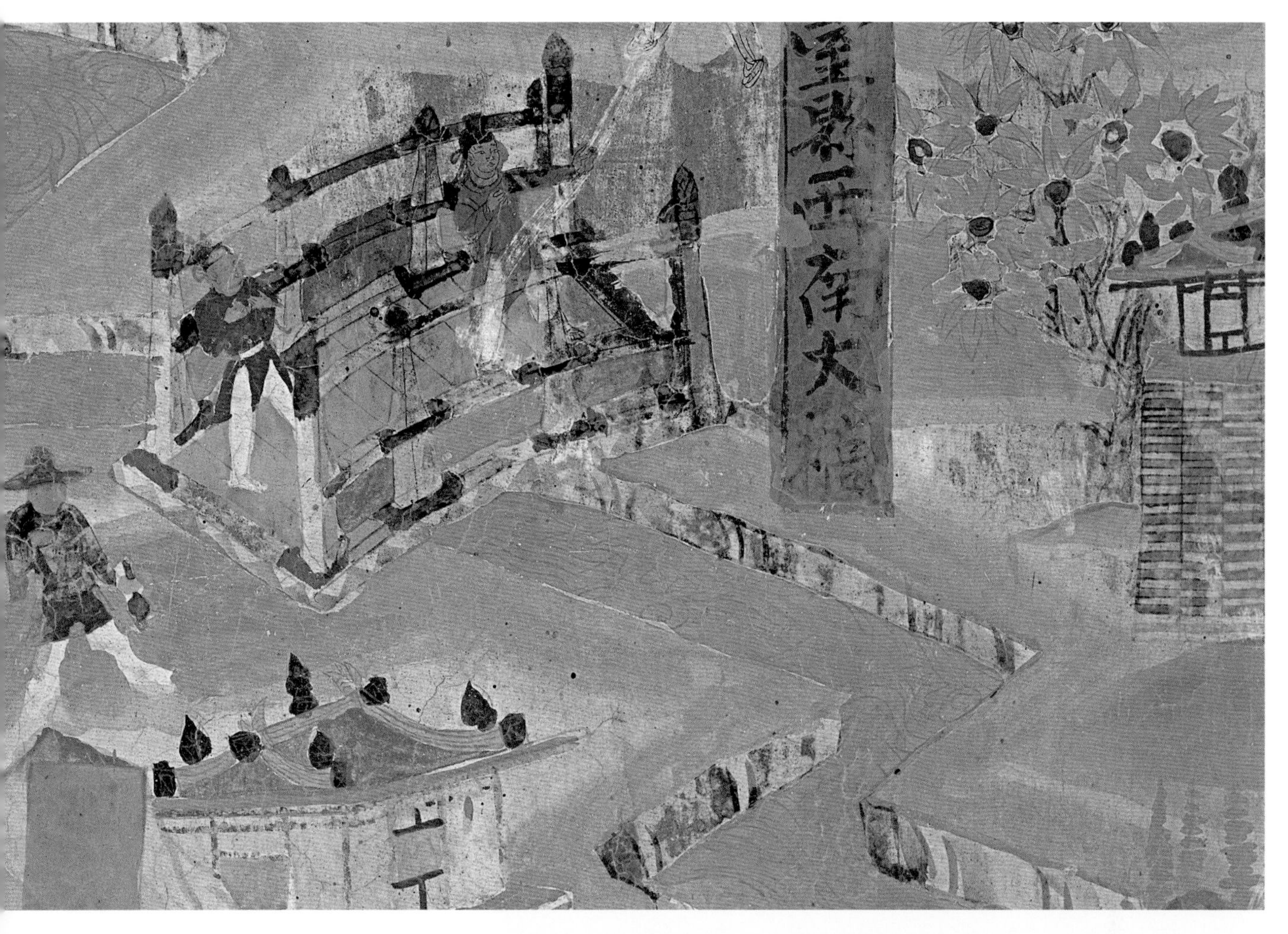

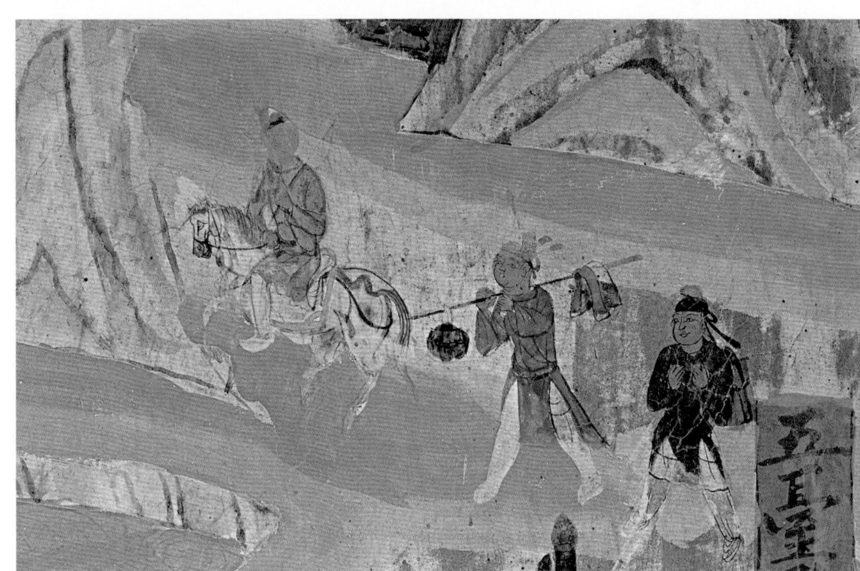

41 上山行旅

五代 莫61 西壁

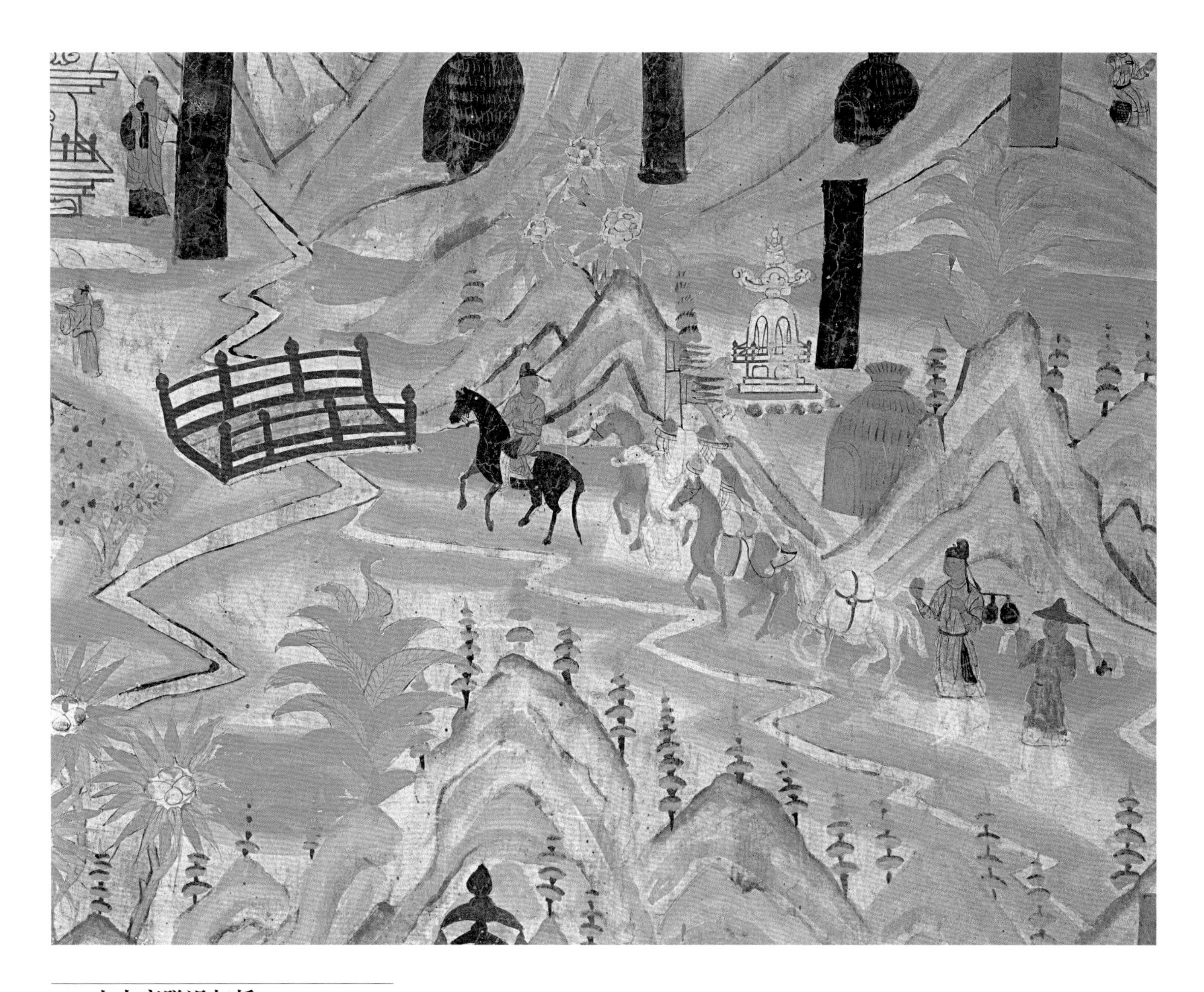

42　山中商隊過虹橋

山中商隊向山谷深處行進，即將臨近的紅色小橋是一座結構簡單、造型別致的小虹橋。這隊行旅前後3人，由於行裝甚多，2馬2駝均背負重物。

五代 莫61 西壁

乘風破浪

——敦煌壁畫的舟船

敦煌莫高窟、西千佛洞和安西榆林窟，自公元6～13世紀的北周至元代，有舟船圖像的50多個洞窟中，為我們保存130多幅古代舟船圖。其時間跨度近700年，船的款式達10多種，按其驅動方式，可分為人工驅動的小筏、小木板船、樓船、廬船、雙尾船、雙尾樓船、雙尾廬船和靠風力驅動的小帆船、大帆船、樓帆船、廬帆船、雙尾帆船、雙尾樓帆船、雙尾廬帆船等；後者當中有一部分是人工與自然兩種驅動方式兼有的。

壁畫上的舟船，大多為表現佛經的航海內容，如《法華經》〈觀音普門品〉中的觀音救海難，《報恩經》〈惡友品〉中的善友太子入海求寶，《賢愚經》中的海神問難等；其中尤以繪畫觀音救海難者為多。壁畫所繪的船，雖名為海船，實多為江河之船。

700年間敦煌石窟壁畫上的舟船形象，隨着時間的推移而發展變化，似乎可以作為一部舟船史來讀。北周至隋代所繪，基本上全是小舟、筏之類；到了唐代以後，壁畫中漸次出現了大木板船、帆船和各類樓船、廬船等，這些大船能在一定程度上反映中國當時的造船和用船水平。因敦煌地處大漠戈壁，所以，敦煌壁畫上的舟船也只能反映江河湖泊的水上交通的部份情況，各時期壁畫中出現的大小舟船，基本上沒有一艘是真正的海船。

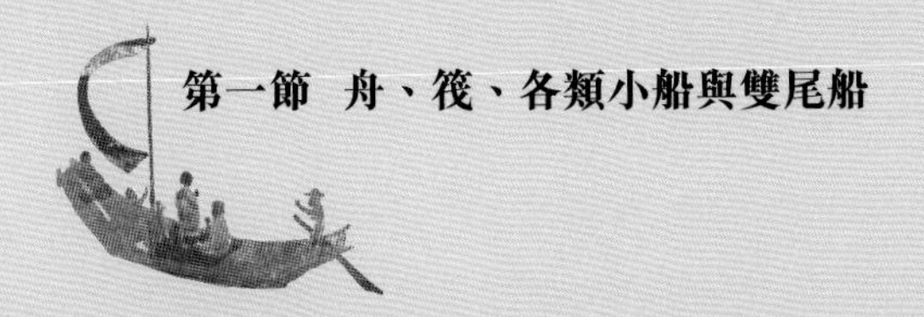

第一節　舟、筏、各類小船與雙尾船

我們的祖先很早就開發和利用水力交通資源，為了生存，在不斷同大自然抗爭的過程中，受到自然現象的啟發，“觀落葉因以為舟”，“見窾木浮而知為舟”。最早的“船”是用許多根木檬或竹桿紮成的筏子，繼而是獨木舟：“刳木為舟，剡木為楫”。根據考古資料，早在距今7000年前的新石器時代，浙江省河姆渡遺址的人們就開始使用木舟，比車的出現還要早；從甲骨文看，最遲在商代，已有比較成熟的木板船，同時已使用風帆。到公元6世紀時，除去海船不論，就行駛在中國各地的江河湖泊中的各類舟船來説，規模和技術水平都已有很大提高。南北朝時期，中國南方出現了用人力驅動的葉輪戰船（輪船）。隋代中國水運更為發達，開鑿大運河，煬帝乘大船南巡即是明證。我們從6～7世紀敦煌石窟壁畫的舟船圖像中，可以了解中國最早的舟船製造技術和使用情況。壁畫中北周、隋代的小舟筏和唐代的木板船，實際上是反映中國遠古和上古中古時期的船史。

敦煌石窟壁畫中最早的舟船圖像出現是公元6世紀後期的北朝時代，是全靠人力驅動行駛的最原始的小筏、小舟類，驅動設施主要是槳、櫓、篙等，這種情況一直維持到7世紀初期的隋代；在7世紀末期以後的壁畫中才出現木板船。這無論是船型還是驅動方式等方面，都與現實相差甚遠，因為當時中國已有十分高超的造船和航運水平，如史書記載隋煬帝沿大運河南巡時所乘龍舟，同時期的敦煌壁畫卻無絲毫表現。從史書記載看，靠人力驅動的小舟船在中國出現是很早的，最少早於敦煌石窟壁畫繪製有5000多年！

敦煌石窟壁畫到6～7世紀時才出現的原始舟船圖像，不能代表當時中國發達的漕運和造船水平。敦煌雖是中西交通的要道，但因地處大漠戈壁，不需要漕運，人們見到的只是在內陸河湖的小舟筏類；另一方面，舟船圖像還可能受到佛經內容、畫師生活和壁畫佈局的限制。據佛經及其他佛教文獻記載，運渡眾生從水上抵達“彼岸”的工具中有名為“浮囊”者，用牛皮或羊皮製成，是西域人“吹氣浮身”以渡海的，這種羊皮筏子至今還是黃河上游的渡運工具之一。因為這種“浮囊”在佛教壁畫中是以海船名義出現的，而且佛教文獻中也有西域人以浮囊渡海的記載，所以6～7世紀人們將壁畫中的小舟筏當作渡海工具看待。

從公元9世紀中期開始一直到10世紀末，敦煌石窟壁畫出現了大量方頭、平底的雙尾船圖像，大多也是表現“航海”的內容，但實際上也只行駛在畫家們筆下的河流和湖泊中。雙尾船是一種小木板船，有兩條像燕尾的尾巴，所以又被稱為“燕尾船”，其推進方式也是人工、風力和二者兼備三類。這種形式的船在史籍中不見記載，但亦有迹可尋。秦漢時代開始，中國已出現了由兩條船相併的雙體船，名曰“舫”；考古發掘出土有隋代由兩條木船相併連接而成的雙體船，這種船運行比較平穩。雙尾的形式可能是舫的形式演變而來。雙尾船的方頭則可能是借用了唐代沙船的形式，沙船是方頭平底的，適宜在淺水沙底的湖泊江河航行，它最大的特點是平穩，這與雙體船可謂相益得彰，所以壁畫上的雙尾船多為方頭，平底型。五代衛賢“閘口盤車圖”中有一隻雙尾船，雙尾高翹，與敦煌壁畫類似，但已屬於敦煌雙尾船壁畫的晚期。從水中航行的原理看，“雙尾”在航行方面沒有甚麼作用，而這種變化多端的“雙尾”，被描繪成各種形狀，只是因畫家們隨意勾畫船的外形而成，所以，壁畫中的大部分雙尾船應該是玩具，也可能是畫師們故弄玄虛，有意讓畫面脱離現實，表現佛教教義的“出世”性。另一方面，各時期壁畫中的舟船圖像，在航行設備方面描繪得比較仔細，從槳、櫓、棹、廊到帆、桅、纜等，都有所體現。榆林窟元代的幾幅小雙尾船，連船的細部構造，如船身的裝飾，甚至有一些鉚釘也描繪得十分清楚。這説明畫師們對船有一定程度的了解。

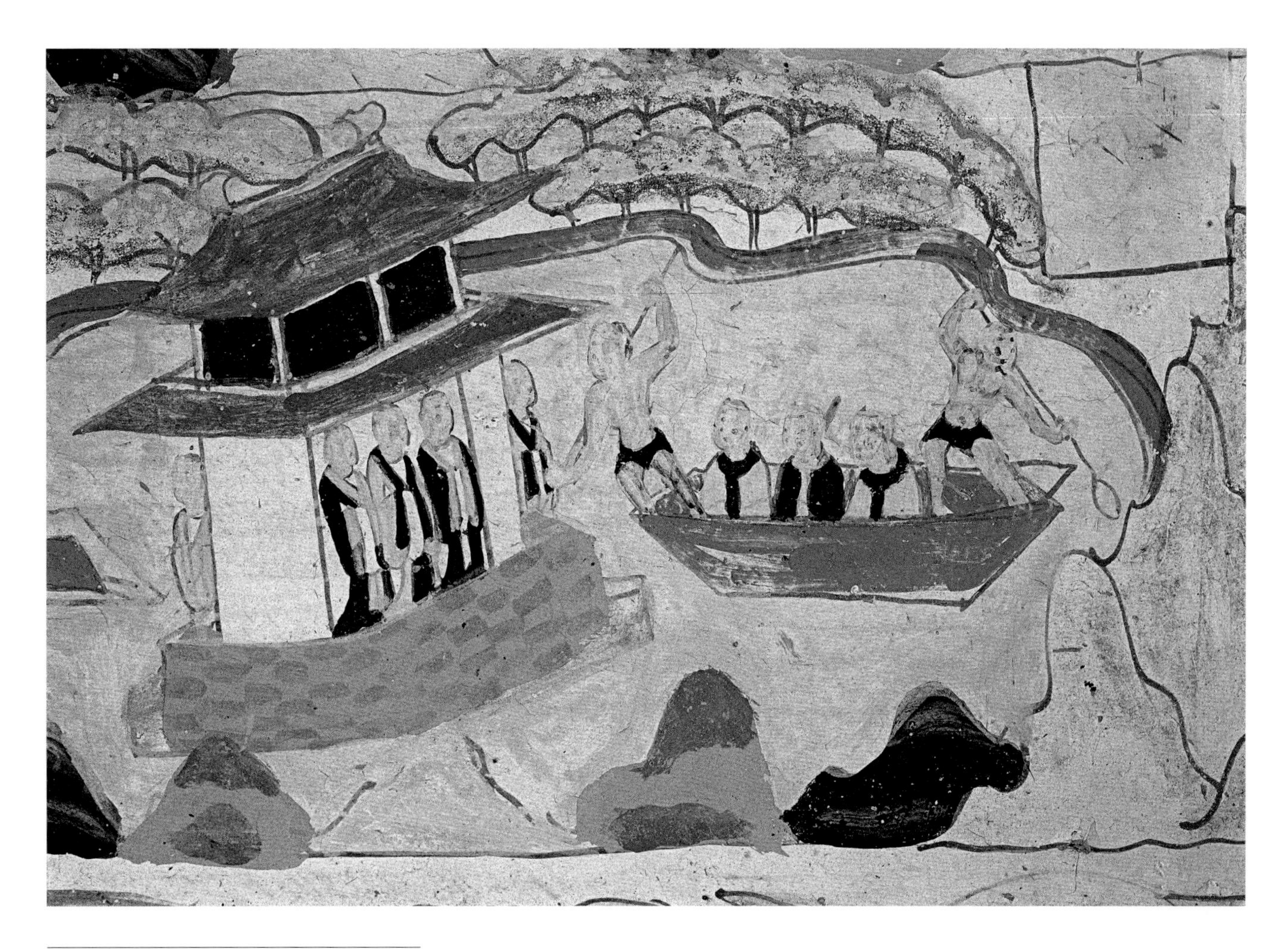

43 類似獨木舟的小船

此窟大約是公元570年前後建成，在善友太子入海求寶的故事畫中，出現了敦煌石窟現存最早的小舟圖像。尖頭尖尾，中間大，兩頭小，船體較短；載客3人，船夫2人在船兩頭搖櫓與撐篙。這是當時中國西北地區使用的內河舟船，類似遠古時期的"獨木舟"。

北周 莫296 窟頂人字坡東坡

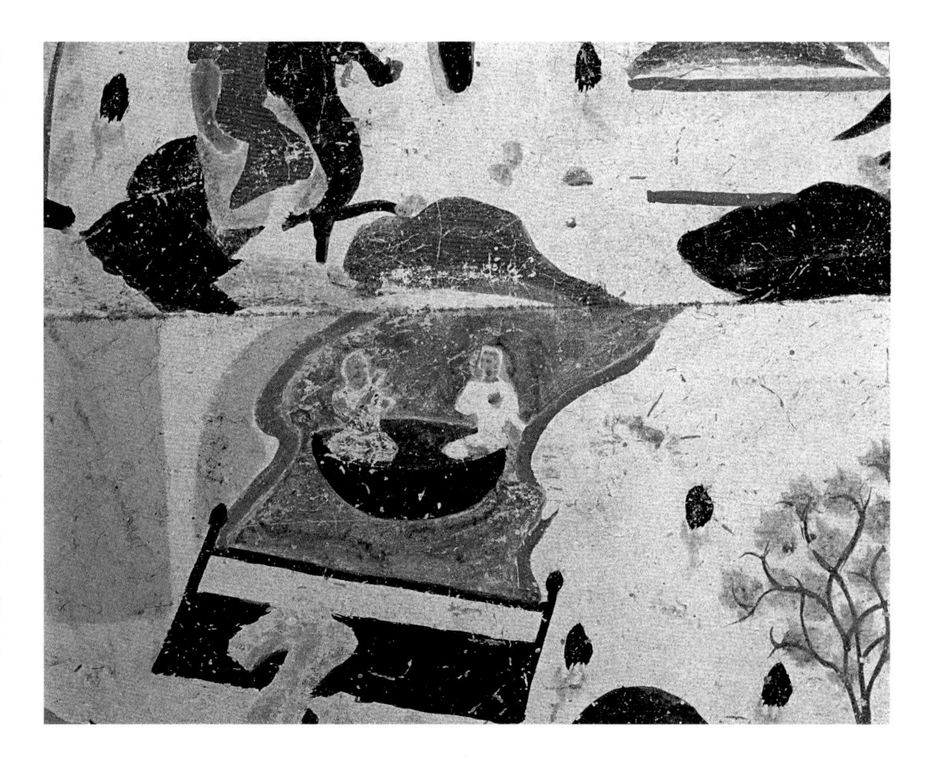

44 浮囊小舟

畫面有一隻在小河中的圓形小舟，狀呈鍋形，2人一前一後坐於其中。畫面所表現的是"福田經變"關於社會公益事業的內容。但這種形狀的船與現實差距較大，可能就是佛教文獻所記渡眾生到彼岸的"浮囊"。

隋 莫302 窟頂西坡

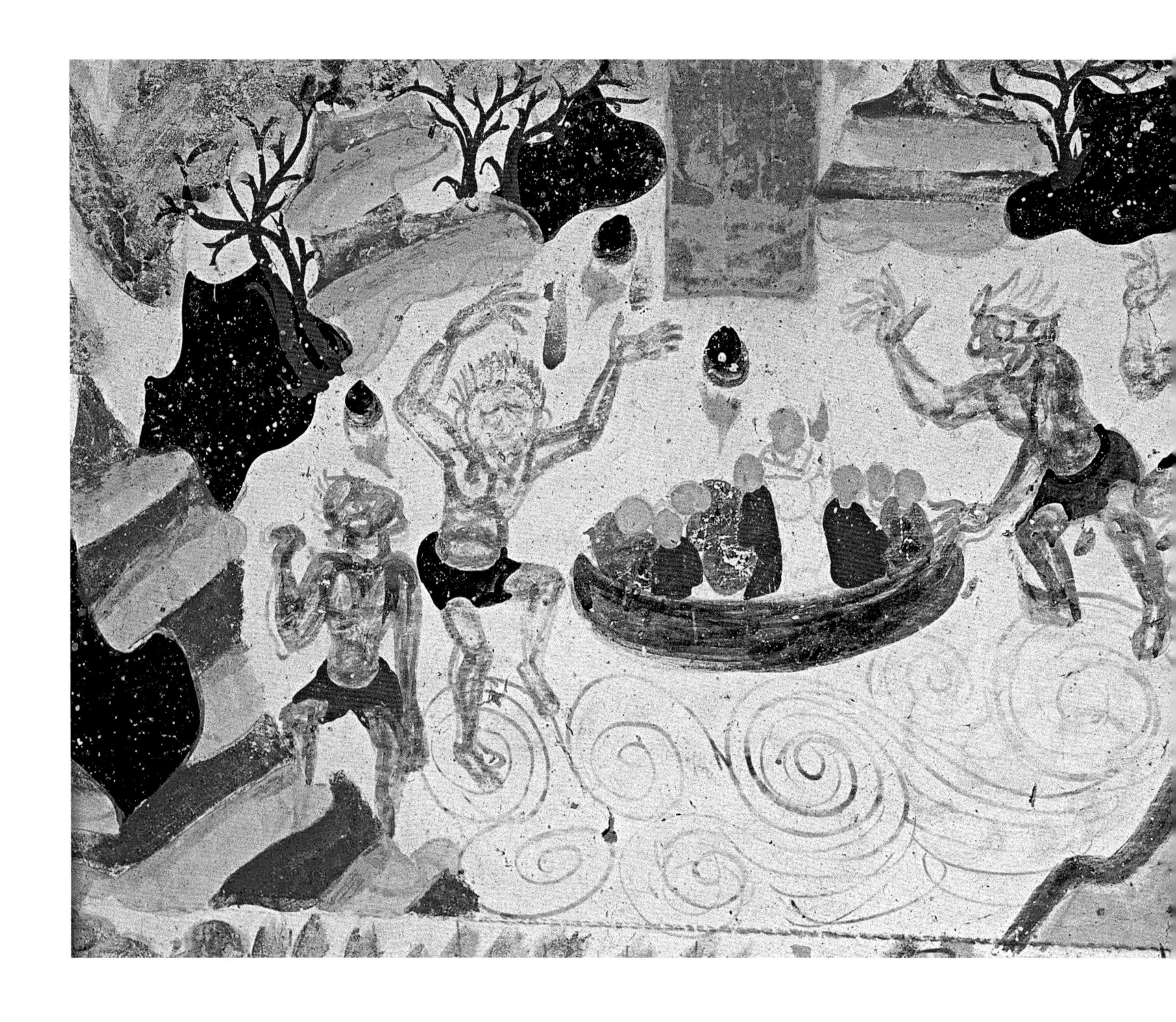

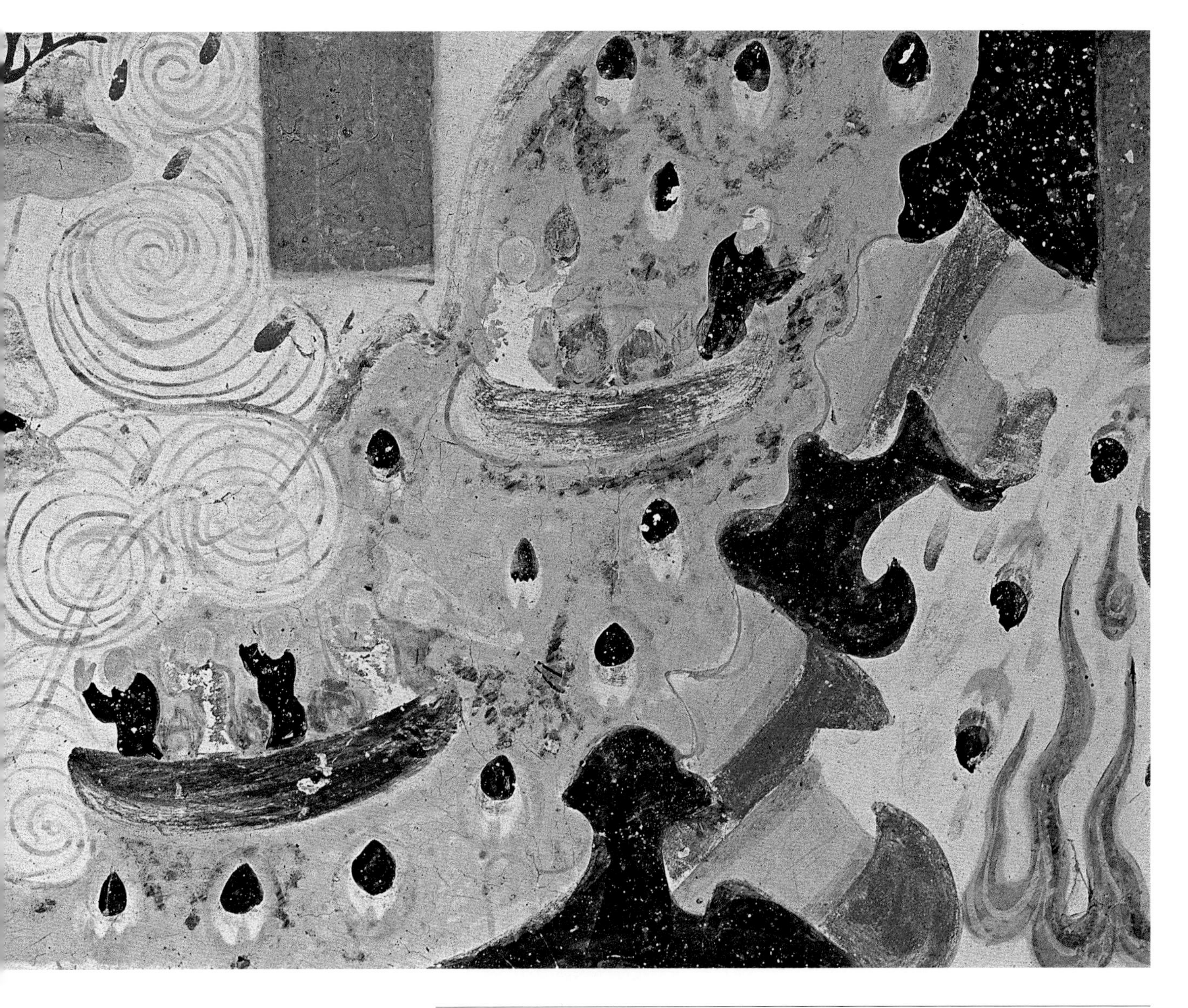

45 **類似浮囊的小舟**

此圖表現《法華經》〈觀音普門品〉中商船在海上遭遇到風暴及魔怪的情景，繪有3隻相同的小舟，分別航行在鬼魅橫行、怒潮澎湃和風平浪靜且蓮花含苞欲放的海面上。舟為長方形，底呈弓形，艙內乘坐8人。這裏以連環畫表現觀音救海難的全部過程。遇鬼魅時，白衣僧1人，站立於舟中合十；坐者7人中4人恐慌低頭，3人端坐鎮靜如常。遇狂濤時，有4人站立合掌；風平浪靜時只有白衣僧與穿黑衣的船夫立於船兩頭。同第302窟一樣，第303窟的3隻"船"，亦可視為佛教文獻所記的"浮囊"，即中國西北地區黃河上游有悠久歷史的、用於內河擺渡的"皮舟"或"皮筏"。

隋　莫303　窟頂人字坡東坡

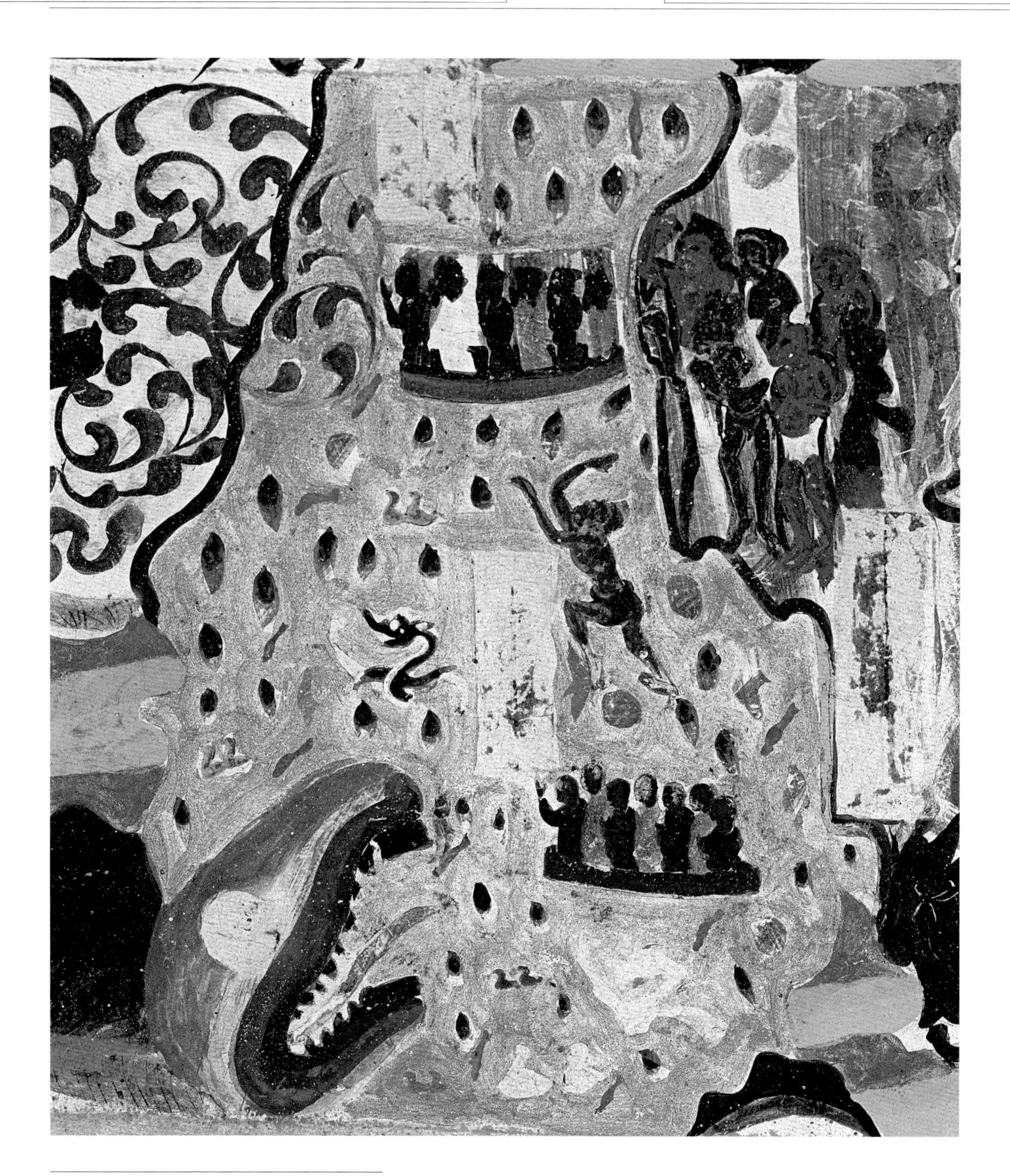

46 **海怪垂涎的小舟**

約公元600年前後建成的第420窟中，繪製的5隻小舟，比第303窟小船略有改進，長方形，平底，行駛於河中，規模較小，只乘坐7人，其造型在總體上仍未脱離"浮囊"的構架。其中有4隻繪於同一畫面，左右兩邊各2隻，以連環畫表達觀音救海難故事。圖中所見的其中2隻小舟均無槳、櫓、桅、帆等驅動工具或設施，在分別遭遇鬼魅、狂濤、礁石和張着血盆大口的海怪時，依然平穩行駛。左上角以捲草圖案表現海上浪濤，為本畫之特色。

隋　莫420　窟頂東坡

47 **河中小舟**

這是第420窟窟頂另一幅小舟圖，也是表現"法華經變"中的航海內容。小舟的形式與同窟內其他4幅相同。

隋　莫420　窟頂東坡

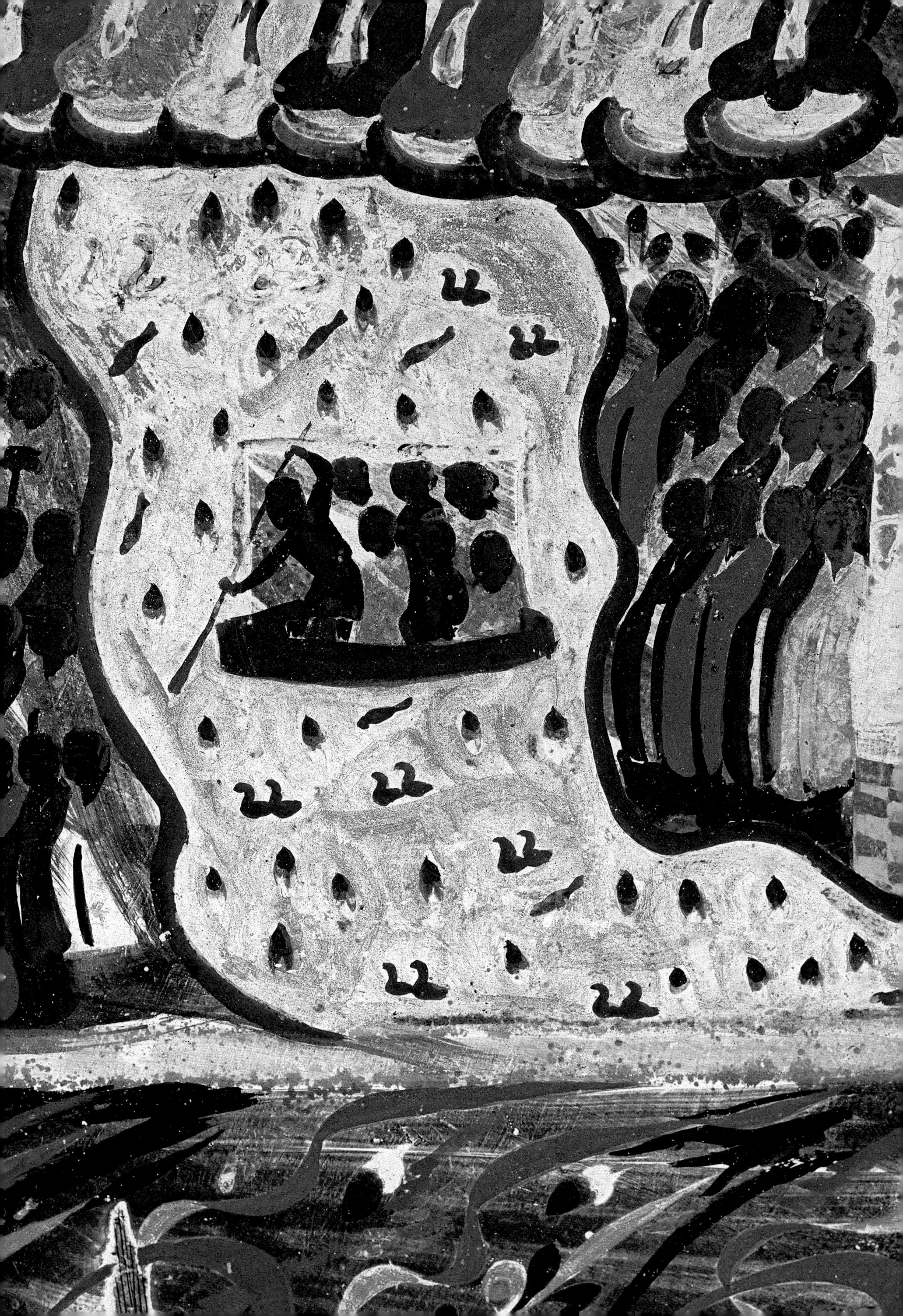

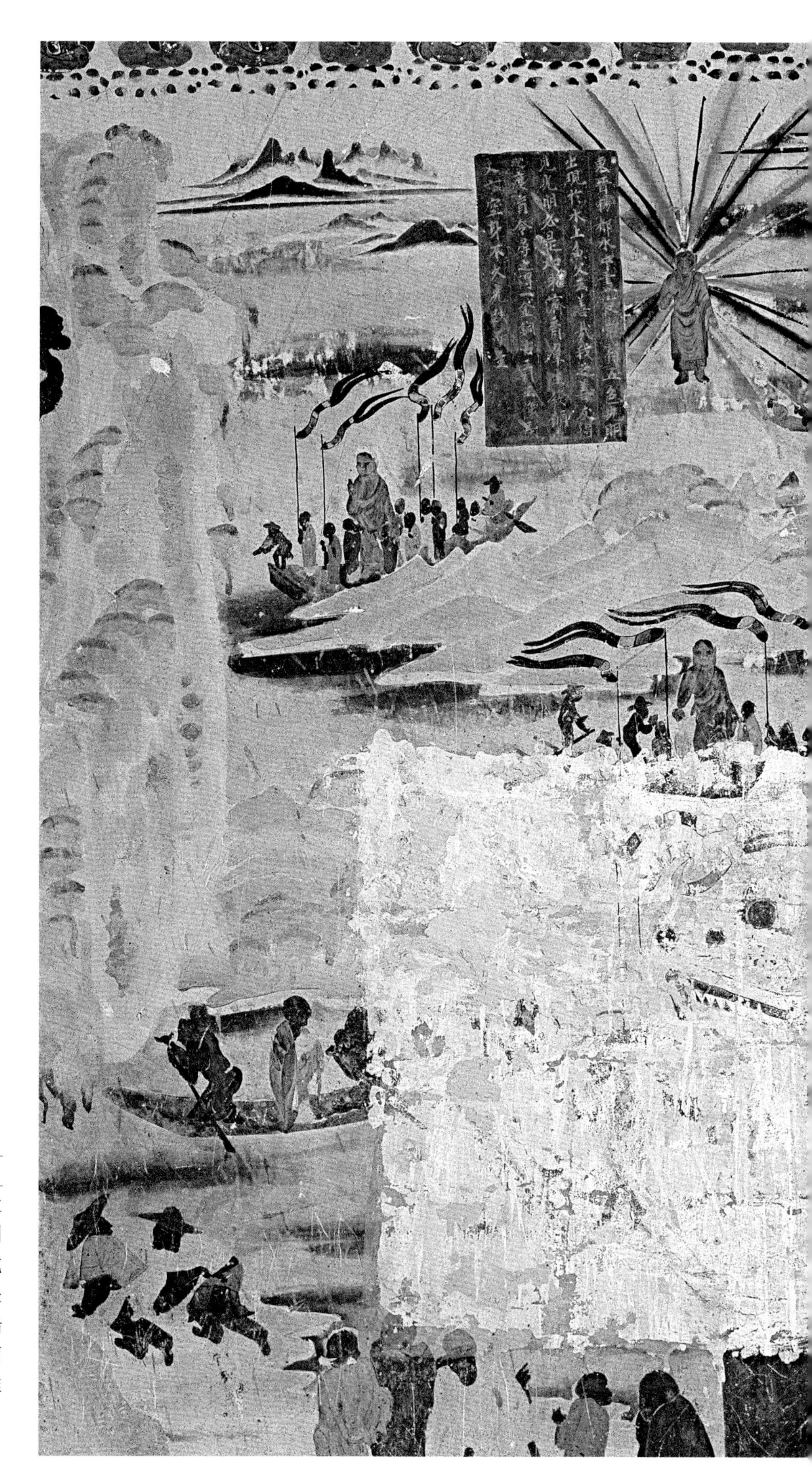

48 **湖光泛舟**

第323窟南北兩壁佛教史壁畫中，繪有大大小小的木板船和帆船有10多隻，划槳、搖櫓、張帆、拉縴等各類驅動方式都有。本窟的帆船和小木板船圖像都是敦煌石窟壁畫中最早出現的。小木板船的出現是造船史上的飛躍，甲骨文(殷商時代)已有。此圖中間部分是一大船，惟早年被黏取盜走。

初唐 莫323 南壁

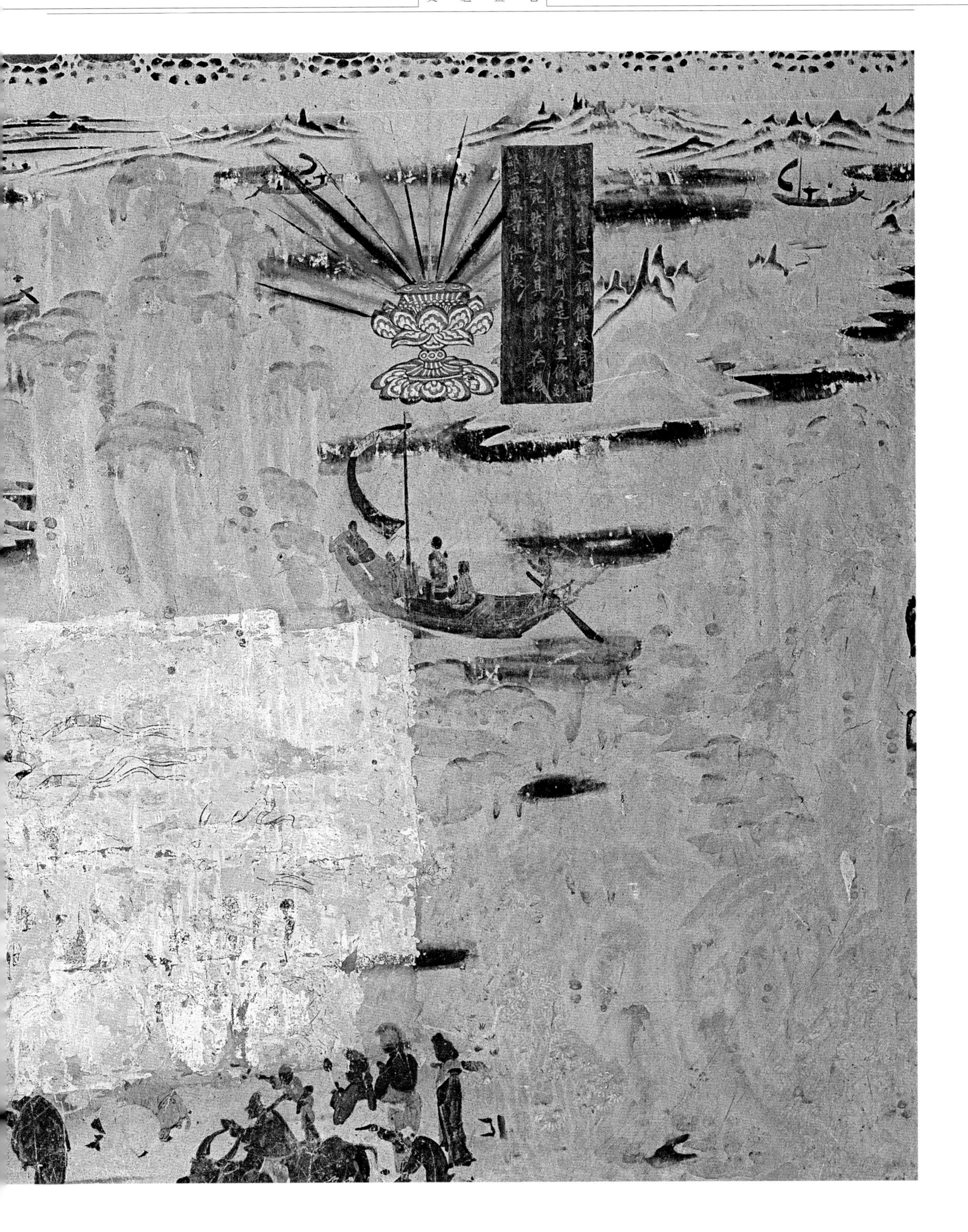

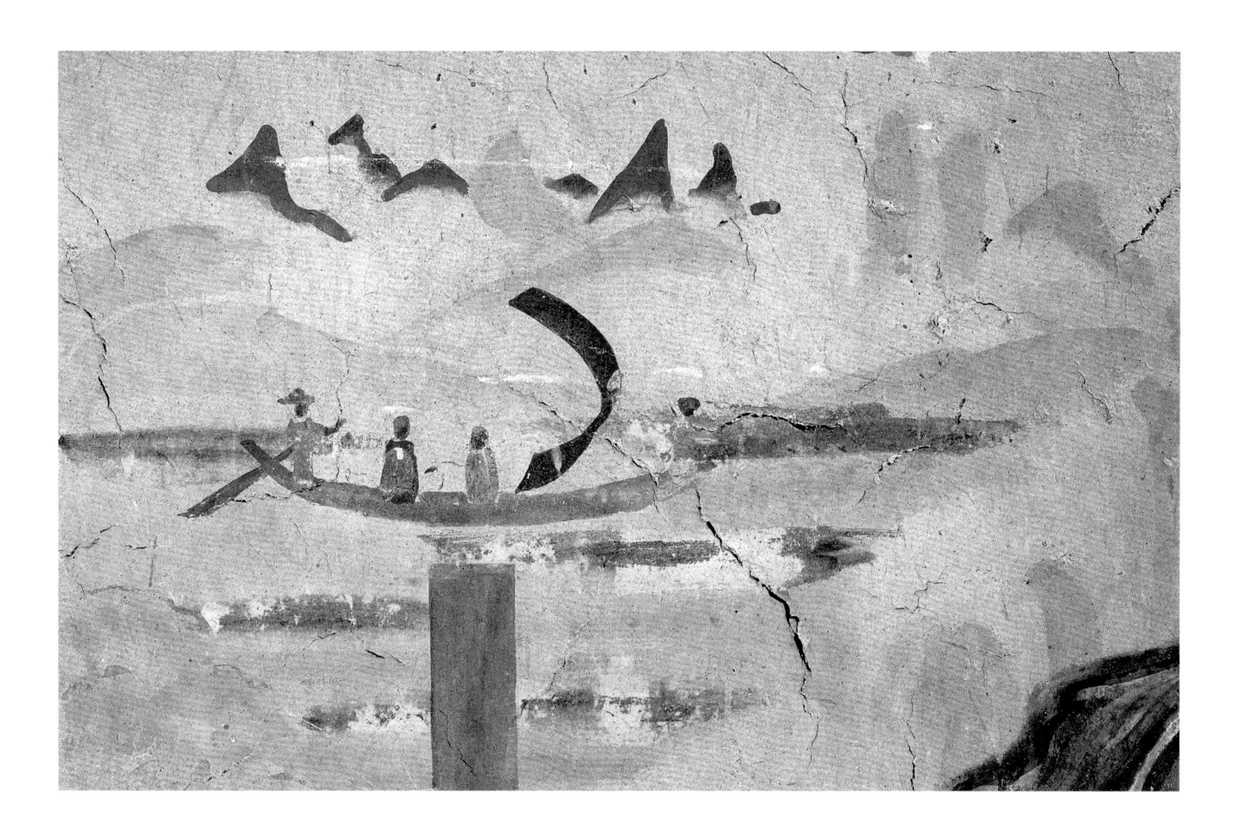

49 搖櫓帆船

初唐 莫323 北壁

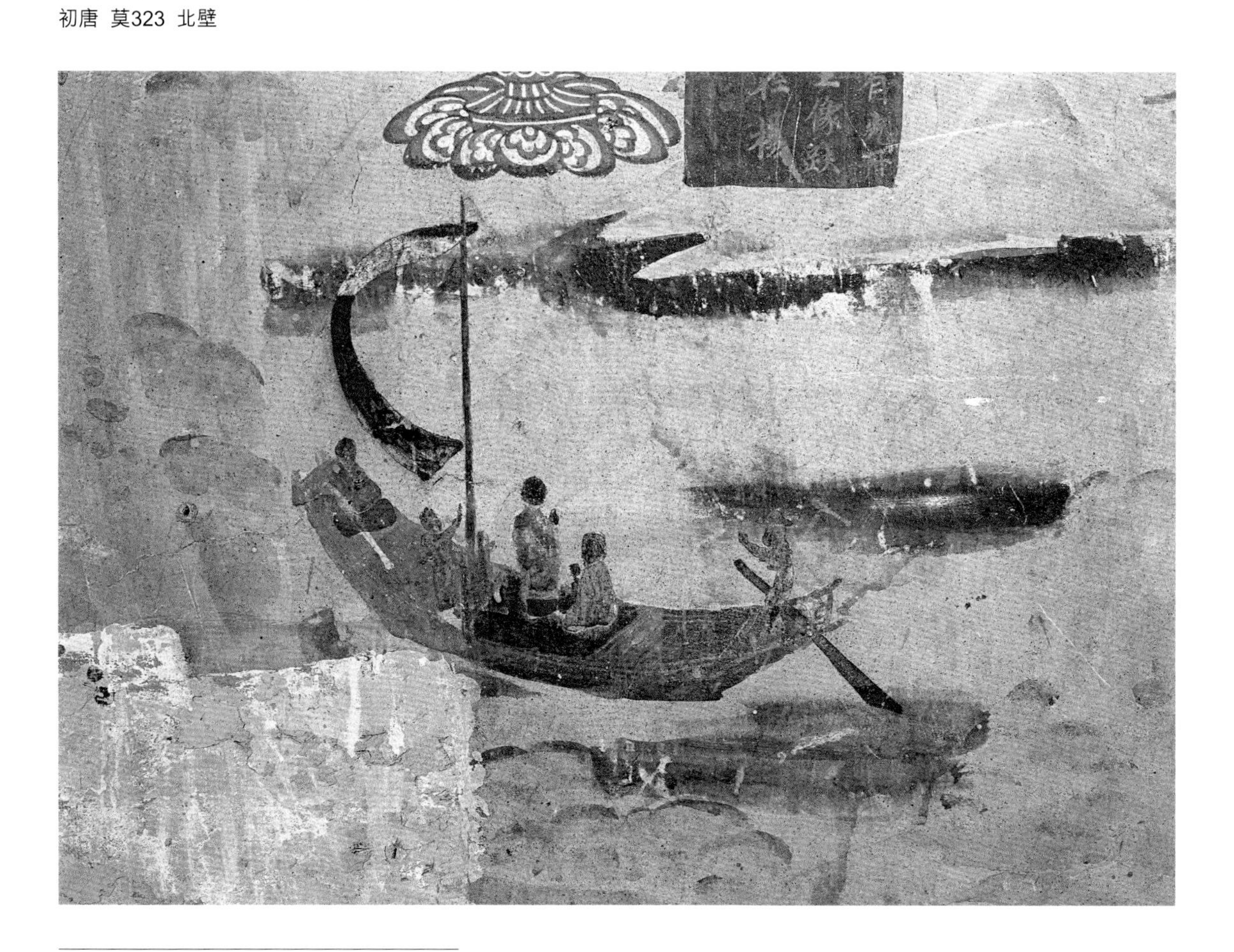

50 揚帆前進

初唐 莫323 南壁

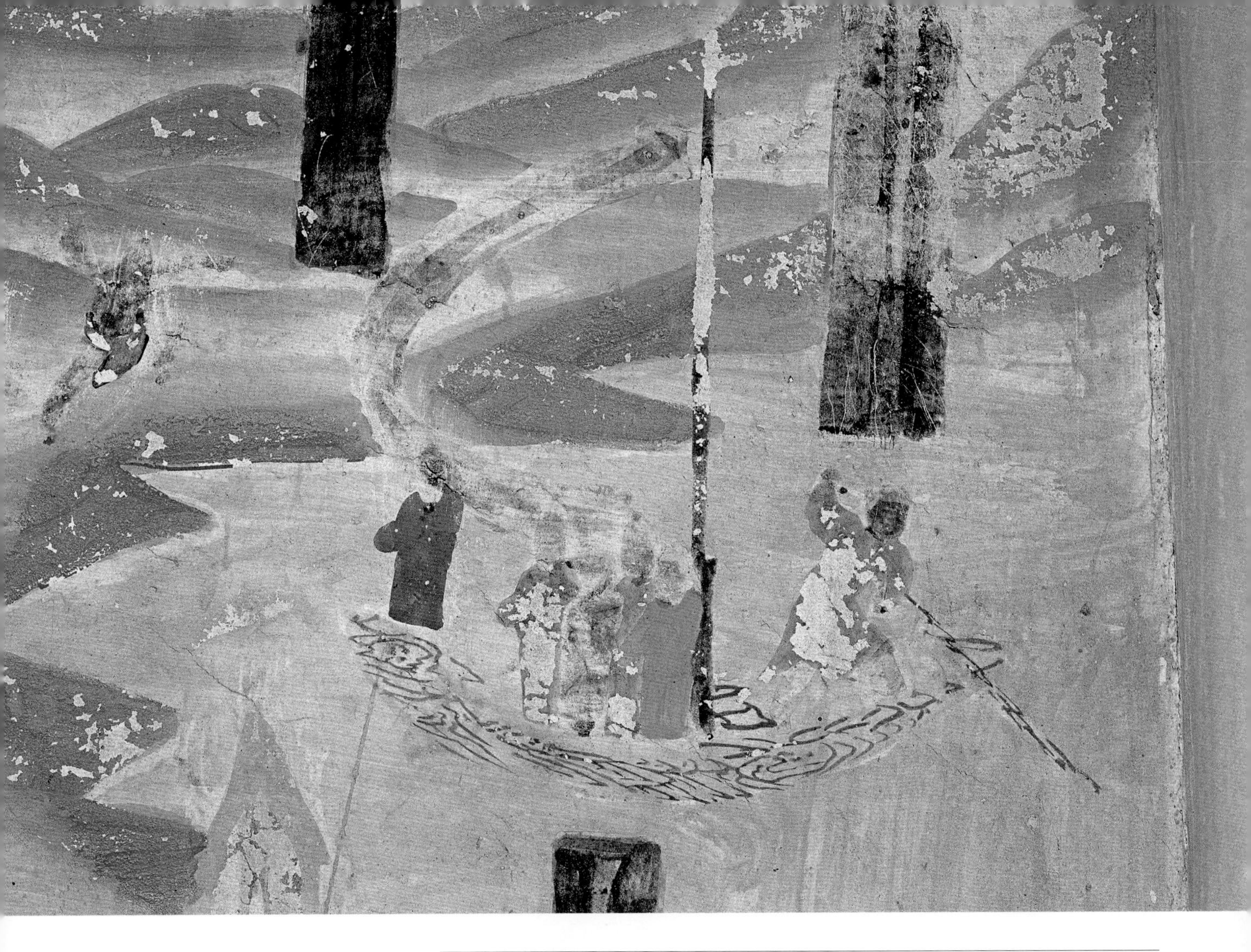

51 **撐篙帆船**

圖中表現觀音救海難的撐篙帆船，船身長寬比例適中，桅杆矗立於船艙中部，船夫的撐篙方向、風帆張起的方向與行船的方向一致。在敦煌所有的小船壁畫中，這是最接近現實、也是最富有生活氣息的一幅。船身及船篙的紋理有可能是彩繪。

盛唐 莫23 南壁

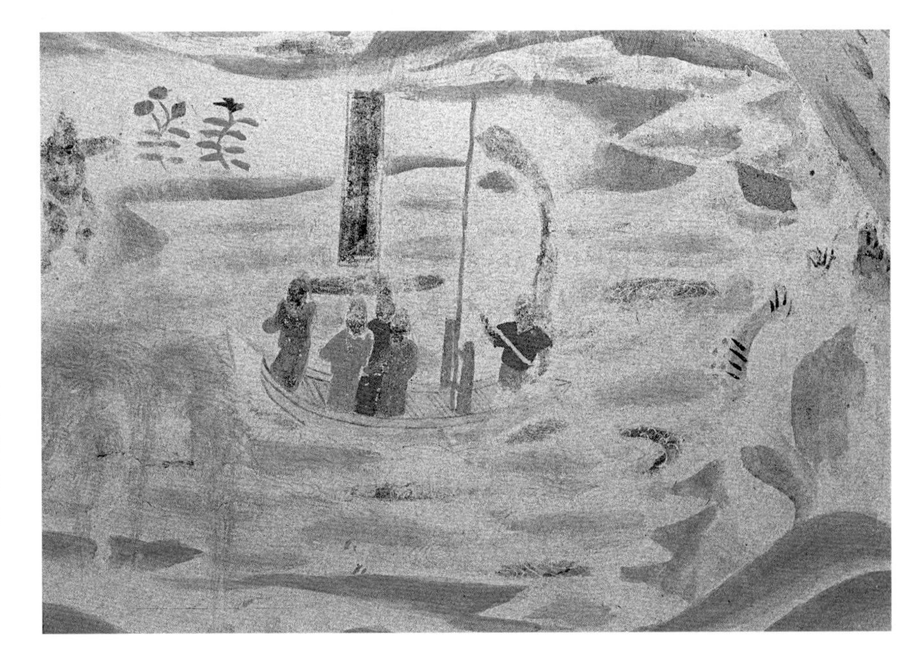

52 **搖櫓帆船**

這是觀音救難故事中所繪另一幅小帆船。船上載客4人並搖櫓船夫1人；船艙從頭到尾都繪有橫向隔板，表現出船的結構情況及其堅固和耐用。這是一條很有代表性的、古今普遍使用的小木船，它的構造與現今江河小船近似。

盛唐 莫23 南壁

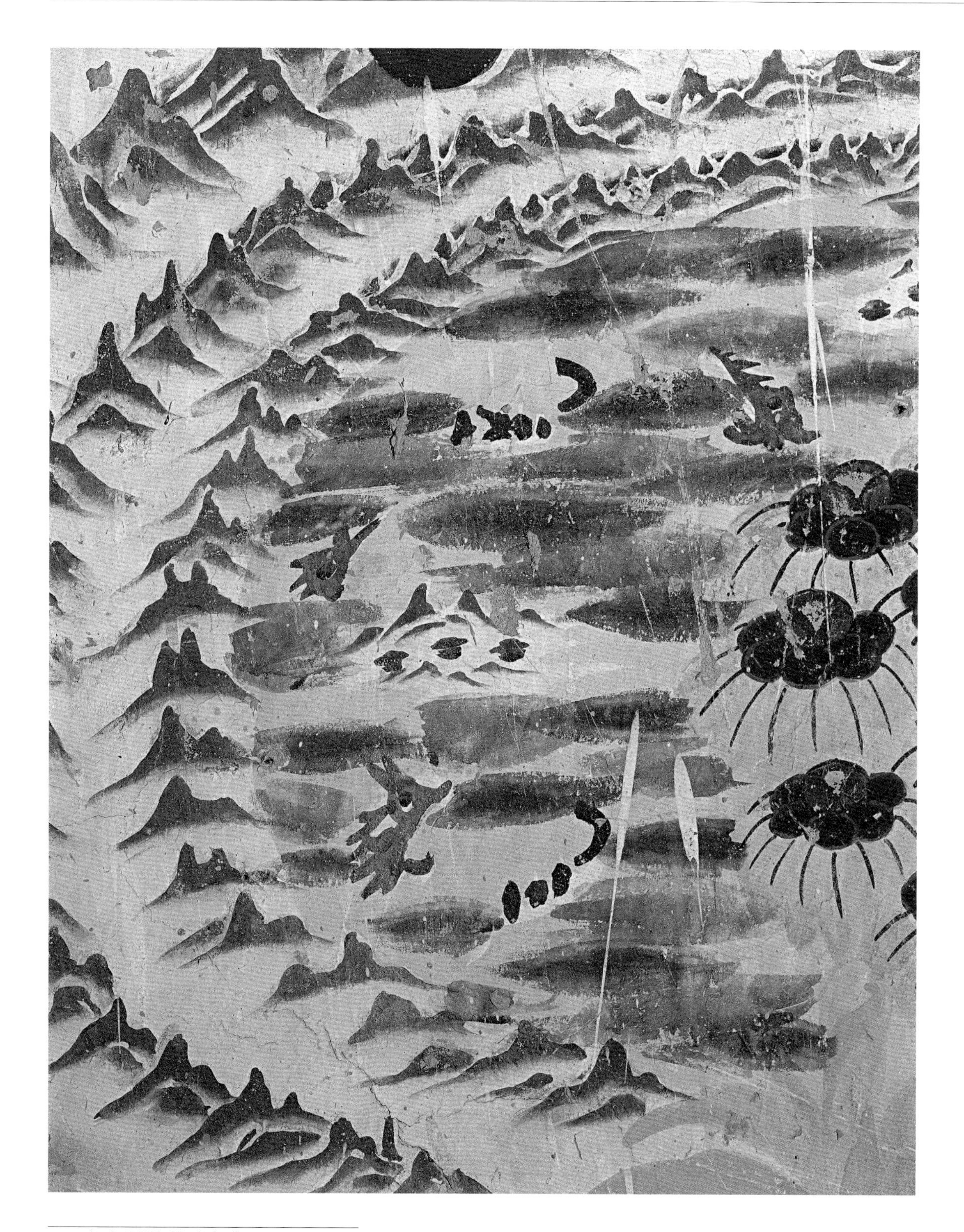

53 水上遇險的小帆船

小帆船繪於盧舍那佛的項光旁邊，項光是以數重連綿的羣山組成的橢圓形光圈；本圖是圈內左側，華蓋旁的兩艘小帆船，船夫及乘坐者3～4人不等；小船行駛在風急浪高、波濤洶湧的水面上，面對着張開血盆大口的海怪。船雖簡略，但連羣山而看，頗有美感。

盛唐 莫446 西壁

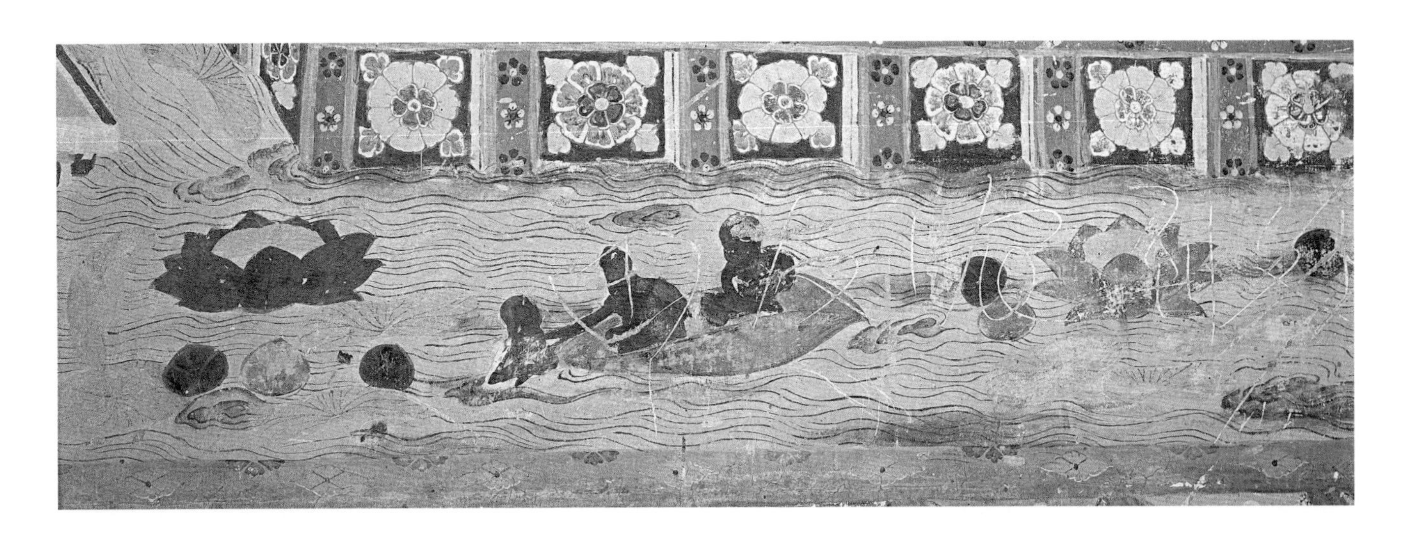

54 荷瓣小舟

這洞窟建於公元767年前後，淨土世界的宮院水池上，荷瓣小舟載着正在戲嬉的蓮花童子。這顯然不是現實生活中的水運工具，而應該看作一種仿舟船的水上玩具。

盛唐 莫148 東壁

55 撐篙的小船

這是一幅表現佛教歷史故事中駕舟迎佛的小船。全船呈橢圓形，圓頭平底，船上無桅帆設置，有撐篙船夫1人和乘客3人。船頭翹起高於船尾，與現實中的小船不大相符。反映了畫家對船的知識很有限。

宋 榆33 南壁

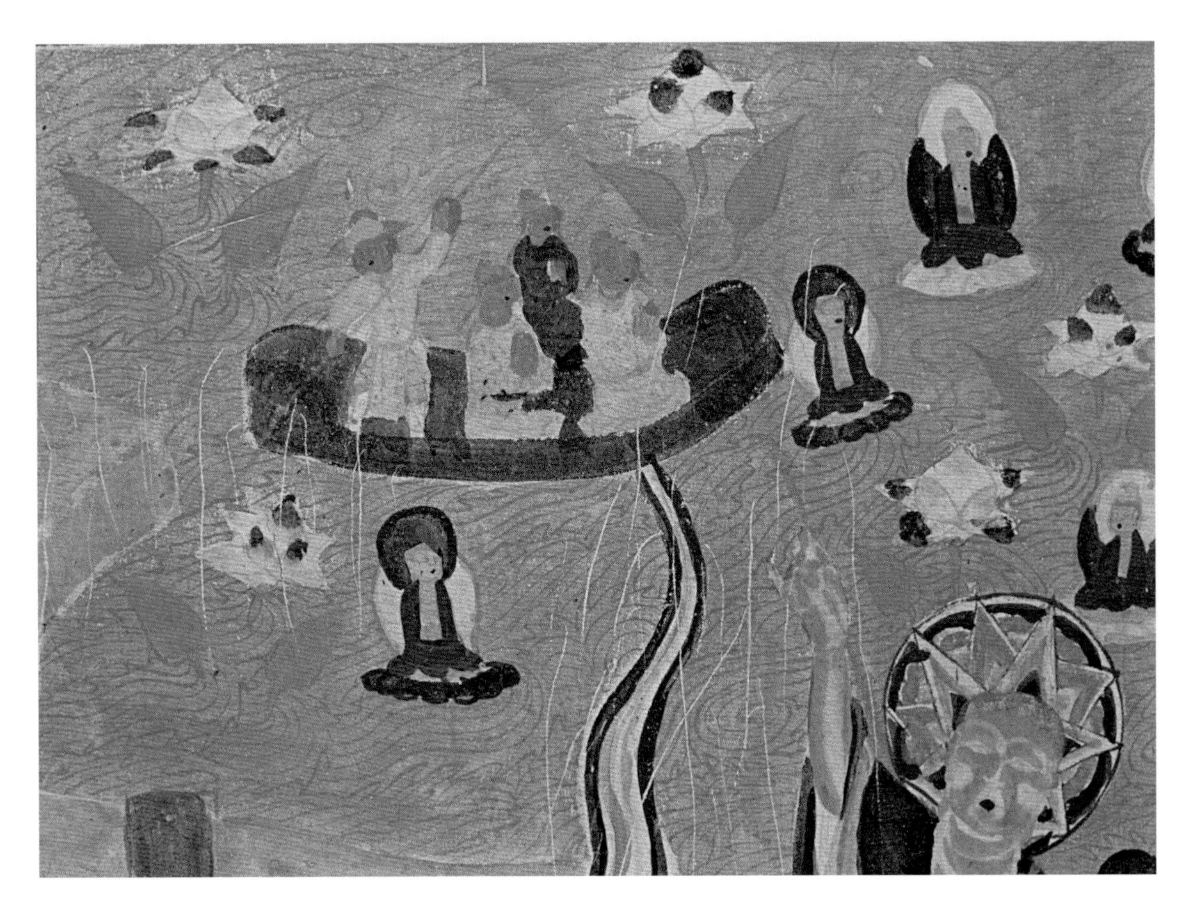

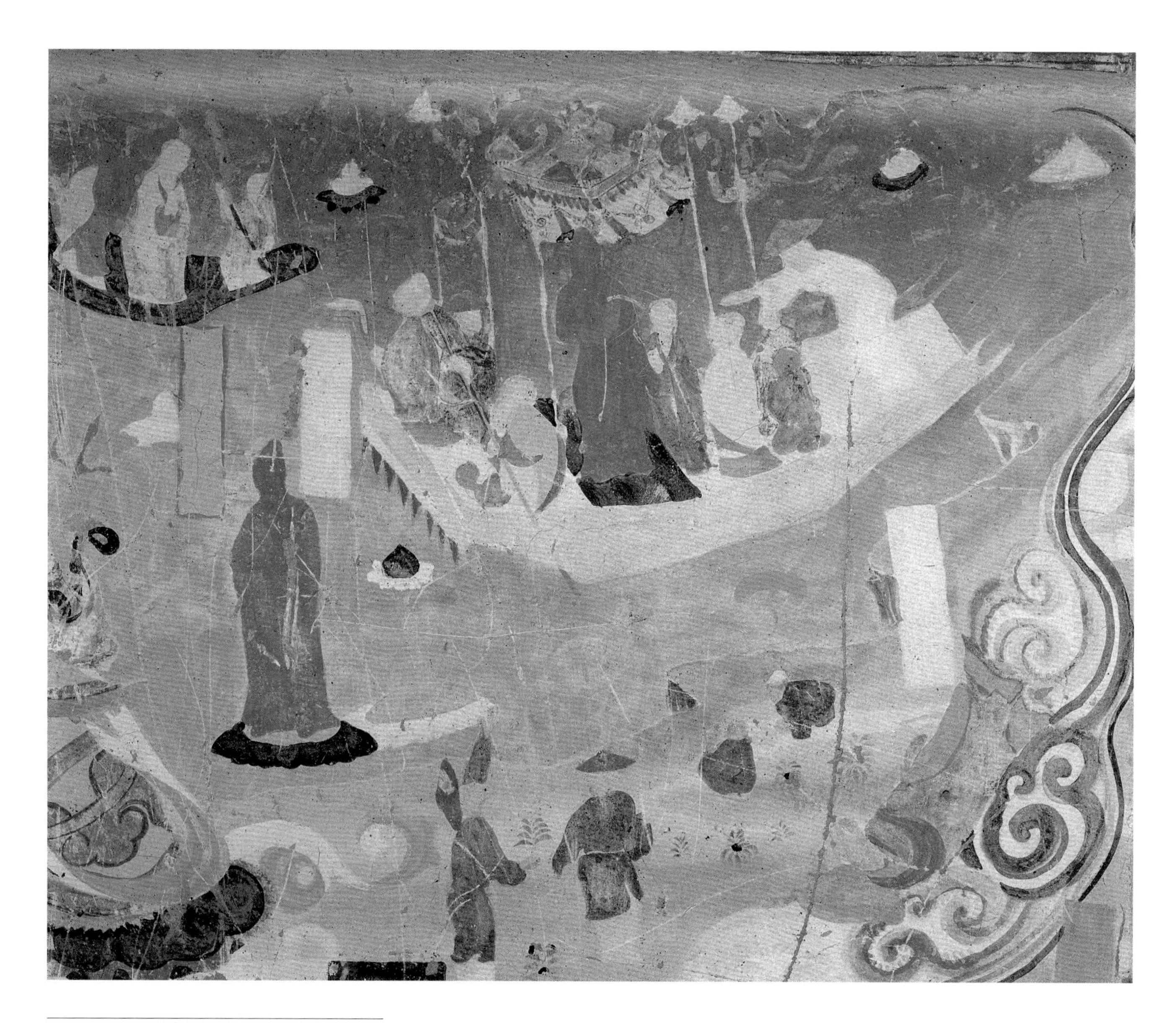

56 方傘蓋接引船

此窟甬道頂的佛教歷史故事畫有一幅規模較大的“接引佛船”，也是方頭、平底、雙尾，船艙正中豎方傘幢，佛陀立於幢下，侍從擁立周圍，首尾各有撐篙船夫1人。

晚唐 莫9 甬道頂

57 觀音救難的雙尾帆船

這雙尾船方頭平底，艙內坐3人，另後部有1撐篙船夫，只是雙尾較短。

晚唐 莫54 北壁

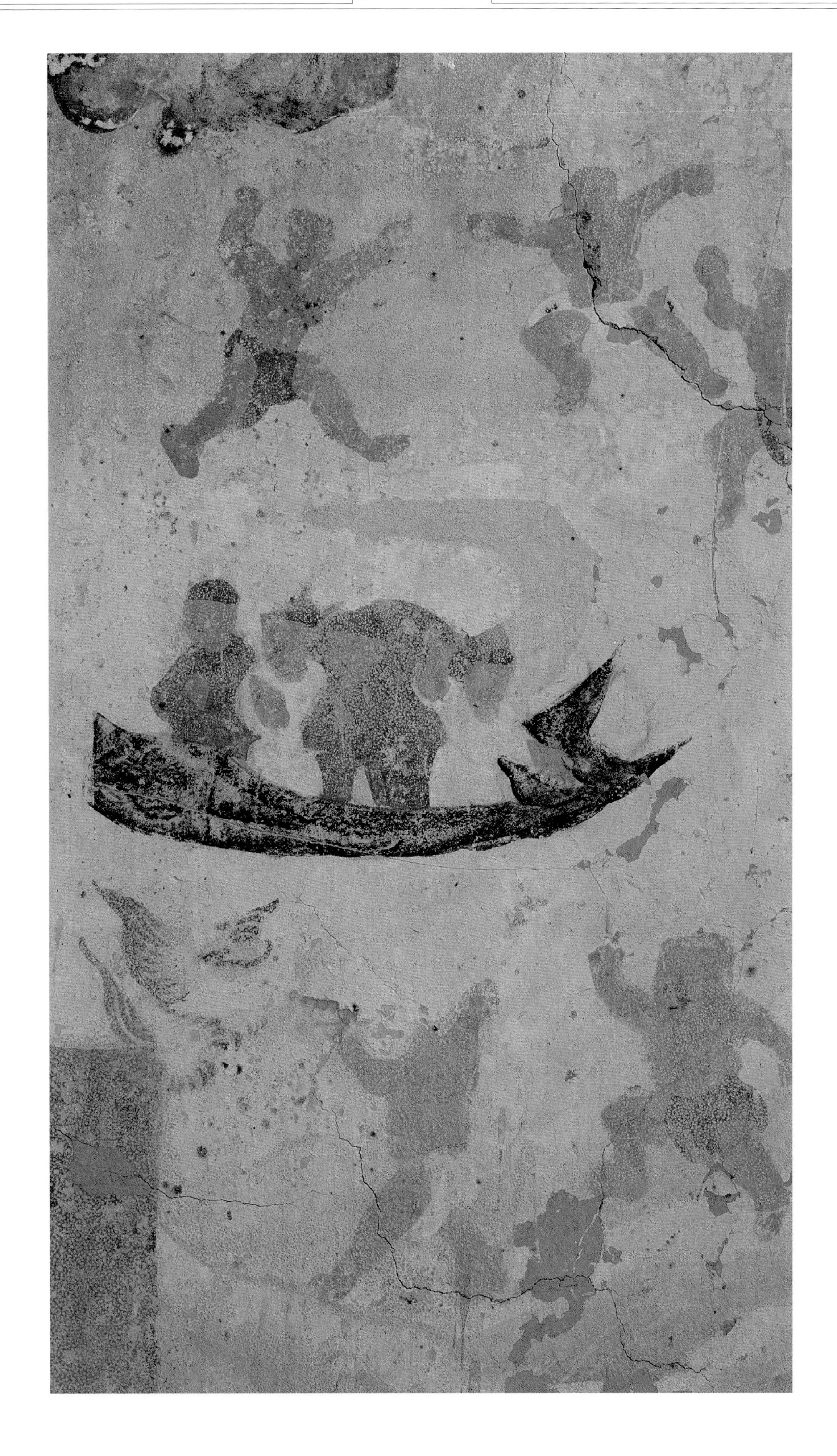

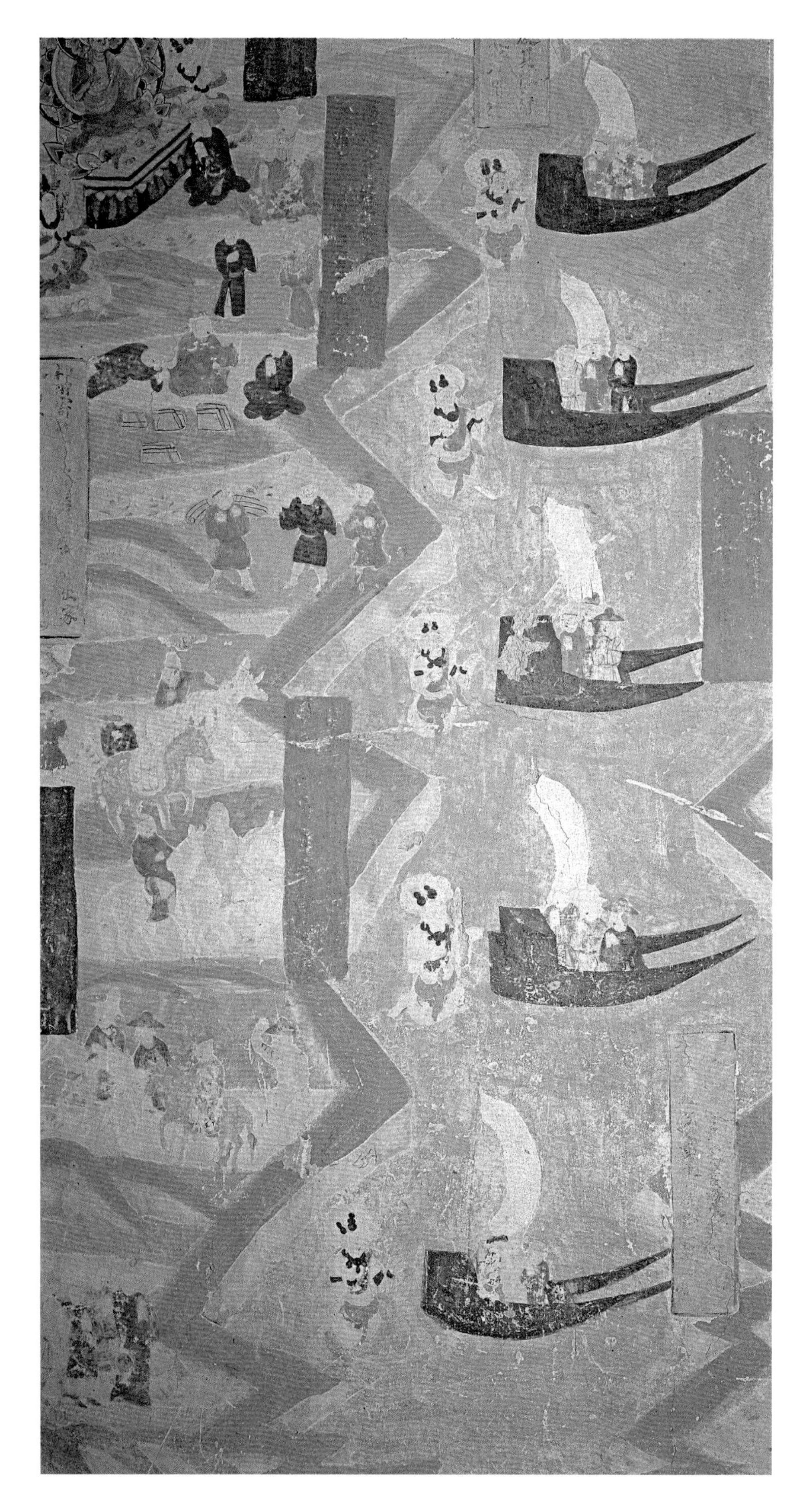

58 **雙尾帆船五隻**

在"海神問難"故事中的5隻雙尾帆船，方頭平底，雙尾較長，尾尖上翹呈燕尾狀，風帆與行船方向相背。壁畫上的雙尾船圖像，多呈奇形怪狀，同現實有極大的差距，顯示了畫家們創作的隨意性。

五代 莫98 南壁

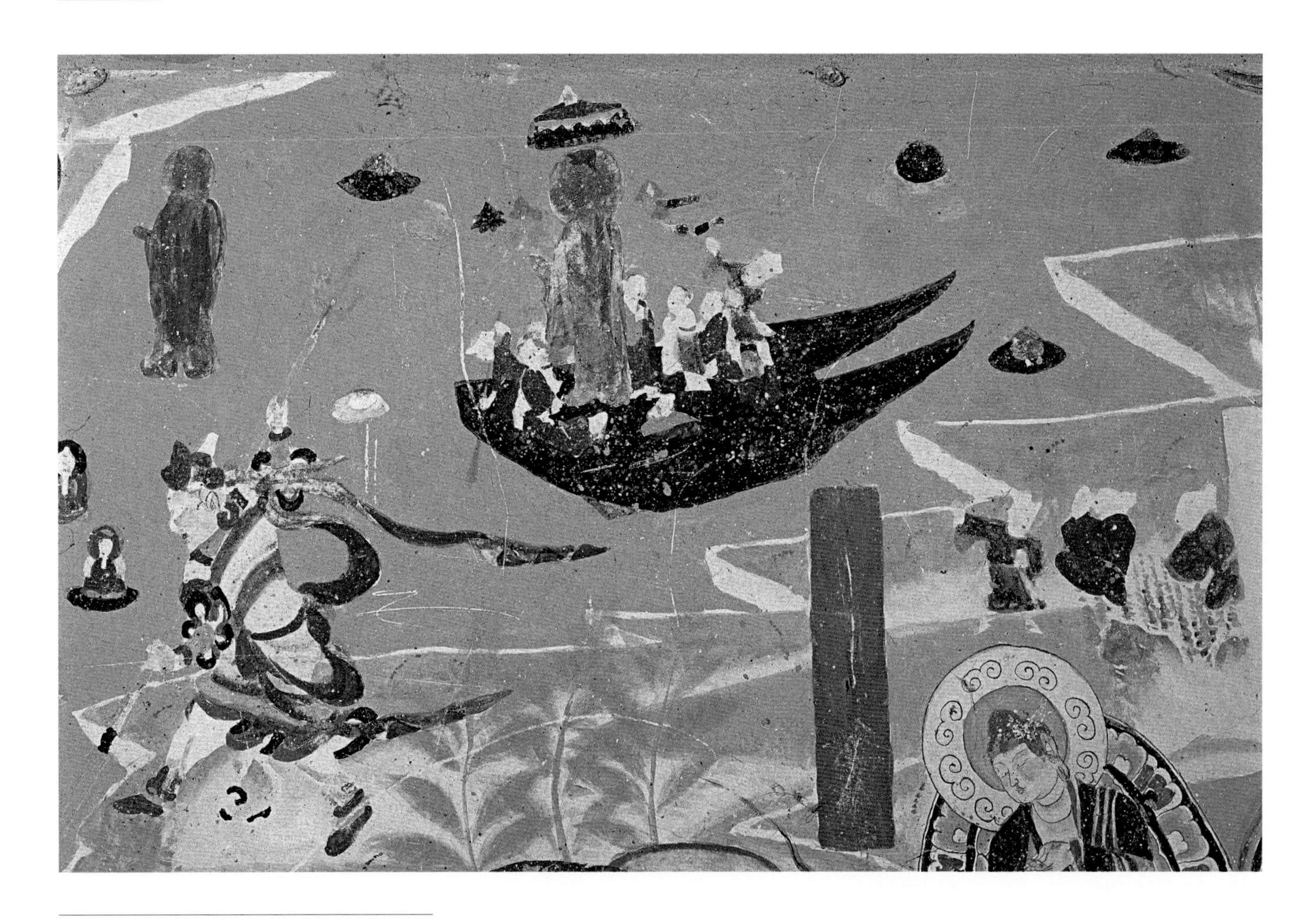

59 **釋迦乘坐的雙尾船**

五代 莫108 甬道頂

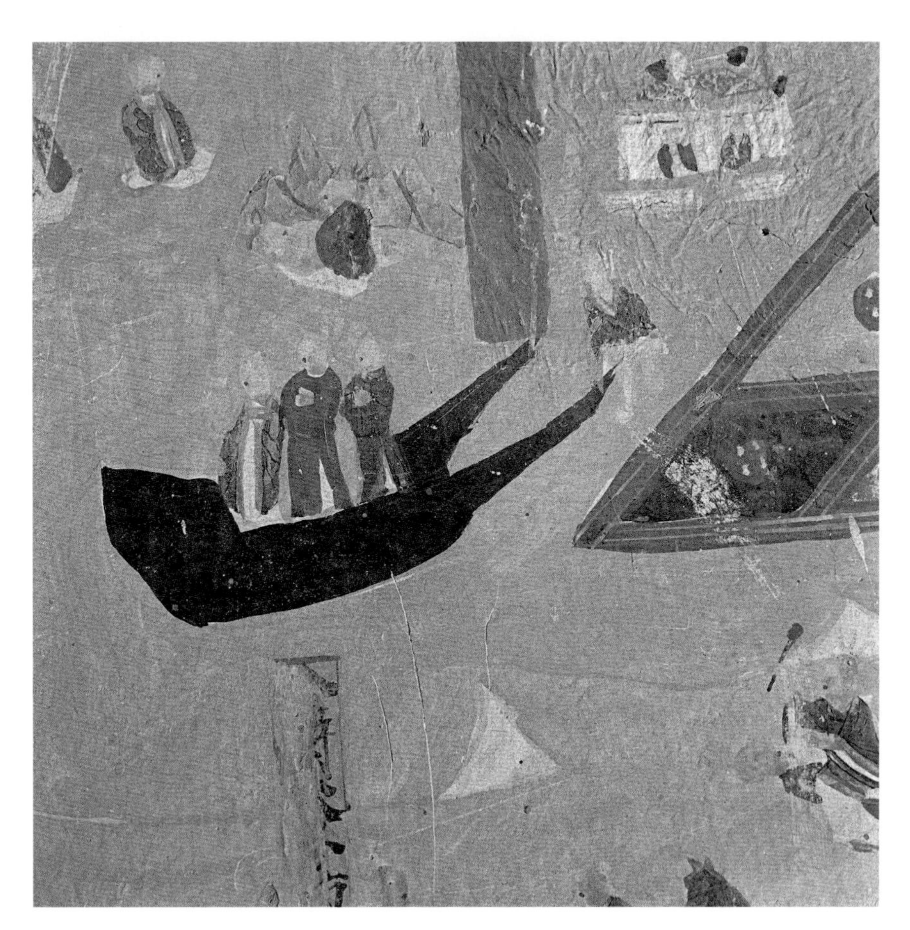

60 **雙尾船**

五代 莫146 南壁

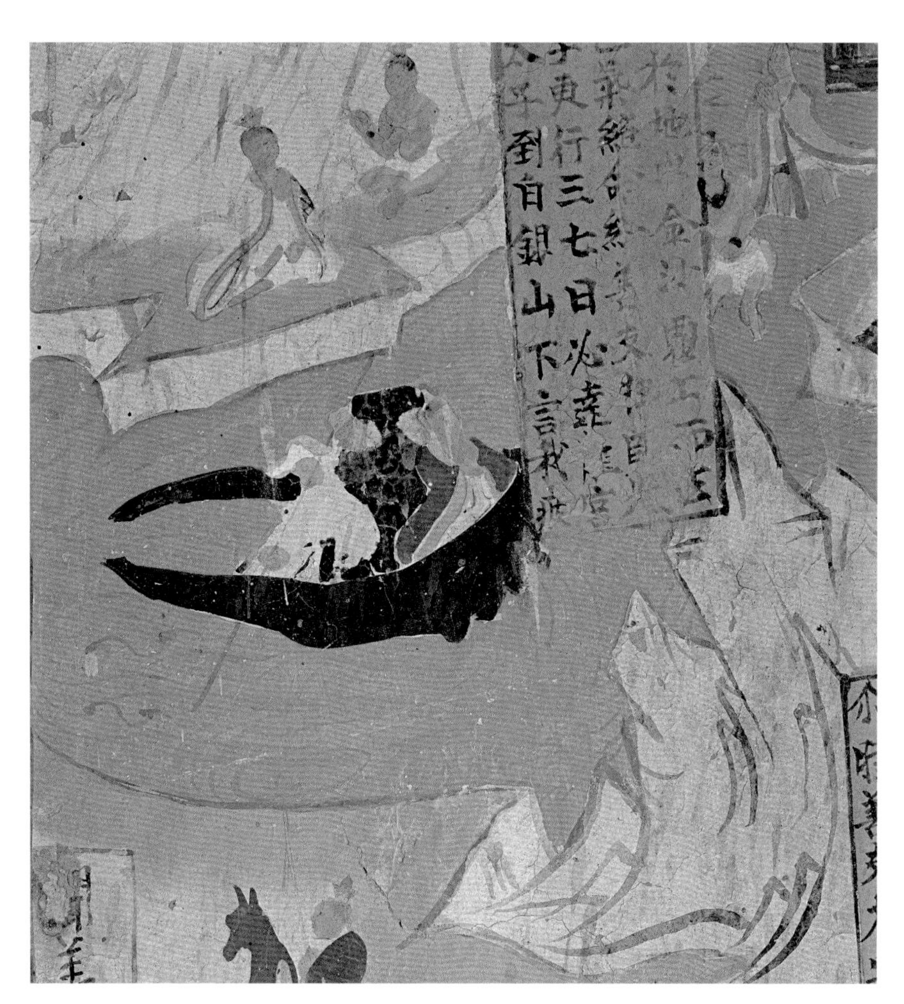

61 **雙尾船**

五代 莫61 南壁

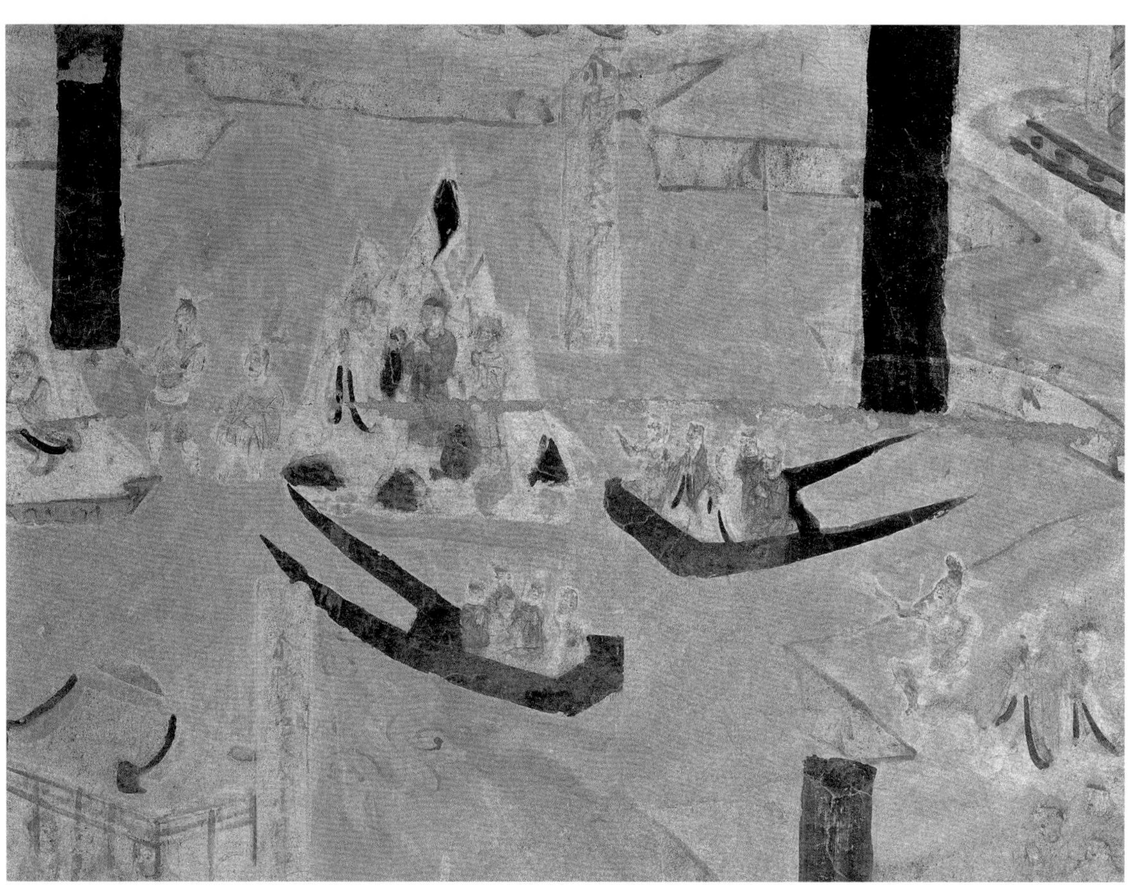

62 **善友太子入海乘坐的雙尾船**

宋 莫55 南壁

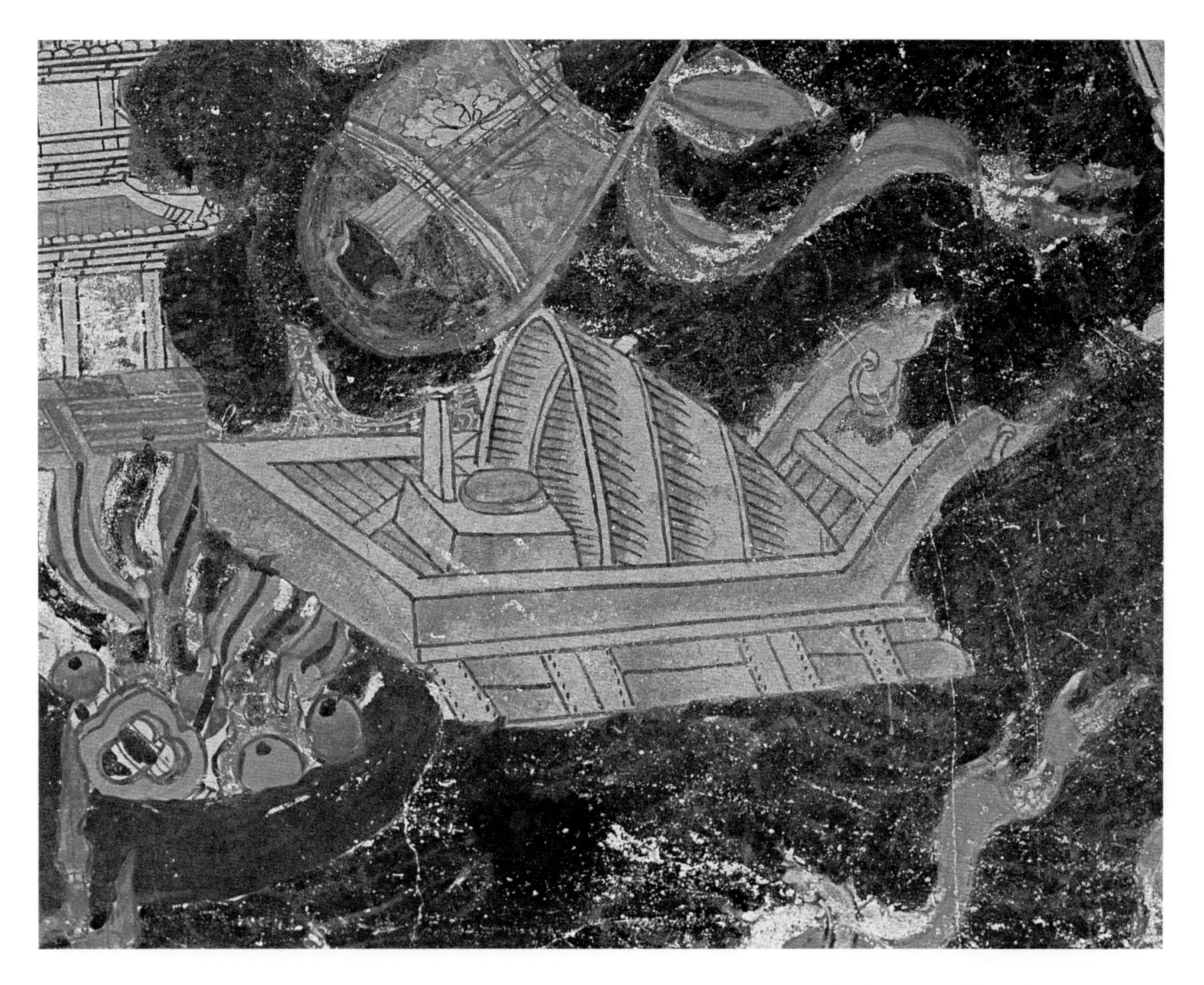

63 別具特色的雙尾船

在所有雙尾船的圖像中，這艘小雙尾船很有特色，它是作為“千手千眼觀音變相”的裝飾圖案畫出現的，可能也與現實有較大差距，但畫面上對船的細部結構，甚至每一枚鉚釘都描繪得十分清晰。這幅畫顯然是出自熟知造船工藝的畫家之手。

元 榆3 東壁

第二節　樓船與廬船

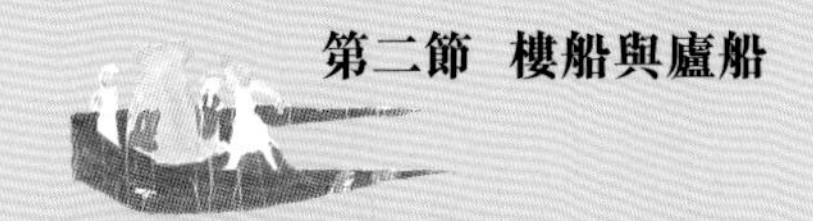

舟船也是一種水上遊樂工具，中國遠在西周時代就有帝王乘船巡遊的傳説。舟船又是一種戰爭的裝備，據記載，中國春秋時期已有“舟師”和各種類型的戰船以及專門的造船工場。同時代的青銅器紋飾中就有戰艦的形象。遊船、戰船同其他舟船的區別就是看船艙中有無上層建築設施。作為遊船的樓船，其標誌主要是船艙內特殊的亭台樓閣建築和裝飾，一般稱為“畫舫”，供帝王將相、達官顯貴巡幸遊玩。我們所謂的樓船和廬船，是指敦煌壁畫中有上層建築的舟船圖像，其中包括一部分設有上層建築的雙尾船。敦煌壁畫中的上層建築的船，主要分“樓”和“廬”兩類，並就此加以論列。

敦煌壁畫的樓船與廬船在公元8～10世紀繪製，具體的説，除個別圖像外，樓船多表現善友太子入海求寶，廬船多表現觀音濟眾生於海難；雖名為海船，但實際上並不是。

以樓船作為戰船，從出土文物上留存的圖案紋飾看，大概在中國戰國時期就出現了；遊船的出現則更早一些。秦、漢至隋代，中國的造船事業蓬勃發展，以戰船和遊船為主體的各類舟船大量湧現，特別是史籍記載壯觀的水上戰爭和帝王的豪華船隊出巡，説明了當時的舟船在人們生活中的地位和中國造船及用船的水平。但是迄今為止，不論是古代遺留下來的碑銘石刻，還是現代考古發掘，宋代以前的遊船形象和實物都極為罕見。敦煌石窟的壁畫中，繪製有樓船、雙尾樓船、樓帆船、雙尾樓帆船圖像，特別是敦煌特色的雙尾樓船圖像保存得比較豐富。這裏所謂的樓，實際上即內艙的屋亭式上層建築，大部份為單層，也有個別是兩層的。樓船的驅動方式也是人力、自然動力(風力)及兩者兼有三種。

值得注意的是，樓船壁畫中沒有發現一艘是戰船，幾乎全部是遊船。這可能與壁畫所表達的佛教思想內容有關，因為在佛經中，極少有關於海上戰爭的描寫。唐代後期出現的亭屋式樓船，大多為帳形頂，頂上設榻輦，人可乘坐於輦上；而且有一些樓船的上層建築為兩層亭屋，屋頂也設榻輦，輦上坐人；這顯然是更突出了遊船的作用，讓乘船的遊人坐得更高，視野更開闊，所有湖光山色一覽無遺。

莫高窟藏經洞出土的敦煌文書中，有一首五代時期的曲子詞《浣溪沙．是船行》這樣寫道：

“五兩竿頭風欲平，張帆舉棹覺船行。柔櫓不施停卻棹，是船行。滿眼風波多戰灼，看山恰似走來迎。仔細看山山不動，是船行。”

這首詞可能創作於敦煌本土，也可能是從中原或其他甚麼地方傳入敦煌的。但無論如何，它所描述的，應該是行駛在江河湖泊中的遊船的情景。在風平浪靜的水面上，悠然自得地划着小船，欣賞着湖光山色，一派浪漫的情調；同時也反映了人們對美好生活的嚮往和追求。

盧船是指船上設草廬式內艙的船，在敦煌壁畫上多為雙尾船，部份是艙內設置桅、帆的雙尾廬帆船。廬船在敦煌壁畫中也有一定數量，茅草搭成的廬篷是最簡單的建築，這種廬篷又稱草庵，原為佛教僧侶在山林中苦行修持所居用。將草庵畫成船艙的上層建築，可能是為了突出佛教壁畫的主題。當然，廬篷（草庵）是一種便於安裝和拆除的臨時建築；但船壁畫中有一些桅杆設在廬頂，説明有一些廬篷也可能是船上的永久性設施。另外，廬船所表現的內容仍然是觀音救難、善友太子入海求寶等，這些以"海船"名義出現在壁畫上的廬船，同樣也沒有一隻是真正的海船。不過，同樓船畫相比，廬船的行駛環境顯得稍亂一些，似乎是真的在風浪之中航行。

作為遊船，它不僅要求行駛在風平浪靜的水面上，而且船本身也需要平穩。這可能就是敦煌壁畫中雙尾樓船與雙尾廬船大量出現的原因之一，因為壁畫中的雙尾船，不論是方頭平底形，還是二舟相併形，都有平穩的特點。再就是遊船的周圍環境，不論是善友太子求寶的"海"，還是觀音濟難的"海"，大多為青山環抱、綠樹環繞、波光粼粼的一彎湖泊。

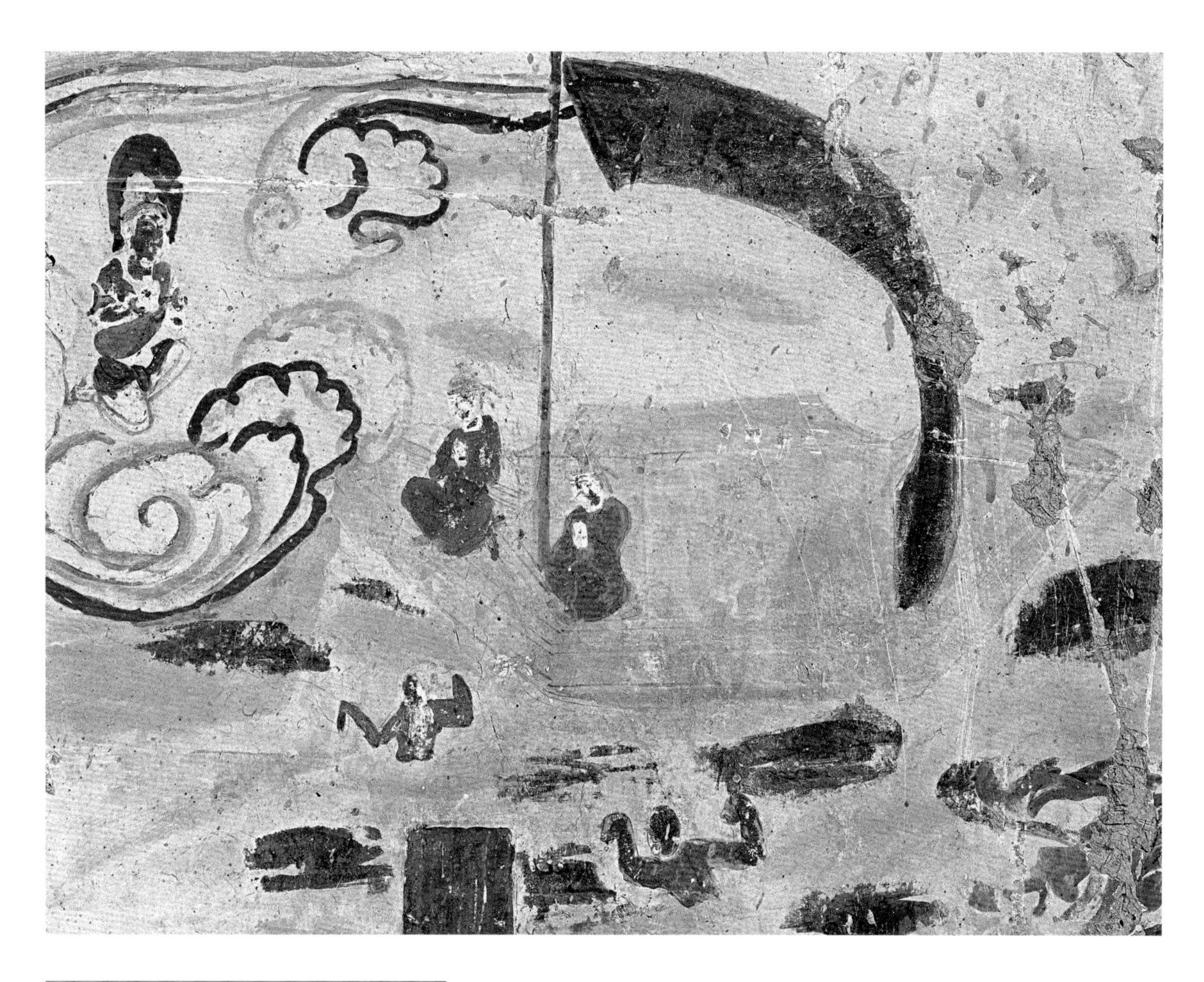

64 樓帆船

這是敦煌石窟最早出現的樓帆船圖像，方頭、平底，內艙為屋式，大帆向後張起；船的周圍是鬼魅、狂濤、落水人等，船頭有2人合掌端坐。這也是表現觀音救海難的情景，其中船中人落水的情節為其他同類畫中所未見。

盛唐 莫217 東壁

65 虎頭雙尾樓帆船

在善友太子入海求寶的故事畫中，繪有一幅虎頭雙尾樓帆船：方頭、平坦但略呈弓形底，橫長方形船頭上繪有虎頭圖案，帳形四角亭式內艙頂上設榻輦，有2人立於輦上；桅杆豎於亭艙後，杆頂部有示意風向的木雕小鳥(此小鳥依其規定之重量又稱為"五兩")，高懸的大帆向前張起。船的上層建築與船艙不協調，"五兩"和風帆所示風向相背。

中唐 莫231 西龕內南壁

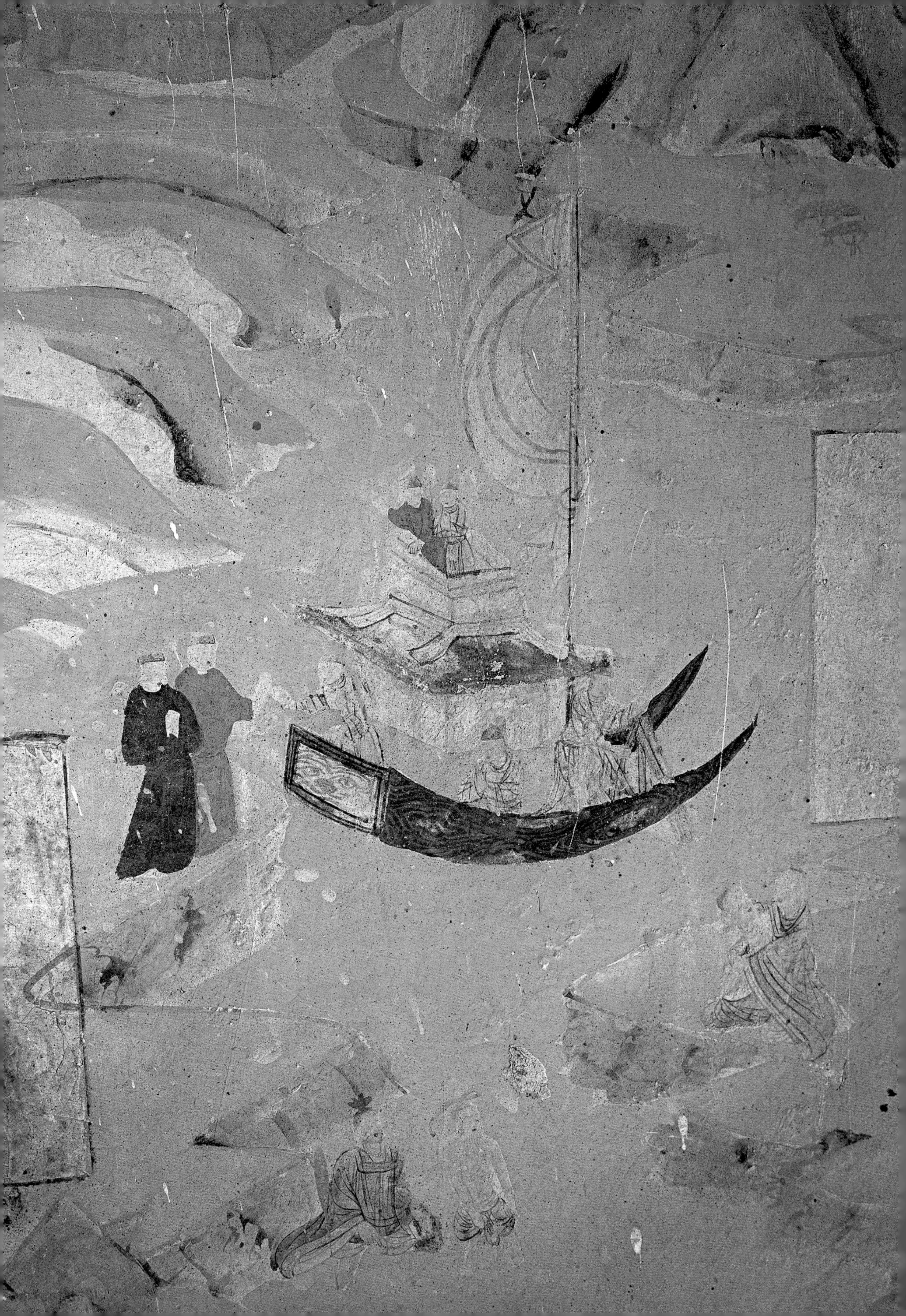

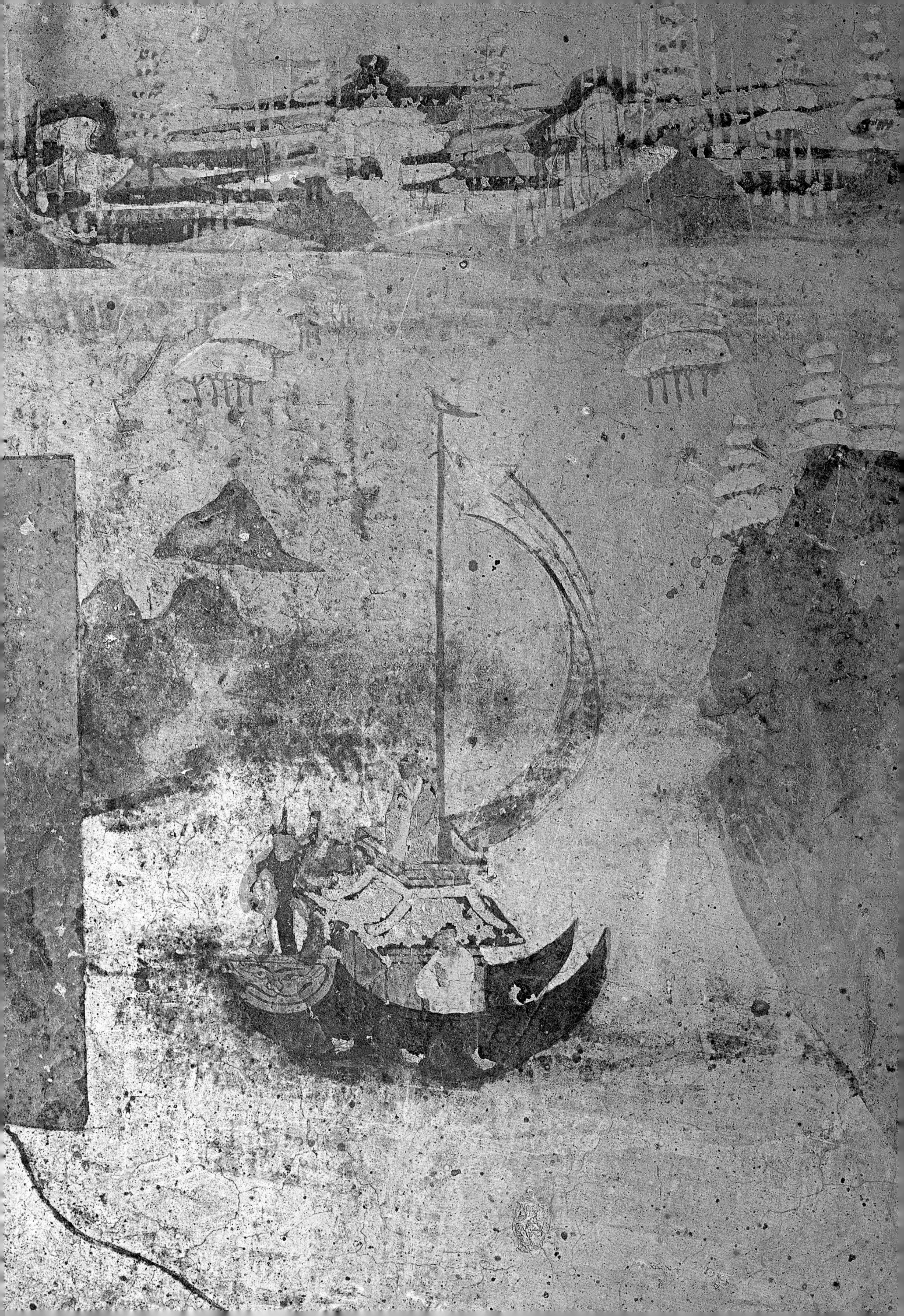

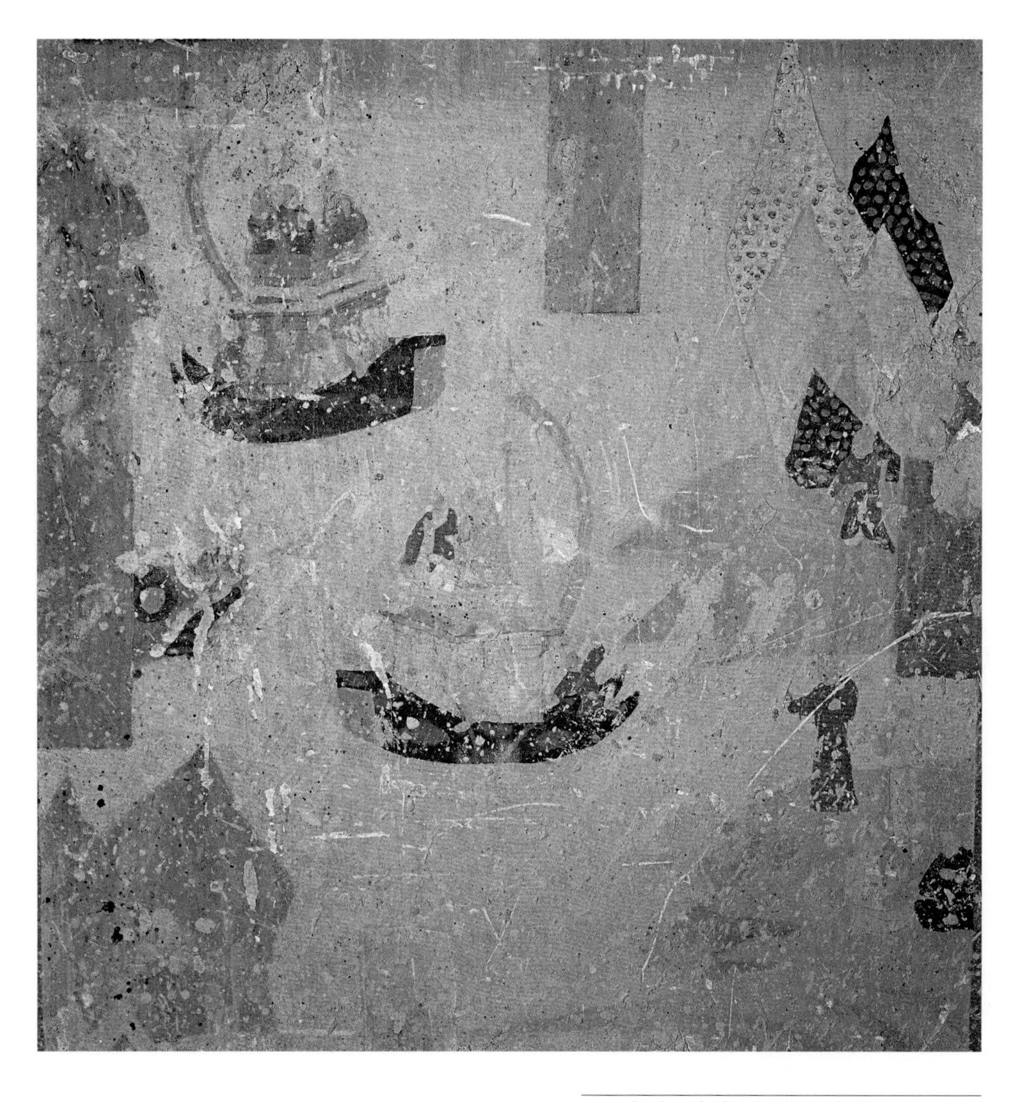

67　揚帆前進的雙尾樓船

建成於公元869年的第12窟，在善友太子入海求寶的故事畫中，繪有2隻相同的雙尾樓船。右面一艘船為方頭平底，雙尾較短，尾尖向後翹起，有桅、有帆，前部有2船夫作撐篙狀；船艙中的樓閣為兩層，下層為四角亭形，上層實為帳式屋頂之榻輦座，有3人坐於榻輦上。

晚唐　莫12　東壁

66　雙尾樓帆船

此窟於公元9世紀建成，有善友太子入海求寶的故事畫，繪有雙尾樓帆船1幅，圓底，半圓形船頭上繪虎頭圖案，艙內帳形四角亭式上層建築頂部亦為榻輦，榻上坐1人；桅杆豎在樓頂，“五兩”示頂風之向，風帆向後張起，二者所示風向一致。

中唐　莫238　西龕內南壁

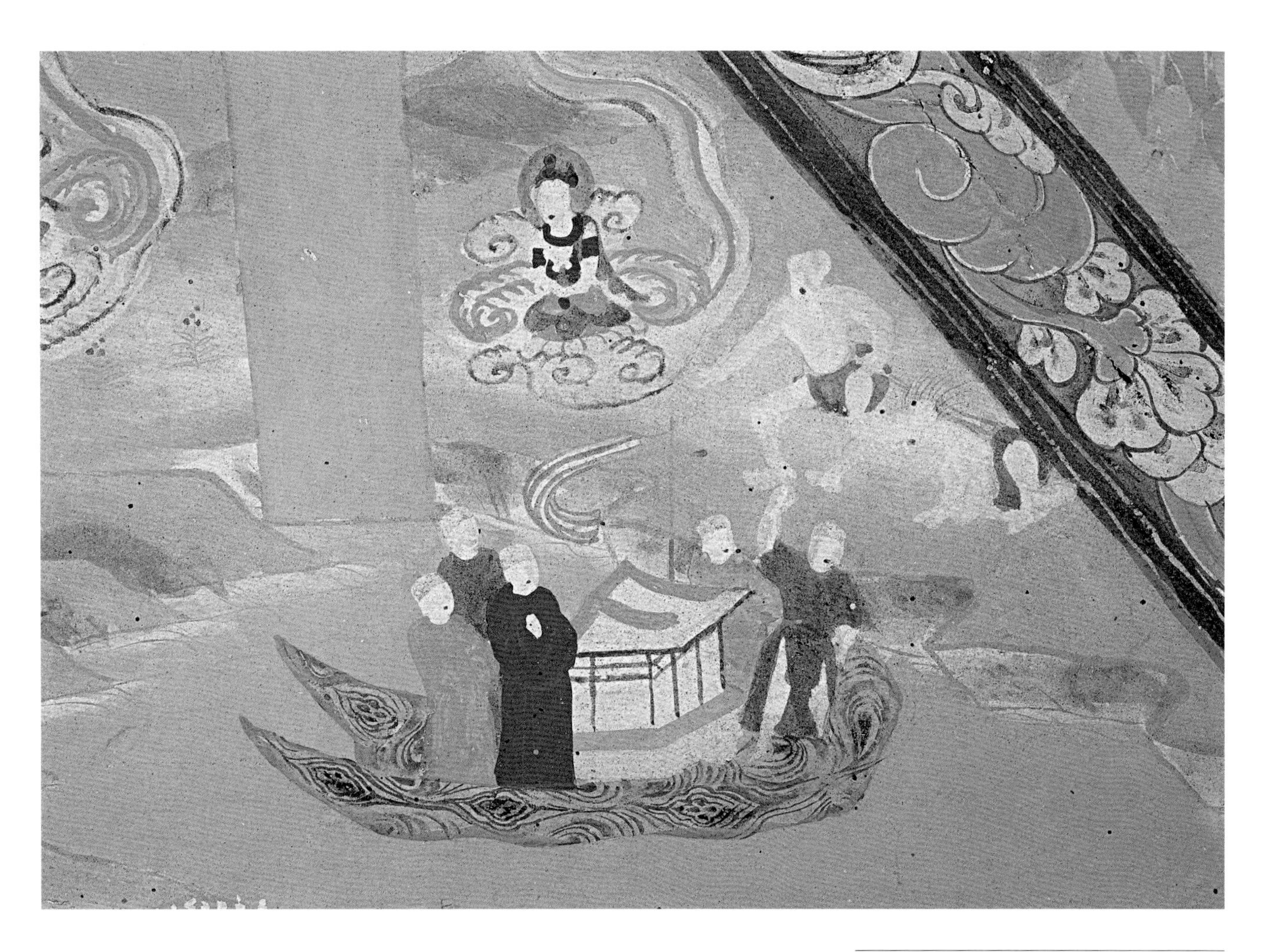

68 豪華雙尾樓帆船

第468窟建成於公元10世紀初，在觀音救海難壁畫中有一隻雙尾樓帆船，有桅有帆，風帆向後鼓張，前部一船夫正在撐篙調轉船頭；這隻船身紋飾較為講究。

晚唐 莫468 窟頂西坡

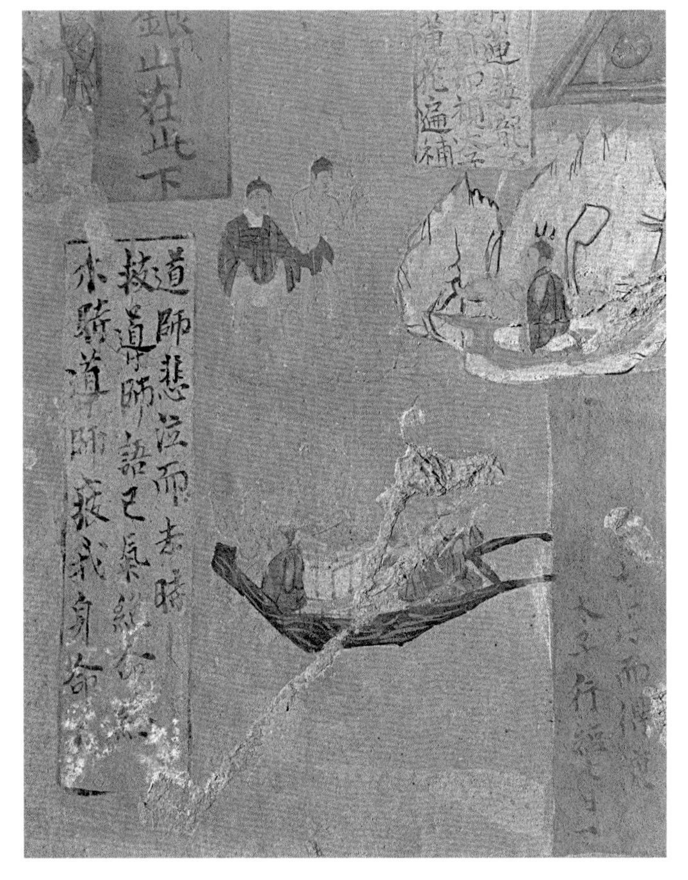

69 有船樓的雙尾船

五代 莫98 南壁

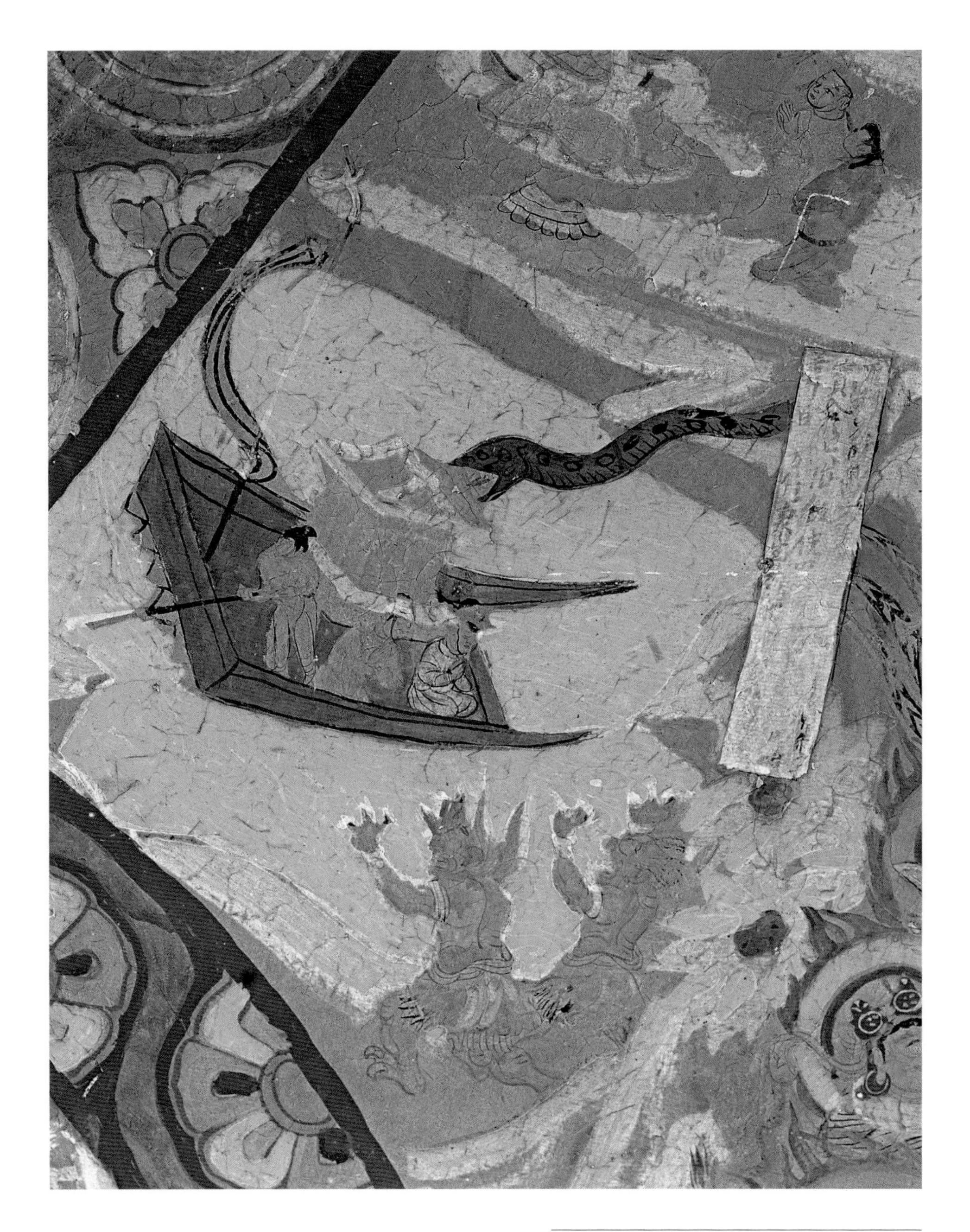

70 雙尾樓帆船

第454窟的觀音救海難壁畫中，有方頭、平底、風帆前張、在鬼魅與怒濤間平穩行進的雙尾樓帆船，大部份的結構及驅動方式與前述類似，但一長一短的“雙尾”，表露出該船的非現實性。

五代 莫454 窟頂南坡

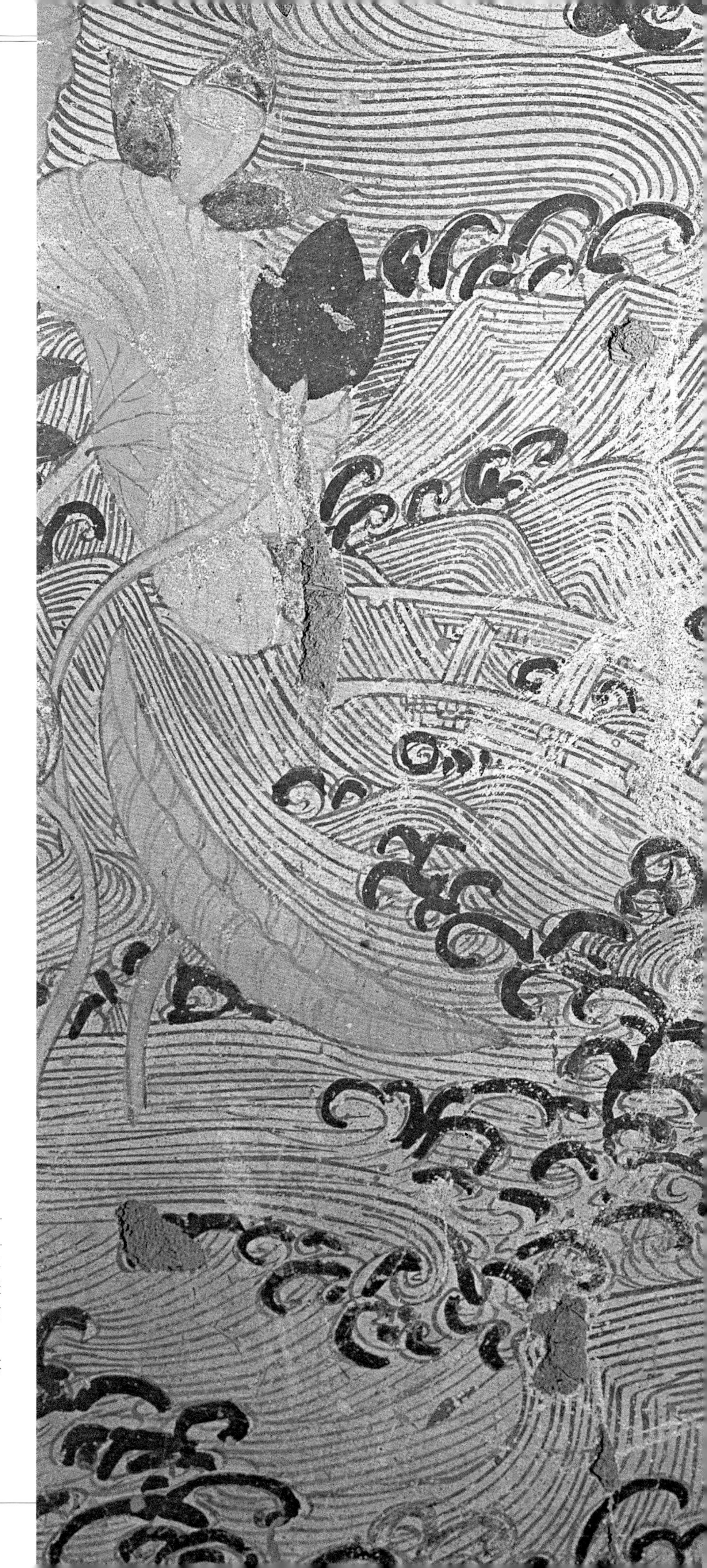

71　**樓船**

此窟建成於公元13世紀的西夏、元之際，窟內的文殊變壁畫中，繪有一艘表現慈航普渡的接引船，船形如一座宮殿，平穩地漂流於波濤洶湧的海面上，佛在船艙裏正為眾生說法。這隻船與其周圍的環境顯然同現實不符。

元　榆3 東壁

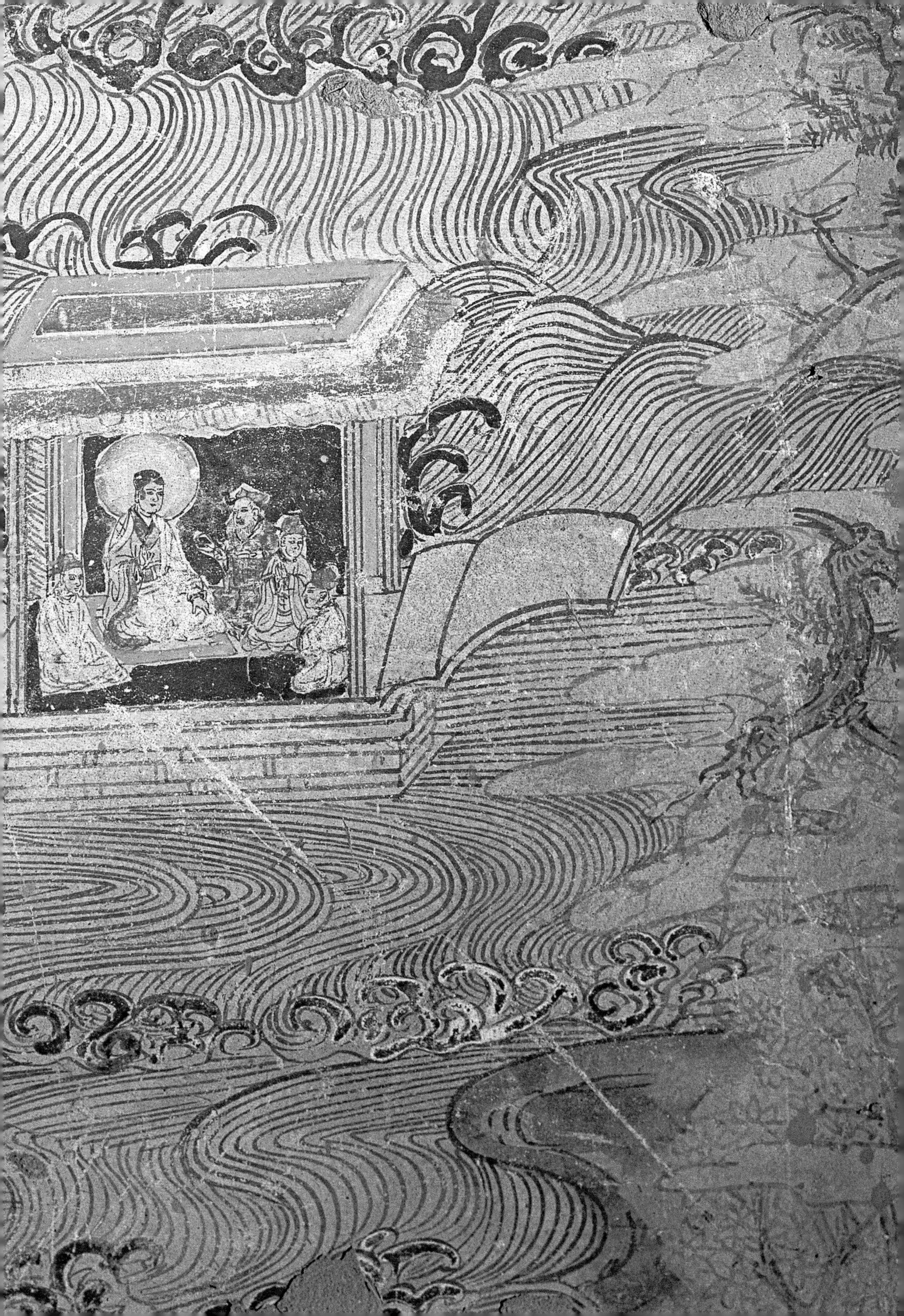

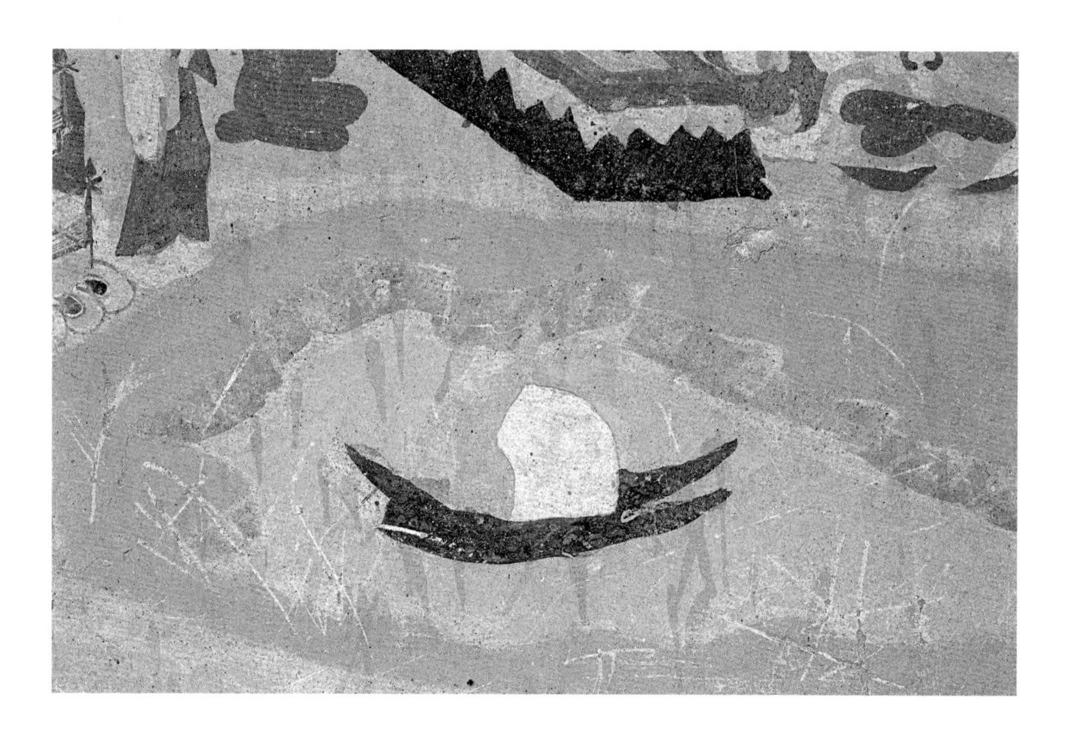

72 **雙尾廬船**

此窟於公元865年建成，這是敦煌壁畫裏最早出現的雙尾廬船。雙尾小船行駛於小湖中，船上設圓頂廬形內艙，無桅無帆，廬前只有1船夫撐篙。這幅畫並非觀音救海難或善友太子入海的船，而是繪在"天請問經變"中，表達佛陀解答佛界諸天關於世間問題的內容。

晚唐 莫156 南壁

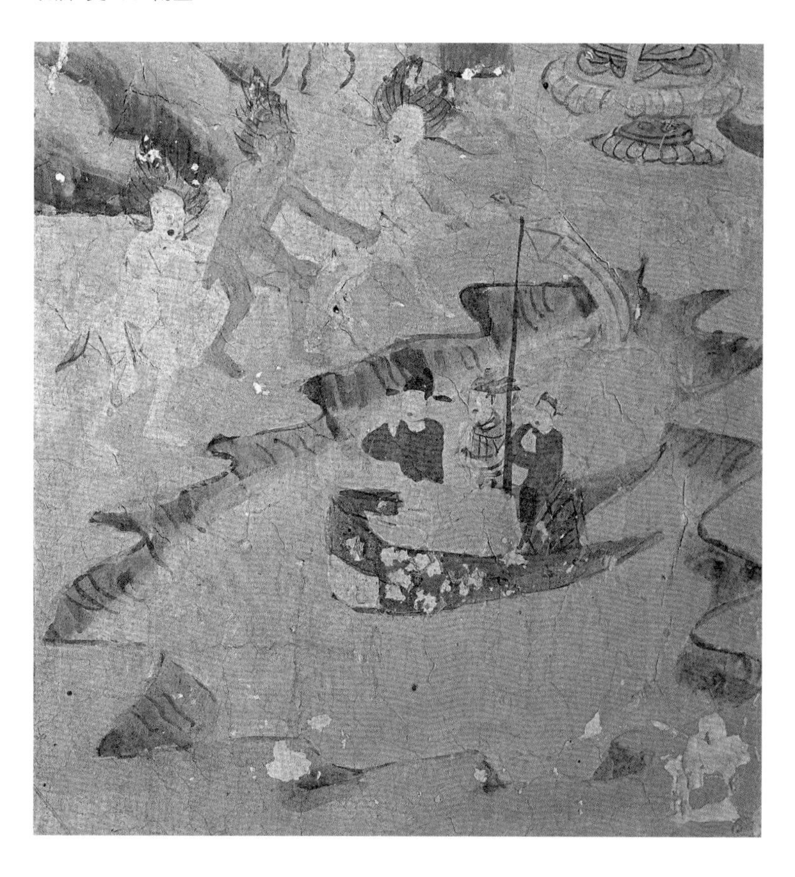

73 **方頭雙尾廬艙**

在小船中央有一個形式簡單的廬艙，只隱約可辨，乘客3人均在船頭合十禱告。

晚唐 莫18 南壁

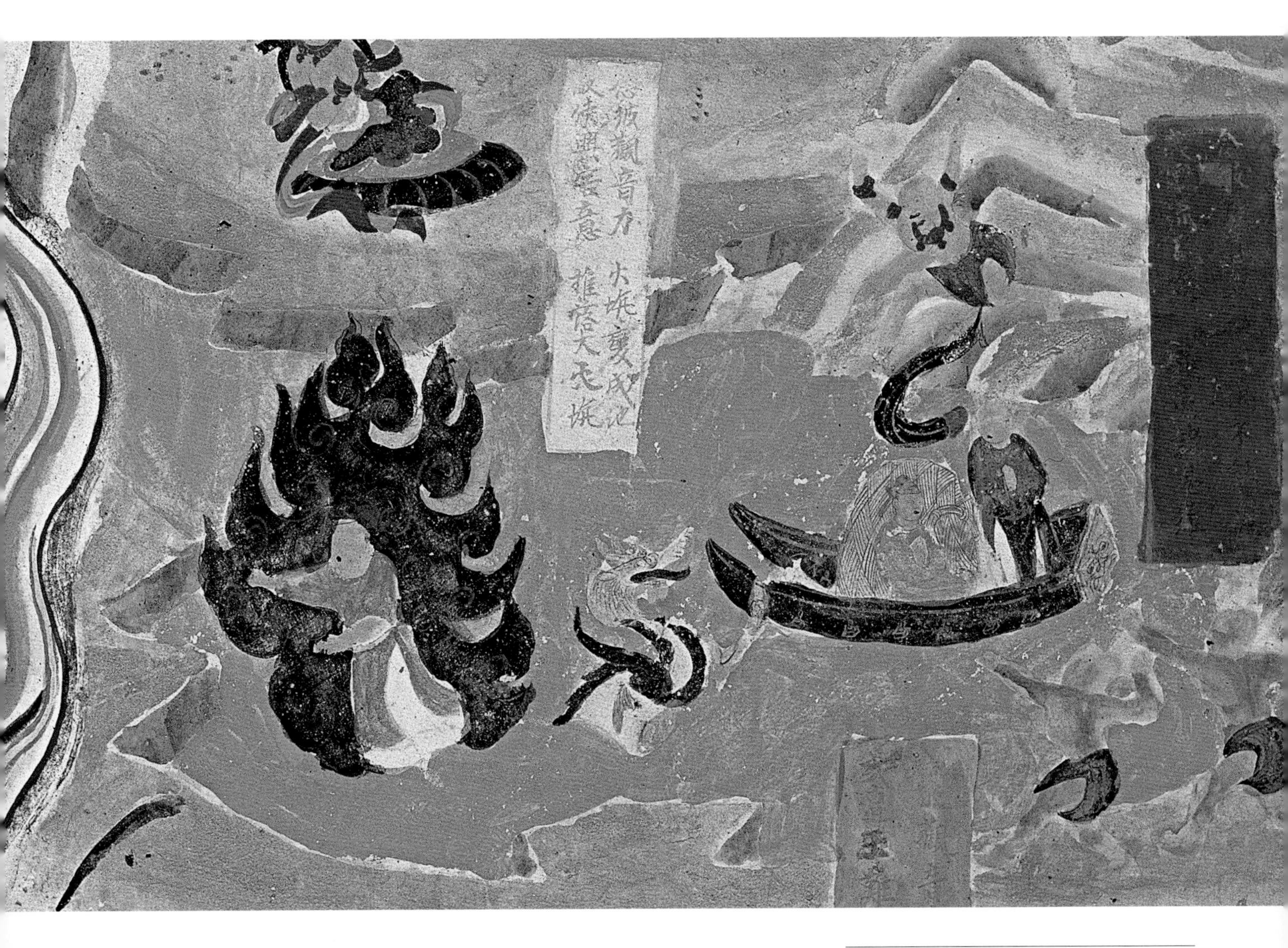

74 雙尾草廬帆船

此窟於公元867年建成。圖中的小帆船，方頭平底，艙內的人合掌，當為“念觀音名號”以求平安；但後張的風帆卻與船行的方向相反。

晚唐 莫85 窟頂南坡

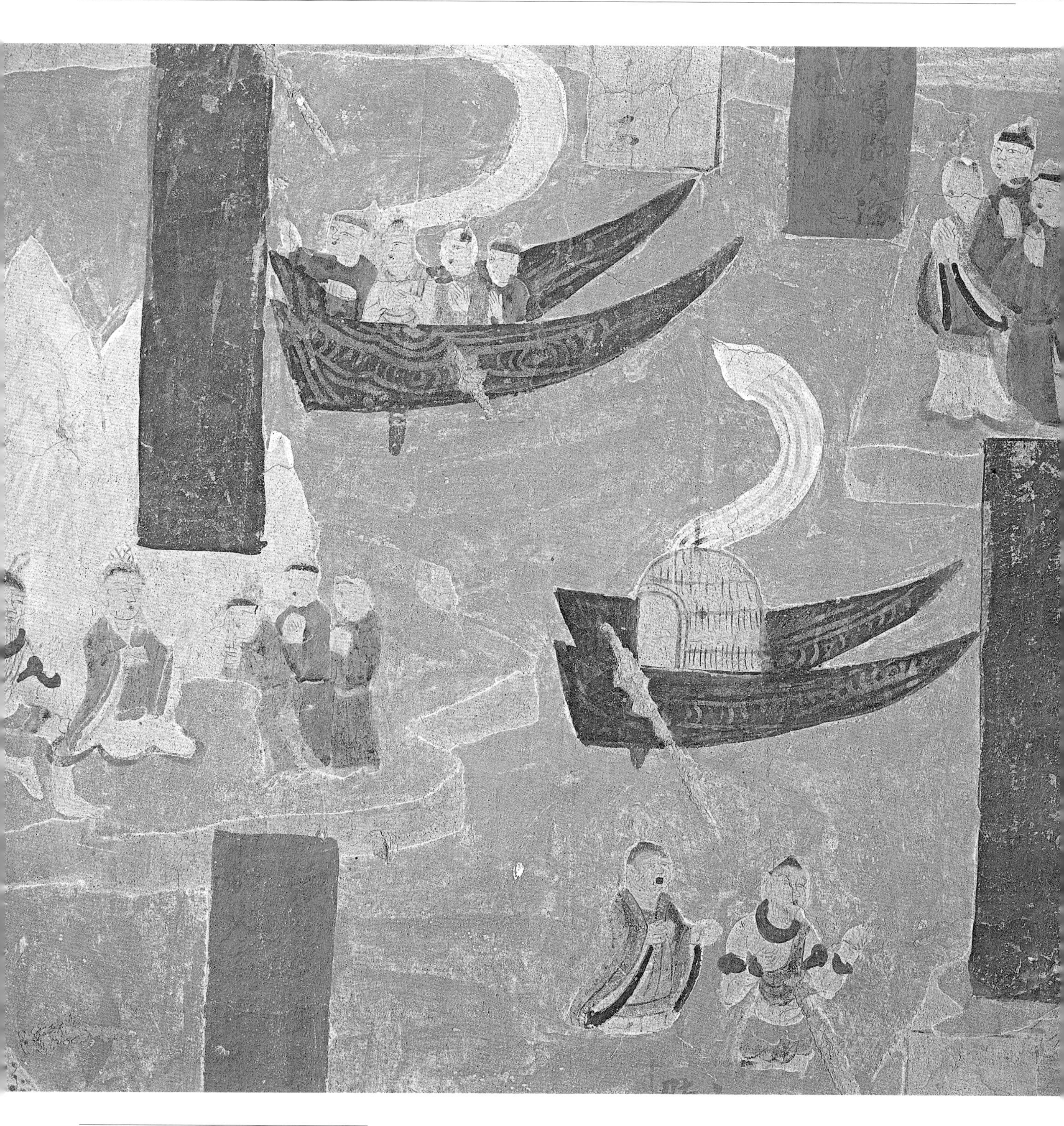

75 雙尾廬帆船和雙尾船

此窟於公元924年前後建成，在《賢愚經》故事畫中，繪有各類船隻近10隻，其中善友太子入海求寶故事中的一幅雙尾廬帆船，畫面上船體的整個結構如船身、廬艙、桅、帆等都十分清晰，但船上無人，可能是表述善友太子等待出發的情節。

五代 莫98 北壁

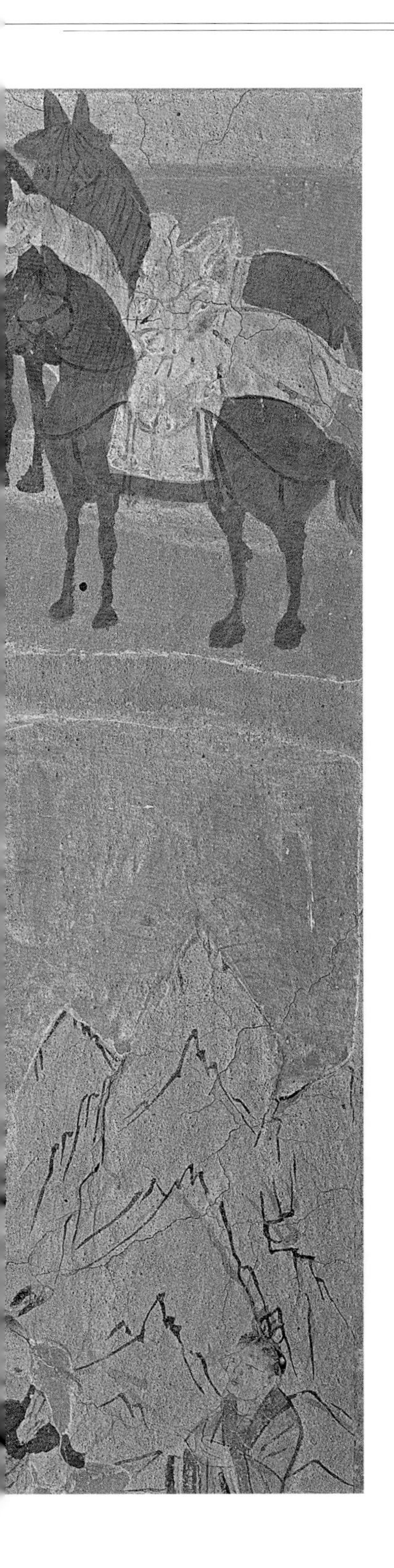

76 雙尾廬帆船五隻

在海神問難故事中，有5隻雙尾廬帆船，方頭平底，雙尾上翹，風帆後張。

五代 莫146 南壁

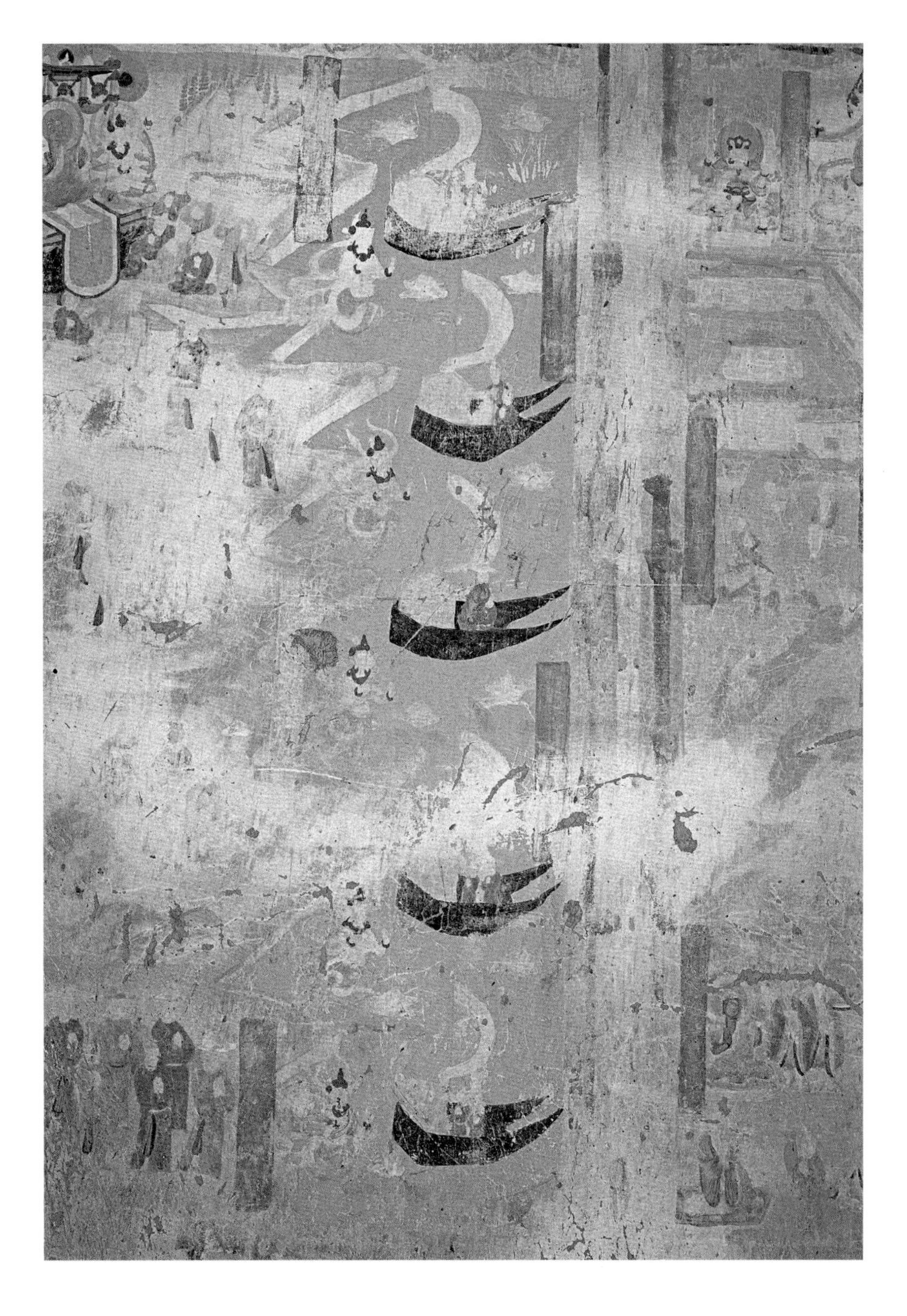

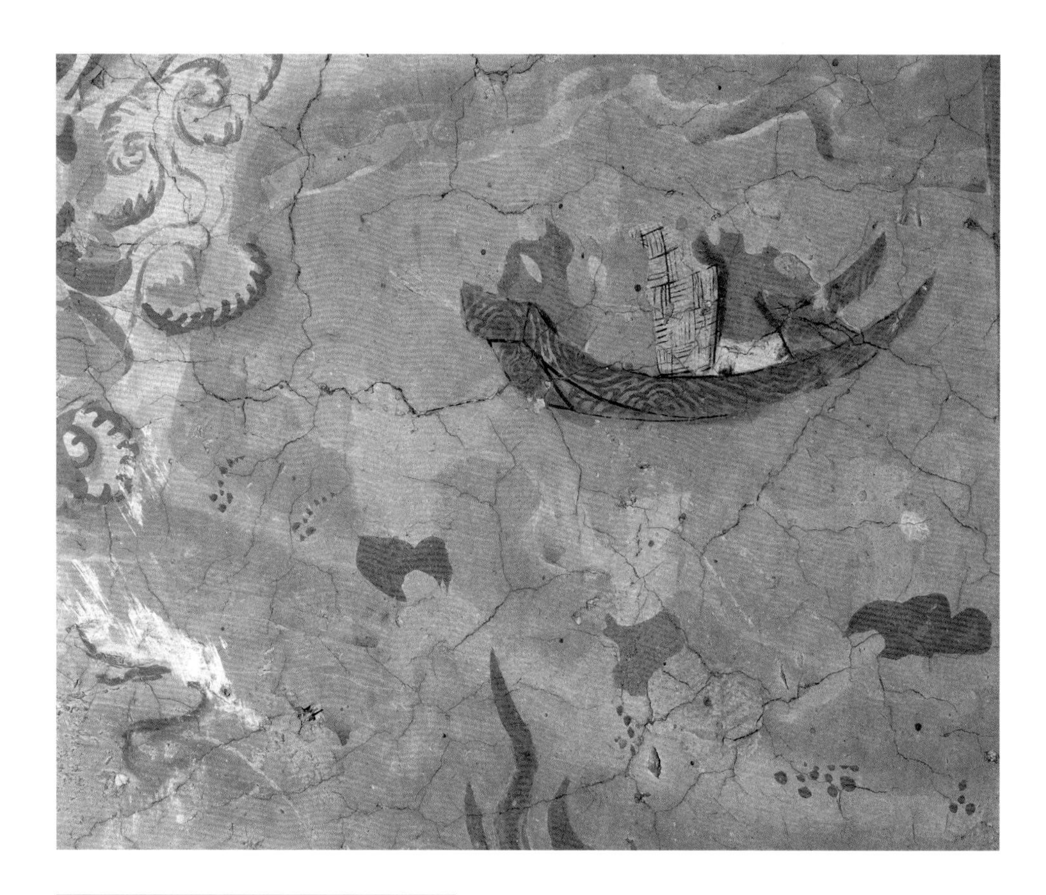

77 **行進於妖湖的雙尾船**

宋 西15 西龕內南壁

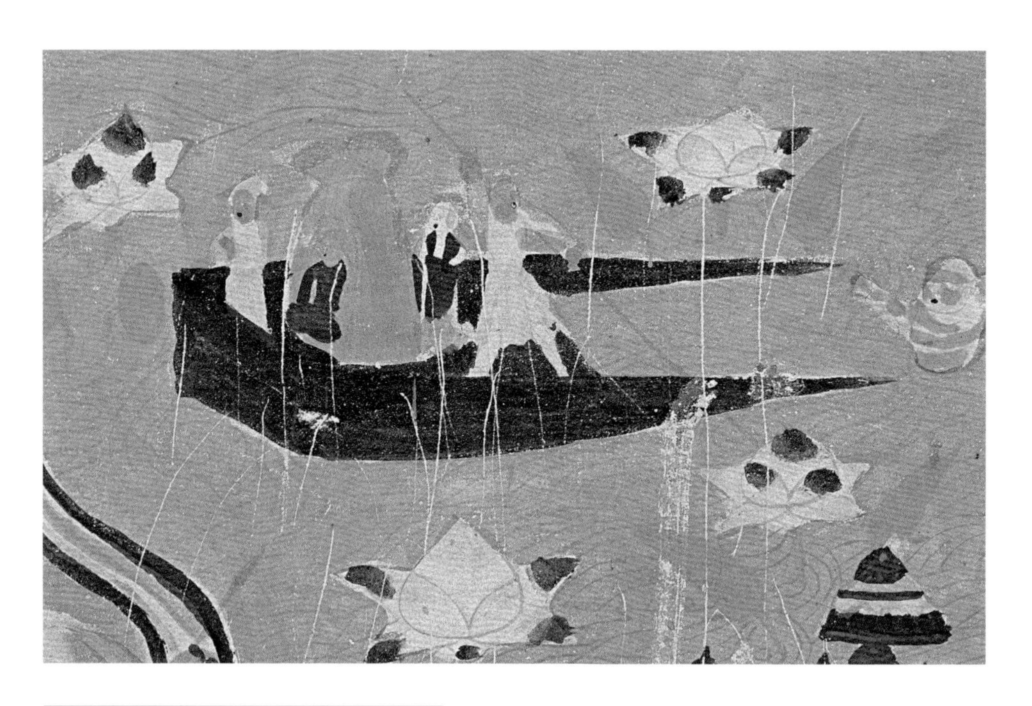

78 **雙尾廬船**

這一艘雙尾廬船繪於南壁接引佛陀故事畫中。船形及驅動方式與前述並無大的差異，但佛陀坐於草廬中則更顯示其佛教意義。

宋 榆33 南壁

第三節 大船與大帆船

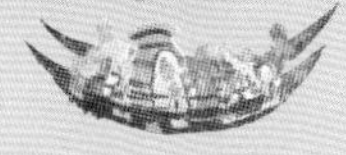

我們在前面已經說過，敦煌壁畫中，北周、隋代的小船也好，唐代及其以後的各類小型舟船也好，都不能真正反映當時中國舟船的製造和使用水平。長期以來，人們只是從史書上讀到一些中國古代造船和用船的記載，但很少有可與之印證的圖像和實物。而公元8～10世紀敦煌壁畫的大船圖像，雖然也是河船或湖船，多少也反映了當時中國先進發達的造船和行船技術。如莫高窟第31、45、55、205、288窟，榆林窟第38等窟的大船；其中有上層建築者只3幅：莫高窟第31窟為樓船，莫高窟第55窟與榆林窟第38窟為廬船。我們在這裏將這部分資料單列討論。

如前所述，敦煌壁畫中幾乎所有的舟船圖像，都是以海船名義出現的；而且，壁畫中的”浮囊”之類，佛教文獻也說它們是渡海工具。但實際上，敦煌壁畫中並沒有出現過真正的海上運載工具。我們在唐代及其以後的壁畫中，確實看到了一些大船圖像，特別是如莫高窟第31、45、205、288等窟的“海船”，但可以肯定地說：當年那些地處沙漠深處的敦煌壁畫的畫匠，對海船及航海知識的了解十分有限，他們可能只見到江河湖泊中的各類船隻，因此出自他們手筆的”海船”當然是行駛在江河湖泊之中的。因為：一、壁畫的海船都沒有繪船舵，沒有舵的船無論如何是不能在海上行駛的；二、如第45窟的許多”海船”上都有撐篙的船夫，而既然使用篙，那肯定是行駛於江河湖泊淺水處而不是在大海航行！另外，”浮囊”之類，雖然說是渡海工具，但只能在海上漂流，絕不可能在海上載渡運輸。儘管如此，這些大船仍然是敦煌壁畫中最值得重視的交通工具圖像。

第323窟南壁的方頭、平底的船，應該是唐代初年在中國長江口崇明一帶出現的沙船，它具有吃水淺、水上阻力小、行駛平穩、沙灘不礙通行等優點；該圖的揚都金像故事發生在揚州一帶，同壁的石佛浮江故事就發生在吳淞口；而這些壁畫又出自初唐畫家之手，所以這些船的形象，都與沙船比較接近，所以具有一定的真實性。加之，同壁畫面上描繪的長江吳淞口，我們可將這幅船圖視為唐代的沙船，這是至今所知最古的沙船資料。它可能是大型航海沙船的前身。

在第45窟及第205窟大船的高舷板下，可能有供船夫休息的底艙或放置貨物的貨艙，因為根據佛經記載，它們都是在海中求取寶物的船，撈得的珍寶財物需要安放，連續多日長途遠航的船夫們也需要小憩；同時，如果真的作為海船，還應該有水密艙。這種設計能增強船的抗沉能力，又加大了船體的橫向強度，船上可多設船桅、船帆，這是遠洋航行的海船所必需的船體結構。出土文物資料顯示，中國唐代造船已有水密艙。第45、205等窟的高舷板大船，可能也有水密艙設置。但僅從畫面上並無法得知這兩艘高舷板大船的底艙是貨艙、宿舍還是”水密艙”；而且，水密艙船可多設桅帆，便於快速航行或逆風行駛。但壁畫中沒有多桅多帆船，所有帆船不論大小均為單桅單帆。所以，能否確認敦煌壁畫海船有水密艙，還需要進一步求證。

第45窟和55窟的大船兩側（畫面上只表現一側），繪有作為船夫們操作台的“廊”，但兩條船上的船夫們都沒有坐在廊上操作，而是在艙內舷板上撐篙或搖櫓。

另外，第31窟所繪在大海中覓寶的“海船”，已經在“寶山”下“靠岸”，向後鼓張的風帆向我們透露出這隻船似乎是逆風而行。但據文書記載，沙船的逆風行船技術是公元15世紀的明朝時期才被人們掌握的，它標誌着水運技術的進步。繪製於公元8世紀中期的第31窟的方頭、平底結構的沙船，它“頂着逆風靠岸”，似乎説明盛唐的人已掌握了沙船逆風行駛的技術。

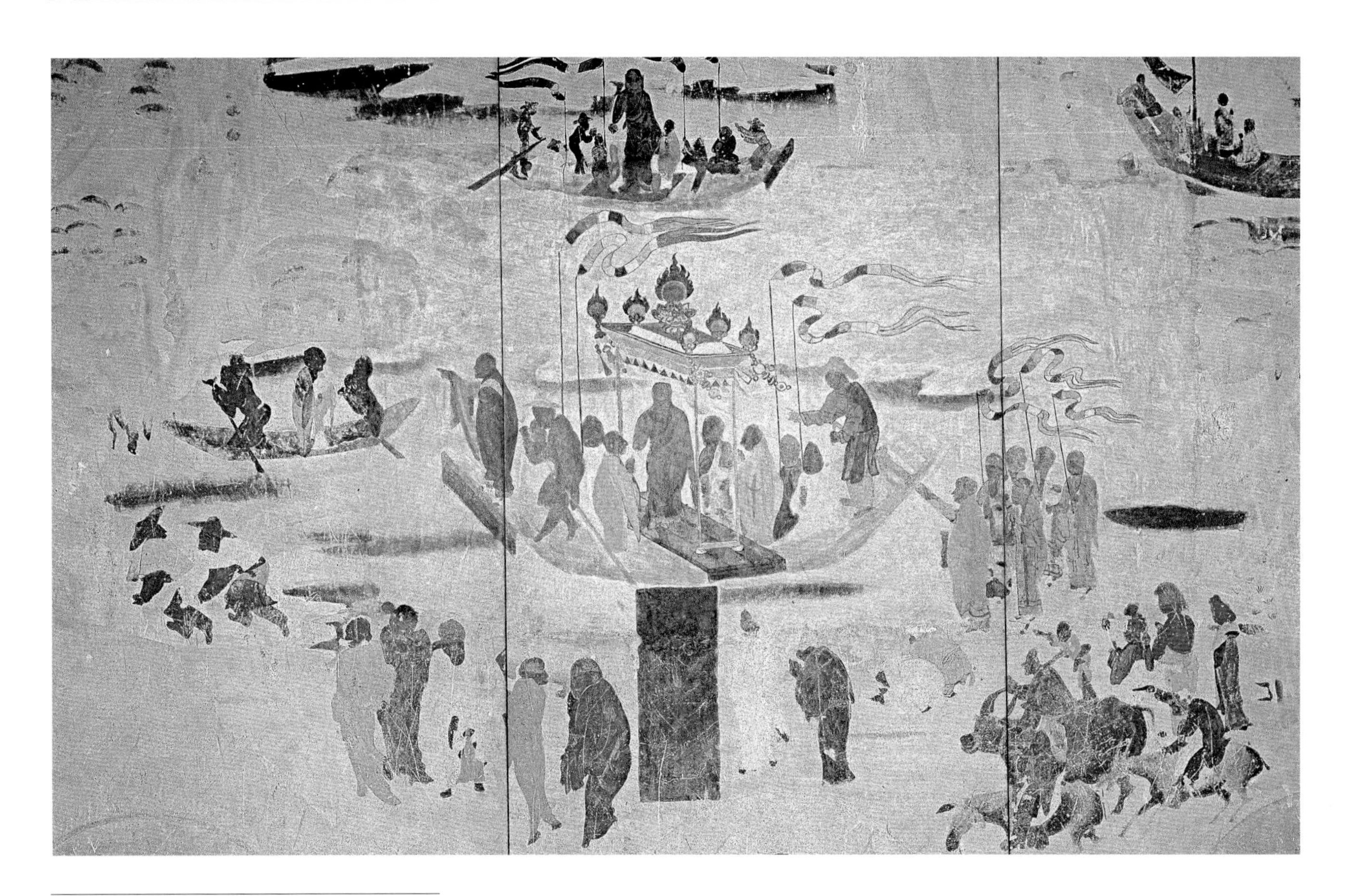

79 縴夫拉船復原圖

這是唐代壁畫最早出現的大船，船上既無任何形式的內艙，也無桅帆等設施，上立各類人物約10餘人，由2縴夫拉拽着靠岸，表現從水路迎接並載運佛陀的情景。船上有神帳式上層建築，帳中一佛像，即佛教的感應故事中的"揚都金像"；金像前後各站立2僧人合十禮拜；船首立1僧手指前方似在指示航向，旁1撐篙船夫；船後部坐2僧，船尾立1船夫掌把舵。行船方式為2縴夫拉運，而船首的撐篙船夫則為防止擱淺。這是古代在不利用風力的情況下，在江河中逆水行舟的唯一方式。這隻船方頭、平底，方艄，船身較寬，無桅無帆，這應是當時的運河船。船被美國人黏剝取走，此圖按原畫復原。

初唐 莫323 南壁

80 縴夫拉船

此為縴夫拉船的原圖局部，2位縴夫彎腰弓背，似乎是使出全身氣力在拉運此船。

初唐 莫323 南壁

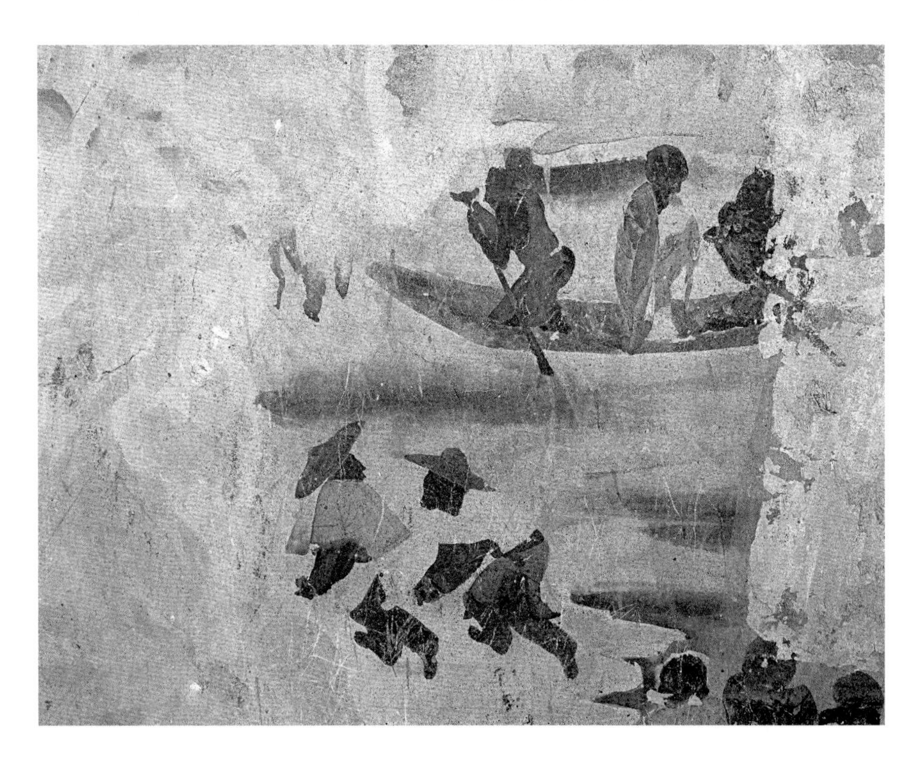

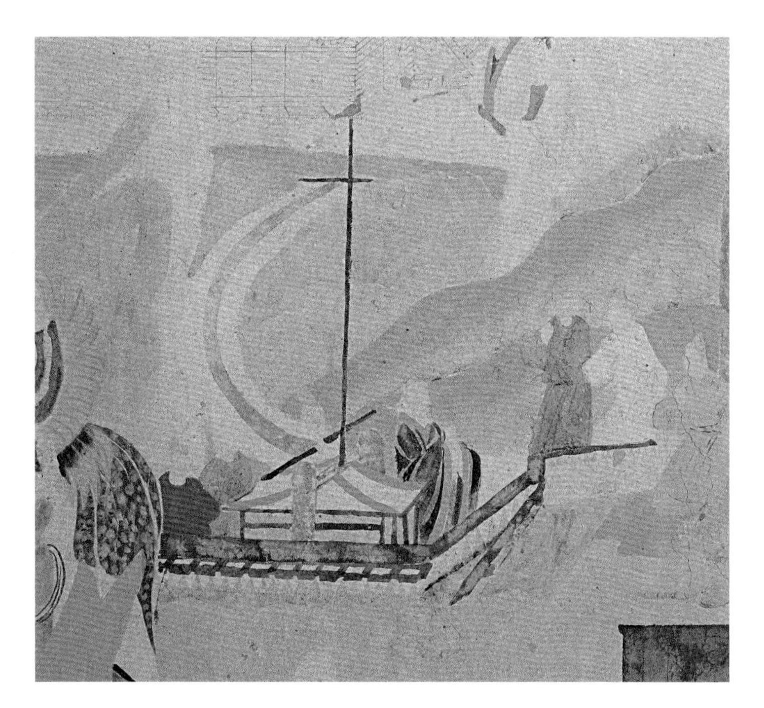

81 沙船

沙船的特點是方頭平底，船身較寬。當然此沙船與真實相差頗大。畫中的沙船艙內有單層歇山頂屋宇式建築，船體有細緻裝飾，桅杆頂有測試風向的木雕小鳥（“五兩”），這幅畫與史書記載的沙船形體最為接近。這幅畫反映的是“報恩經變”中善友太子入海求寶，經歷千辛萬苦後終於到達寶山下的情景。從畫面上看，“五兩”所示風向（向前）與風帆鼓起的方向（向後）相一致。另外，船艙內的樓閣式上層建築，是大船壁畫中所僅有的。

盛唐 莫31 北壁

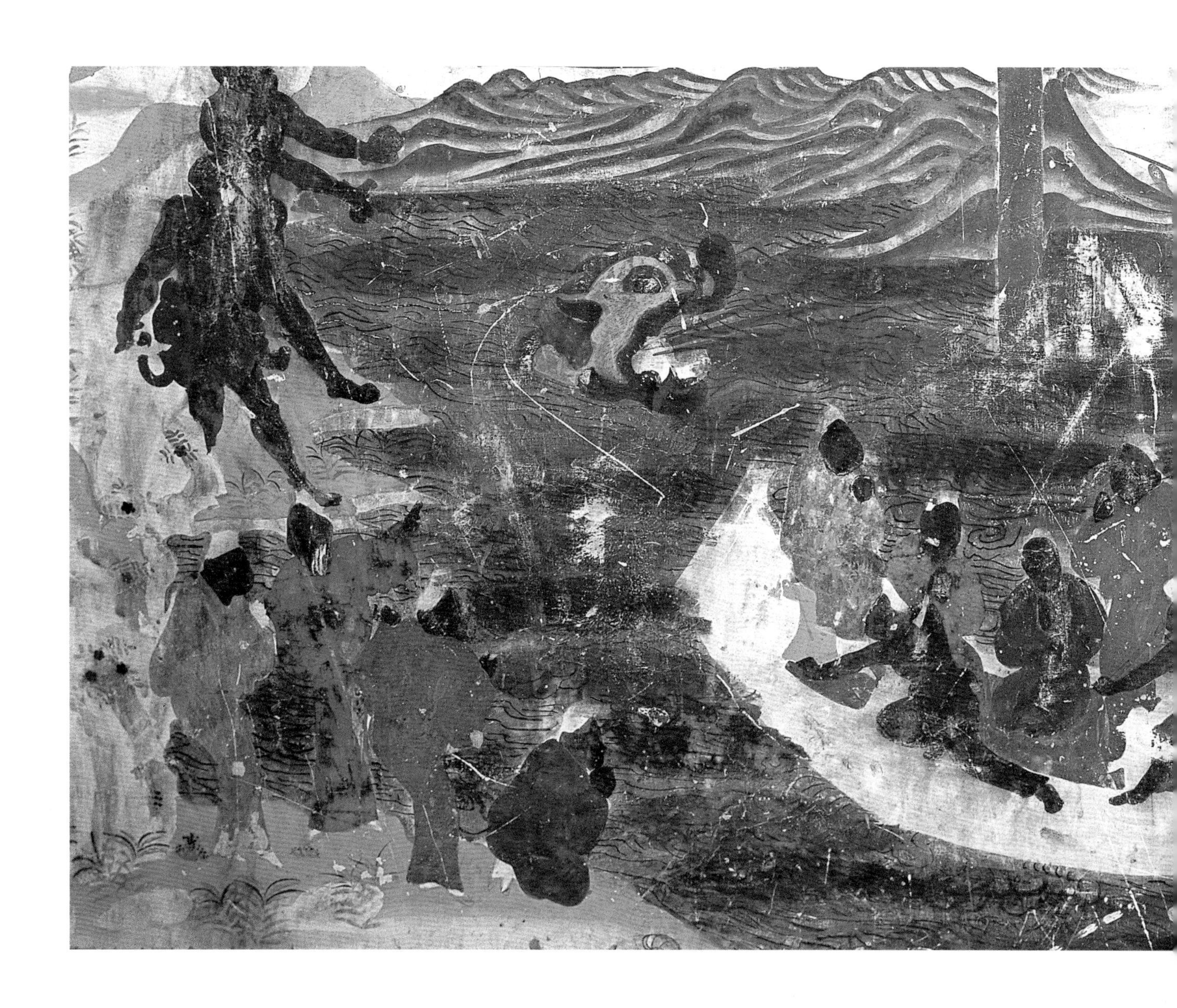

83 大帆船

見下頁 ▶

中外聞名的第45窟的海船，除了生動地描繪一羣撐篙、搖櫓的船夫與妖魔鬼怪、狂風惡浪奮力搏鬥外，還在桅杆的頂部清楚地畫出五級掛帆扣，以示該船可根據風力隨時調整速度；這在敦煌石窟所有船圖像中是絕無僅有的。在面向觀眾的船體一側，繪有船夫們的操作台——廊，但可能是因為乘客較少，船夫都在舷板上操作。在船的尾部，有一船夫把棹掌握航向，此棹有舵的作用，但只能在江河湖泊中使用。這幅畫比較全面和細緻地描繪了唐代舟船及其行進情景，在敦煌船壁畫中很有代表性。

盛唐 莫45 南壁

82 慈母抱子過海難的大船

此圖在壁面正中觀音立像下部，是一幅表現《妙法蓮華經》〈觀世音菩薩普門品〉中觀音救海難故事的大船；方頭，平底，高舷板，首尾高翹，船上左端有婦人抱子，益顯海難之嚴峻。這幅畫不是很清晰，壁畫上只有輪廓，但從規模上看，也屬敦煌大船壁畫之列。

盛唐 莫205 南壁

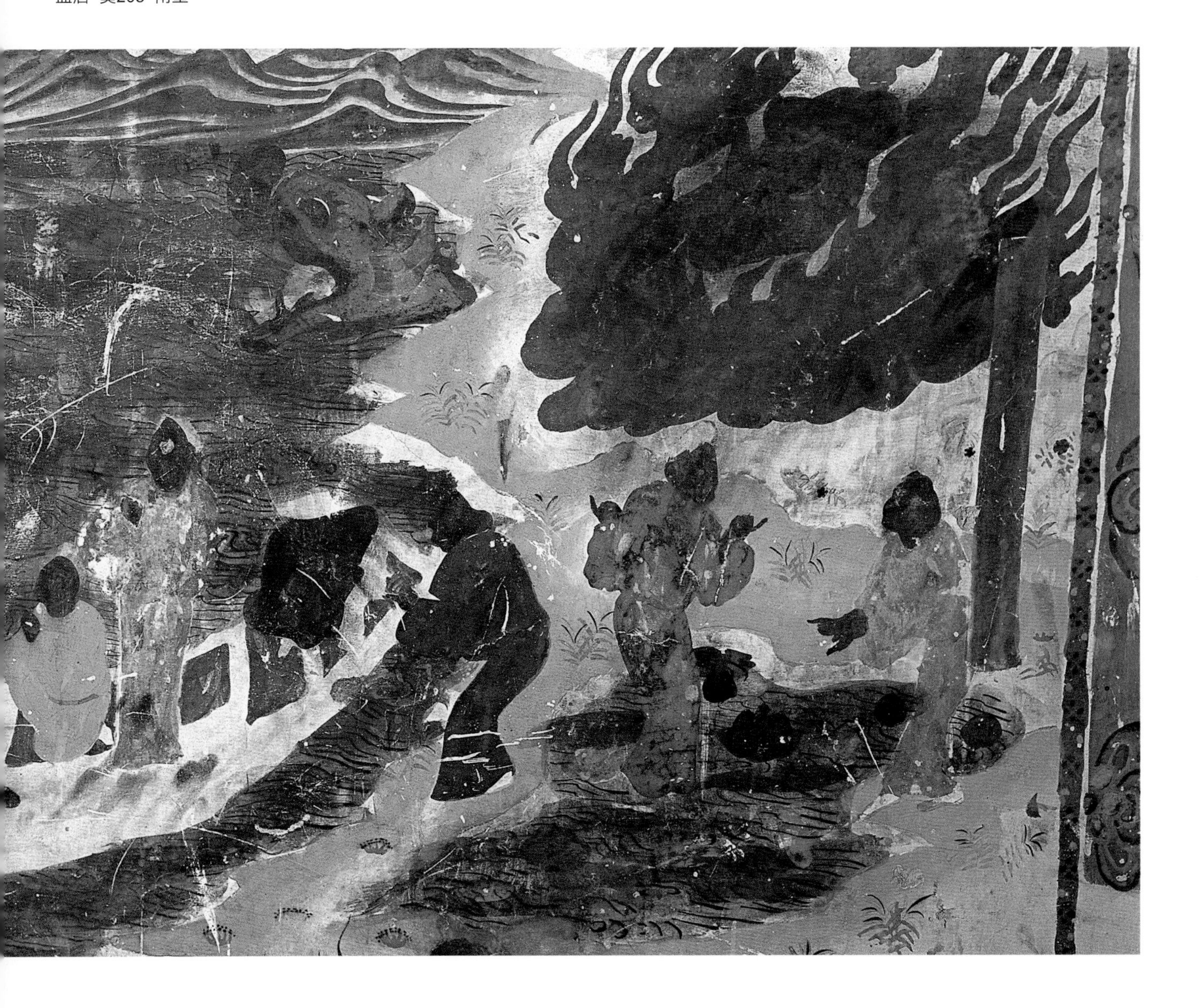

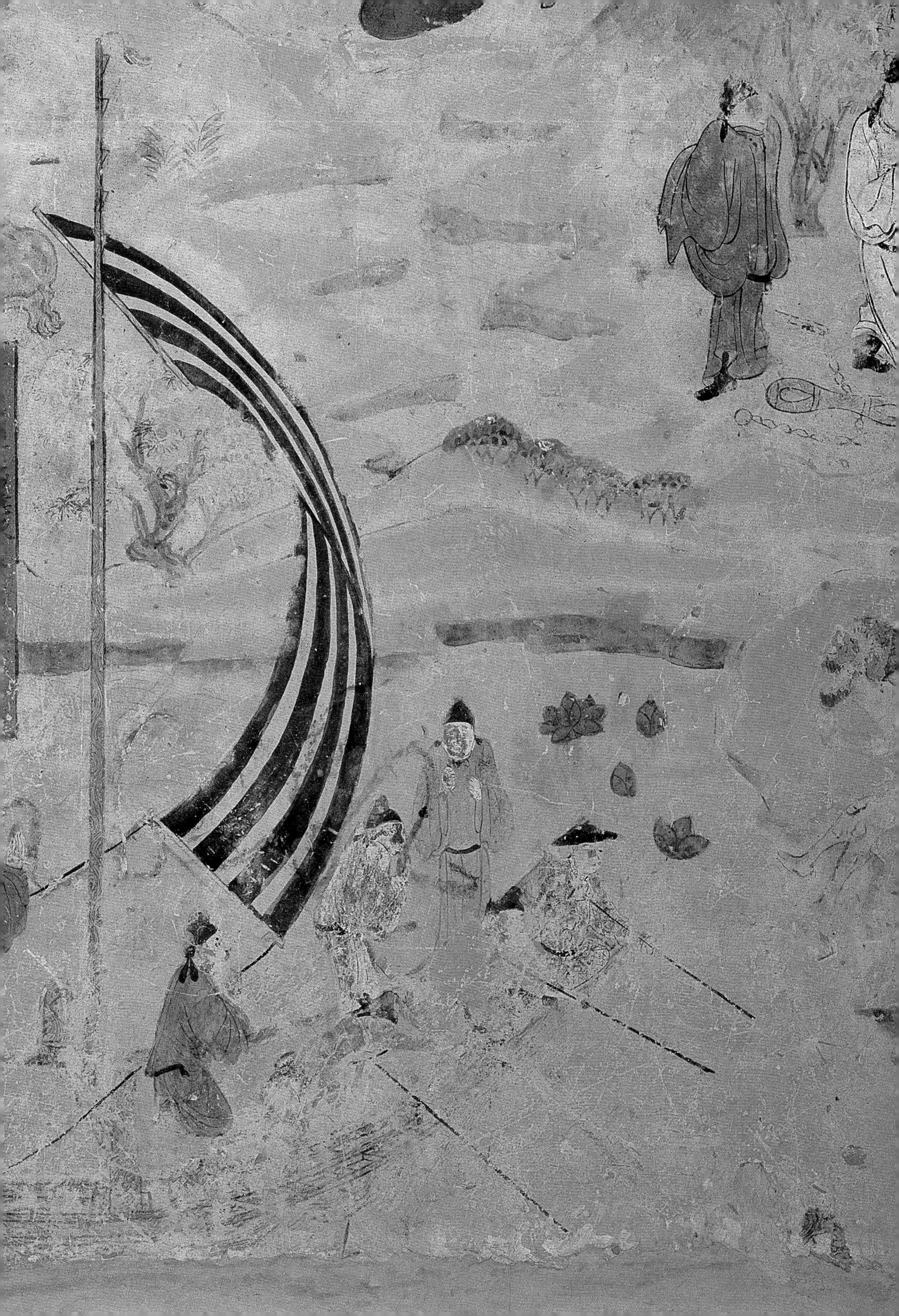

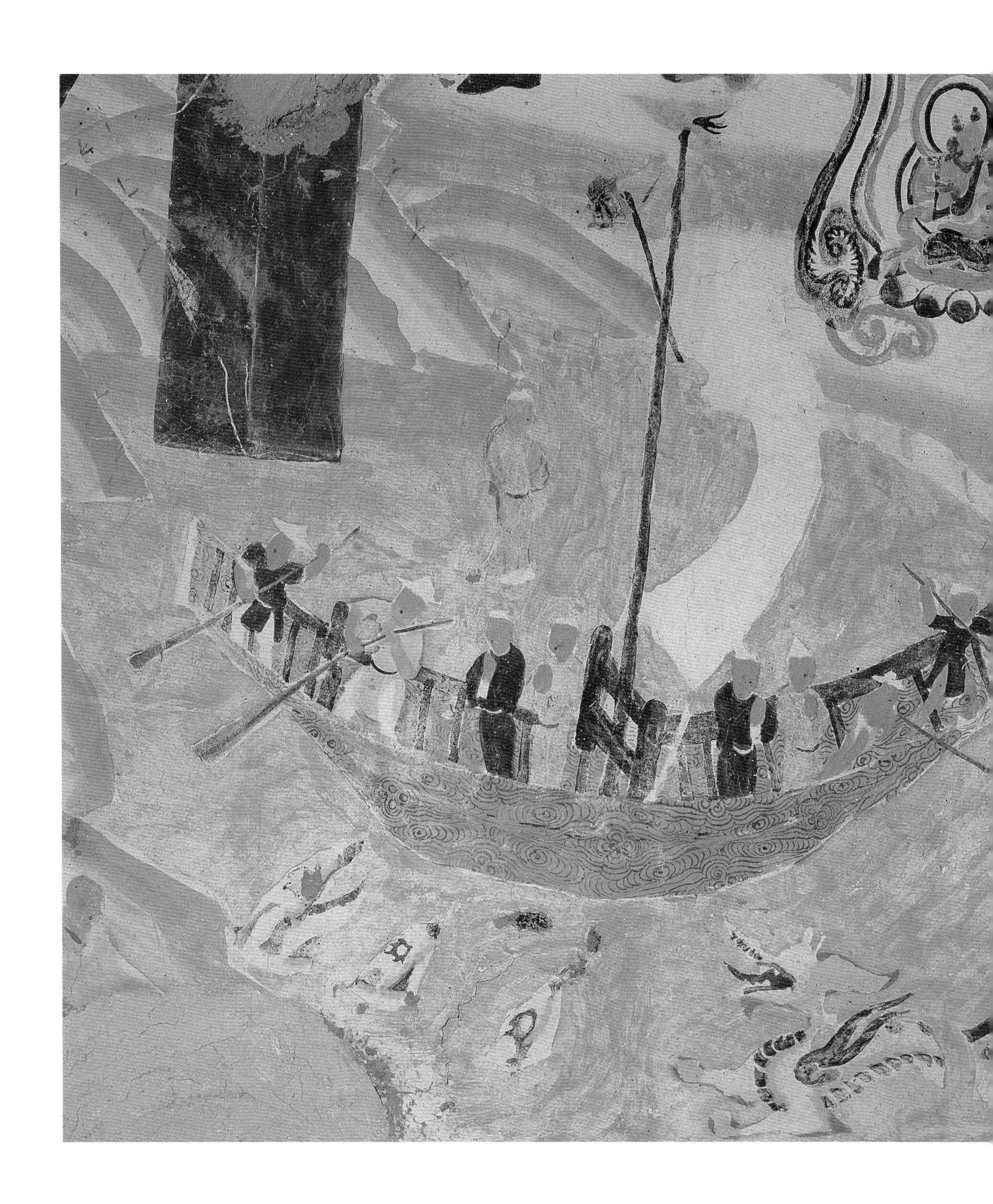

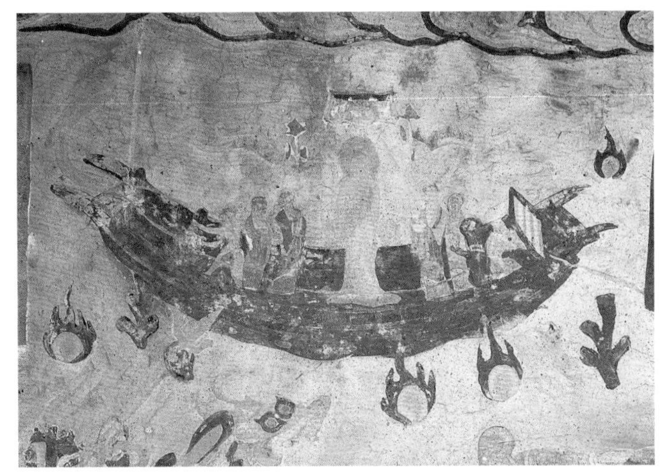

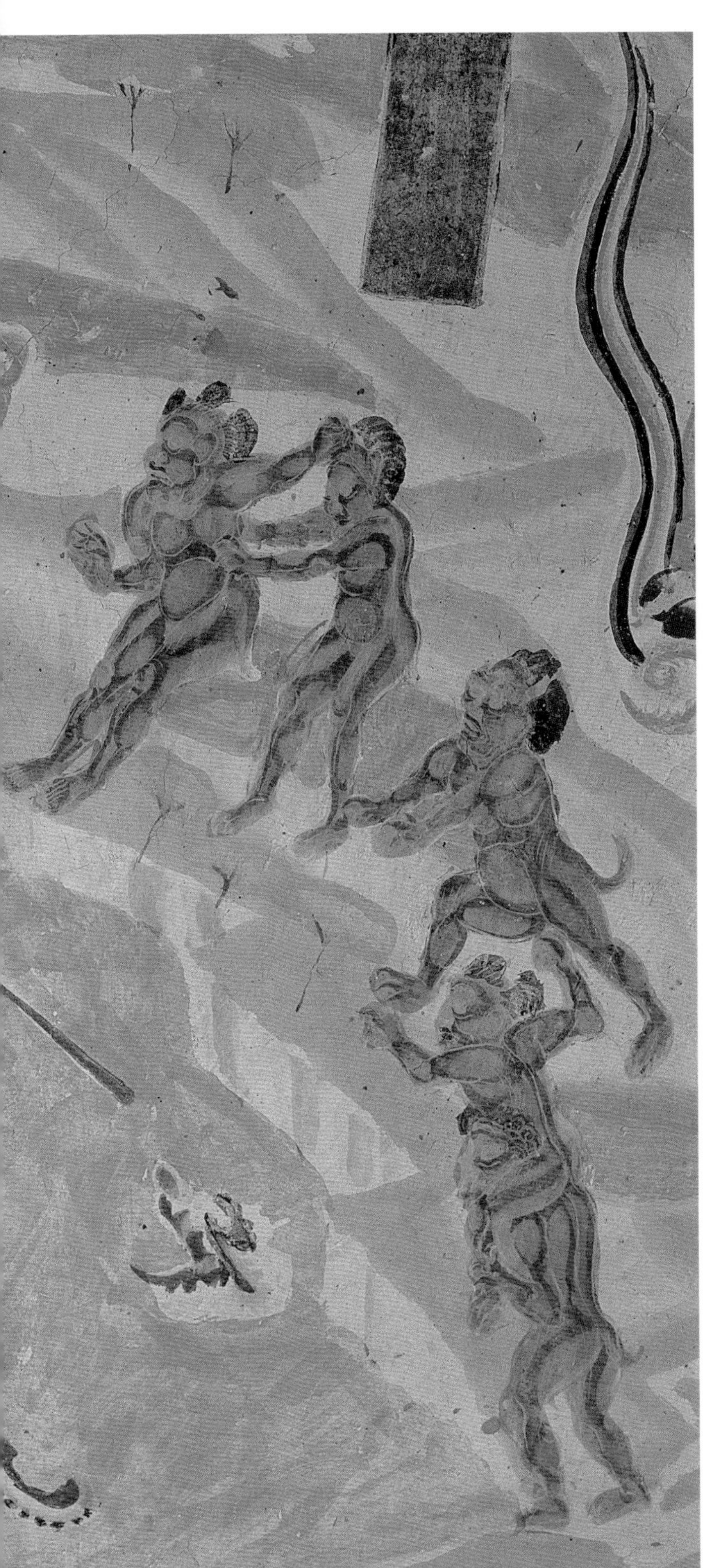

85 **方頭船**

這是佛教歷史故事畫中的接引佛船，是方頭、平底的沙船型大船，無桅無帆，亦無上層建築，但設有傘幢，佛陀及其隨從10餘人站立船中，另有搖櫓船夫2人。這顯然是一艘河船，畫面本身在同類船畫中是最大的。

五代 莫454 甬道頂

84 **帆船**

此窟前室頂部，繪有10世紀前期五代重修時所繪觀音救海難故事中的大船，方頭、平底，首尾高翹，船體也有華麗的雕繪裝飾，也繪有桅杆、"五兩"、風帆，以及搖櫓、撐篙的眾船夫，"五兩"朝向與風帆鼓張所示風向相一致。船艙從頭到尾都繪有橫向隔板，表現出這隻船的結構又顯示其堅固和耐用。從畫面看，桅杆的底座所用木料十分粗壯和堅實。畫面上雖然是船夫們與狂風惡浪、妖魔鬼怪搏鬥的激烈、驚險、壯觀的場景，但大船行駛的"海"實際上是一彎湖泊，或者更確切一點說，是一處水池。這裏固然也有壁面的整體結構的設計和佈局問題，但也反映畫家缺乏水運知識。

五代 莫288 前室頂西

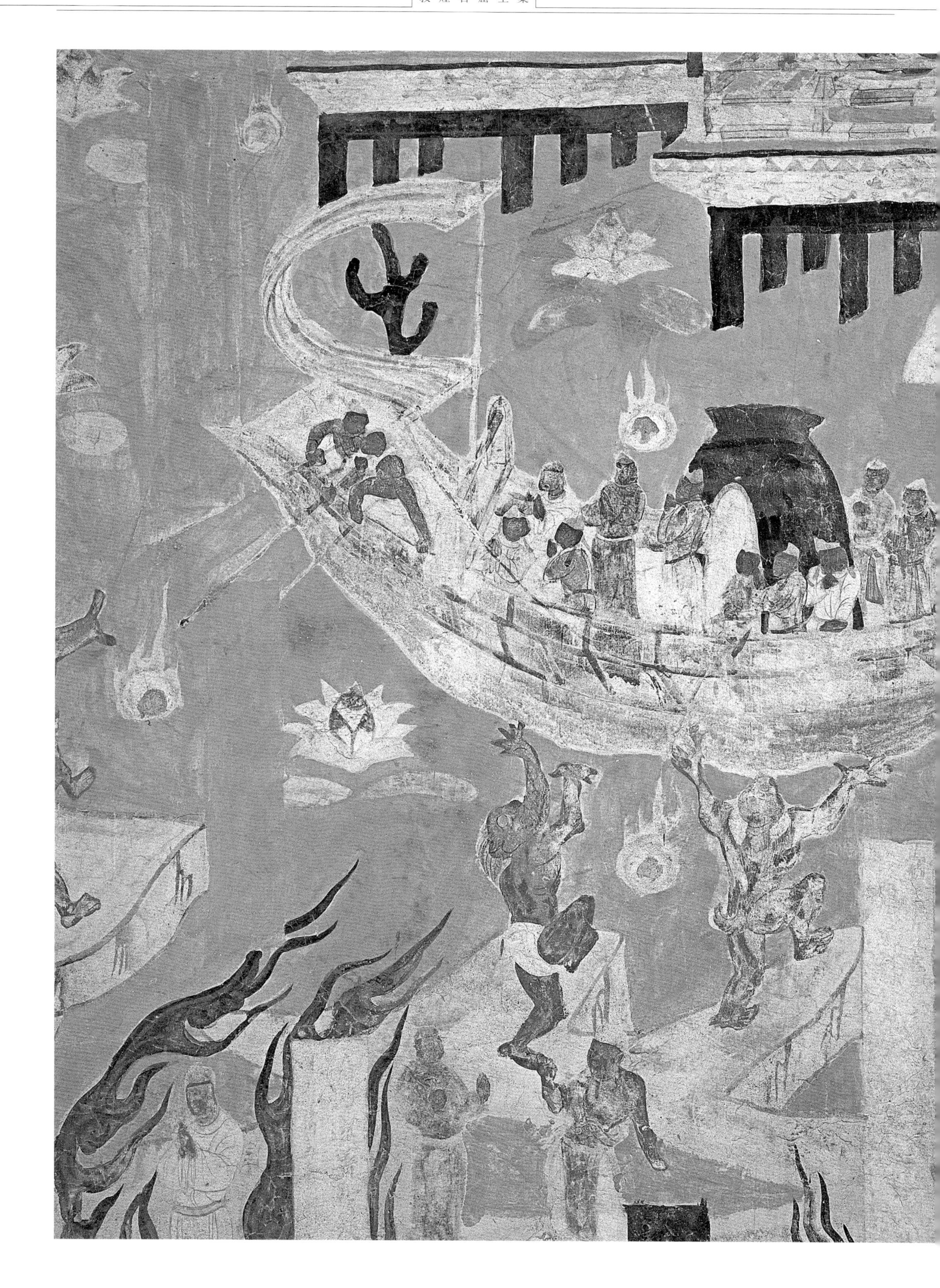

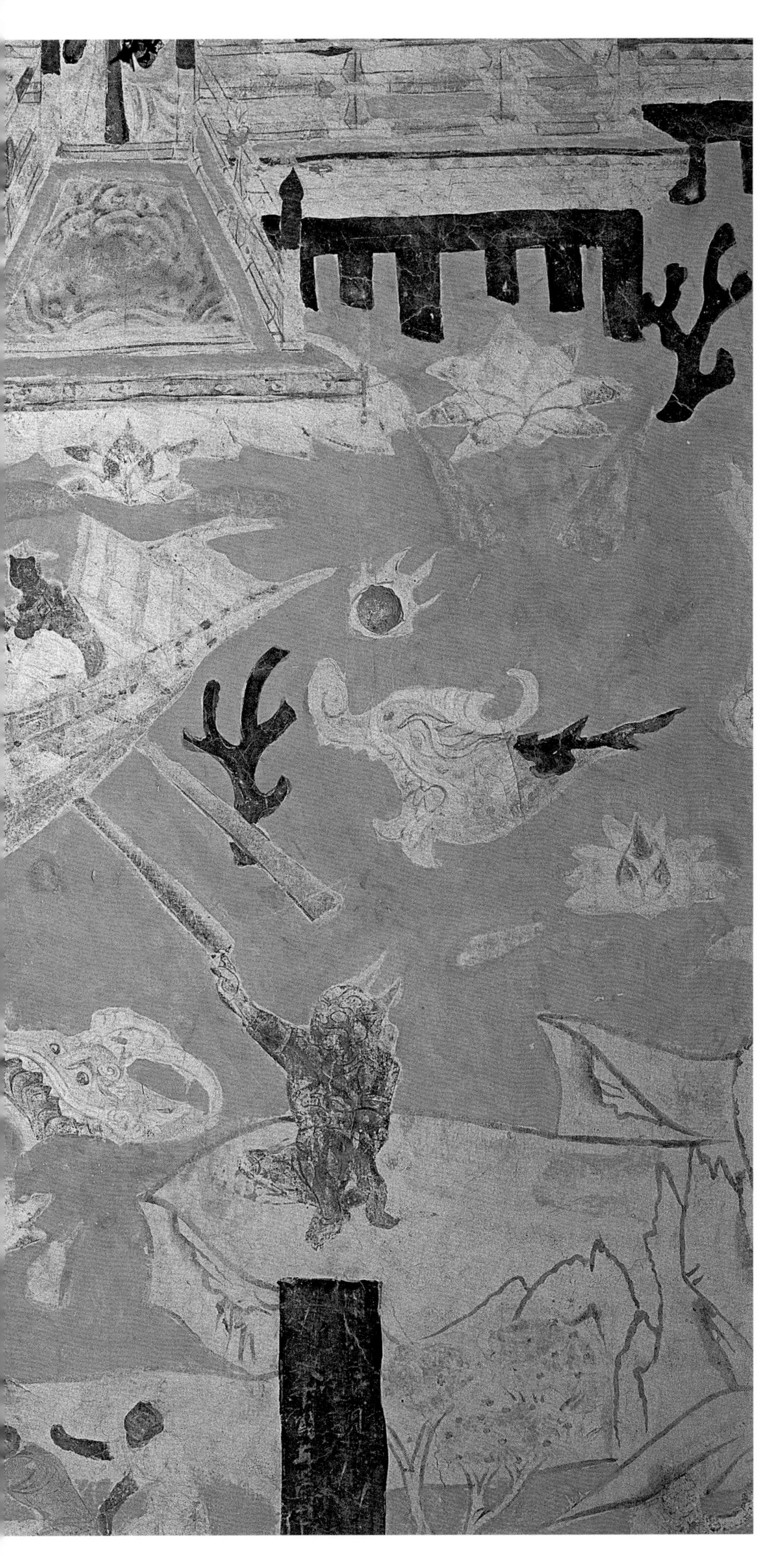

86 **穹廬船**

這是繪於觀音救難故事中一艘大型廬帆船，艙內有廬篷式上層建築，畫面上眾船夫正同妖魔鬼怪、狂風惡浪奮力搏鬥。同第45窟大船一樣，船體上也有未使用的操作台；船夫除船頭3位划槳外，船尾“從上插下二棹”(《高麗宣和畫譜》語)，一船夫控制其中之一。

宋 莫55 南壁

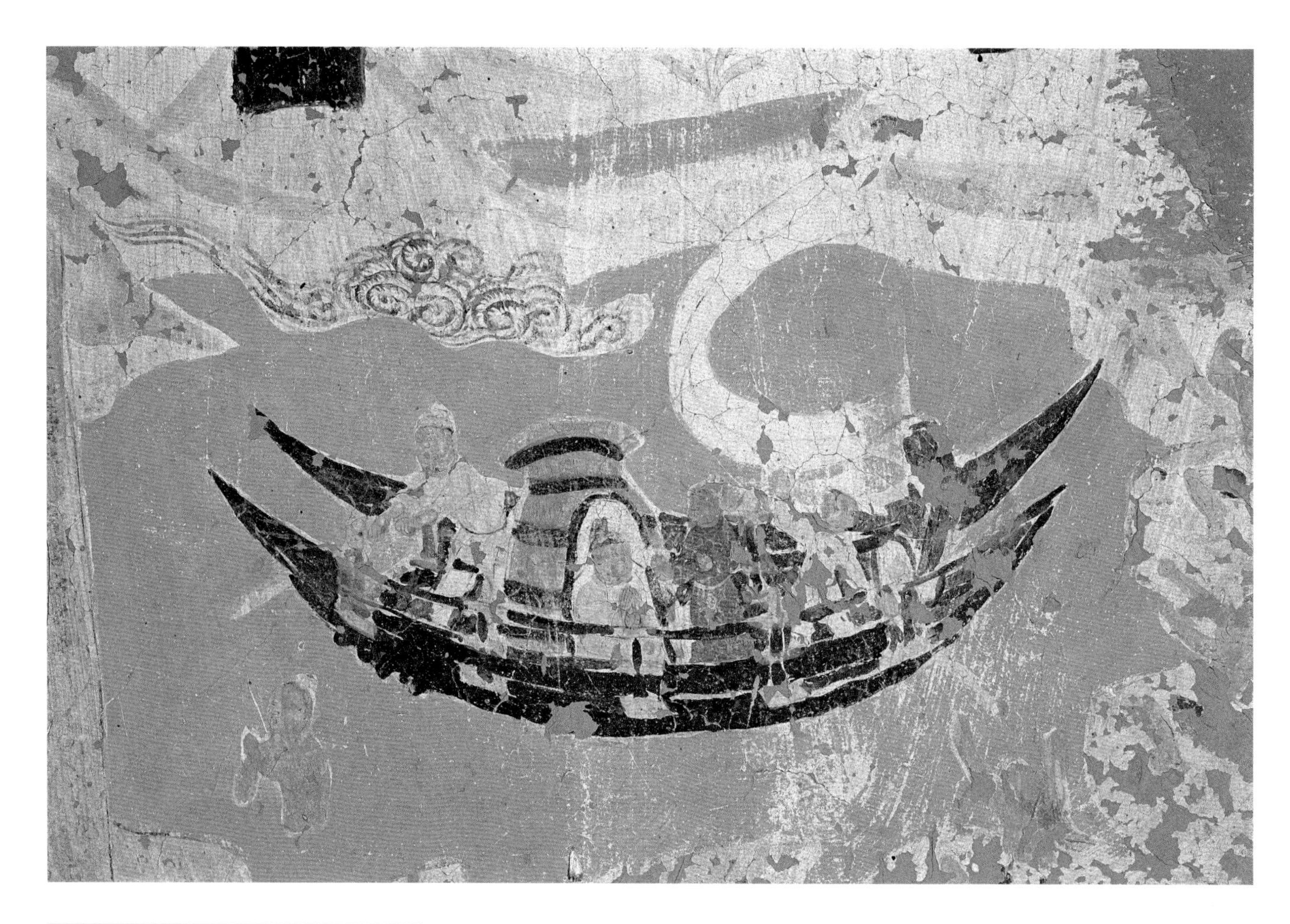

87 雙頭雙尾廬篷船

這一艘船為觀音救難圖中的一個局部，雙頭、雙尾、首尾上翹、低桅杆、小風帆設於船頭，廬篷設於船艙中間偏後，篷中坐一官員，側立一侍者，篷頂有祥雲繚繞，在帆桅杆下有一人合十"念觀音名號"，船下亦有一潛水者合十祈禱。這是一隻專門載送人的船，高翹的雙頭和雙尾，展示其外面的裝飾；而低桅、小帆及撐篙的船夫説明它不是真正的海船。

宋 榆38 前室南壁

熟路輕轍

——敦煌壁畫的車輛

車輛是陸上的主要交通運輸工具，它的出現是文明和進步的重要標誌。中國是世界上最早製造和使用車輛的國家之一，其時代可追溯到新石器時代晚期。與中國踏入文明社會同時，就有夏人奚仲發明車的傳說："見飛蓬轉而知為車"一語總結了中國創製車輛的過程。先秦到秦漢，中國車經歷了從獨輈車向雙轅車的變革，一直到近代在機械動力使用之前，畜力車及人力車都是雙轅雙輪車。當然，車轅的長短、車輪的大小以及車的外形裝飾，都不斷隨着人們的需要而發展變化，每一時代都有所不同，但基本結構仍然是雙轅雙輪。同時，中國古代也出現過多輪車，最早被稱為"輦車"，四輪或多輪，不用馬和牛，而由多人推拉，因之又稱"挽車"；但這種車一般車輪較小，甚至有一些車輪形同軲轆，因此又有"轆車"之名。後來的史書上還有帝王"造四輪車"的記載。多輪輦車的規模可小可大，小到一人推拉，大到數十人手拉肩挽；可以載人運物，亦可作為儀仗陳設。

敦煌石窟從北魏至元代的50個有車輛圖像壁畫的洞窟中，共出現160多幅車的圖像。其種類有馬車、牛車、鹿車、羊車、駱駝車、欄車（又稱育嬰車、小兒車等）、寶幢車（多輪車）、人力車、獨輪車以及神話傳說中的神仙車等。車型除神仙車、欄車及寶幢車外，絕大多數為雙轅雙輪車，只是車輿構造與裝飾有所區別；而且在隋唐壁畫中也出現個別獨輈馬車。這些車輛圖像出現在各種經變故事畫或供養人畫中，特別是各時期的供養人畫中的馬車和牛車，反映了公元5～10世紀中國車輛的製造和使用歷史。

第一節 馬車與駱駝車

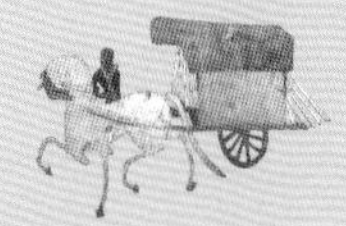

據《史記》記載，中國最早製造和使用的車輛是馬車。在夏朝初年，夏禹治水曾"陸路乘車"；當時有專司車旅交通和車輛製造的"車正"一職。至於中國現存最早最完整的車輛實物，是河南省安陽殷墟發掘的20多座商代車馬坑的車輛。從這些遺物看，當時車輛的形制已十分完備。根據實物與文獻，先秦時代的車輛基本為獨輈形，即單轅、雙輪，駕車的馬有2、3、4、6匹不等，其中以四馬駕車最為普遍。當時的《考工記》系統、完整、具體、詳細地記載了車輛的製造和使用。先秦時代，以西安為中心的北方地區發現的商、周車馬坑，均可與《考工記》所載相印證。西安秦始皇陵出土的銅車馬，是先秦馬車的頂峰。考古資料顯示，大約在戰國晚期，出現了單馬駕馭的雙轅雙輪車，並逐漸推廣使用。秦漢之際，獨輈車與雙轅車並存了一段時間；到了西漢後期，由於雙轅車容易駕馭和載重量大，獨輈車為雙轅車所取代。此後一直到近代，中國馬車的基本結構仍然是雙轅雙輪形制。

馬車是中國古代交通運輸的主要運載工具，在敦煌壁畫中也是以主要運載工具出現的。敦煌莫高窟和安西榆林窟自北魏至宋代的有車輪圖像的15個洞窟中，出現了30多乘馬車圖像。車的種類主要為安車和軺車，包括獨輈馬車和行李車（輜重車）等。中國歷史上的北魏至元代，馬車的製造和使用在漢代的基礎上沒有大的發展和變化，只是繫駕方式由漢代的"胸帶式繫駕法"改為"鞍套式繫駕法"，而車輿的形式則根據不同的用途而異。又，大概是因為道路狀況的限制，中國古代所有的車輛只是短途的運輸工具。因此，敦煌壁畫中的馬車圖，是以圖像證實史籍的記載；而獨輈馬車則是對上古馬車的追憶。

駱駝作為"沙漠之舟"的特殊價值，早在先秦時代就為人們所認識，並加以開發利用。秦漢以後，隨着絲綢之路的開通和發展，駱駝的足迹遍及萬里大漠；它不僅可用來騎載馱運，而且也可以駕車，因為在沙漠上牠比其他牲畜更具長行耐力。同時，駱駝在敦煌還像牛馬一樣從事農耕。駱駝車成為具有大漠戈壁特色的交通運載工具，並長期在敦煌和西北地區使用。駱駝作為乘騎，特別是馱運，在敦煌壁畫中表現較多，且自北朝至宋代都有。駱駝車在壁畫中則只出現兩幅，分別在公元6世紀後期的北周和隋初的第296和302兩窟中。

從畫面上看，兩輛駱駝車都是載人的，整個車的結構比較簡單：雙輪雙轅，車輿為卷棚形，僅容一人坐臥，前後圍簾，屬棧車形。這兩幅駱駝車出現的歷史背景是：北周時期，因佛教泛濫給社會帶來弊端，受到周武帝毀滅性的打擊，佛教界為此而採取一些有利於社會福利的措施，以求得生存和發展，於是出現了提倡佛教已進入"末法時代"而需要面向社會"普法"的三階教。反映三階教向廣大民眾"廣種福田"教理的《福田經》因而傳到敦煌，莫高窟壁畫上隨之出現了表現各類社會生活場面的"福田經變"。而這兩幅駱駝車都是出現在福田經變中，更能真實反映當時敦煌地區的社會生活情況，彌足珍貴。

除了馬車、駝車以外，敦煌石窟壁畫中還有一些無牲畜駕馭的大輪車，車輿分"柴車形"和"輜車形"兩種。從形式上看，這類車有馬車，也有牛車，而無牛馬駕馭時亦使用人拉運。如北周、隋及五代出現在壁畫中的"須達拏太子施捨故事"中的馬車，在馬被施捨後有太子本人拉車的情節，即是說，馬車同時又可作人力車。

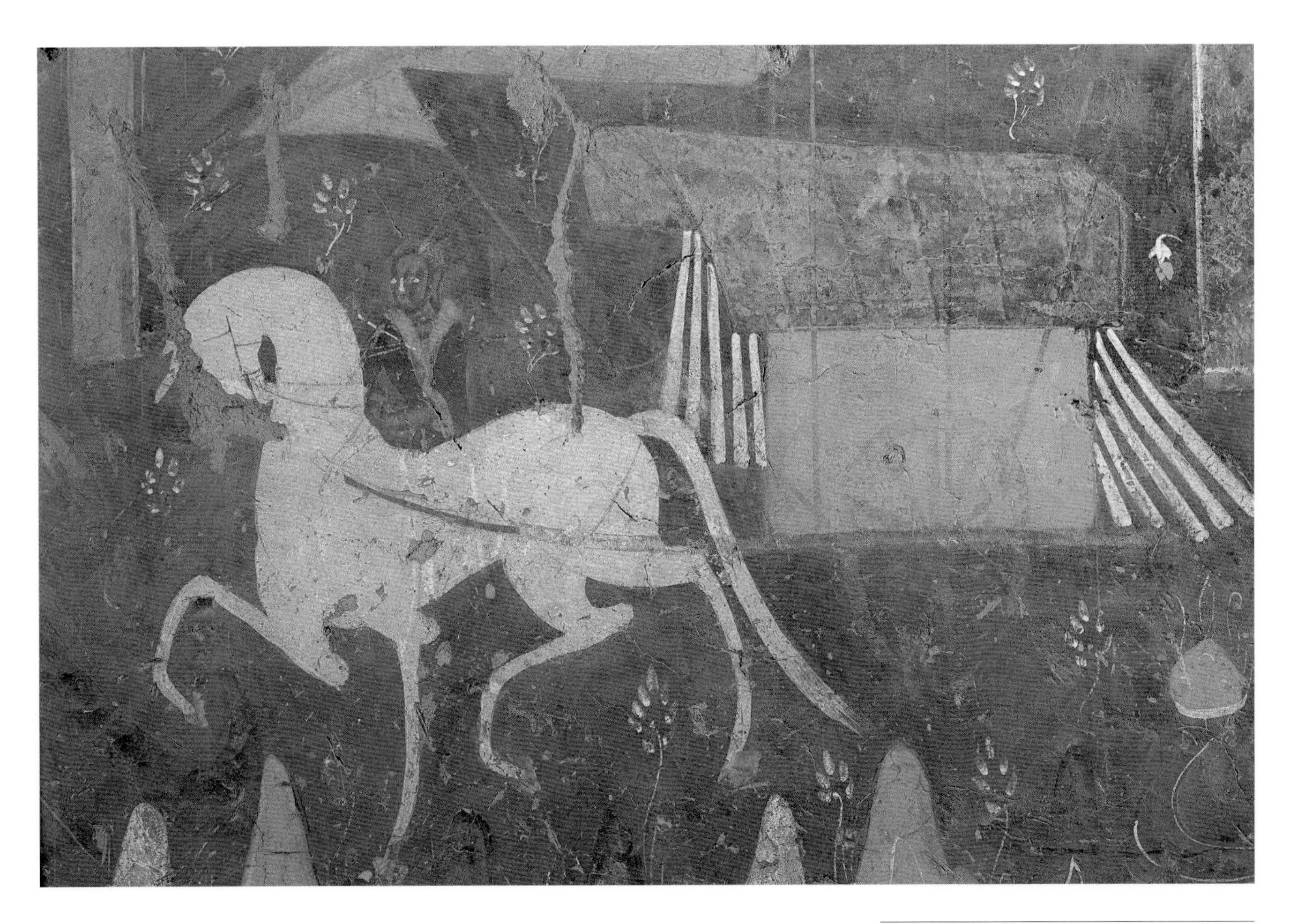

88 馬車

此窟約建成於公元500年前後，窟中所繪"九色鹿本生故事"為敦煌著名故事壁畫。圖中繪畫國王和王后在圖謀不軌的人帶領下，同乘一輛馬車前往圍獵九色鹿。壁畫中繪製的這輛車為安車，雙轅雙輪，單馬拉車，車輿為全封閉式，圓弓形頂蓋。這是敦煌石窟最早出現的車輛壁畫，車的造形十分精巧別致，但也可能是由於要進山狩獵之原因，車輿的裝飾並不豪華。

北魏 莫257 西壁

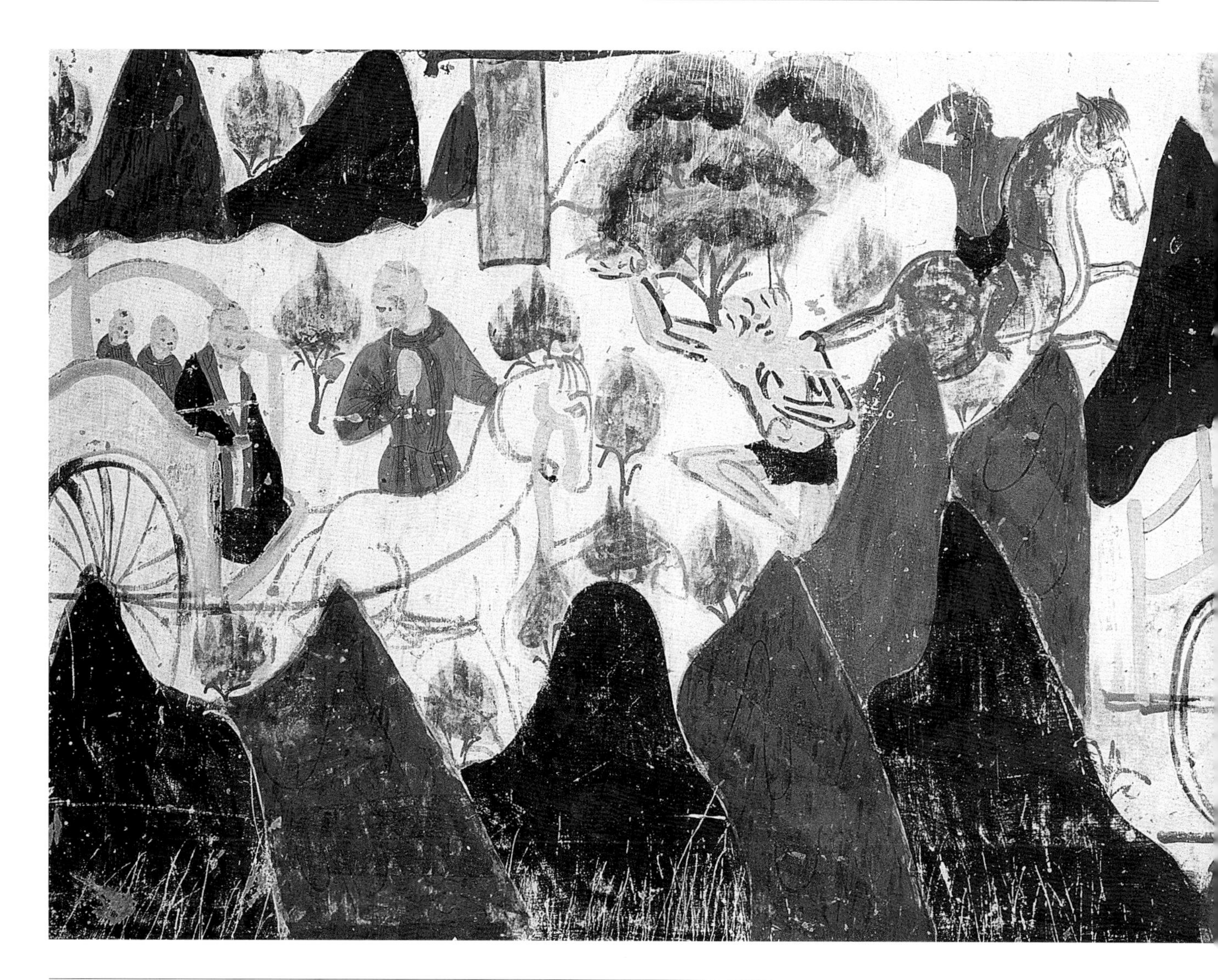

89 **軺車**

此窟約建成於公元570年前後，窟內東壁所繪“須達拏太子本生故事畫”，講須達拏太子樂善好施，致使國內至寶流入敵邦，被其父王放逐深山修行悔過。就在他與妻兒同赴深山途中，又漸次將馬、車、衣物等施捨殆盡。圖中的兩輛車分別表現了：一、太子驅趕着太子妃及二子所乘坐的單馬駕車；二、妃子在後幫推，二子乘坐。由於是同一輛車，所以車的造型是一致的：雙轅、雙輪、高欄車輿、上置傘幢，屬軺車型。

北周 莫428 東壁

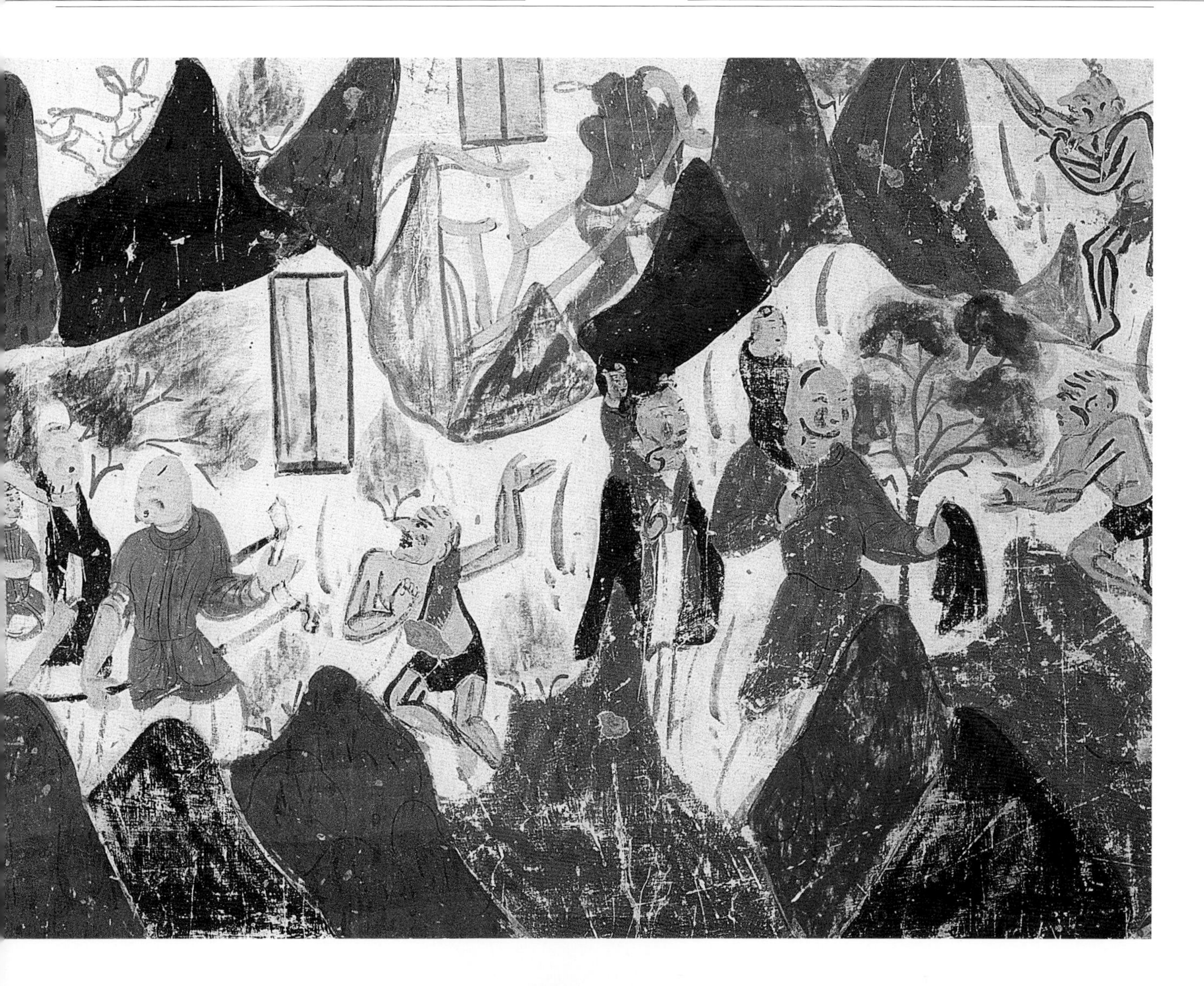

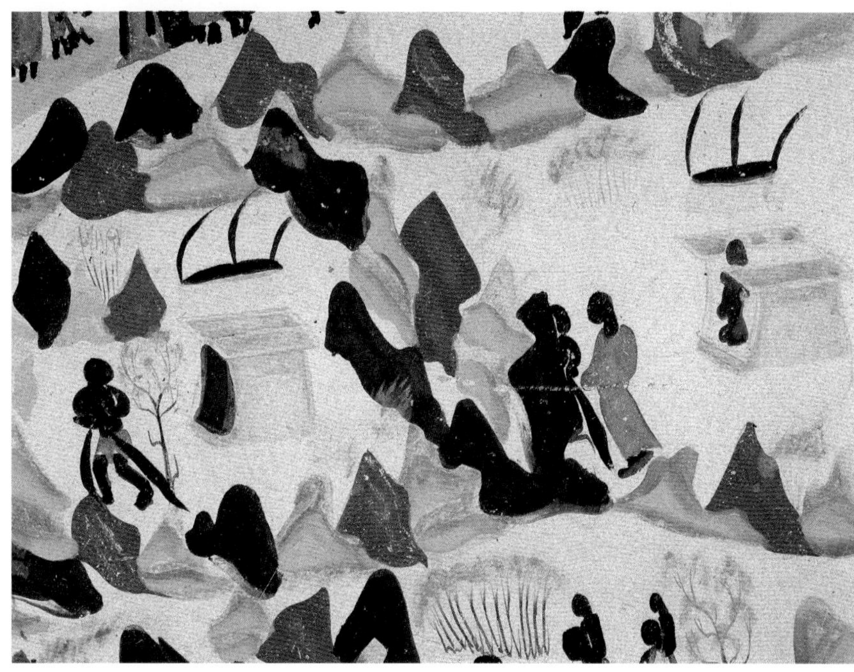

90 **軺車**

隋 莫423 窟頂人字坡東坡

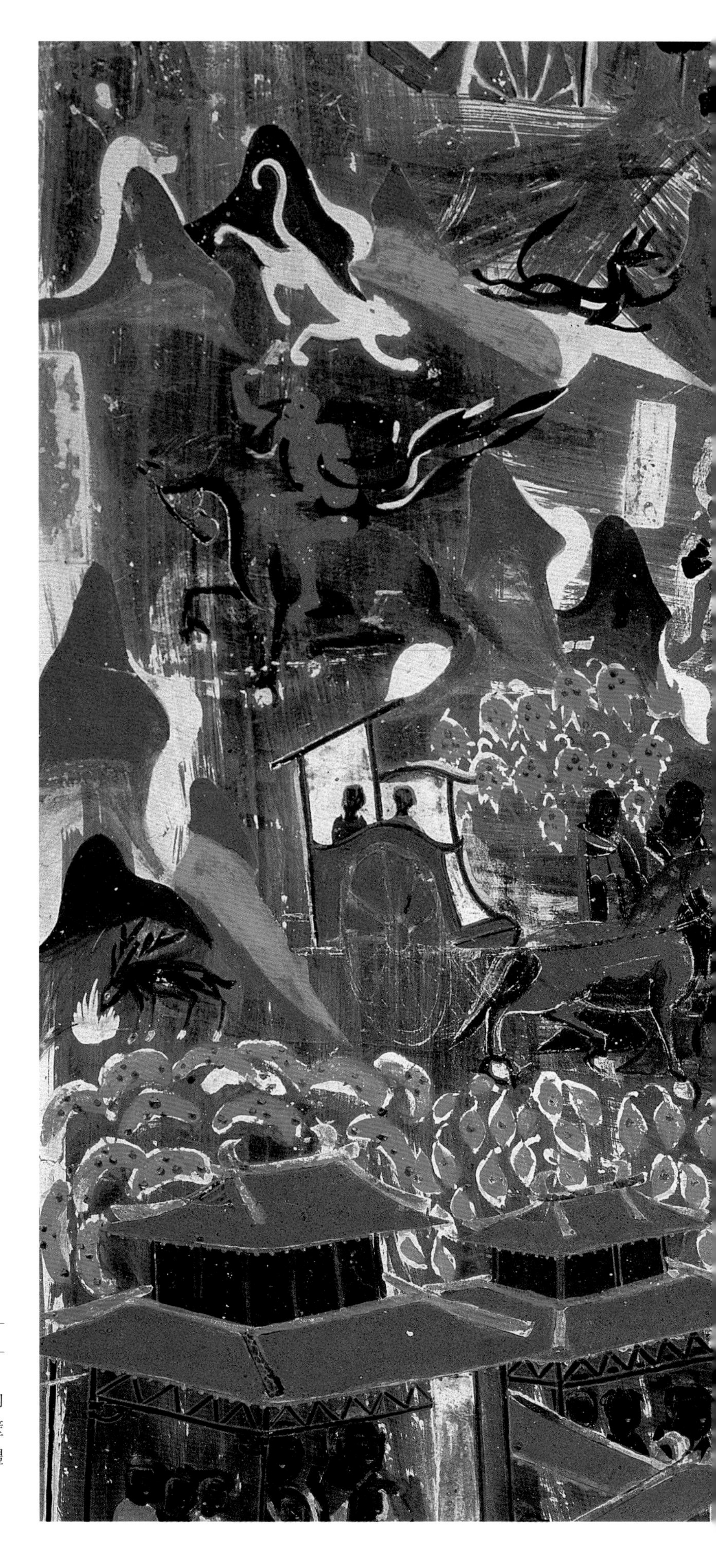

91 **軺車**

第419和423窟約建成於公元600年前後，此兩窟不僅建於同一時代，而且兩窟內均繪有相同的“須達拏太子本生故事”壁畫的情節和畫面，其中車的形制也大體一致，屬於北周第428窟的那類軺車。

隋 莫419 窟頂人字坡東坡

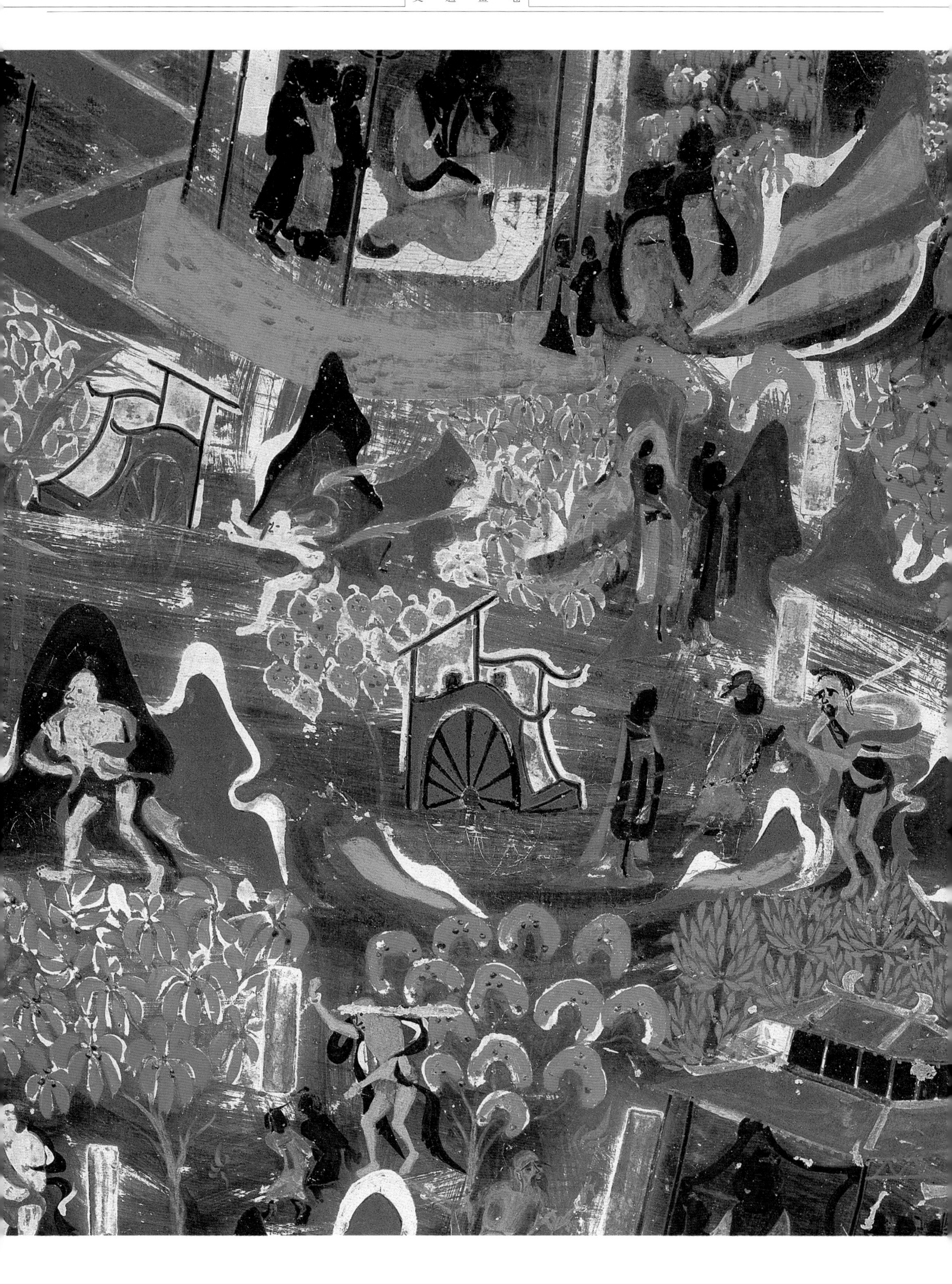

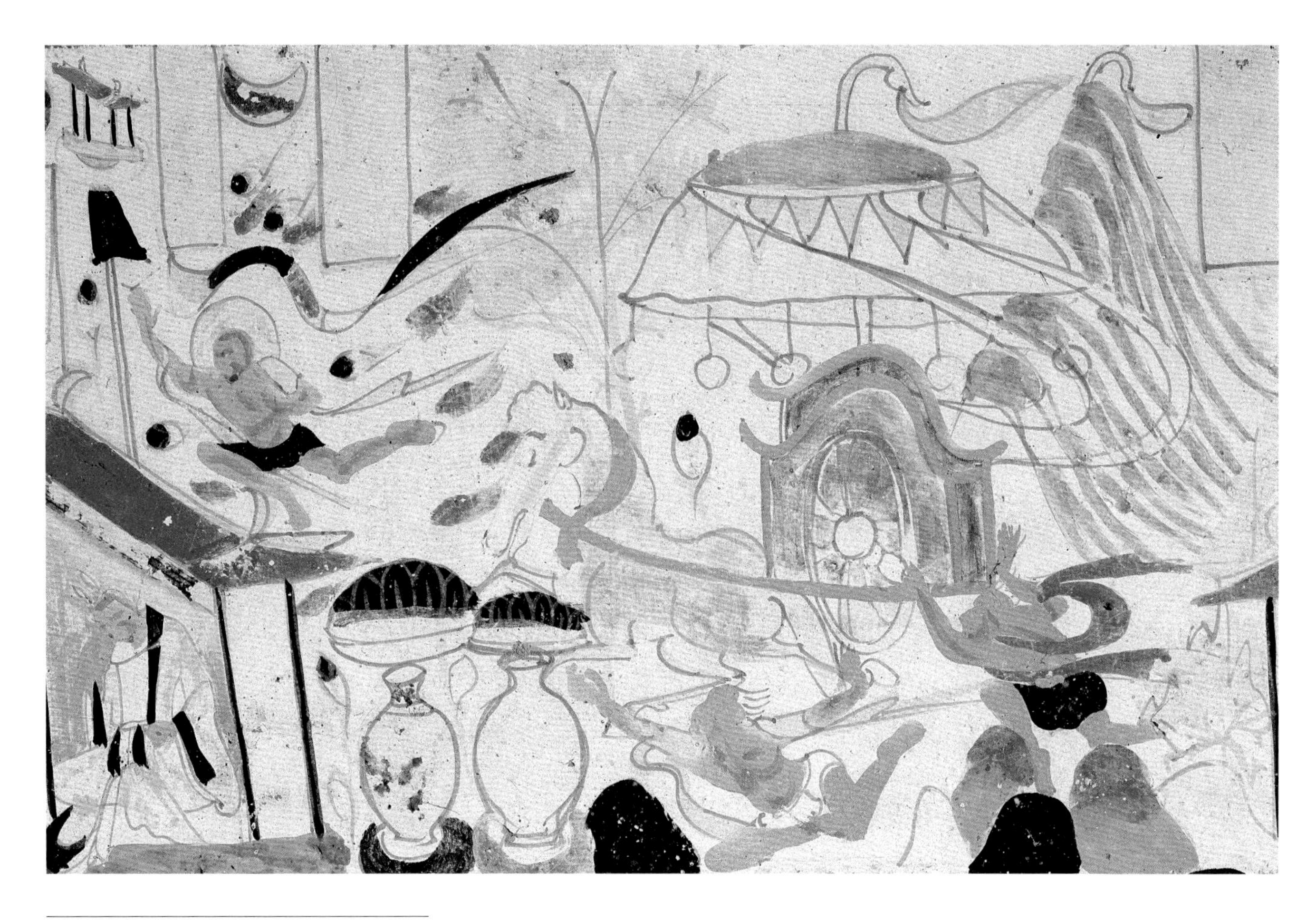

92 軺車式的神送寶車

此窟約建成於公元580年前後，窟頂所繪佛傳故事畫中有兩幅馬車圖，此為“神送寶車”。神送寶車為雙轅、雙輪，高欄車輿中置傘蓋、由單馬拉行之軺車，車輿內無人乘坐，後部兩邊各掛牙旗一面。此車雖是“神送”，但圖中所繪卻是馬駕軺車，與神仙車有很大不同，而與現實中的馬車比較接近。

北周 莫290 窟頂東坡

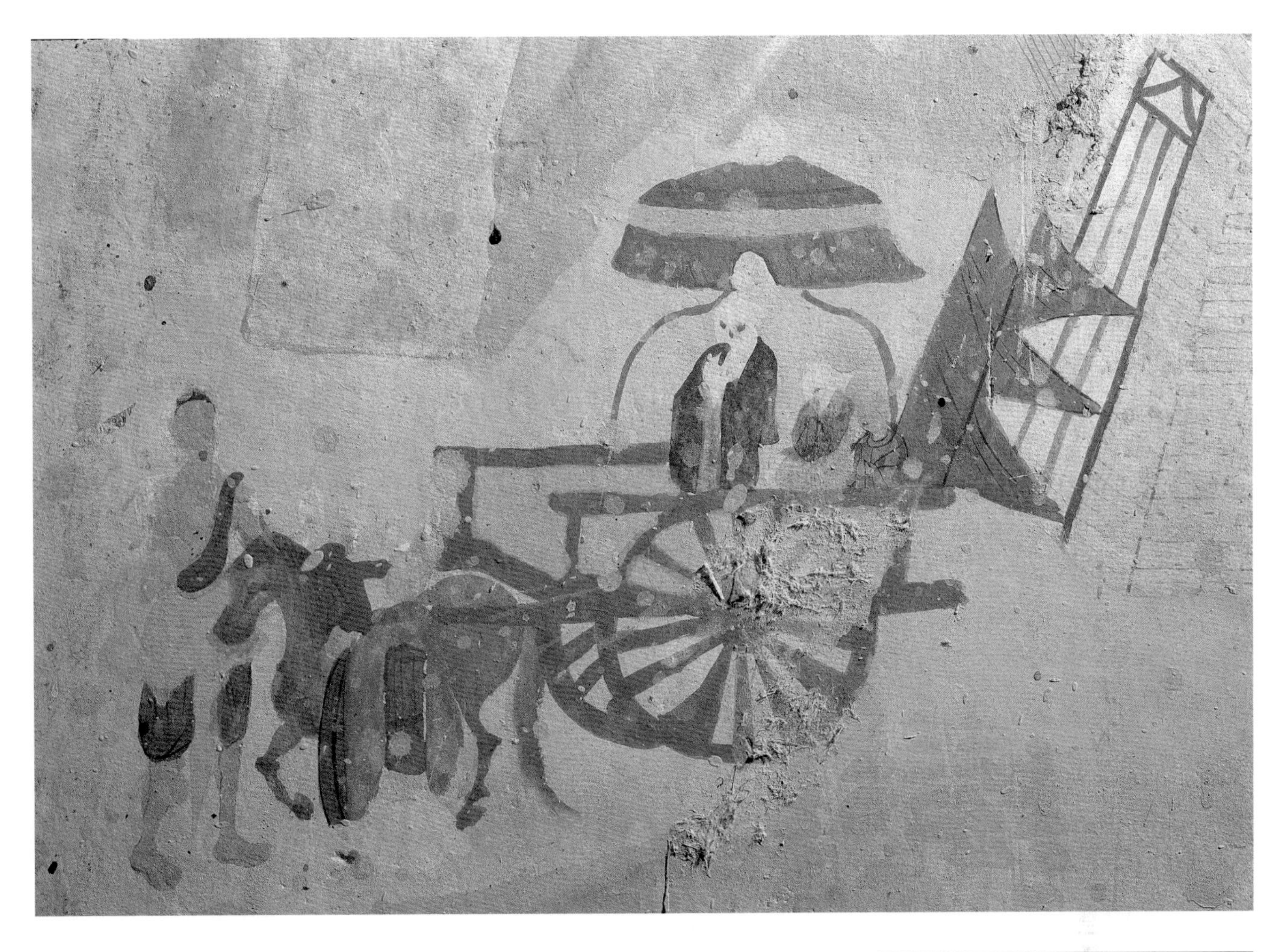

93 軺車

圖中的軺車，車輿構造比較簡單，類似後文可見的牛駕柴車，只是傘蓋與牙旗顯示其軺車車型。

晚唐 莫9 中心柱東龕內

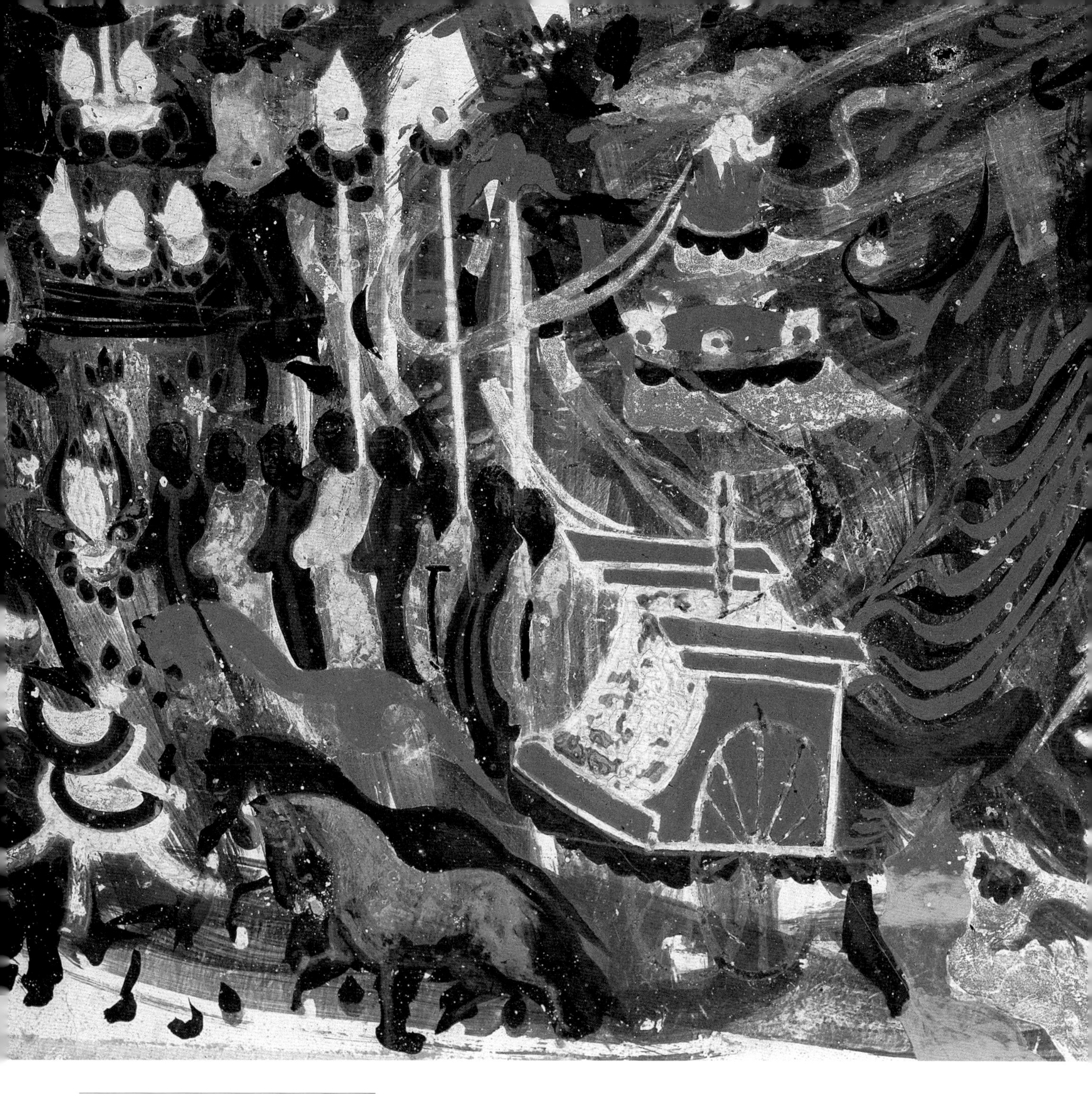

94 獨輈四駕馬車

敦煌石窟隋唐壁畫中繪有兩幅獨輈車。獨輈車是先秦常見的車種，在東漢以後的車輛資料中極為罕見，在中國大地上絕迹幾個世紀。這是第419窟佛傳故事中“神送寶車”，大輪高欄，上豎傘幢，後掛牙旗，前有四馬並駕繫於橫木中，該畫的製作時代約在公元600年前後，可能是隋代畫家為更好地表達佛教內容，追繪佛陀時代（相當中國春秋時代）的中國古車。

隋 莫419 窟頂西坡

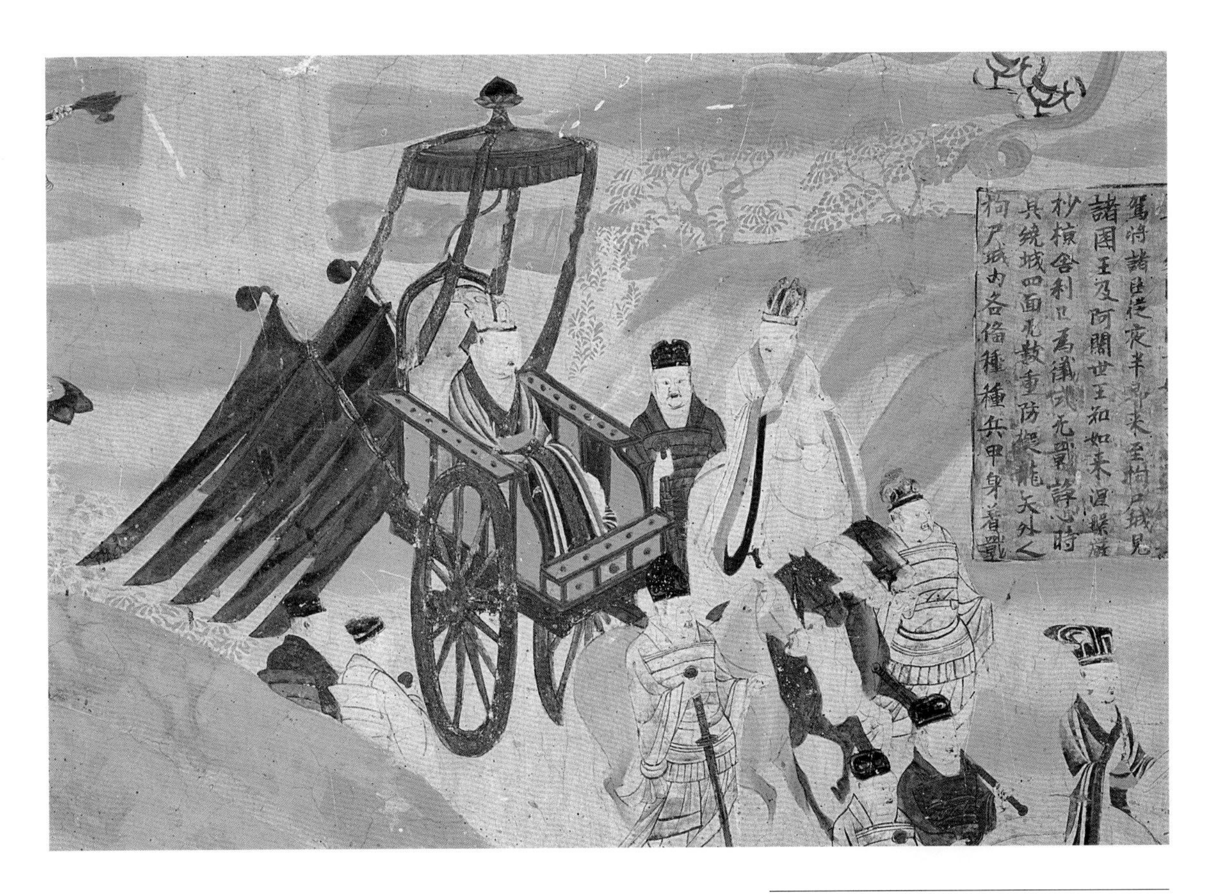

95 獨輈四駕馬車

此窟建成於公元767年前後，在涅槃經變中繪有參與平分舍利的國王所乘坐的四馬駕車，車輈為獨輈，是先秦時期的獨輈車，車輿為箱形轎車，中豎傘幢，頂軸部分且有花紋裝飾，後掛牙旗，另有乘馬的陪同官員及步行的馭手、衛士數人。畫家在這裏可能是有意表現佛陀涅槃時代的車，這輛獨輈車與419窟的同為隋唐壁畫中僅有的二乘之一。與前圖相比，這輛獨輈車畫面清晰，且保持完好，隋唐兩幅獨輈車圖也可能説明，這種車在當時還有使用。

盛唐 莫148 西壁

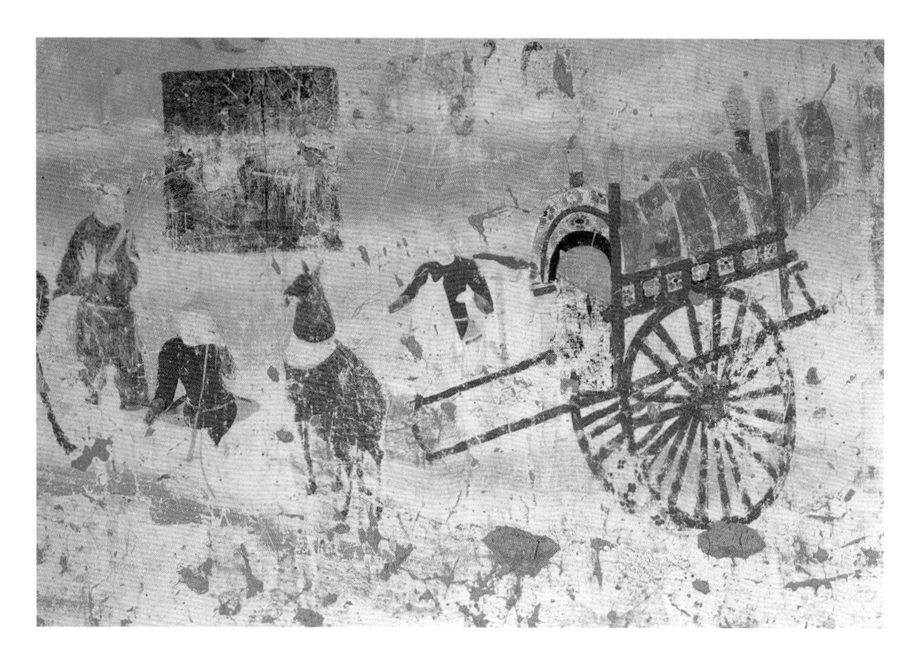

96 大輪圓篷馬車

此窟建成於公元10世紀初年，窟內繪有數幅馬車壁畫。其中一幅為大輪圓篷馬車，是敦煌石窟後期壁畫中出現最早的安車型馬車圖像。此圖雖然剝落，但篷上裝飾精美，原應是一華美的安車。

晚唐 莫9 西壁

97 卸套馬車

敦煌晚期石窟中的安車型馬車圖像，基本都是出現在"勞度叉鬥聖變"壁畫中。公元10世紀時，這類壁畫在洞窟中出現較多。如建成於公元925年的第98窟，所繪卸套馬車即屬安車形，木製大輪，圓拱形頂蓋，與第9窟同。

五代 莫98 西壁

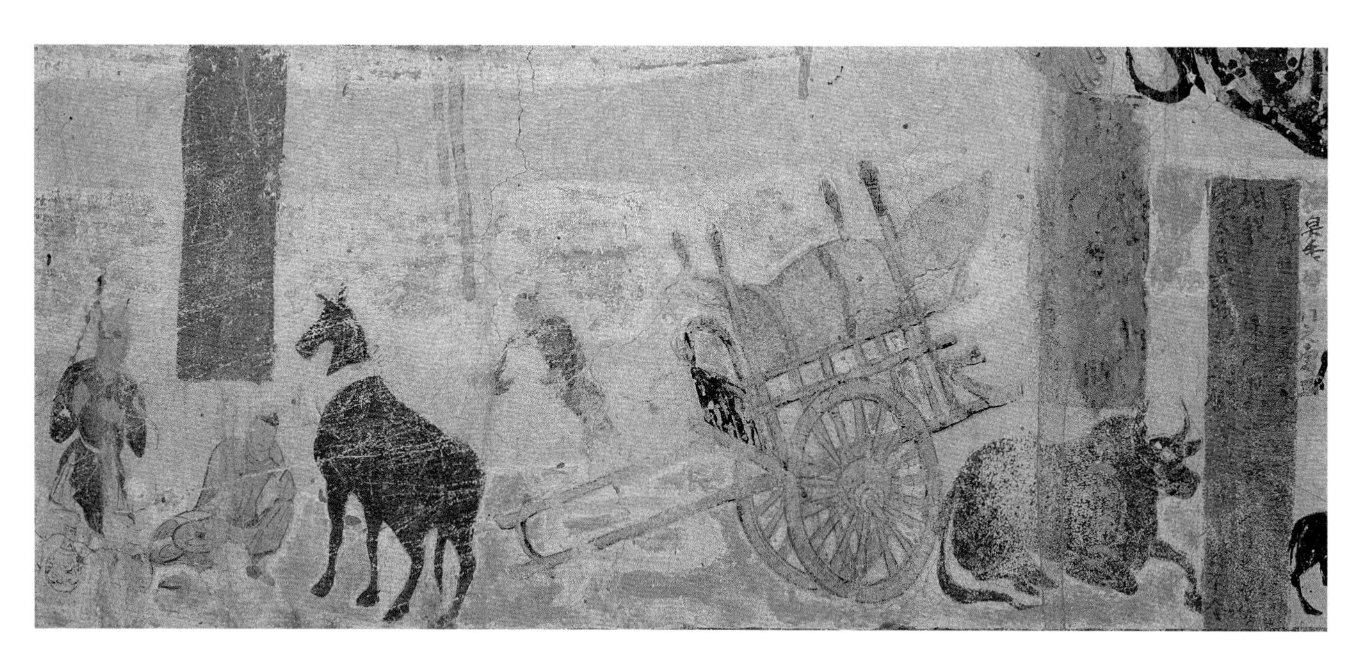

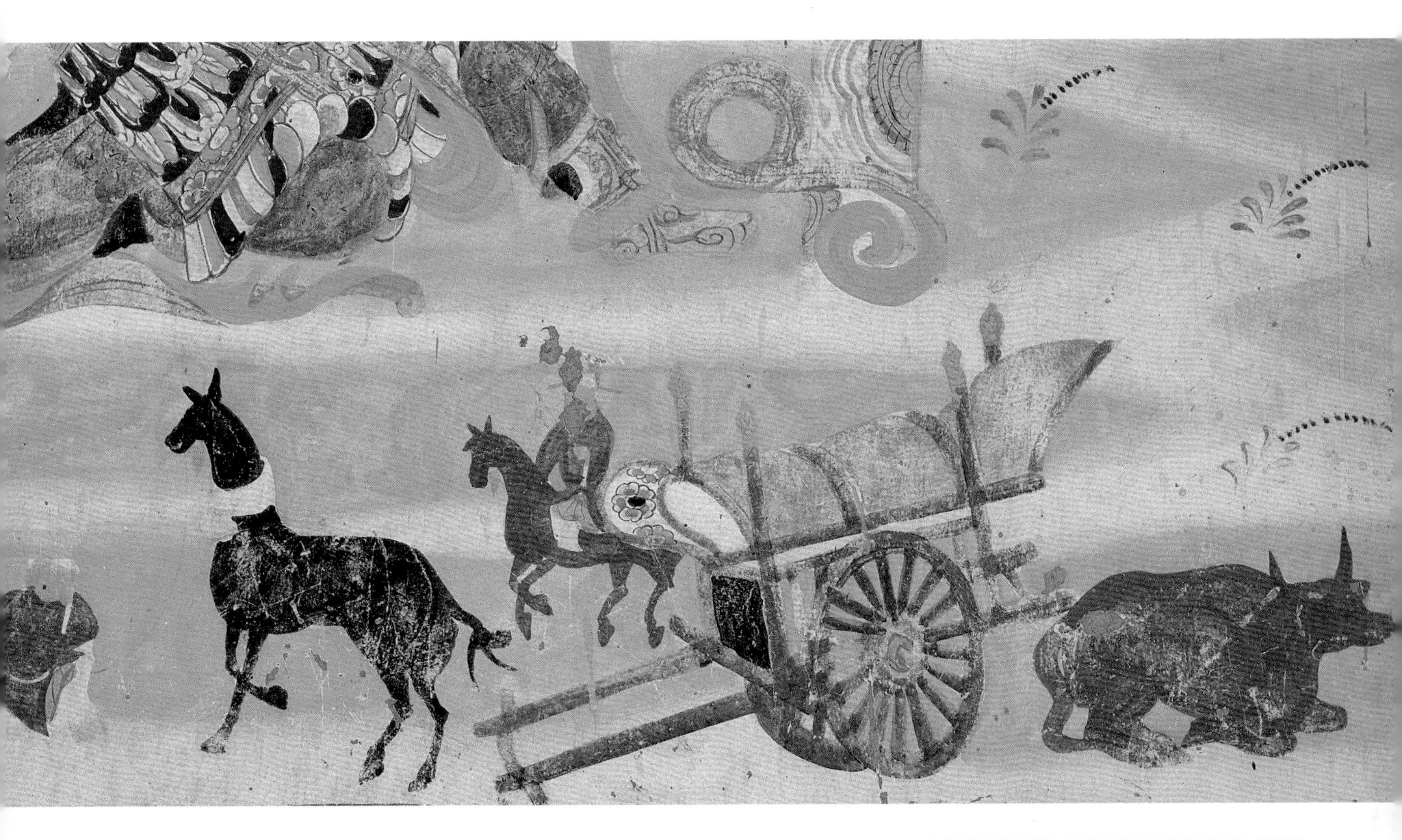

98 **卸套馬車**

與第98窟同時代的第146窟，也在同類故事畫中繪有同樣的卸套馬車圖，只是在車的規模上略小。

五代 莫146 西壁

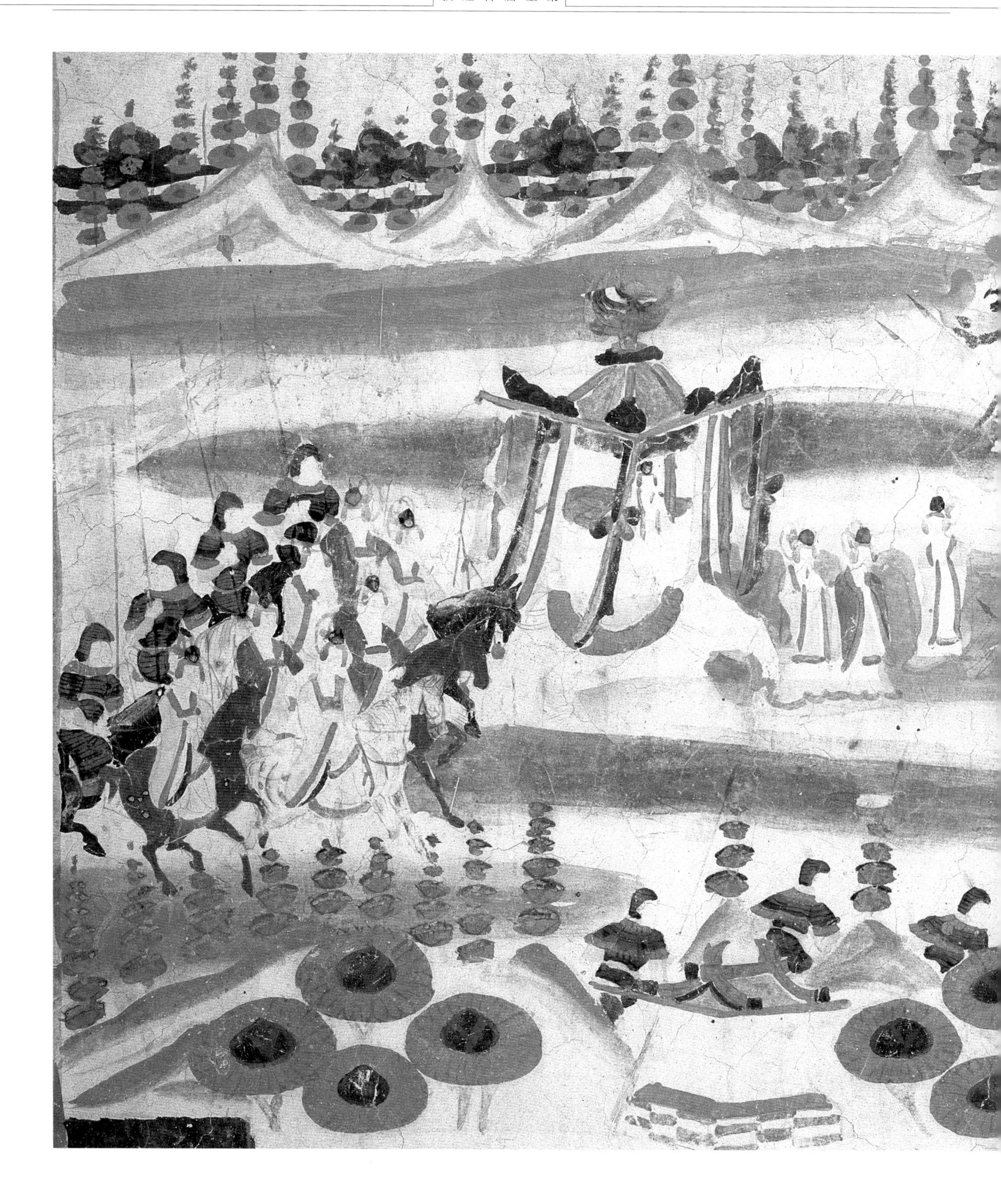

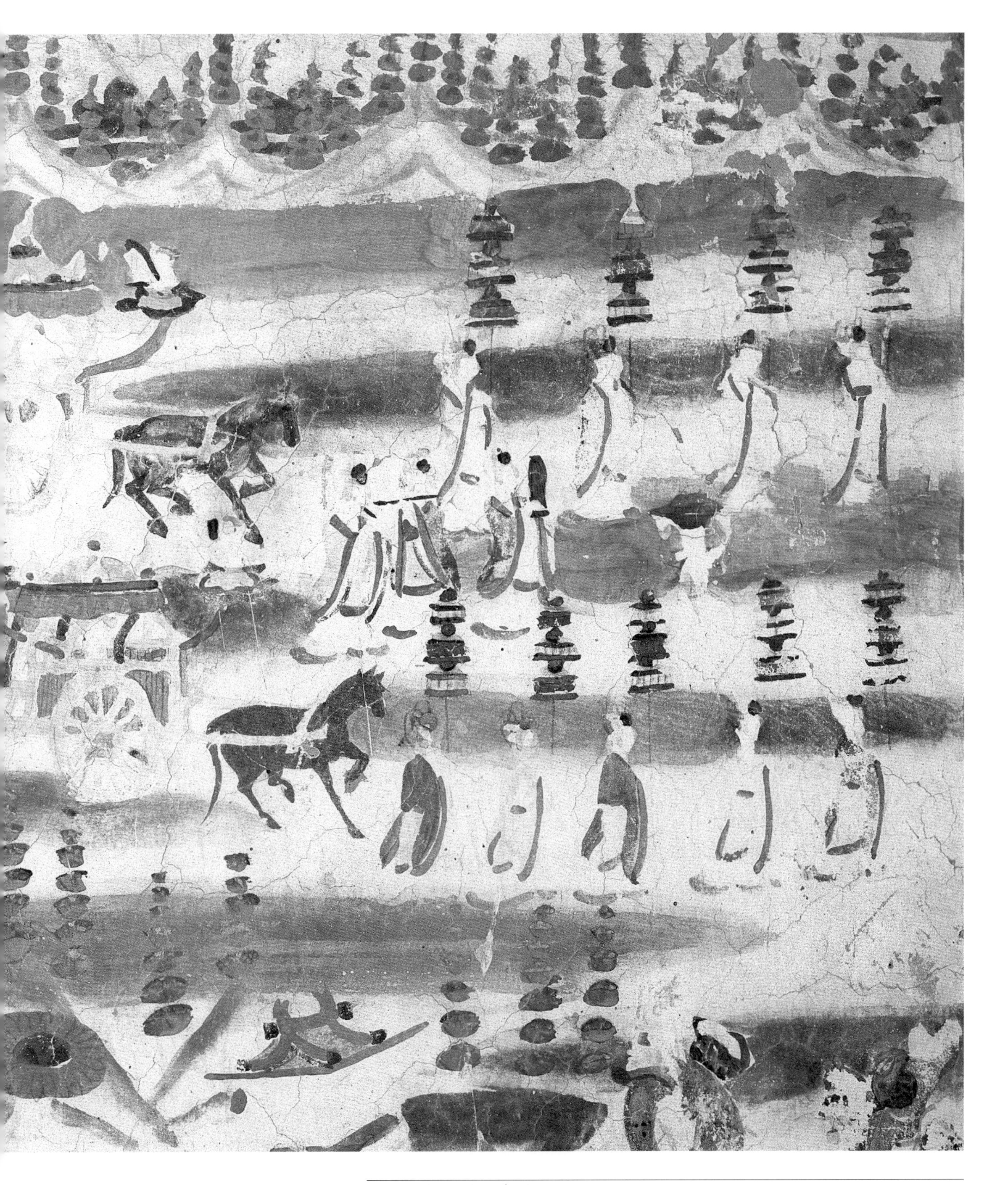

99 馬車二乘及象輿

第61窟建成於公元950年，窟中所繪“佛傳”故事畫中，出現馬車圖像數幅，其中有佛母摩耶夫人所乘的單馬駕車，車輿有大圓篷頂蓋，上豎傘幢，這種車輿綜合了安車與輜車的形式，象徵車主有更加高貴的地位。

五代 莫61 南壁

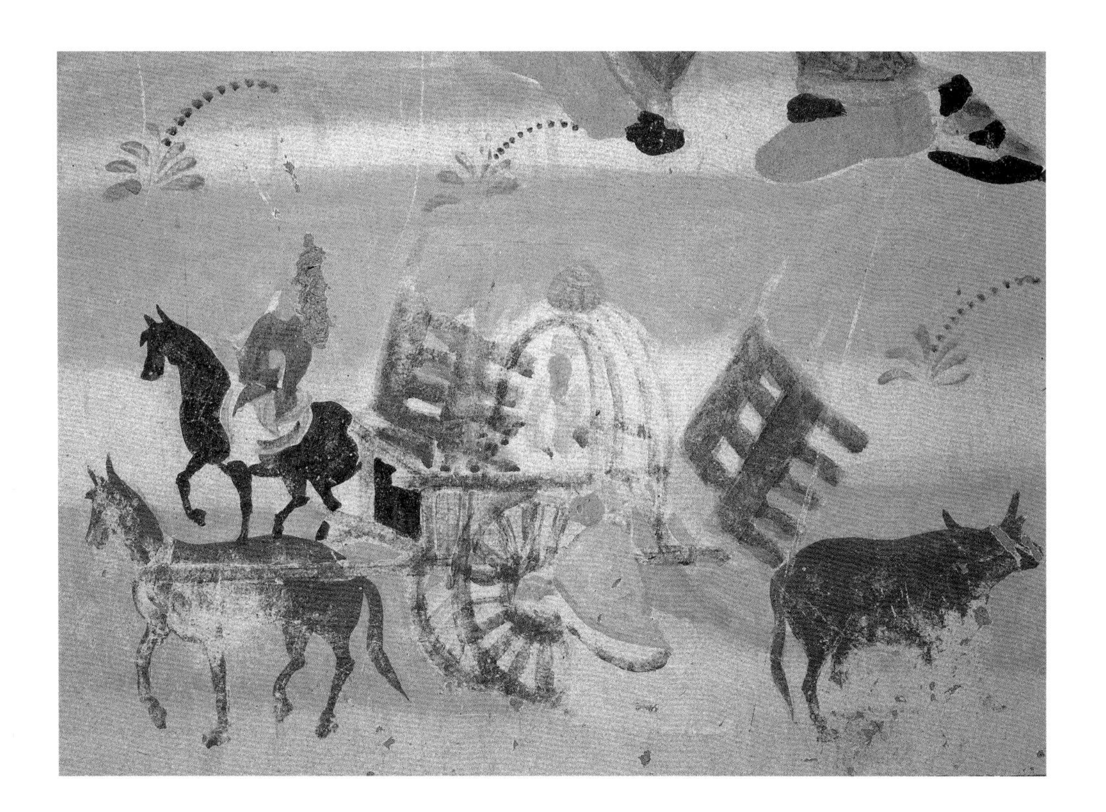

100 棧車

圖中的棧車繪畫在"勞度叉鬥聖變"中，棧車形的大木輪馬車，車輿前後的牙旗及其前呼後擁的侍從，顯示乘此車觀看鬥法的車主是某國王的高貴身分。

五代 莫146 西壁

101 駱駝車井飲

卸去駕繫的駱駝昂首臥地，旁立身着深色衣服者當為馭手；着淺色衣服者為水井的主人，正在吊取井水。駱駝身後的車為一輛結構比較簡單的大輪棧車，無遮簾的廬篷式車輿內端坐一人，整個畫面頗富生活趣味。

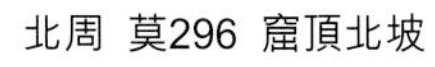

北周 莫296 窟頂北坡

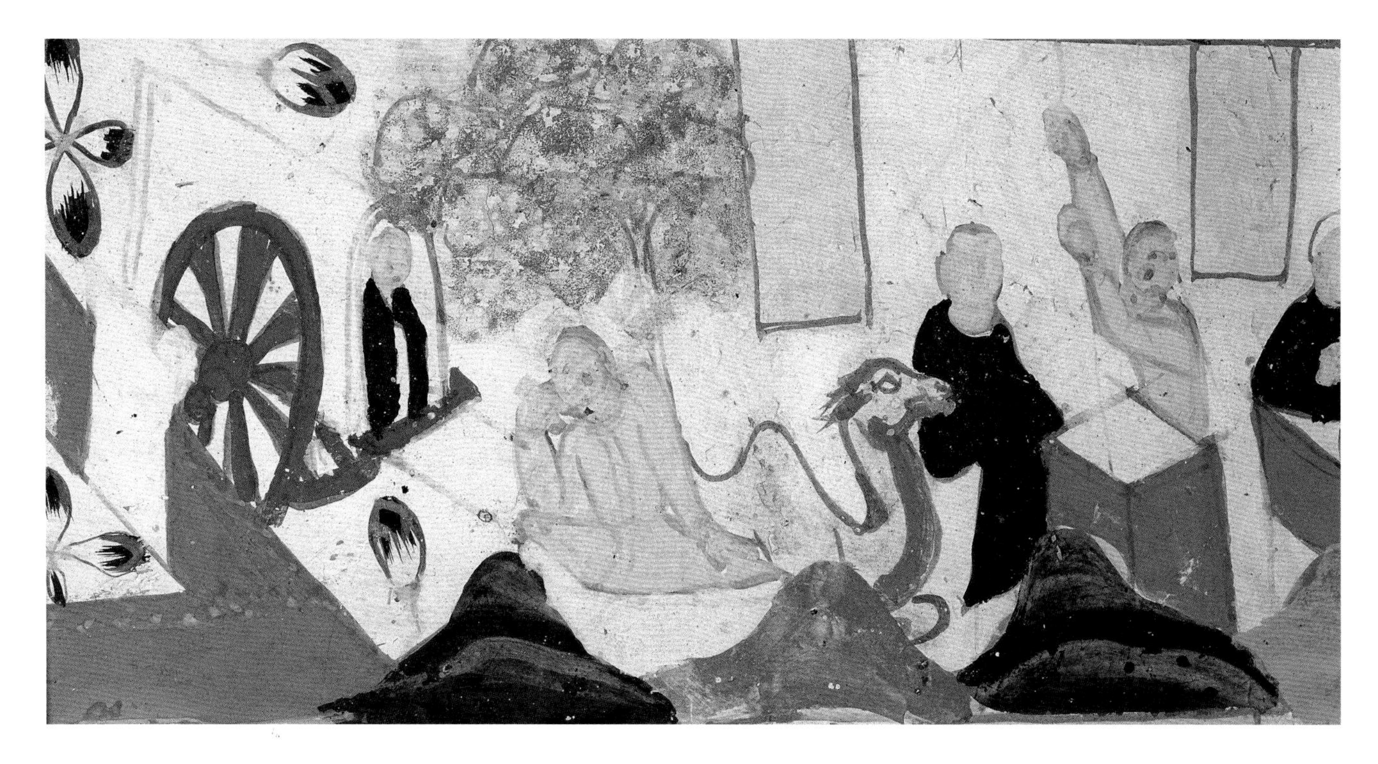

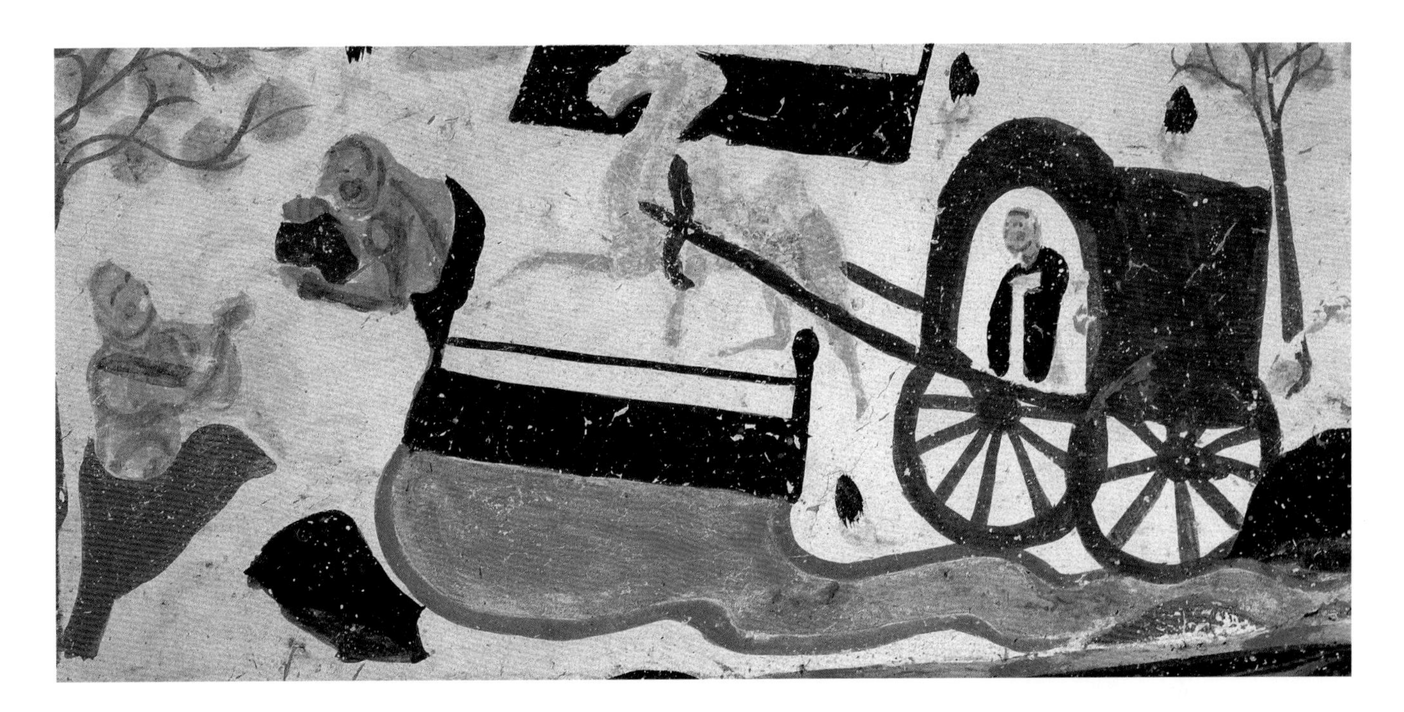

102 **駝車過橋**

車為單駝駕馭的雙轅雙輪棧車，車輿前圓後方，無遮簾，一人端坐其中；駕轅的駱駝高抬右前蹄，左後蹄蹬地，奮力登上小橋；畫面上不見有馭手，駝前橋下雙手執罐人當為另一情節。

隋 莫302 窟頂人字坡

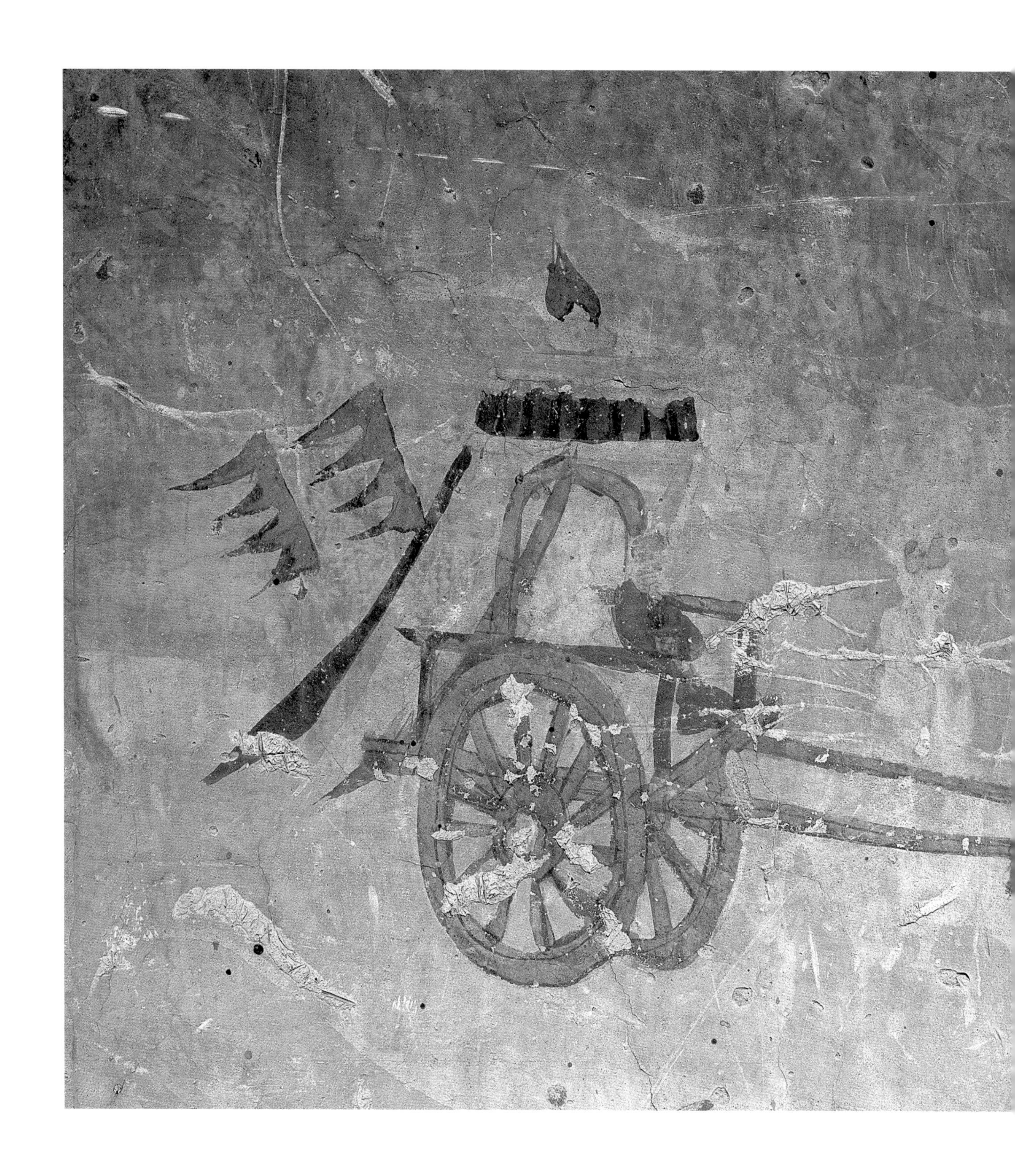

103 大輪人力車

公元10世紀所造的第454窟內，繪有一幅"人力車圖"，表現《賢愚經》中須達拏太子施捨故事中的一個情節。車型為雙轅、大輪、低欄，中豎傘幢，後掛牙旗，屬軺車型，"須達拏太子"正駕雙轅行進。這是一幅比北朝同類畫面更能反映現實的人力車圖。

五代 莫454 南壁

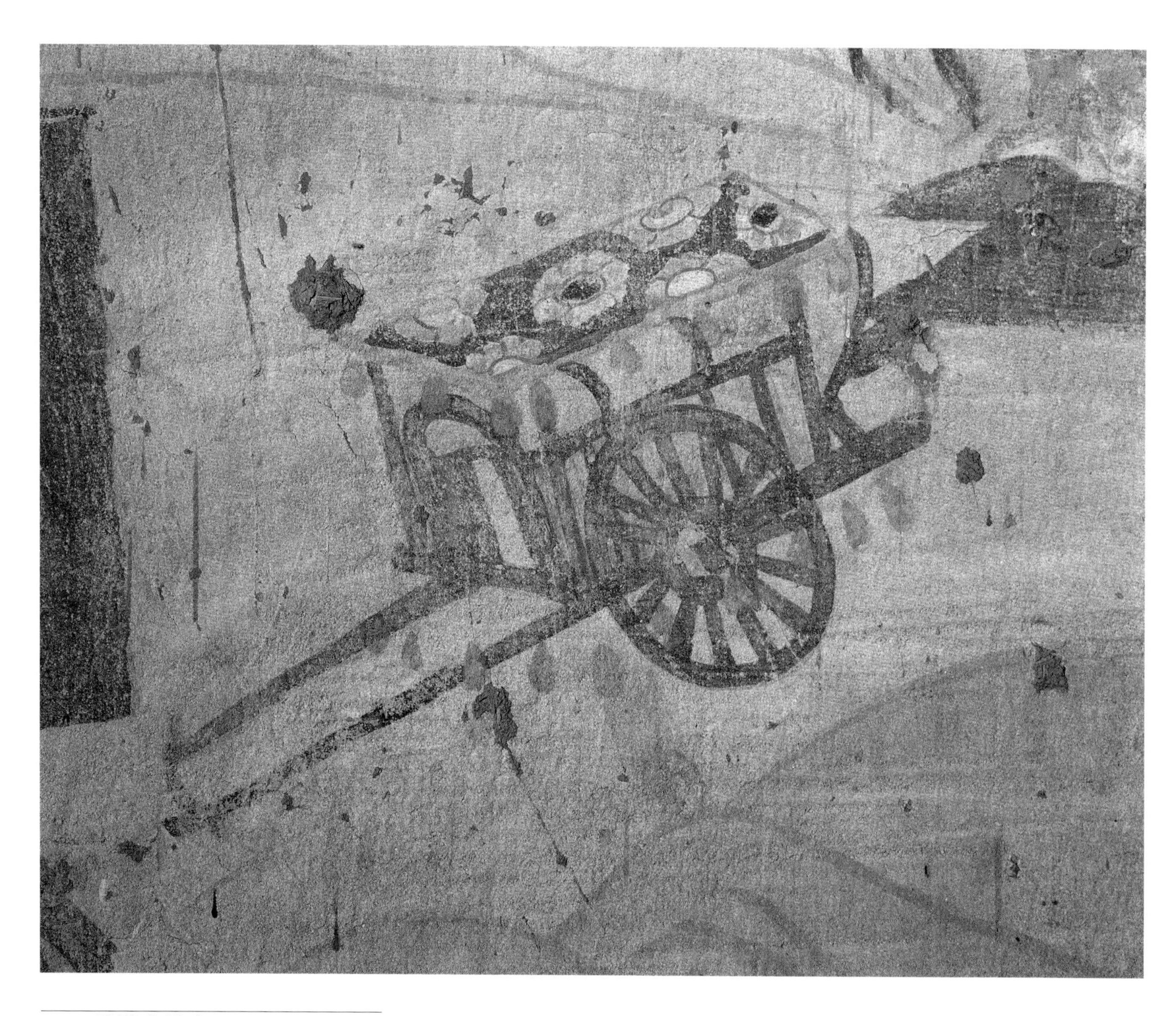

104 **長轅大輪車**

圖中的大輪車為柴車型，無人乘坐或不裝載貨物。這輛車畫在西南角的台座上，可能是供養人用車。

盛唐 莫217 西壁龕外

第二節 牛車、羊車與鹿車

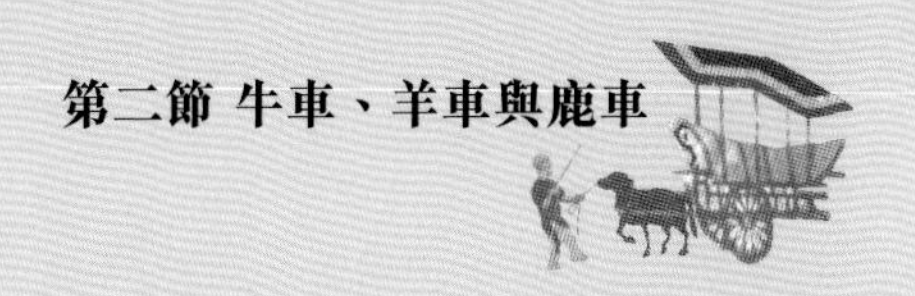

牛車在敦煌壁畫中出現數量很多，形象也很豐富。在北周至宋代有車輛圖像的30多個洞窟中共出現50多乘，均為雙轅雙輪結構，單牛牽拉。從車輿之構造裝飾，可分為如下四種類型：供人乘坐的豪華型和供人乘坐的普通型、運送貨物的柴車、運送靈柩的喪車，以及"法華經變"三乘中的牛車。

牛車在中國起源很早，大概與馬車一樣古老。牛的馴養早在新石器時代就開始了，只是春秋以前牛車的資料罕有，根據馬車形制和牛的體形，可能也製造和使用過雙牛駕繫的獨輈牛車；陝西省鳳翔出土的陶塑雙轅牛車，是中國最早的牛車物證。秦漢以後，牛車的種類儘管有所增加，但基本上只作為糧草貨物的運送工具，當時稱"柴車"。從出土的秦漢墓室壁畫、明器刻紋、畫像室及畫像磚所示圖像看，牛車的駕繫方式是在兩轅之間橫置衡木，另將繩套繫駕在單牛的肩峰上，與雙轅馬車基本一致。牛車用於載人，大約在西漢初年開始，因當時戰亂頻繁，馬匹急劇減少，牛車在運送貨物同時也成為人們出行代步的工具，即《史記》所謂"自天子不能具鈞駟，將相或乘牛車"。東漢末年，也是因為同樣的原因，自"天子至士庶"牛車"遂以為常乘"。因載人牛車一般設有頂棚，所以又被稱為"棧車"。魏晉至隋唐時期，是牛拉棧車的鼎盛時期。因為牛車的速度慢且比較平穩，開始多用作喪車。東晉時期，江左一帶牛多馬少，牛被廣泛用於駕車。南北朝以來，牛車成為皇親國戚、豪門貴族、達官顯貴的享樂工具，並有了等級區別，如北朝皇帝乘坐的大樓輦"駕牛十二"，說明中國北方與南方一樣廣泛使用牛車。為適應不同等級的乘坐需要，這類棧車的廂輿不斷增大，內部設施更加舒適，外部裝飾益顯華麗，其特點是用竹、木、布、綢做的卷棚前後出檐，外加方傘蓋形撐架，頂部四周施以帷幔，這種牛車就是中國歷史上頗負盛名的"施幰牛車"。

敦煌石窟壁畫中，牛車圖最早出現在公元6世紀後期的北周第290窟窟頂的"佛傳"故事畫，此牛車為喪車，平板車輿上置佛靈柩，是表現佛寂滅後的送葬情節；車形為雙轅雙輪、單牛牽拉，上設前後人字形傘幢；此後隋代壁畫中的喪車亦與此同。

在北朝、隋代和唐代前期（初唐和盛唐）的敦煌石窟裏，牛車較多地與其主人，即石窟主人（供養人）畫像繪畫在一起，而這些供養人一般都是當時當地的貴族，同他們畫在一起的牛車都是卷棚的棧車，其中有一個突出的特點，就是北朝時期的牛車都畫有施幰撐架，而隋唐則無施幰設施。所以，這些畫面證明了北朝貴族為享樂而乘用牛車的風氣曾在敦煌流行。反過來說，北朝所繪敦煌壁畫中的供養人牛車，又是這一歷史現象的真實反映。至晚唐以後，大量的施幰牛車又出現在"法華經變"中。另外，為農家作運送糧草用的牛車作為"柴車"，大量出現在從唐代開始繪製的"彌勒經變"中，表現未來佛國世界"一種七收"的情節。這類牛車是雙輪雙轅，而且是大輪長轅，低欄車輿，均見於敦煌以外地區的唐墓壁畫中。

隋朝以來，隨着大量製作"法華經變"，表現其火宅喻的"法華三乘"——牛車、羊車、鹿車也在壁畫中出現，自隋至宋，特別是中唐以來的400餘年來未曾間斷。牛車一般供人乘坐；羊車、鹿車作為小型車，也曾在中國古代製造和使用。羊車方面，史書中有晉武帝常乘羊車入後宮，衛玠幼時乘羊車入市，劉毅等乘羊車請免官罪（大概是用以表示要像羊一樣馴服）等記載。鹿車的使用見於《太平御覽．車部》，晉人劉伶"不以家產有無介意，常乘鹿車，攜一壺酒。"可知鹿車原為玩物。在"法華經變"中，牛車、羊車和鹿車都是玩具車，用以誘勸"愚痴者"出"火宅"。羊車和鹿車載重量極小，或是僅供一人在平坦處和極短途內乘用的玩物，隨着交通的發達，早已成為歷史。我們今天還能夠在敦煌壁畫中看到它們的形象，是很值得慶幸的。

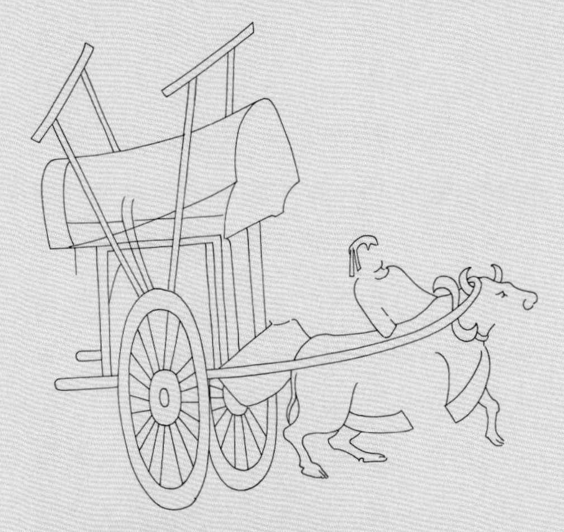

西千佛洞第7窟供養人牛車

敦煌壁畫"三乘"中的牛車也基本為安車型，正方形車輿，大頂蓋，但車輿的裝飾卻與供養人所乘安車有很大區別：施幰車分為一、二面掛帷幔的偏幰牛車和四面掛帷幔的通幰牛車，這兩類豪華型牛車在中國出現都較早。在敦煌壁畫中，"三乘"中的牛車主要是通幰牛車，也有少量不施幰的安車。羊車和鹿車分安車、通幰車和柴車幾類，其結構與牛車相同，只是在畫面上顯得小巧玲瓏一些。

105 供養人牛車

敦煌壁畫中最早的牛車圖像是乘用的牛車，從公元6世紀中期的西魏、北周之際開始出現在供養人畫中。西千佛洞第7窟就在這一時期建造，窟內的供養人像列中有一輛大輪、雙轅、正方形車輿及長方圓弓形頂蓋的牛車，車輿四周為全封閉式，屬安車型。值得注意的是，這輛車的車輿周圍及車頂上另設有支架和重頂蓋，可能是用以施幰者；我們只是在史書中讀到南北朝有施幰牛車，但未曾看到過實物或圖像，而敦煌出現大量的通幰牛車也是在唐朝中期以後的事。因此，這幅牛車圖具有一定的史料價值。

西魏～北周 西7 東壁

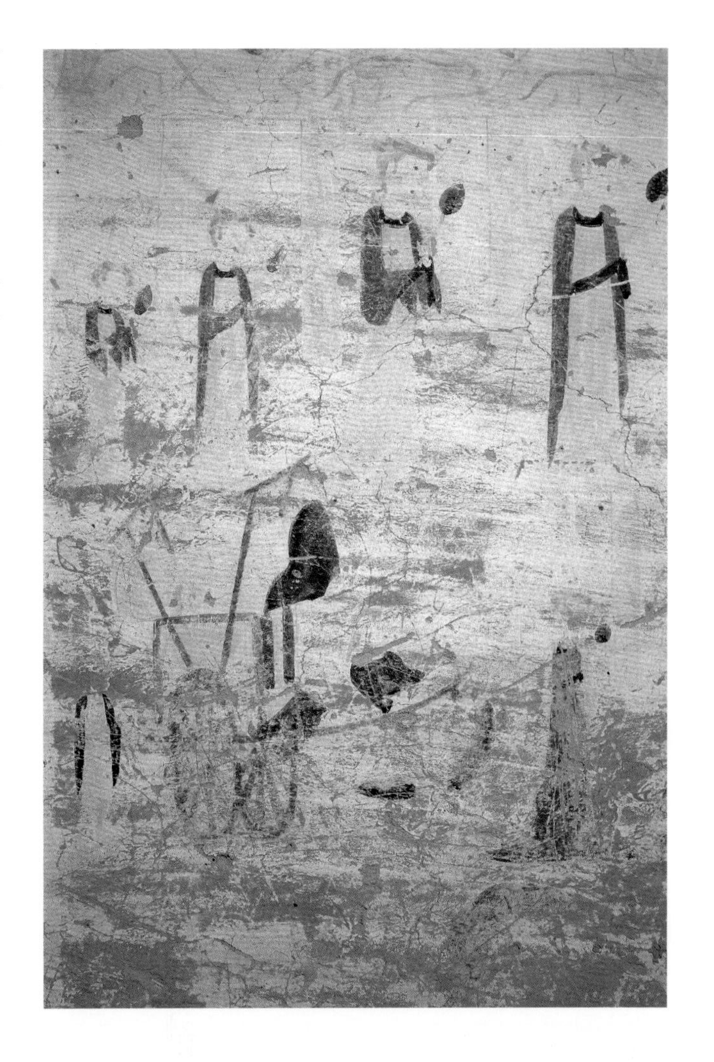

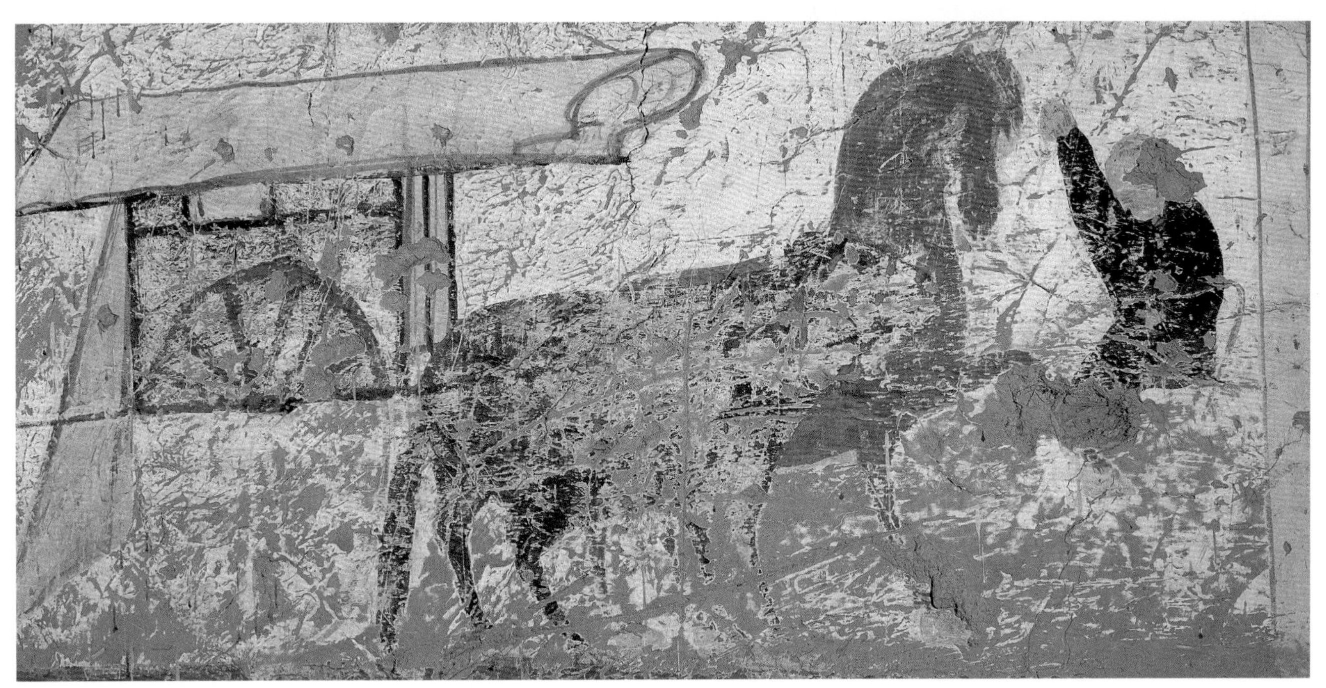

106 牛車

北周 莫297 東壁

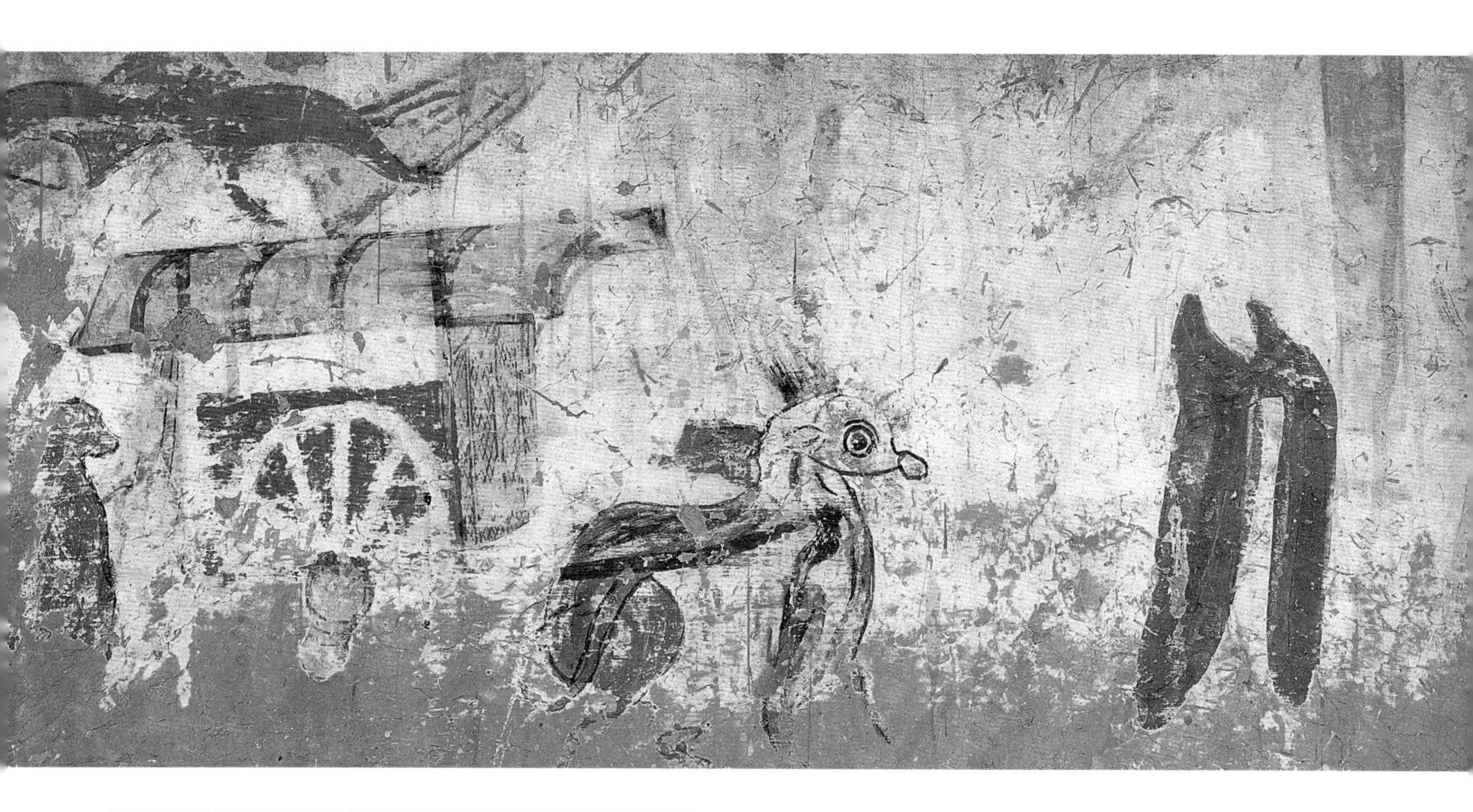

107 穹形頂的供養人牛車

北周時代建成的莫高窟第294、297窟的牛車，與前述大同小異。只是第294窟駕車的牛，經後來好事者描改而面目全非。

北周 莫294 東壁門南

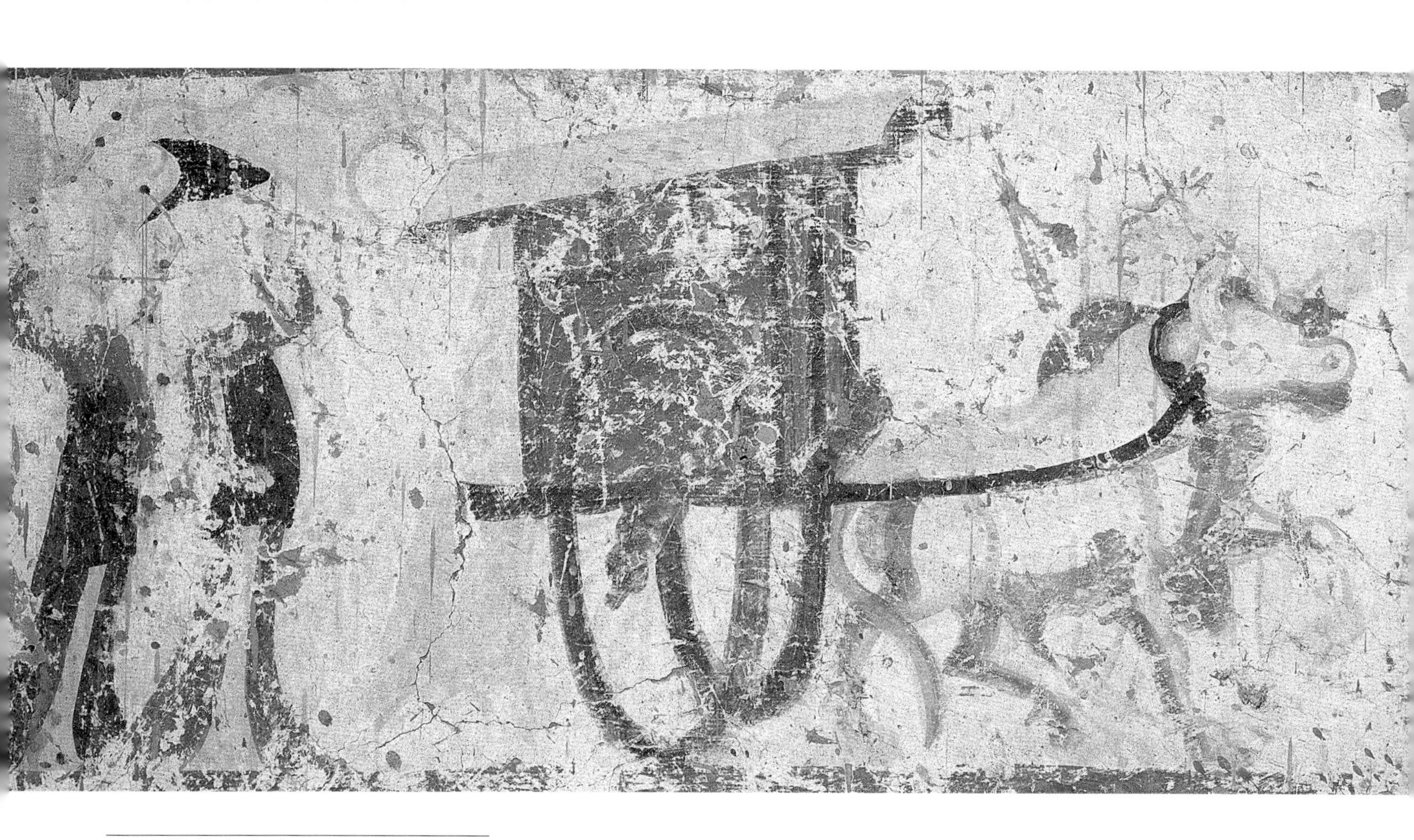

108 供養人牛車

北周 莫301 東壁

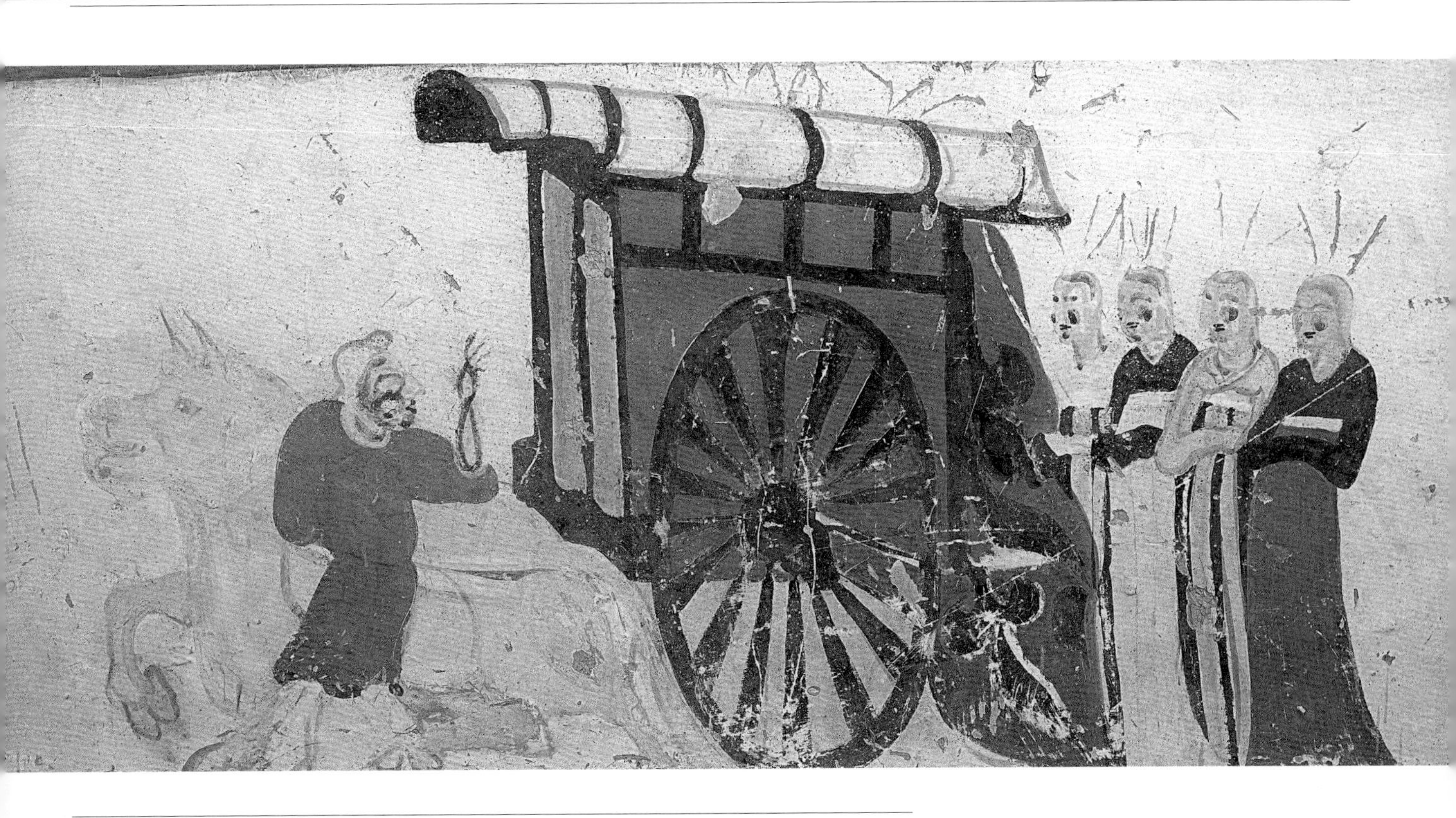

109 供養人牛車

隋代以後的供養人牛車，車型基本與北朝相同。如莫高窟第62、303等窟的供養人牛車，穹形頂。正方形箱輿，四周全封閉式，有門窗可供出入和瞭望；同類型的車有陝西出土的唐三彩實物；其車輿的四屏有簾布，也有木板。

隋 莫303 東壁門北

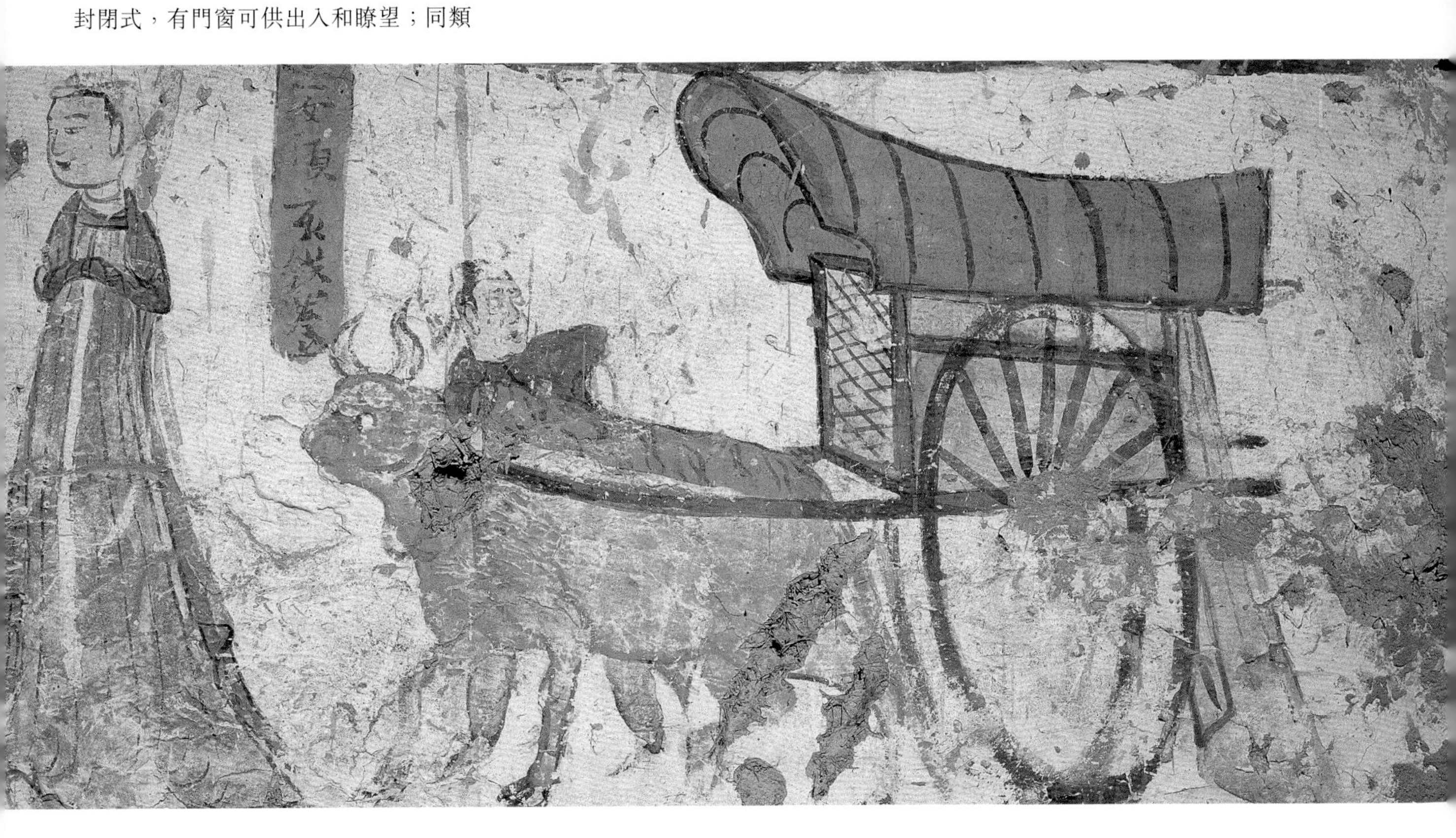

110 仕女牛車

隋 莫62 東壁

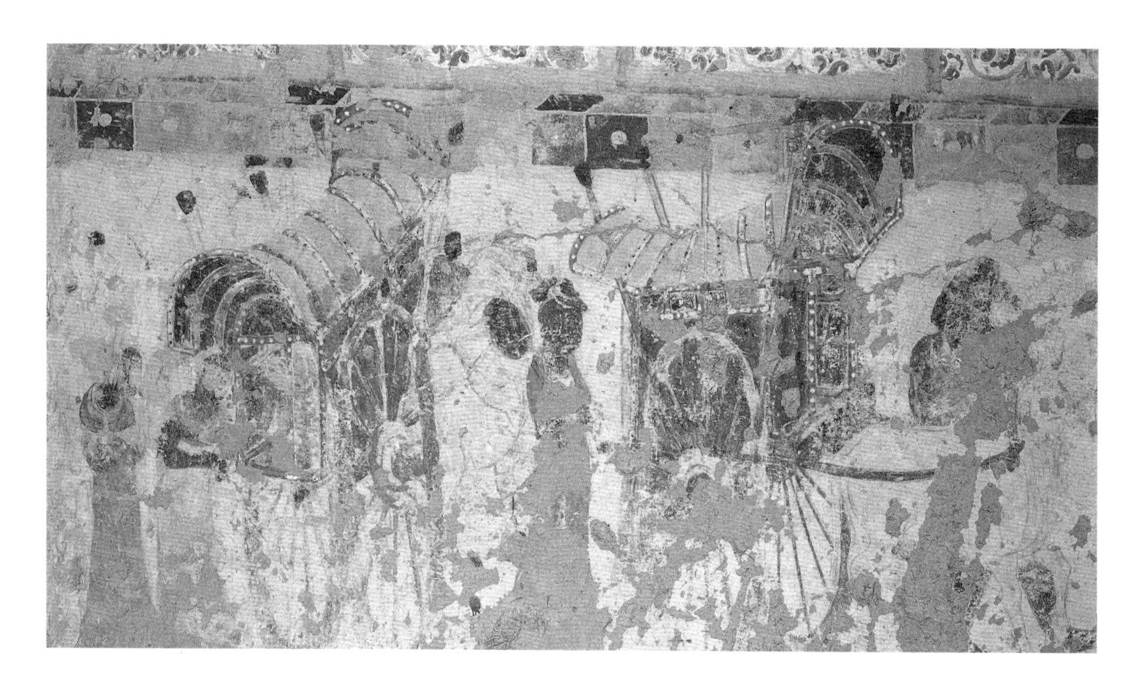

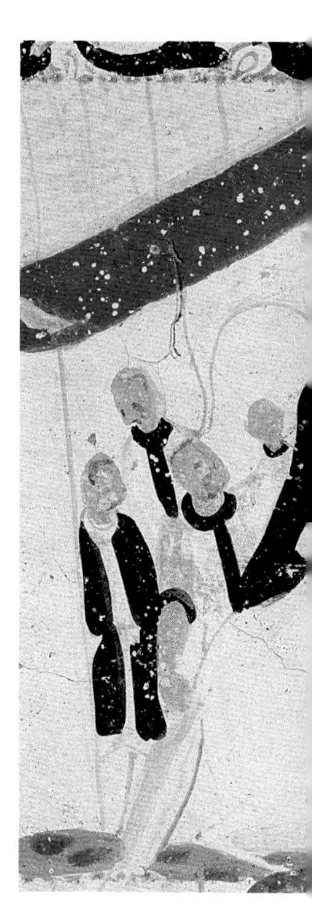

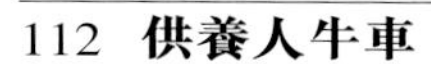

111 供養人牛車二乘

公元8世紀前期的供養人牛車圖象，車輿前後長，圓券形大篷頂蓋，四周為全封閉式，設門窗，如莫高窟第329、431等窟所繪，陝西出土的唐三彩中有類似的作品。

初唐 莫329 東壁

112 供養人牛車

盛唐 莫431 西壁

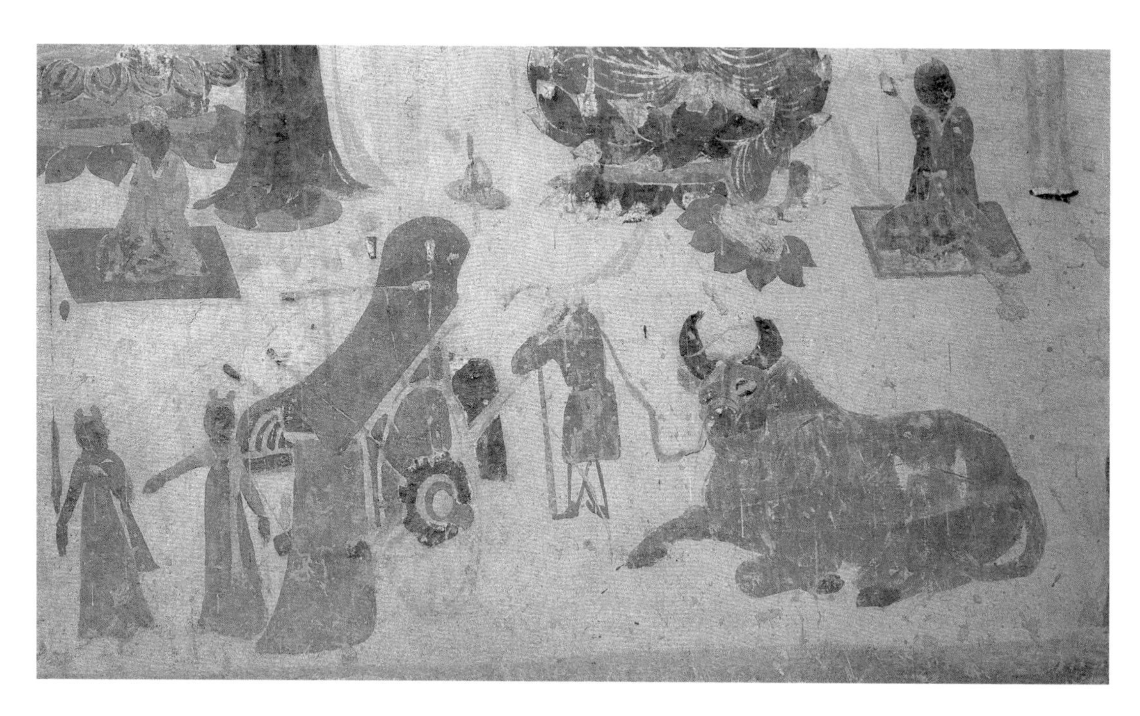

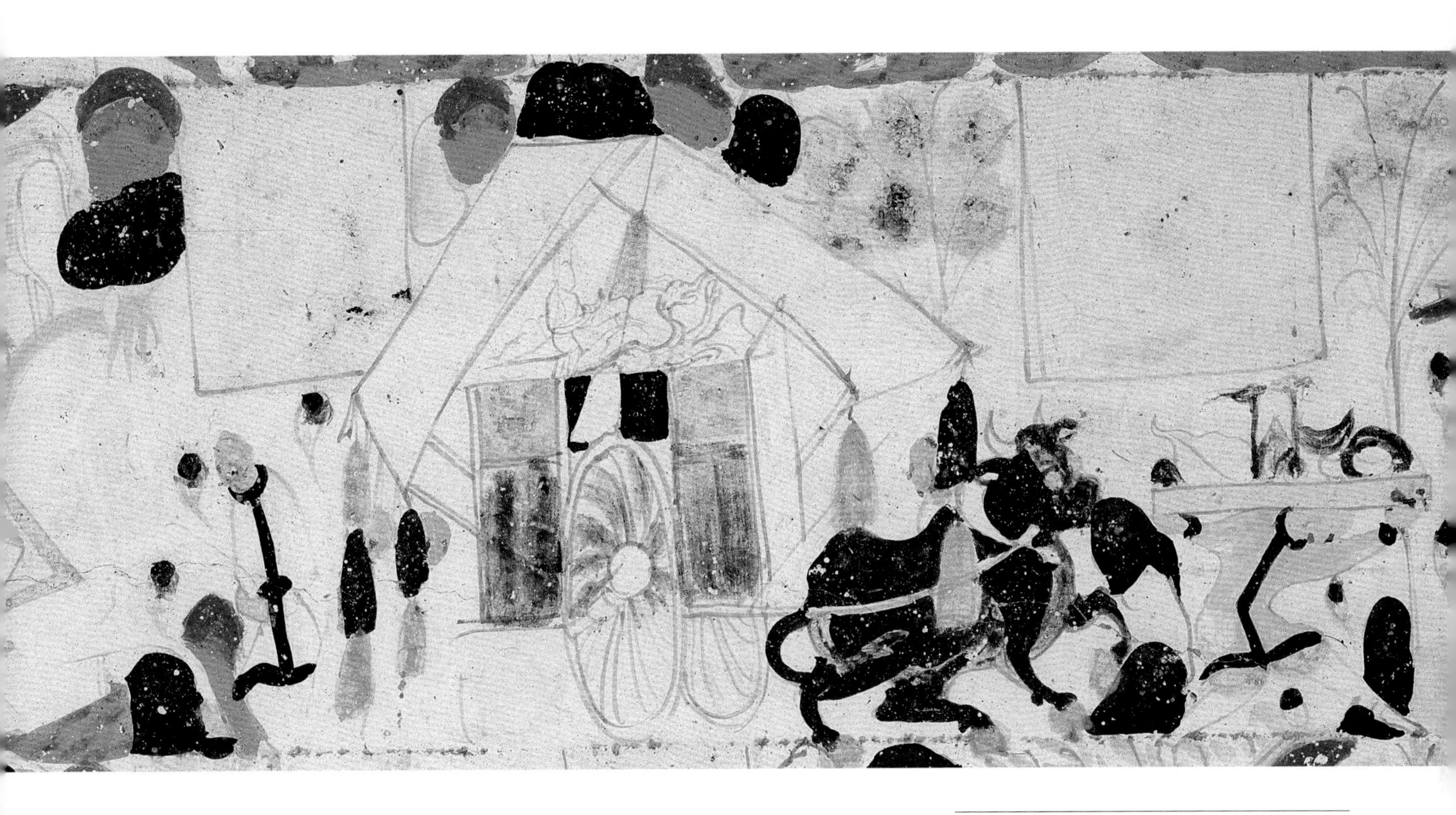

113 傘蓋喪車

這輛由牛牽拉的喪車，是莫高窟壁畫中最早出現的牛車，繪畫在“佛傳”故事畫中，表現佛陀釋迦牟尼涅槃後的送葬出殯情節。車輿為輦車型，頂豎前後人字形傘蓋，佛靈柩置於輦上。牛喪車在中國南北朝時代比較普遍，敦煌壁畫中的相同畫面還有北周294窟及隋代419窟等。

北周 莫290 窟頂西坡

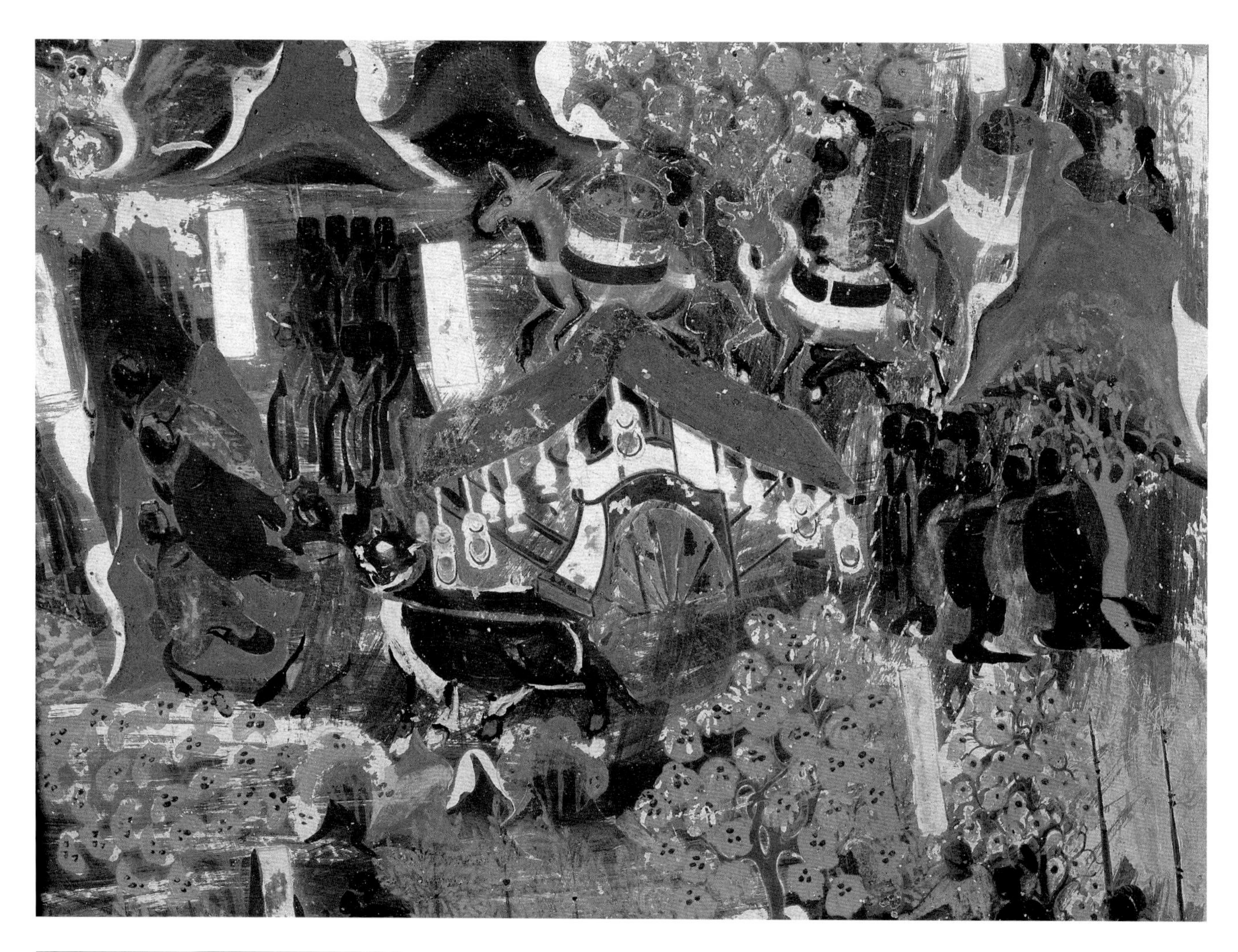

114 施幰喪車

此車見於佛傳畫。放置靈柩的車輿又高又大，頂蓋為人字坡型，四周掛滿幡條及垂幔。這輛牛喪車的形制、構造不僅與前代大同小異，而且在同類畫面中也有代表性。

隋 莫419 窟頂人字坡西坡

115 運糧柴車

牛駕柴車是古代一般農家普遍使用的運載工具，在敦煌壁畫共出現6乘，都在唐代中晚期，表現“彌勒經變”所描述的未來彌勒世界中“一種七收”情景。這種車的構造較簡單，雙輪雙轅，車輿由底板和低車欄構成。同類牛車在唐代墓葬壁畫中也出現過，唐代敦煌壁畫中的形象與其相比似乎並無多大變化。

盛唐 莫148 南壁

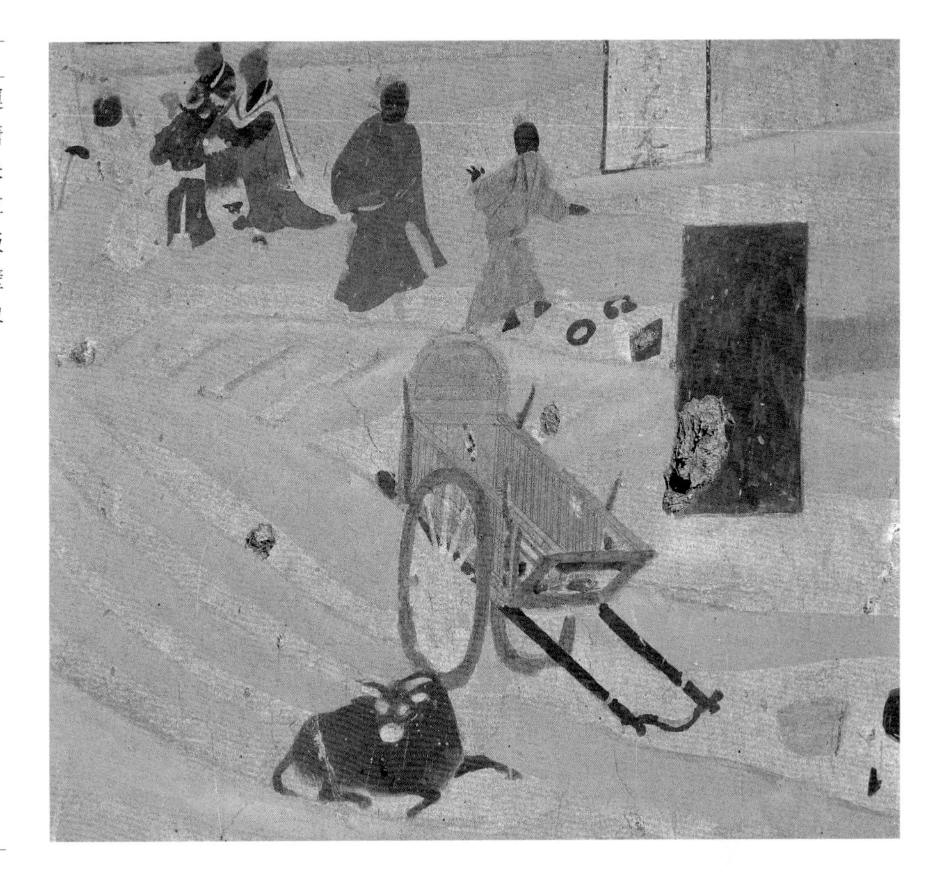

116 牛駕的柴車

晚唐 莫196 北壁

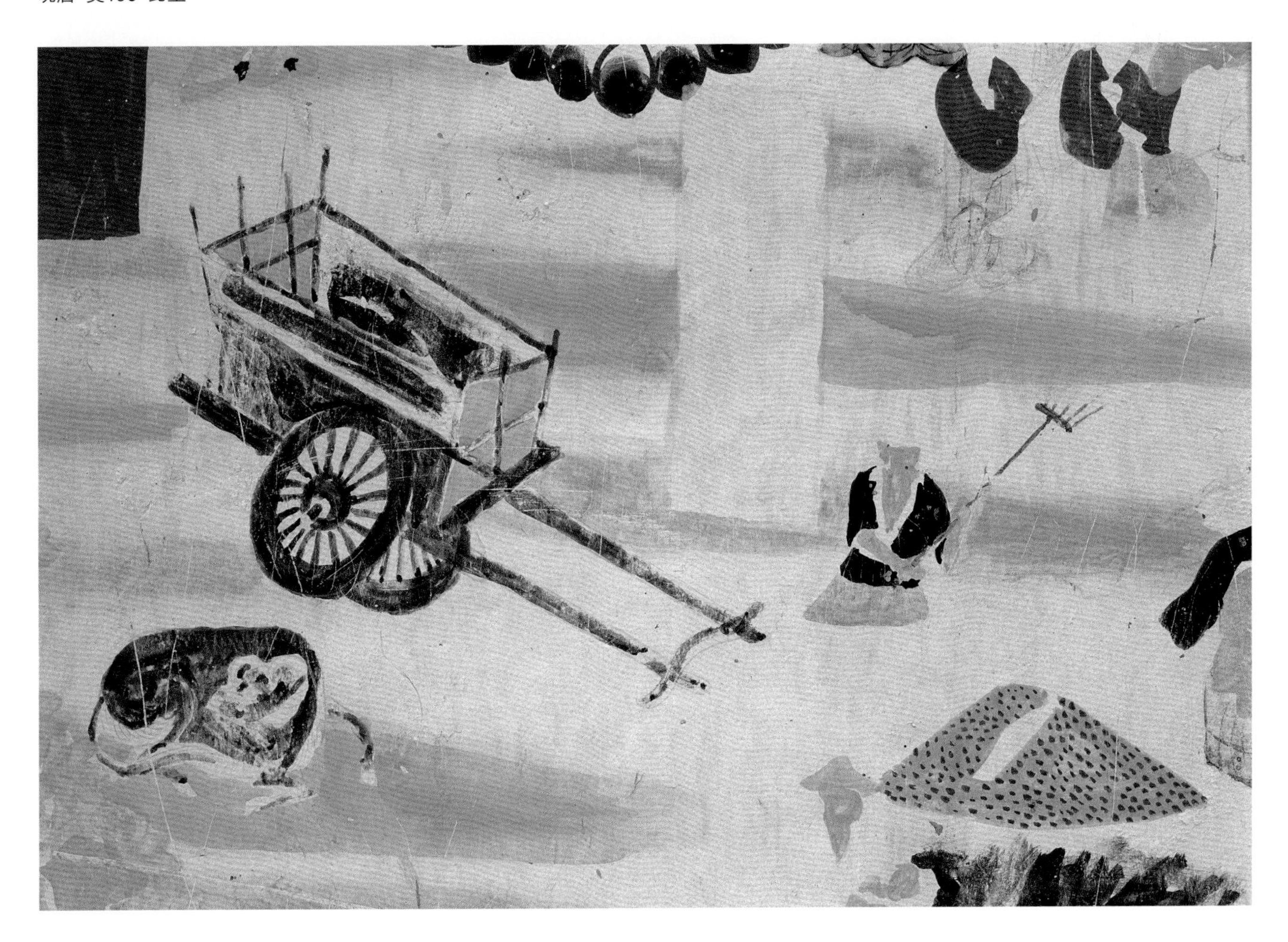

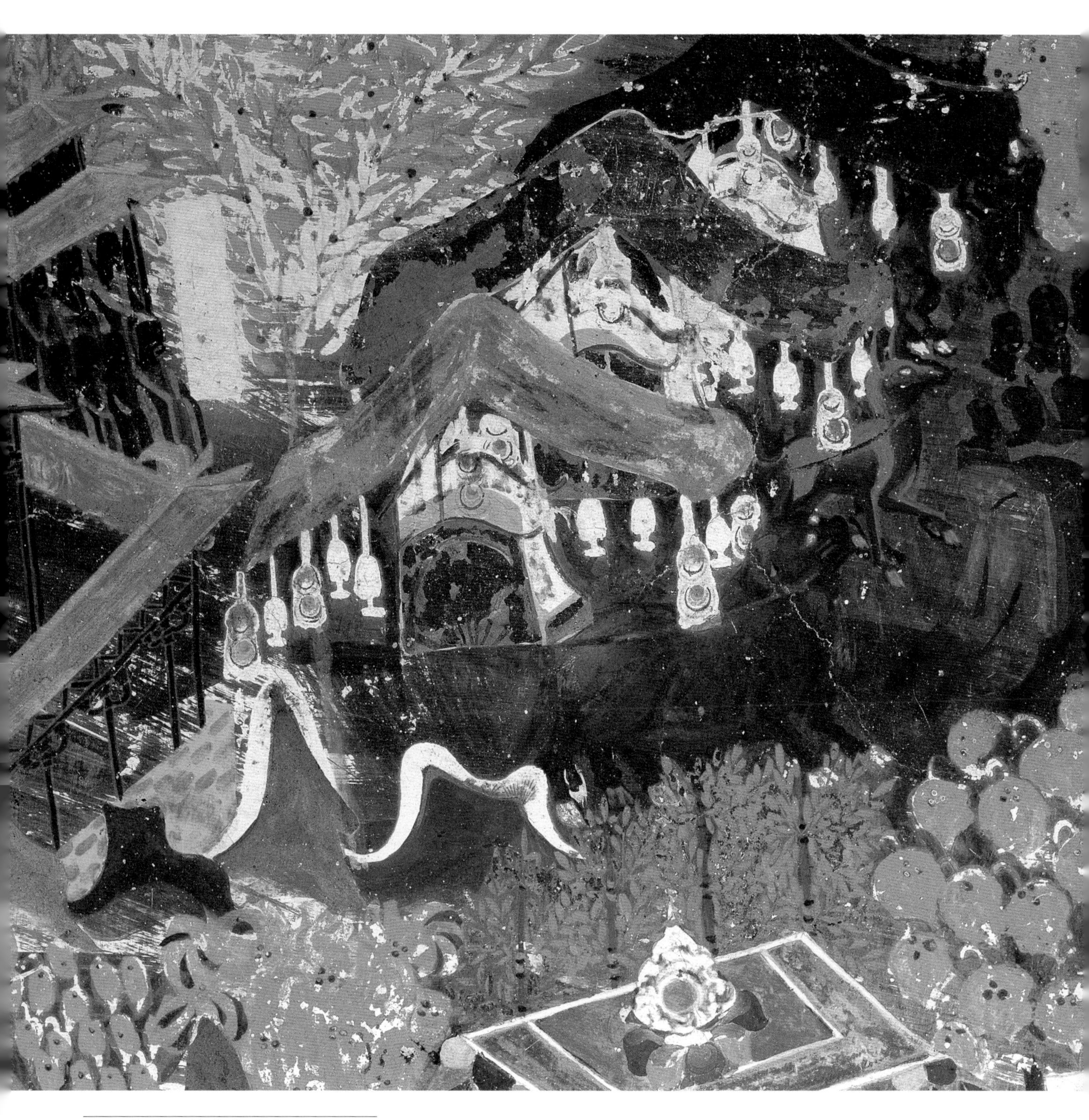

117 牛車、羊車與鹿車

牛車、羊車與鹿車並列為"法華三乘"。三車之車輿均為箱包形，上面豎人字形傘蓋並施垂幔。由此可見，北朝至隋代牛車上的人字形傘幢，不僅顯示豪華和氣派，也是一種尊貴的標誌。

隋 莫419 窟頂西坡

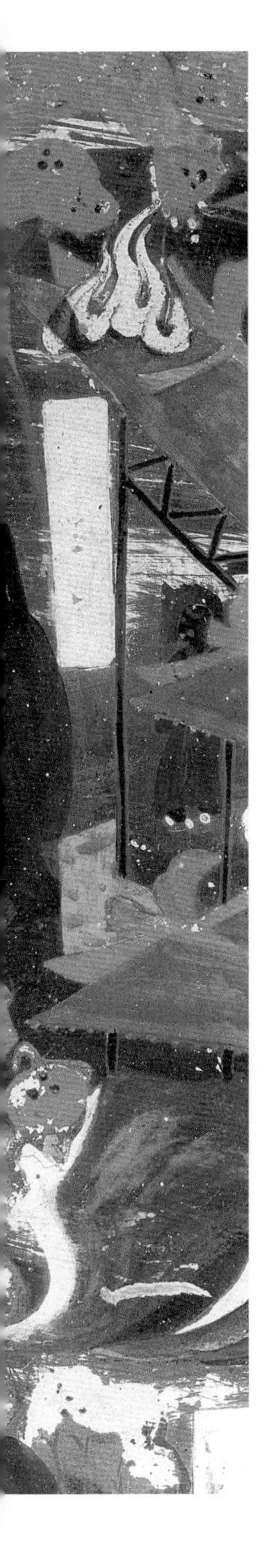

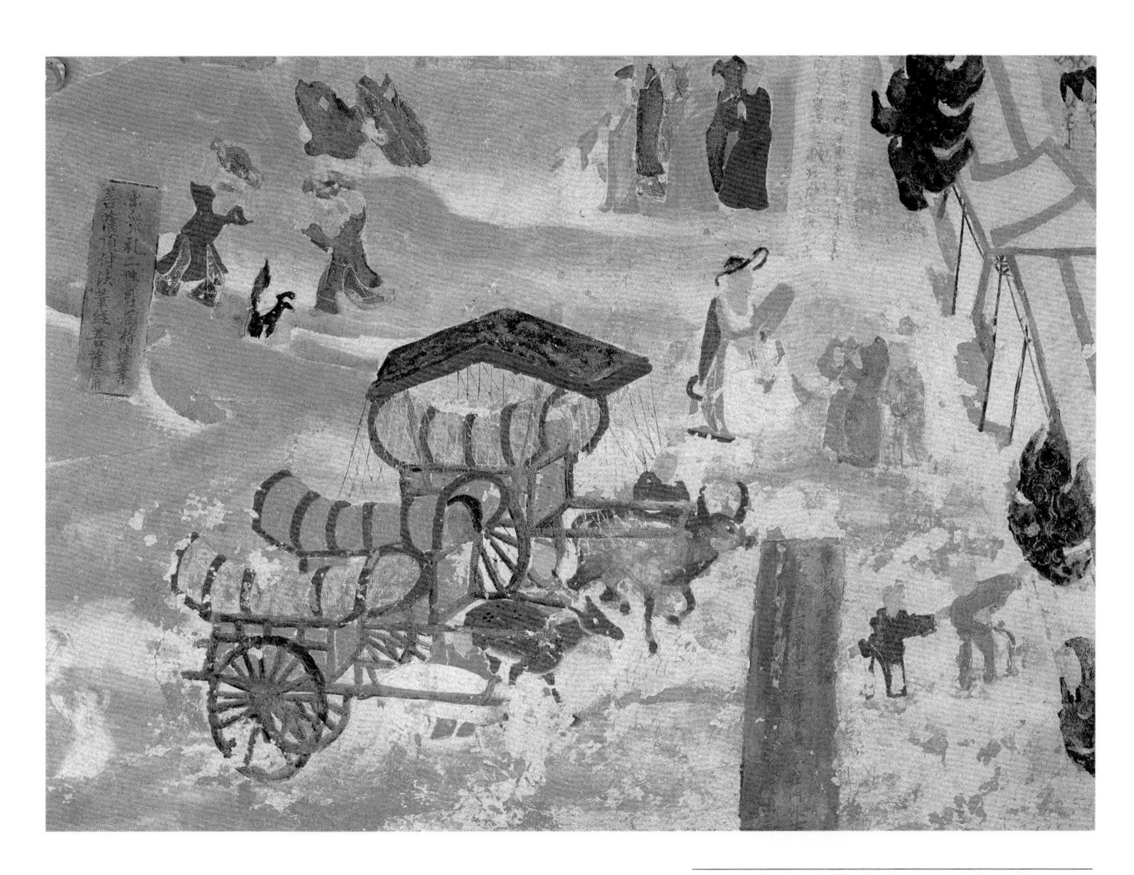

118 **火宅門前的牛車、羊車與鹿車**

“法華三乘”在敦煌壁畫中大量出現，是唐代中期以後的事。但中唐時期的三乘壁畫保存情況不是很好。第85窟的“法華經變”中繪製了左右兩組各三乘（分別是本圖及下圖），雖然兩組車的排列有所不同，但車型基本一致：圓頂箱式車輿的安車型牛車上設人字坡頂蓋，周圍掛帷幔，可視作通幰牛車之一種；羊車和鹿車則均為圓頂箱式車輿的安車。敦煌石窟“法華經變”壁畫中繪兩組三乘者極少，這是描繪“火宅喻品”的內容。

晚唐 莫85 窟頂南坡

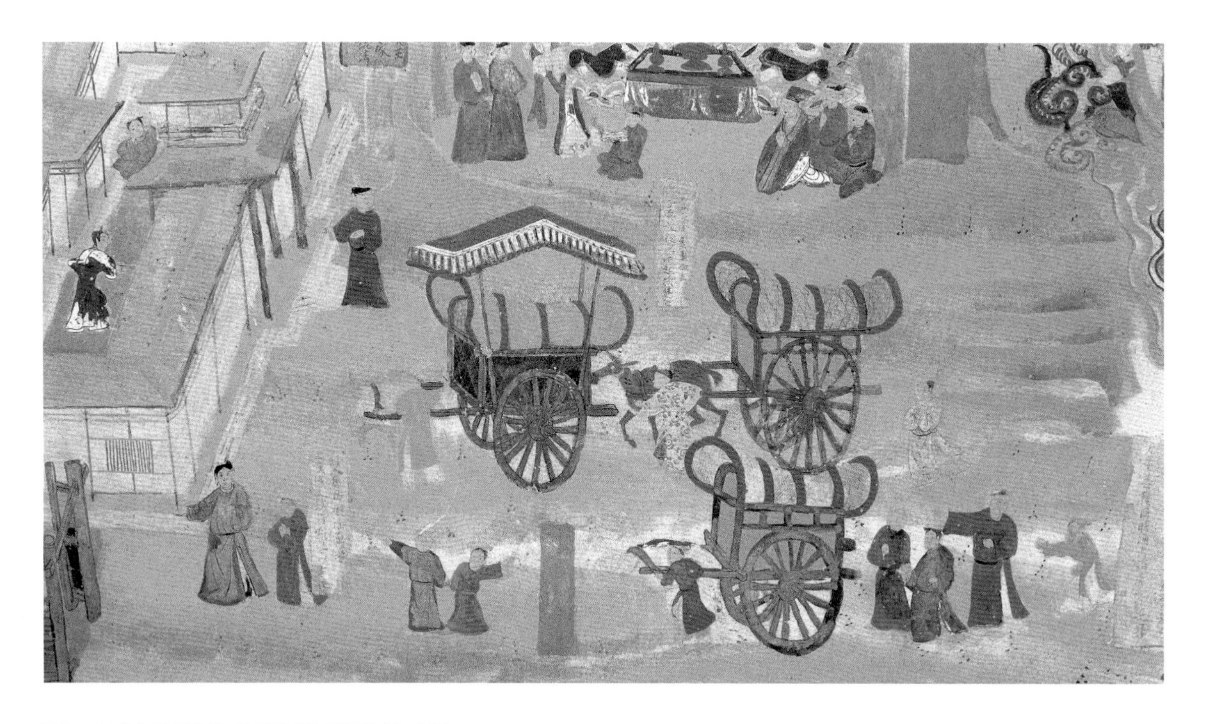

119 **通幰牛車、圓頂鹿車與羊車**
晚唐 莫85 窟頂南坡

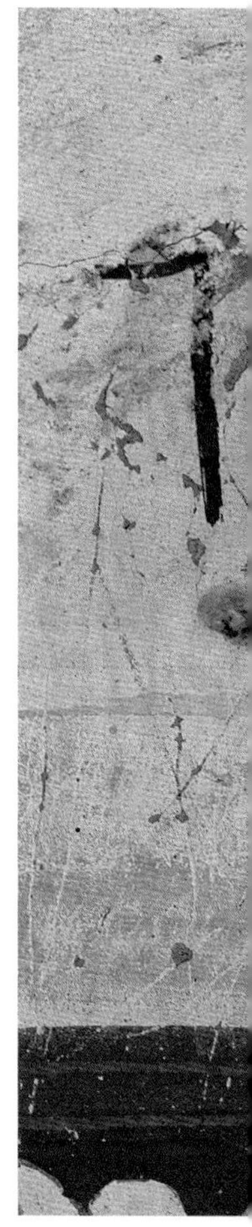

120 **施幰三乘**
晚唐 莫156 窟頂南坡

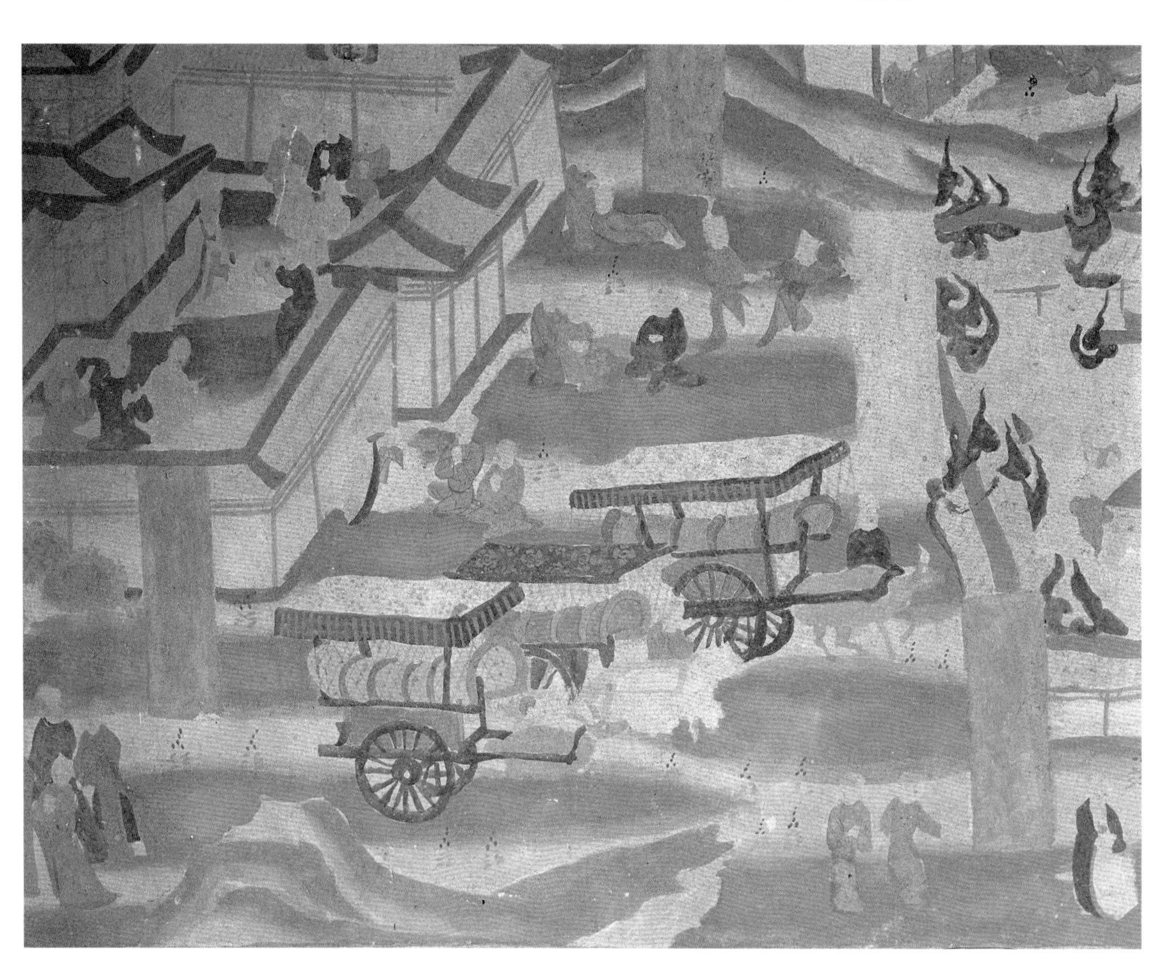

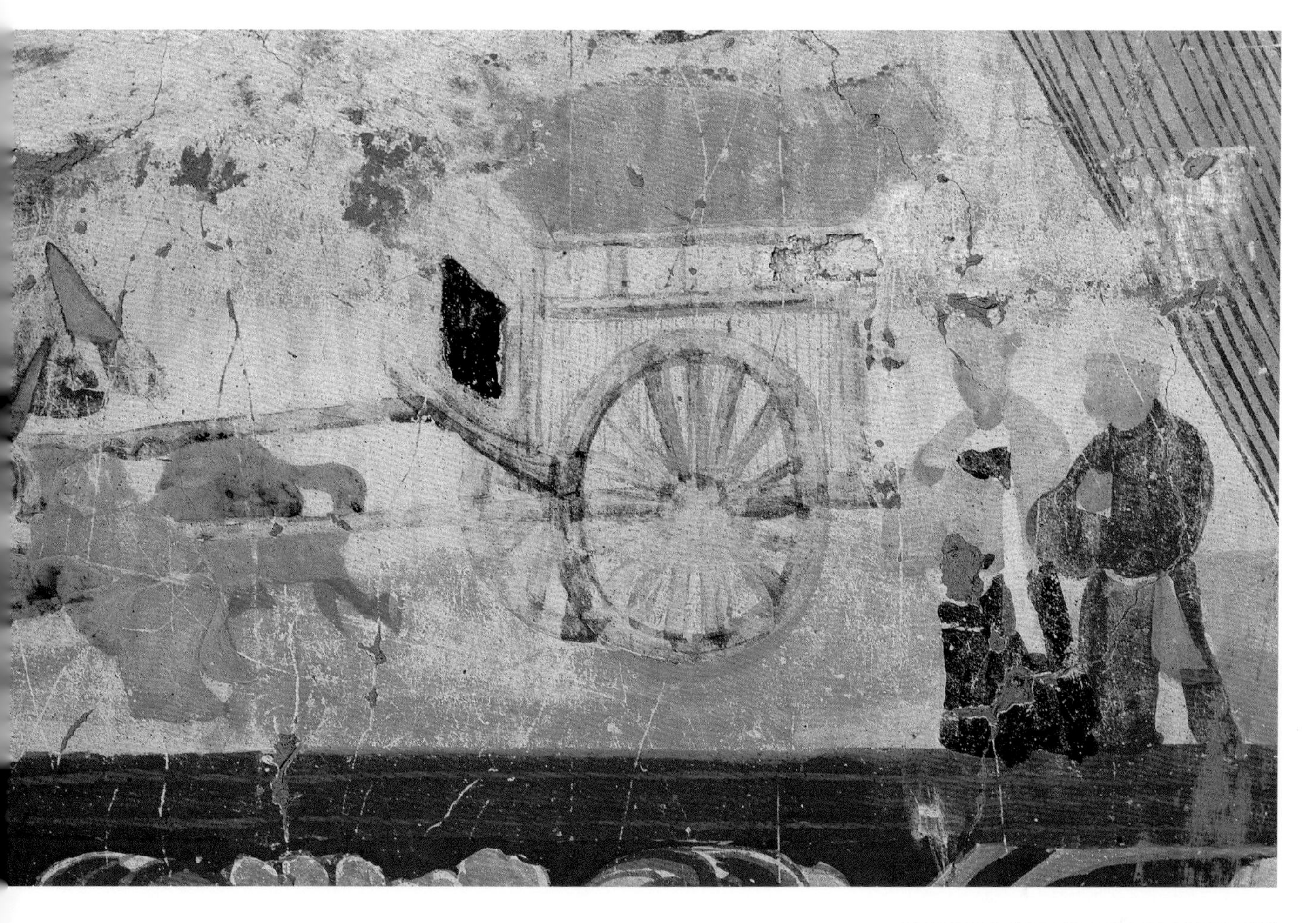

121 鹿車

此窟建成於9世紀末，窟頂殘存“法華經變”中的鹿車一幅：這輛鹿車為方形箱式車輿，前部有黑色遮布，車頂放置一物（看不清是何物），小鹿在車夫的驅趕下駕車奔跑。這種形式的車輿在敦煌壁畫中僅此一見。

晚唐 莫196 南壁

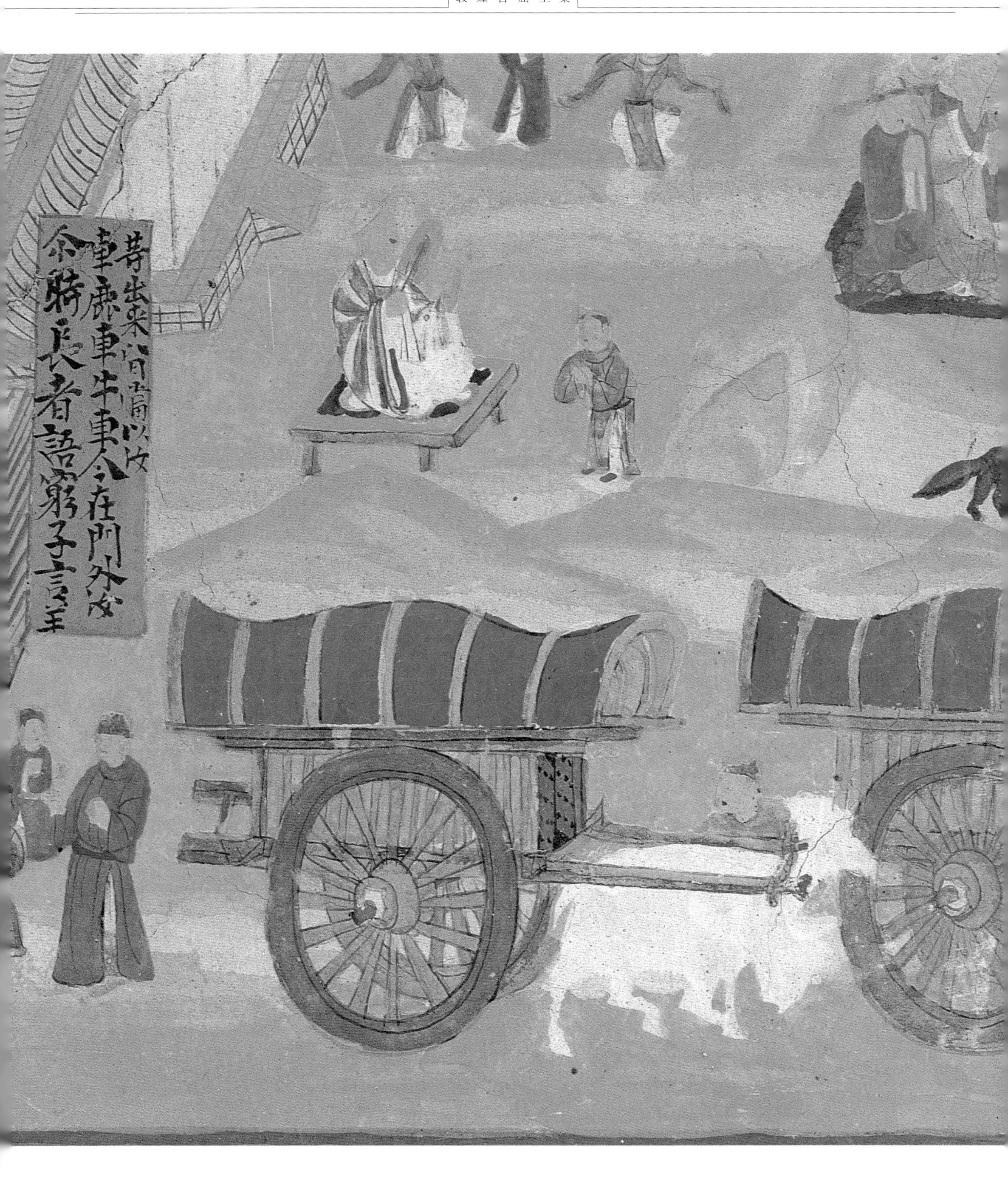
菩出來皆當以汝
羊鹿車牛車今在門外汝
尒時長者語諸子言羊

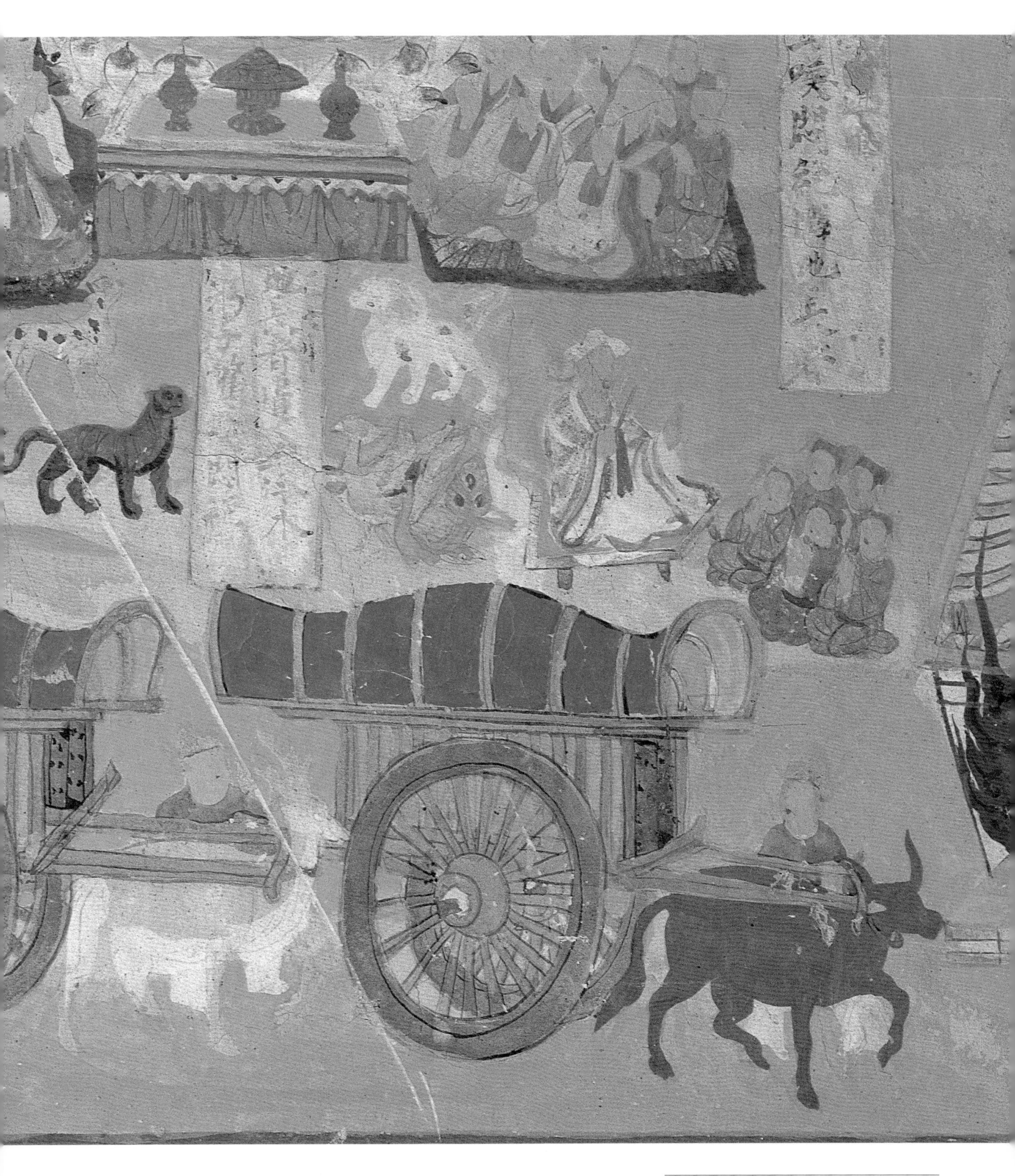

122 寶藍圓頂的三乘

三乘均為圓頂安車，前後一排，次序為牛、鹿、羊車，鹿和羊都繪成白色，三車的外部藍色裝飾富有特色。

五代 莫98 南壁

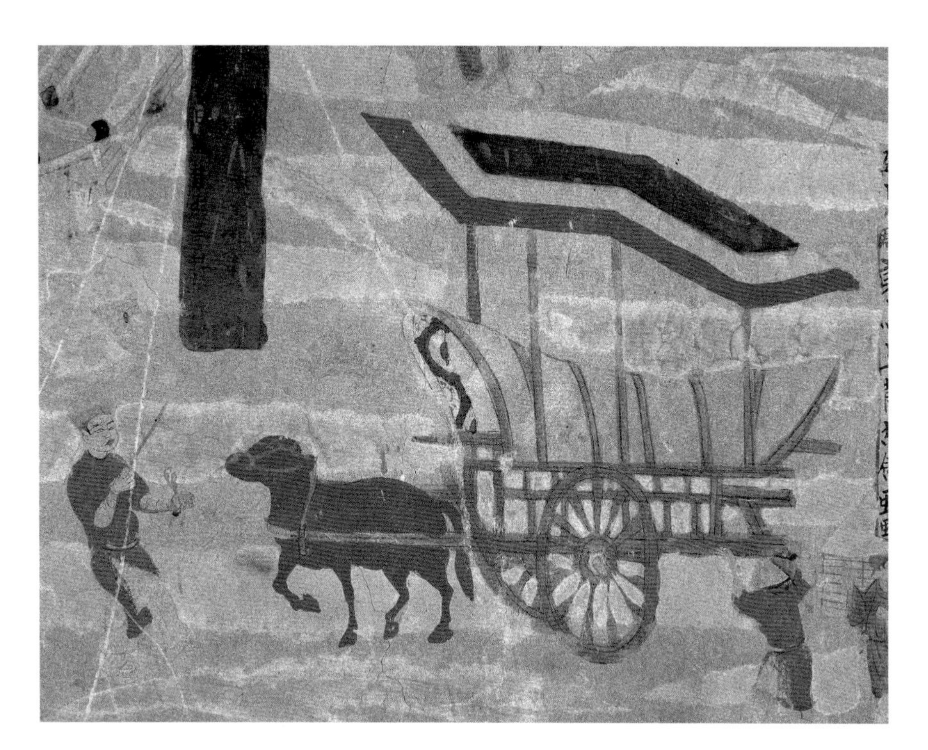

123 **牛車**

此窟建成於公元939年，三乘中繪兩輛不同的牛車，這裏選介的通幰安車，具有濃厚的生活氣息。一車夫執鞭牽牛，但車輪的位置太靠前，使車輿失去平衡，故又繪一車夫扛抬下沉的車輿後部。

五代 莫108 南壁

124 **柴車類型的羊車與鹿車**

“三乘”中的羊車與鹿車，均為構造簡單的低欄柴車。

五代 莫108 南壁

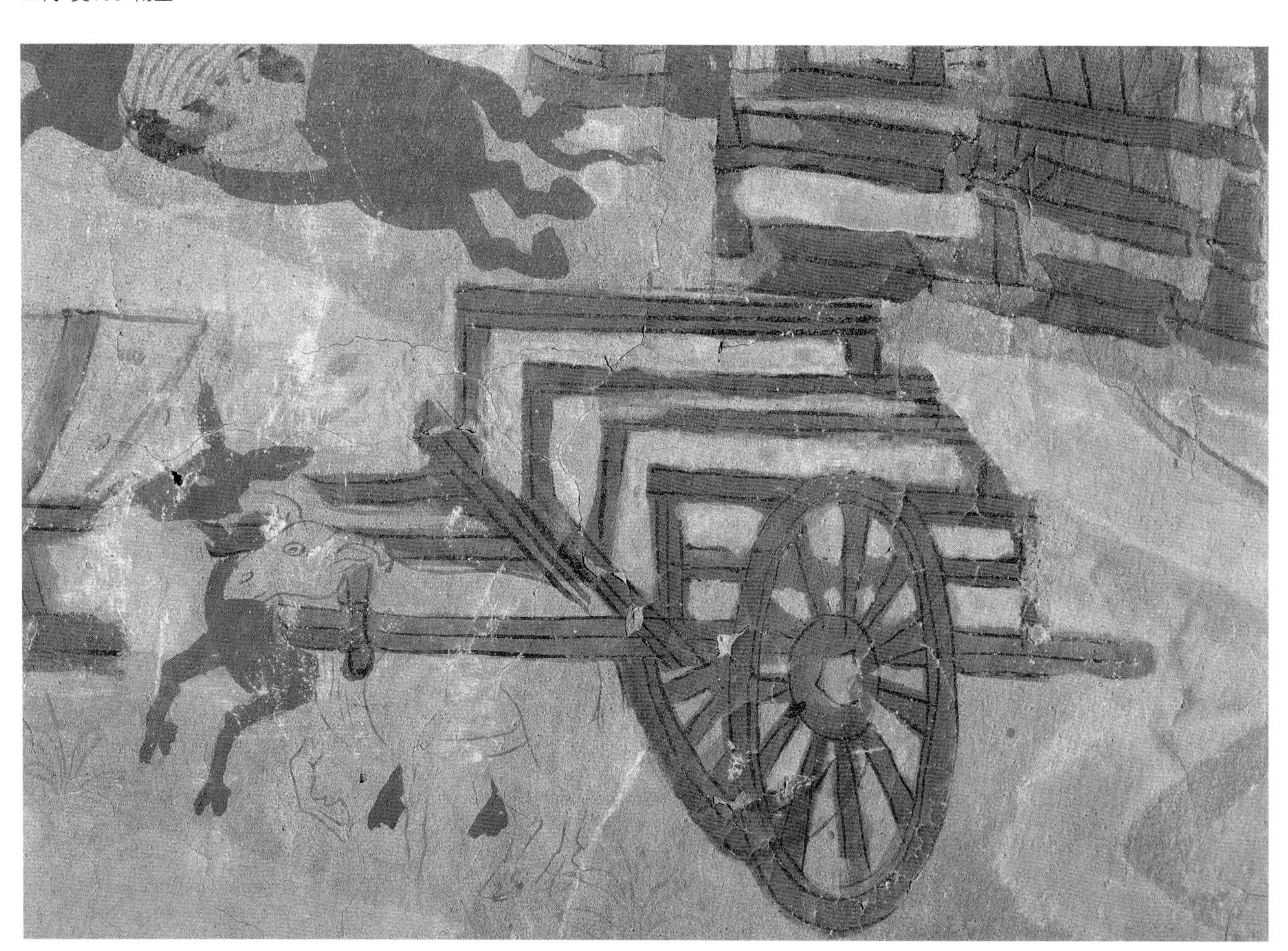

125 牛車、羊車與鹿車

這洞窟建於公元941年。在法華經變中的三乘，均為通幰車，三車的車輿均為低欄柴車型，其中牛車中乘坐一人，而羊車鹿車則無人乘坐。當然，這種柴車可視為古代的輜車，施以帷幔，不失華貴及富麗，可見畫家的巧妙構思。

五代 莫454 窟頂南坡

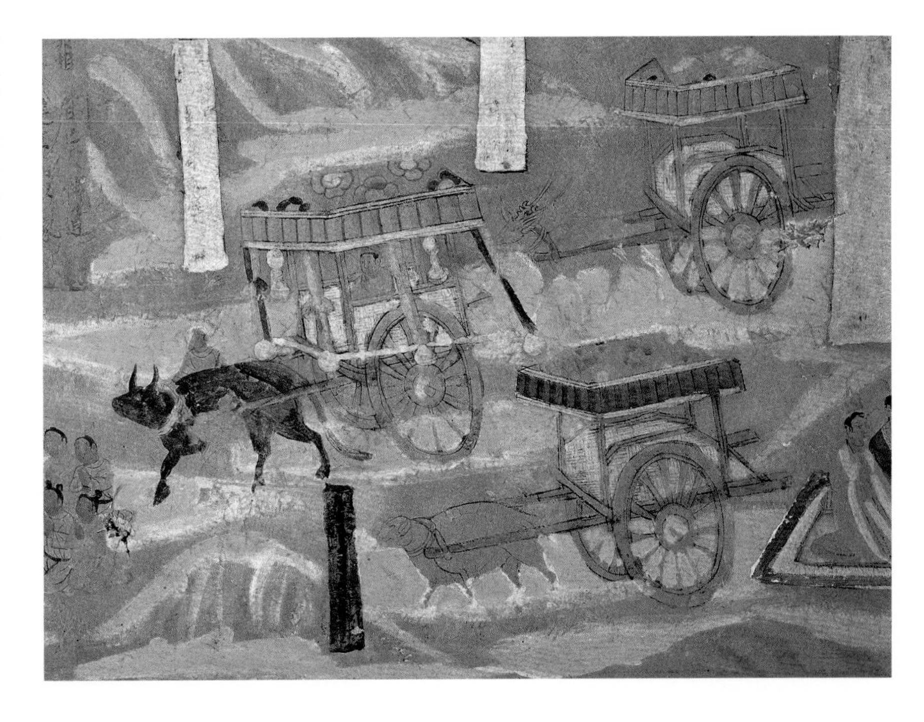

126 豪華通幰牛車

第61窟的這乘通幰牛車，是這類車中的代表作品。這是一輛安車型通幰車，車輿結構造形的準確、合理和裝飾的富麗堂皇，更表明畫家對它是如何的熟知。

五代 莫61 南壁

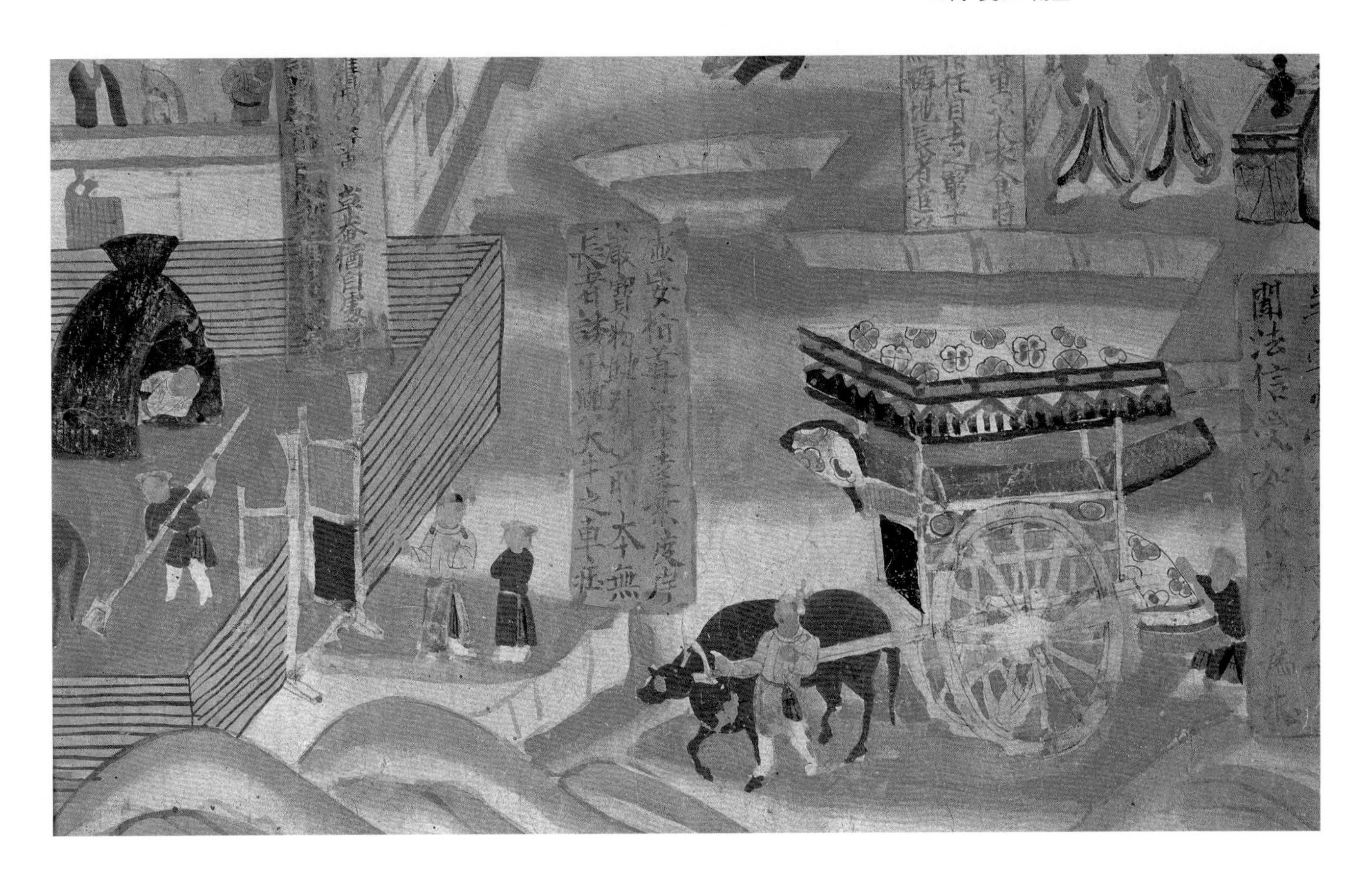

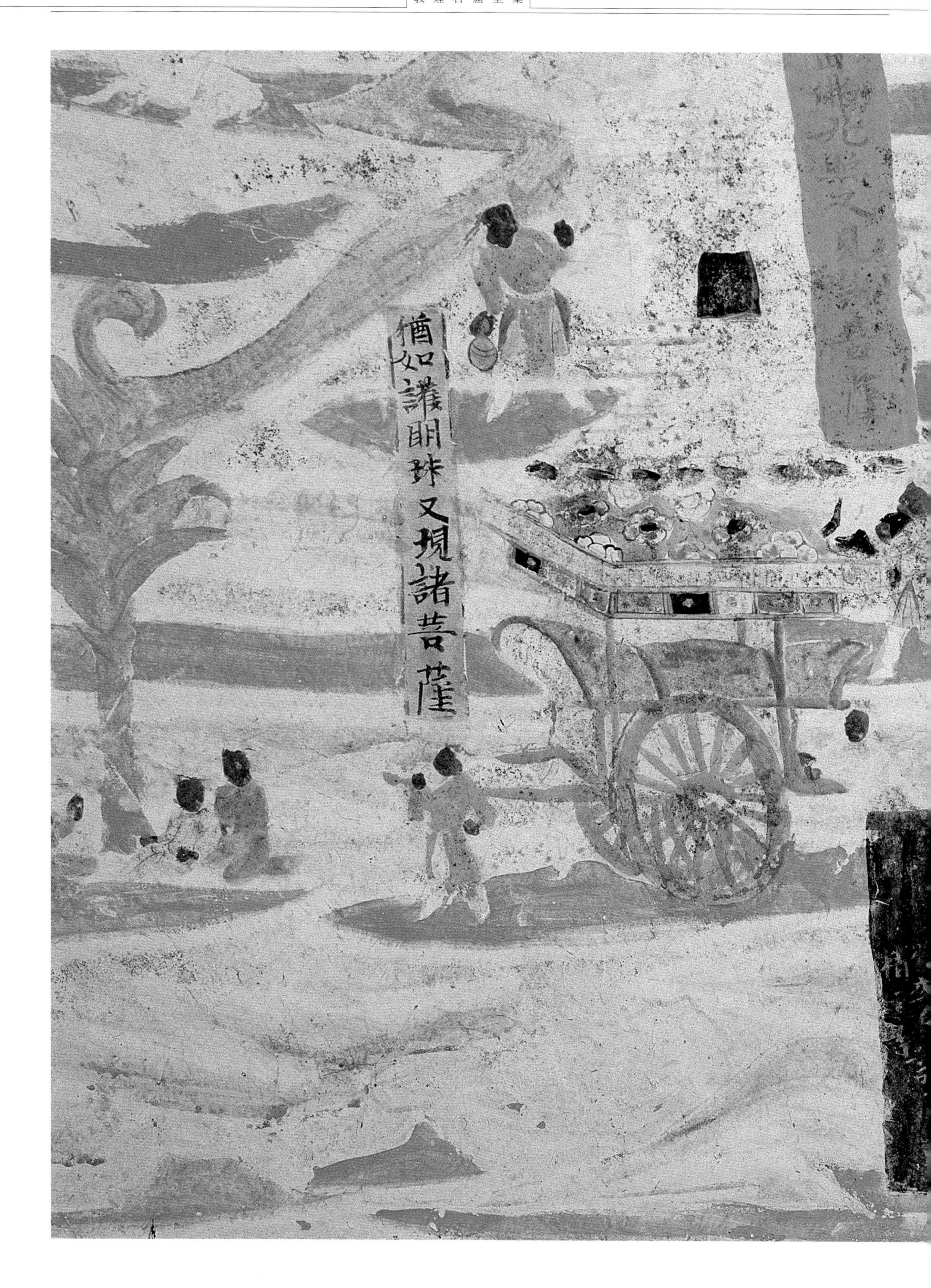
猶如議明珠又現諸菩薩

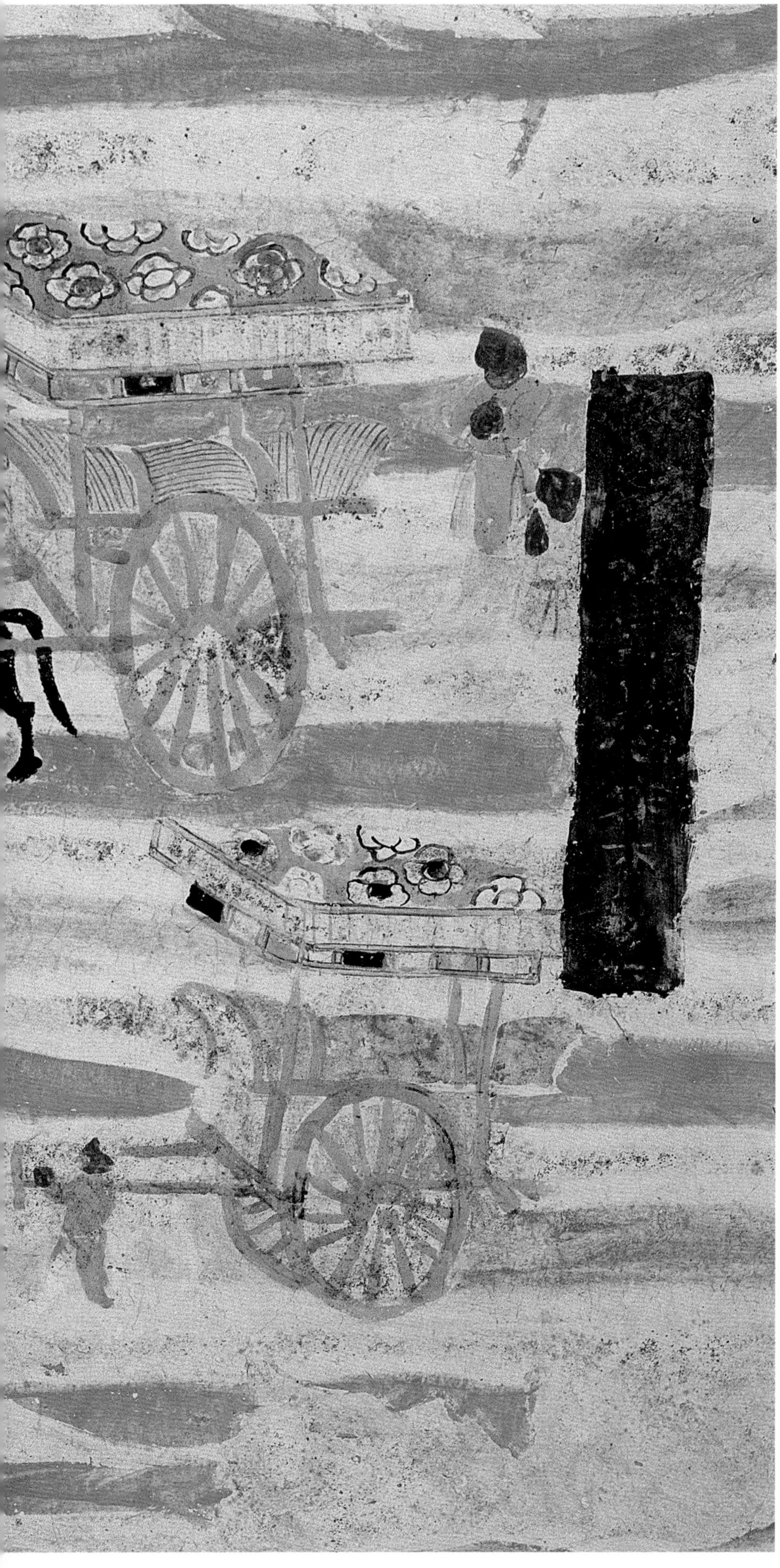

127 通幰安車三乘

此窟建於公元962年，在"法華經變"中繪出了三乘通幰車，而且三車均為安車型，任何一乘車輿的造型和裝飾絲毫不比第61窟的通幰牛車遜色，其中牛車的車篷還是用竹蓖編織而成的。本圖三乘與第61、454窟的三乘及通幰牛車一道，較全面地反映了中國古代通幰車的面貌。

宋 莫55 窟頂南坡

第三節 多輪的寶幢車與小兒車

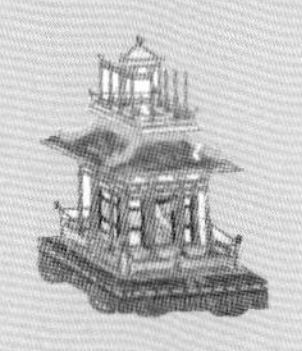

大約在周代，中國出現了人力多輪車，最初稱為“輦車”，有四輪或多輪，無牛馬駕繫，由多人推拉而行，因之又稱“挽車”；但這種車一般車輪較小，甚至有一些車輪形同軲轆，故又有“轆車”之名。

中國最早的多輪車實物是陝西省隴縣出土的木製輦車，即是上述的“挽車”或“轆車”。秦漢時代，輦車逐漸成為帝王將相及達官顯貴參加祭祀或盛典時的代步工具。此外，歷代還使用一種專門用於儀仗陳設的“輅車”。後來的史籍中曾有過“王莽造四輪車”的記載。三國時諸葛亮所造“流馬”都是小四輪車。從實物和記載看，多輪輦車的規模可小可大，小到一人推拉，大到數十人手拉肩挽；它可以載人運物，亦可作為儀仗陳設。南北朝以後，多輪車的製造和使用不見於史載，但作為農業生產工具或簡單的運輸工具，在中國長江南北的廣大平原上一直都在使用。四輪車在中國普遍出現，則是近代西方科學技術傳入以後的事。

在敦煌石窟壁畫中，公元6世紀前期出現兩乘四輪神車圖像，即建成於公元539年的第285窟壁畫中的四輪獅車與四輪鳳車，都是由神獸駕繫的無轅車，這是敦煌石窟最早出現的神車，屬於祭祀或盛典用車。公元8～10世紀，大量四輪車和六輪車圖像以“彌勒經變”中的寶幢車的形式出現，表現國王向彌勒佛供奉“寶臺”，或婆羅門拆毀“寶臺”的內容。據佛經云：此“七寶臺，舉高千丈，千頭、千輪，廣六十丈”。壁畫中的寶臺有正在拆毀中的，也有尚未拆毀的，但基本上都繪成樓閣或塔樓形，在塔樓上一般繪有傘幢，因此又稱“寶幢”，加上底部的“千輪”，故稱為“寶幢車”。這些“寶幢車”的底部並不是“千輪”，而是四輪（單排前後兩輪）和六輪（單排前後三輪），車輪較其他車輛為小。塔、樓等置於低圍欄榻輦式車輿上；很明顯，畫家們把握“寶幢”下的車的形狀是很準確的。有塔樓者可視為儀仗車。如果除去上部的塔樓，僅下部就是四輪或六輪輦車，也是古代平原地區用於民間的簡便柴車。屬於平原的敦煌農業地區也可以使用這種車，這說明壁畫上的多輪車的實際用途。

小兒車又稱“籃車”，供嬰幼兒乘坐和睡眠用。在中國明清以前的文獻中，沒有發現有關小兒車的記載。此車起源於何時，尚無確鑿記載，也未見專門的研究成果。隋唐時期輯成的中國佛典《父母恩重經》在敘述父母對子女的養育之恩時，曾幾次提到育嬰用的“籃車”；但出現在“父母恩重經變”畫的籃車並不是車。如在一些絹畫中，“欄車”實際上被繪成“籃”或無蓋的箱，屬於不設車輪的籃、輿類型。敦煌石窟壁畫中唯一一輛有輪的小兒車，是可稱作“車”的“欄車”，繪製於公元865年建成的第156窟前室頂部的“父母恩重經變”中：四個小輪（軲轆）支撐着一架四面圍遮的籃輿，嬰兒熟睡其中。從壁畫上看，這輛小兒車的構造，同現代嬰兒車大同小異。在古代的記載中，這種車又稱為“轆車”。有專家認為，三國時諸葛亮所造“流馬”就是這種安裝有四個軲轆的木製車。這輛小兒車也算得上中國歷史上的四輪車的形象。

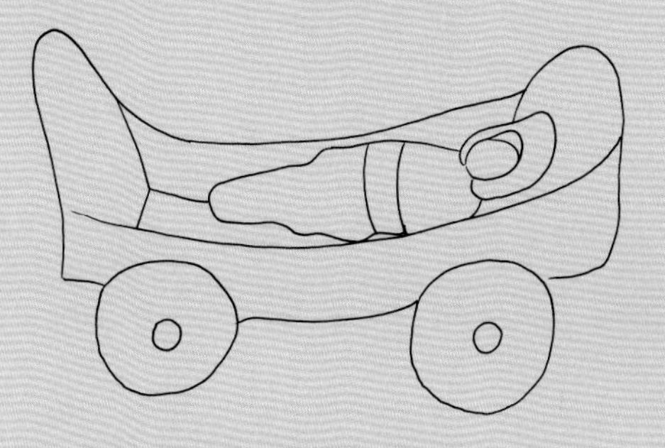

第156窟父母恩重經變中的小兒車

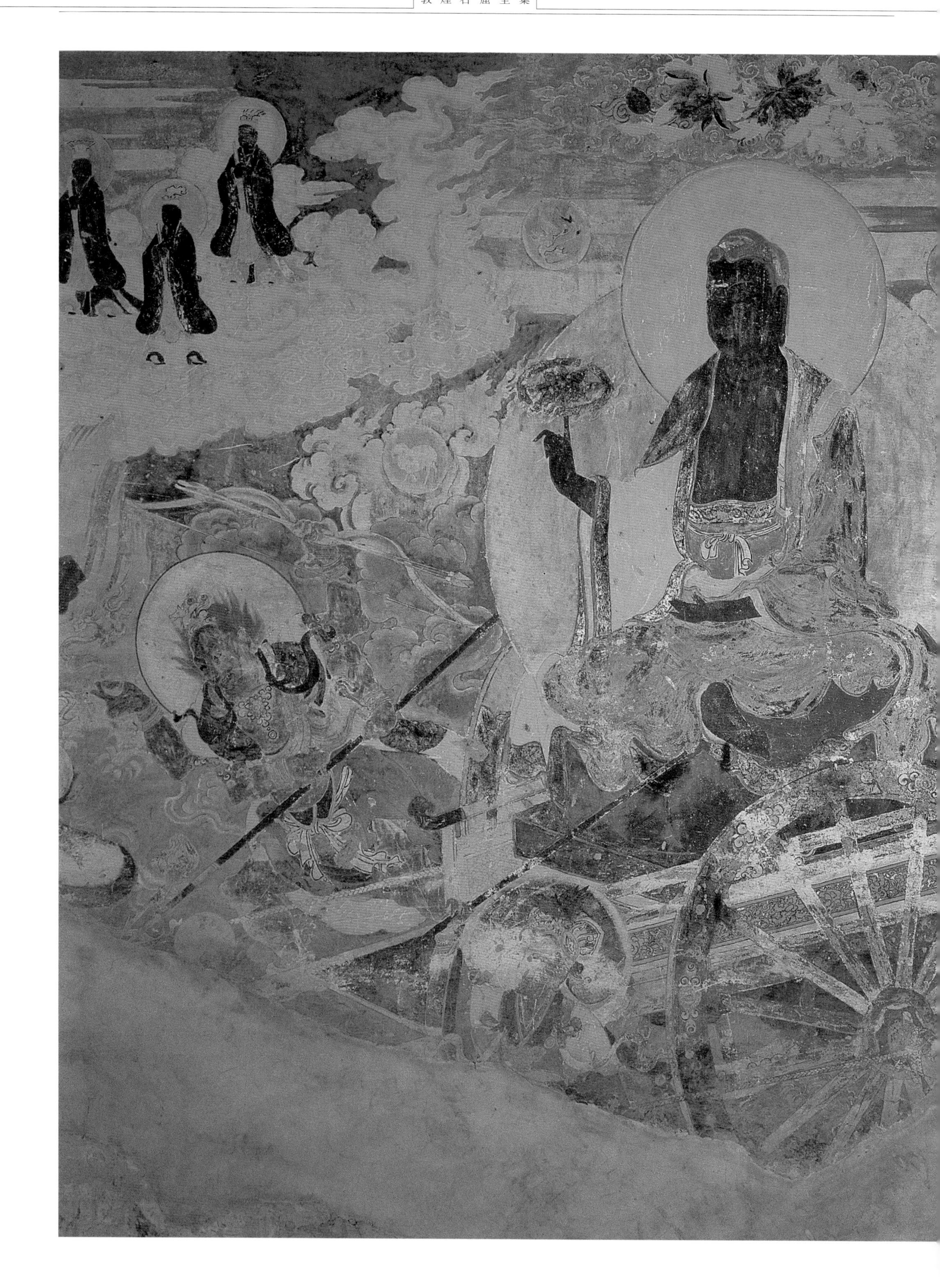

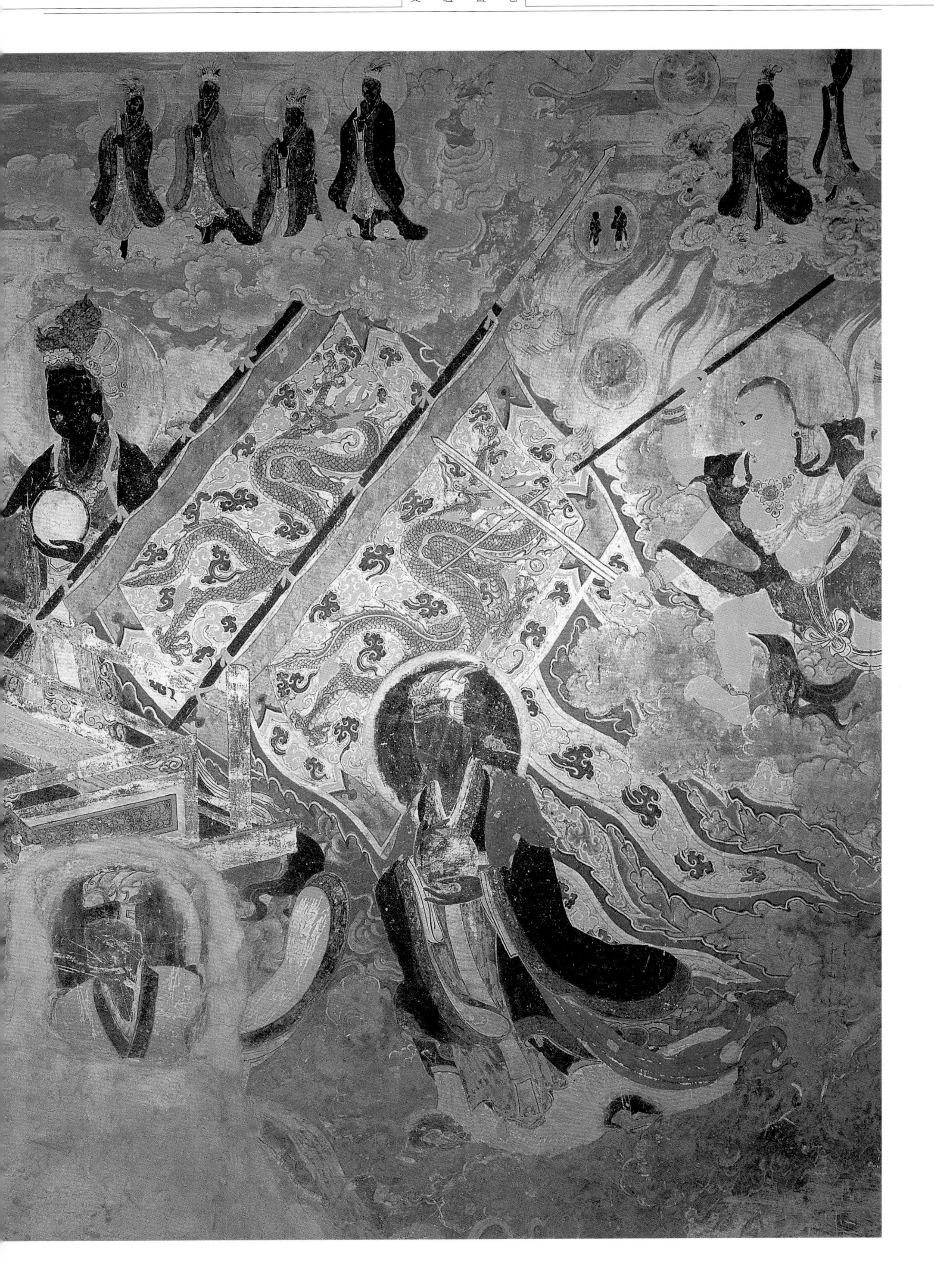

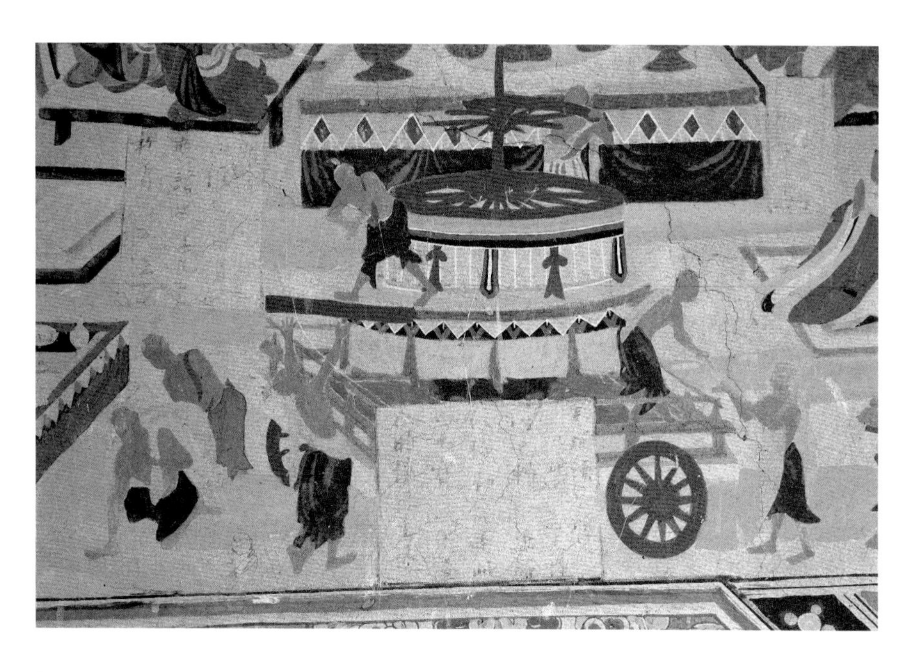

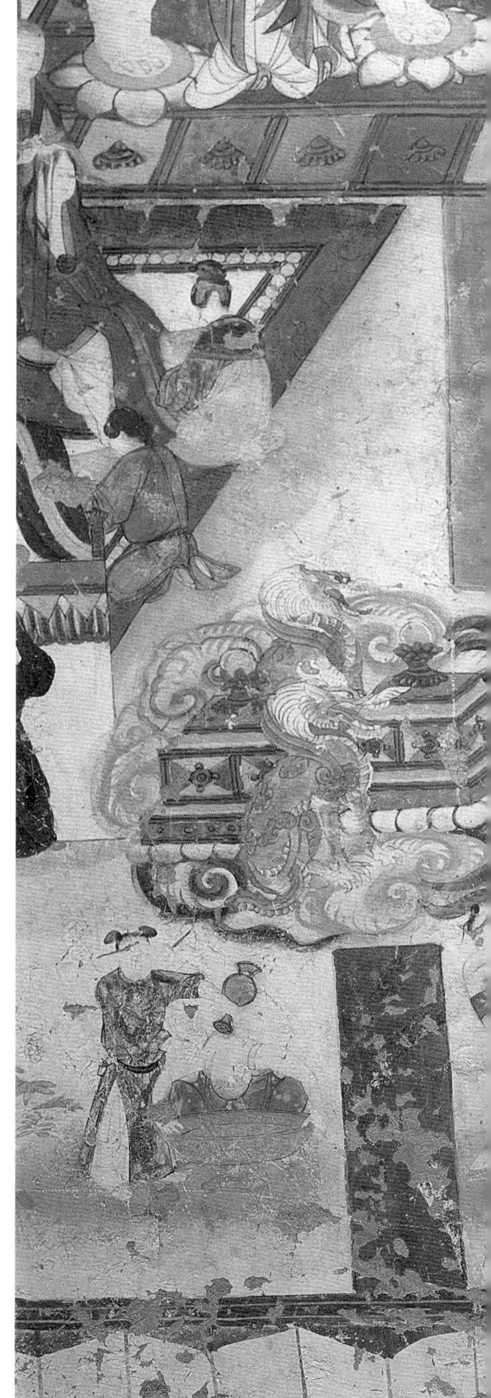

129 四輪寶幢車

此圖的寶幢車形制為輦車形，車輪較小。畫家畫出了車輪，而且明顯突出車的下方部位。

盛唐 莫148 南壁

128 熾盛光佛大輪車 ◀ 見上頁

這是第61窟角道西夏時期所繪的"熾盛光佛"所乘的大輪車。此車屬軺車形，其牙旗等裝飾極為華麗，是所有敦煌石窟車輛圖像中最具規模的大車。莫高窟藏經洞出土的唐乾寧三年(公元896年)繪"熾盛光佛並五星神"絹畫中，熾盛光佛所乘為牛車，由此可知此車原應是牛駕軺車。

五代 莫61 甬邊南壁

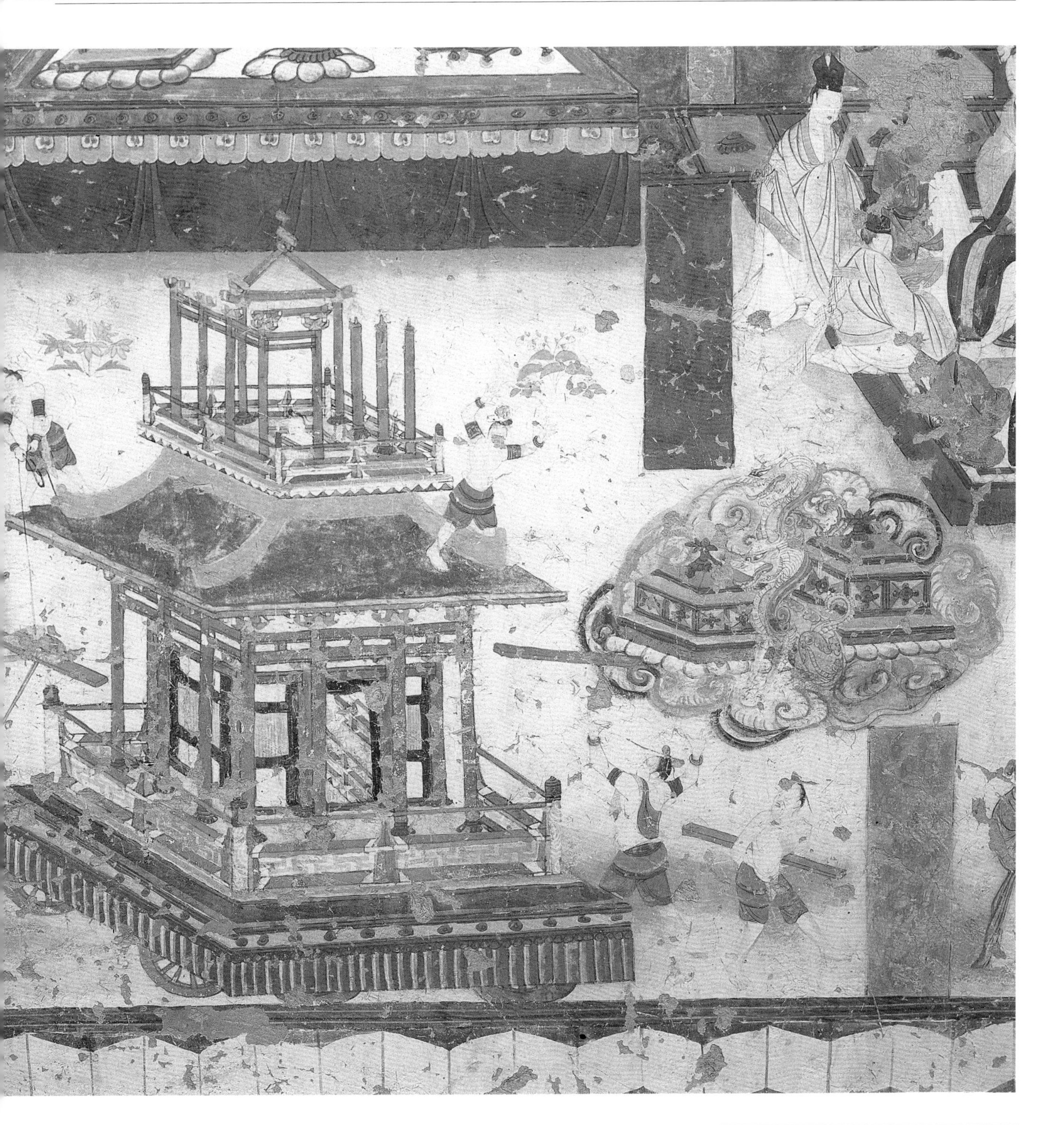

130 **四輪寶幢車**

中唐 榆25 北壁

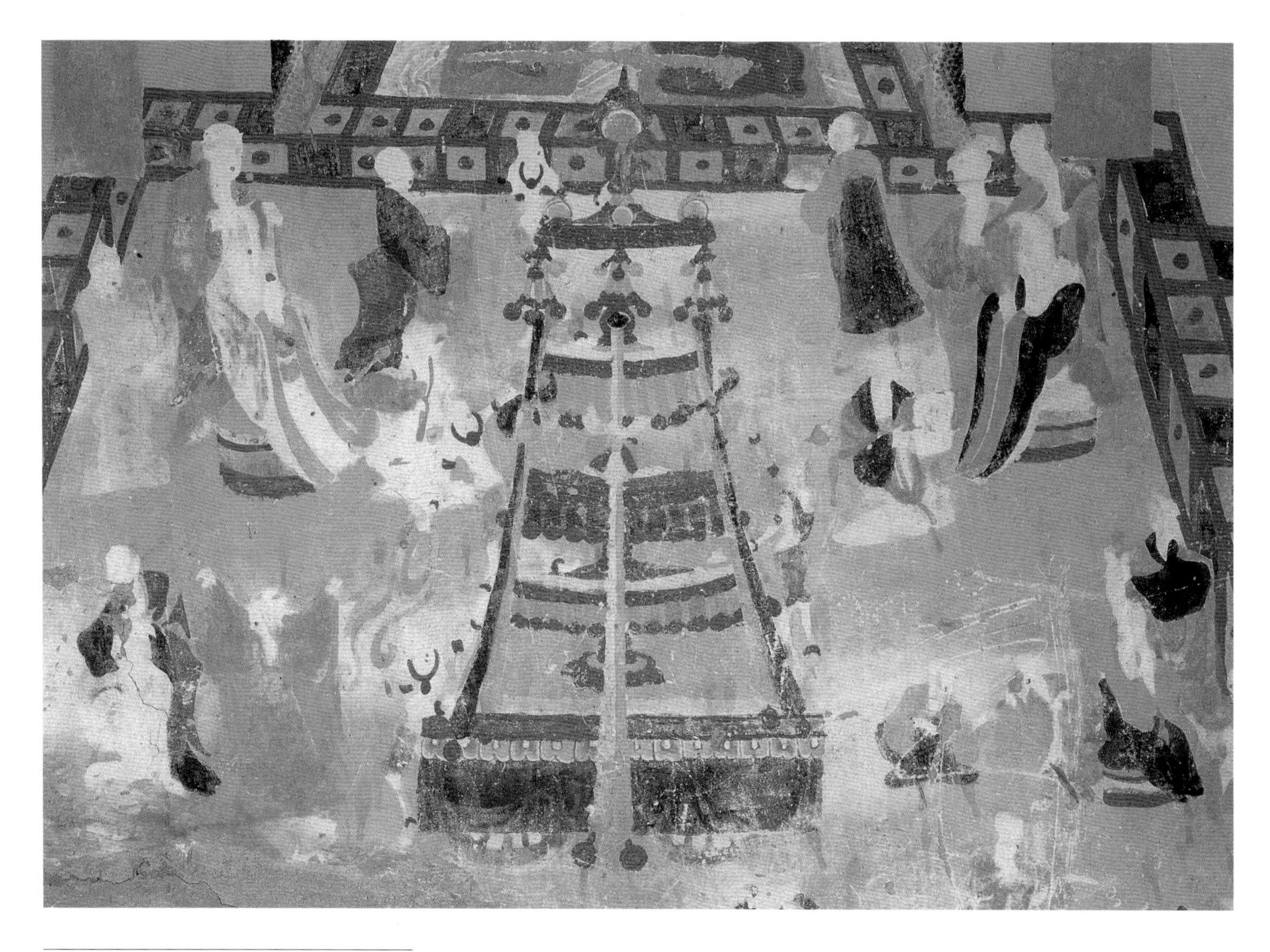

131 **寶幢車**

中唐 莫359 北壁

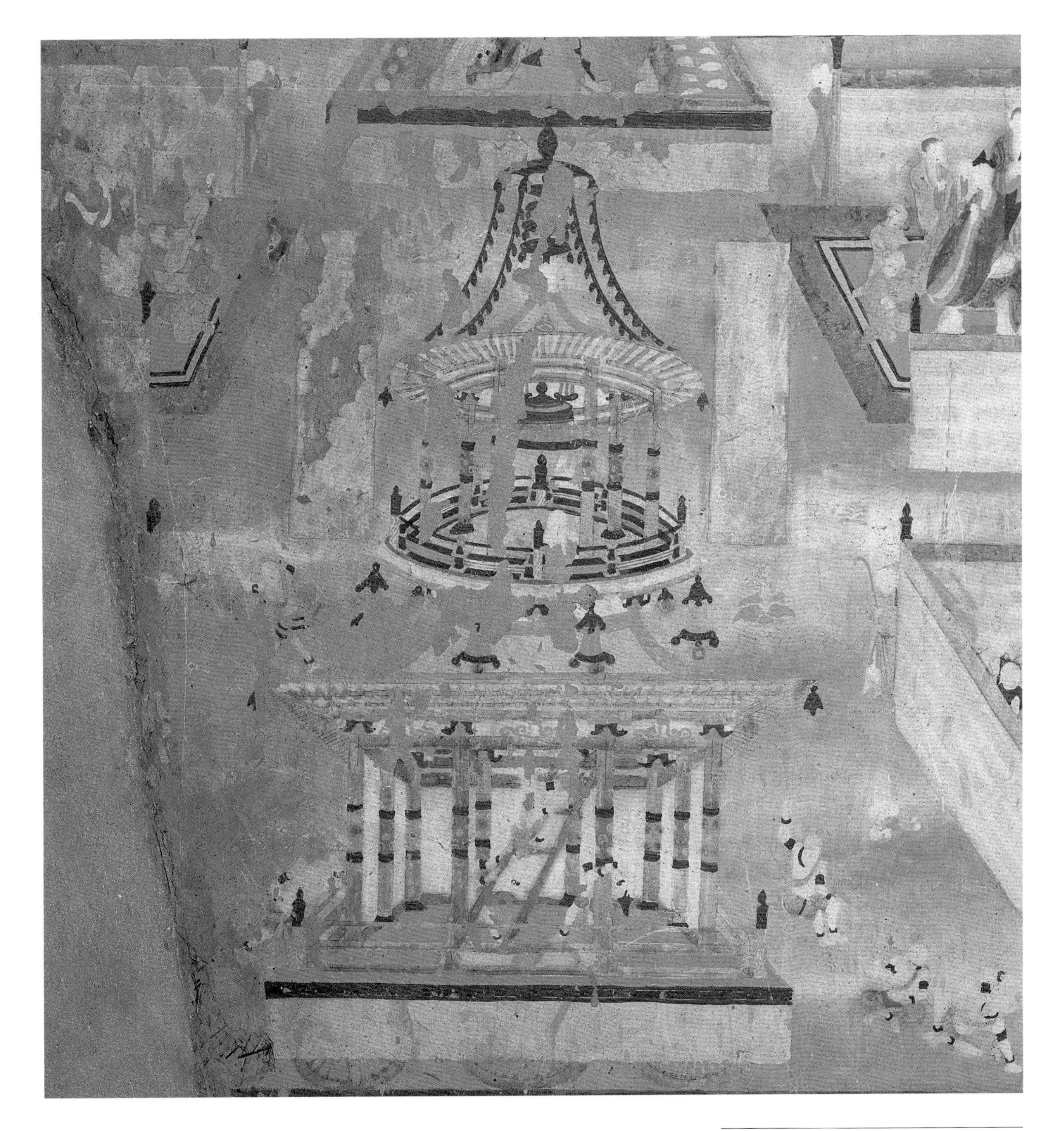

132 **三重樓閣的寶幢車**

這輛六輪寶幢車是一座上圓下方（象徵天圓地方）的三重樓閣，無論作為一輛車，還是作為一幢建築物，都很有特色。

中唐 莫360 南壁

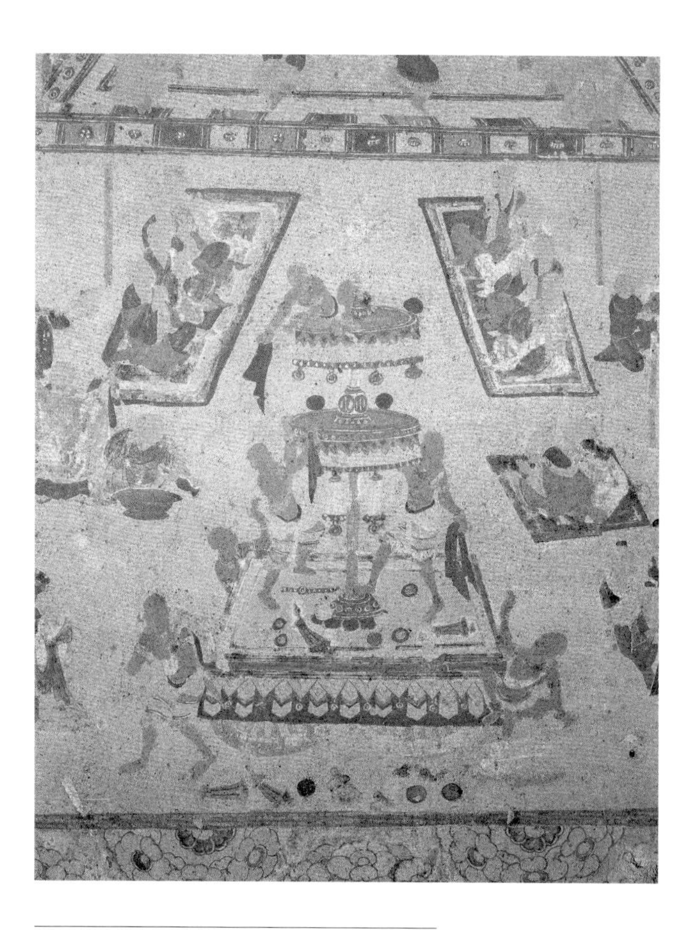

133 寶幢車

圖中的寶幢車正被拆毀，各種零件四散在車上和地上。

中唐 莫231 北壁

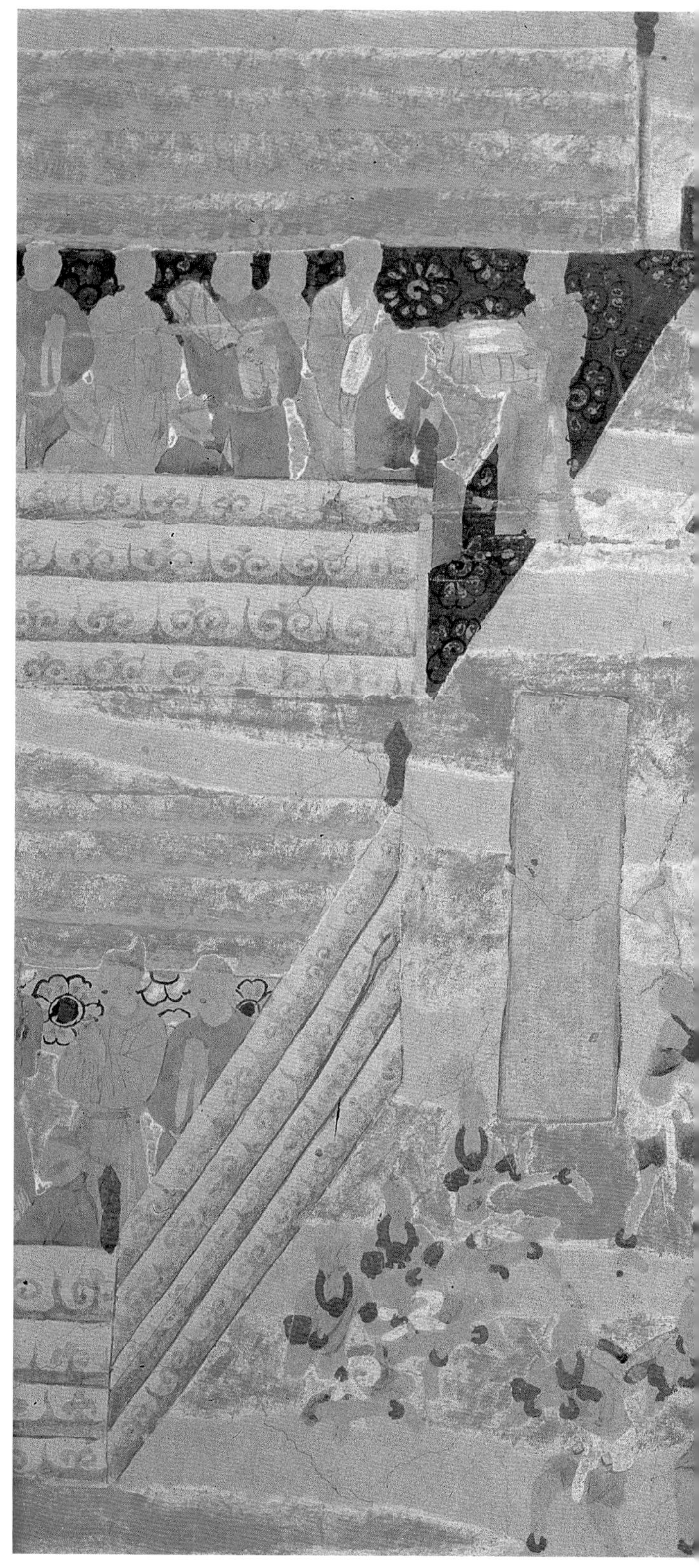

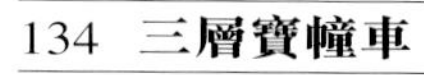

134 三層寶幢車

就寶幢車圖像的發展軌迹來看，寶幢由兩層發展為三層，而且越是後期，寶幢部份畫得越高大，使下部車的部分顯得次要。在此輛五代第98窟的寶幢車可明顯看到這一點。

五代 莫98 南壁

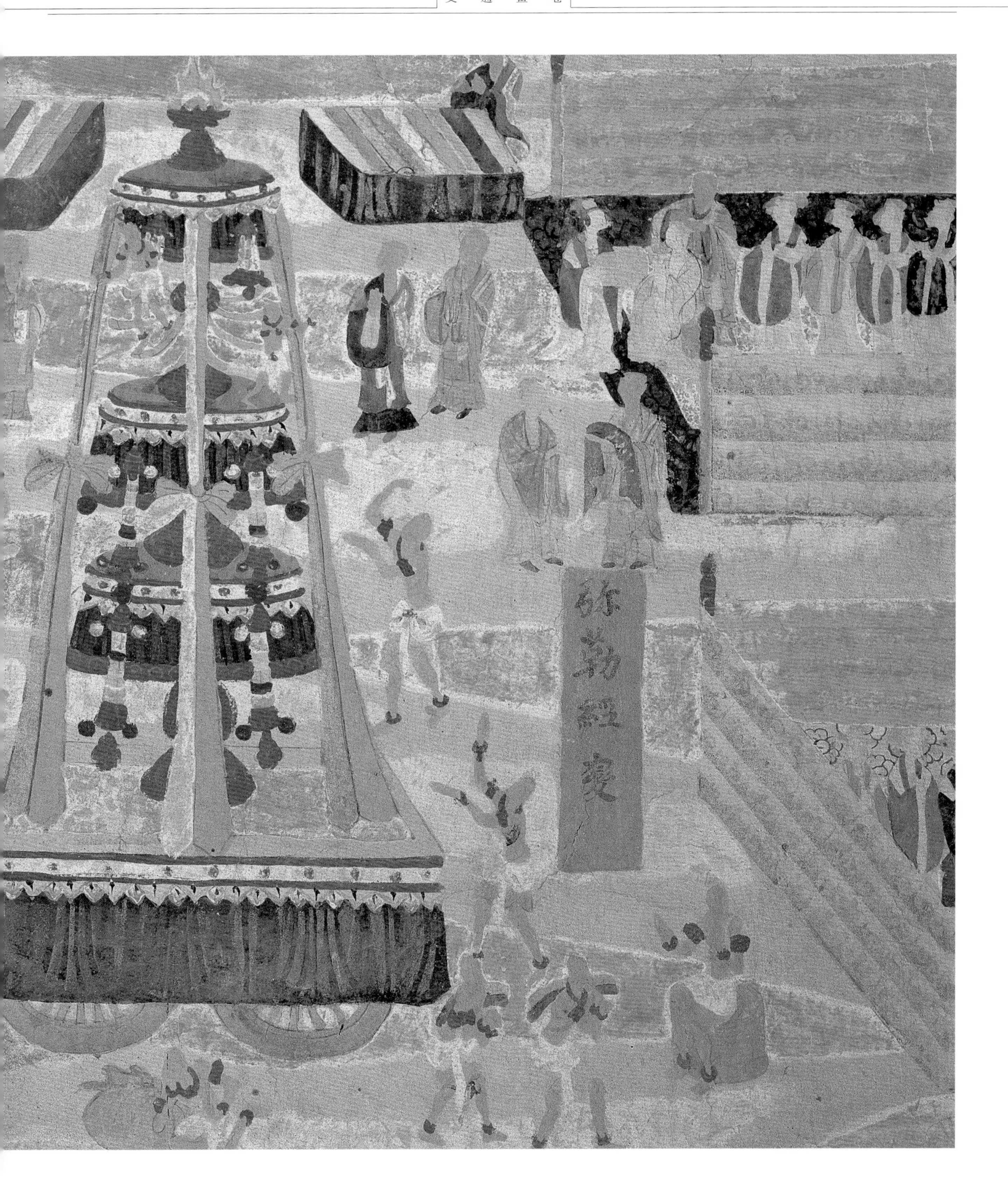
彌勒經變

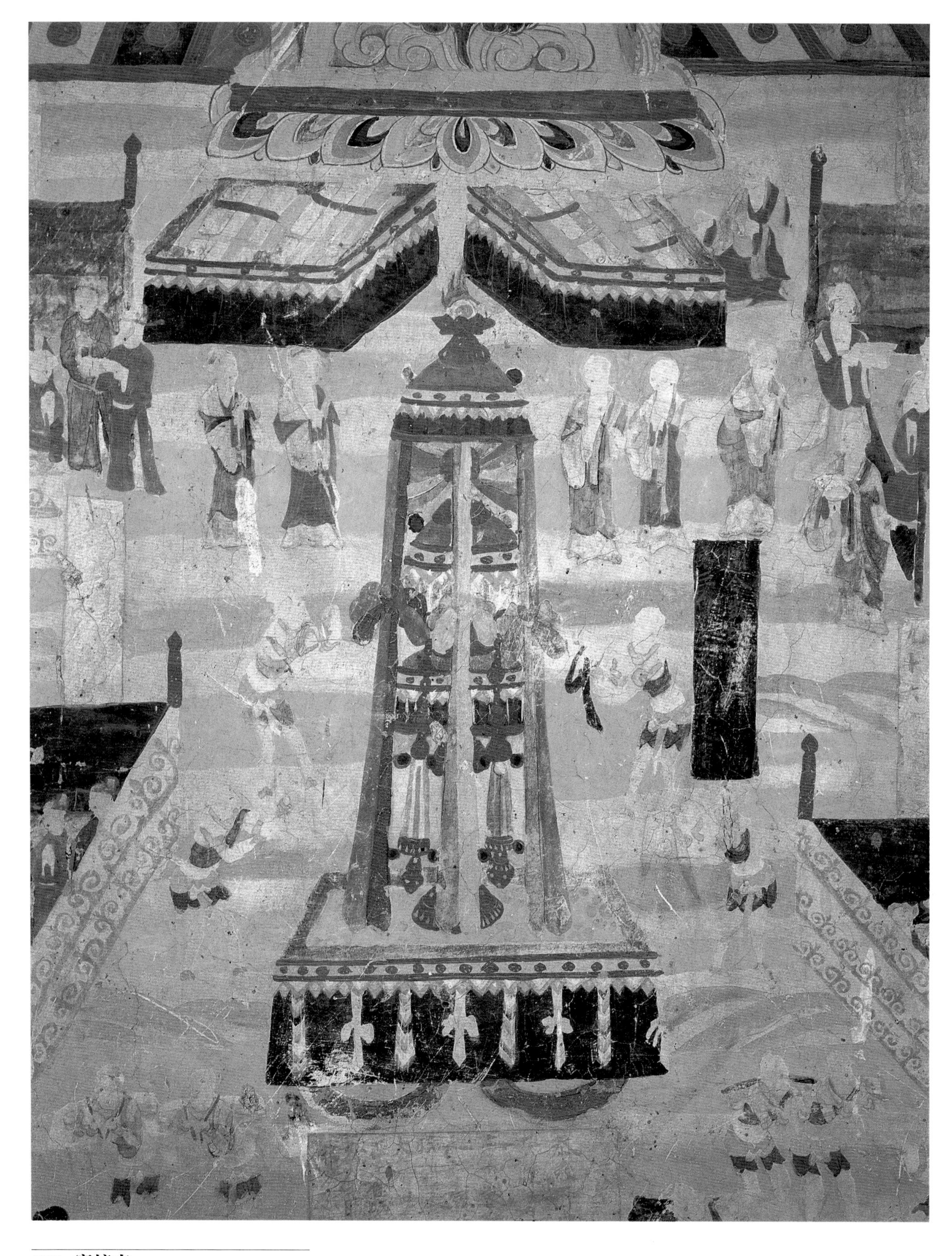

135 **寶幢車**

五代 莫100 南壁

萬乘之尊——敦煌壁畫的輿輦

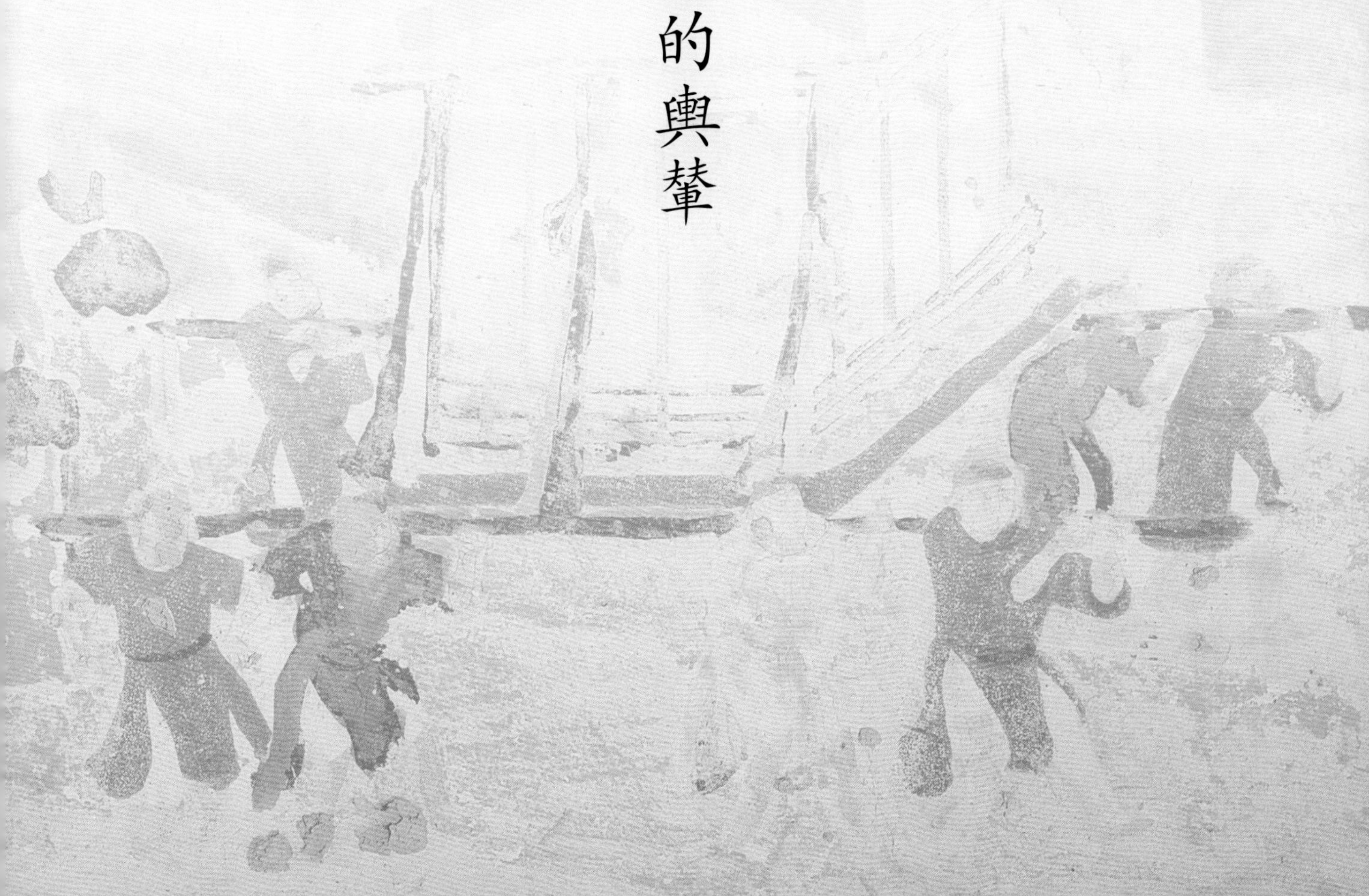

輿、輦是特殊的代步工具，輿和輦均由人力扛抬運行或拉挽運行，扛抬者為輿，拉挽者為輦(似前章所敘的輦車)。肩輿又因乘坐者“狀如橋中空離地”而稱為“橋”；而橋與“轎”古時相通，輿又屬車類，“隘道輿車”，故以“轎”代“橋”，並“輿轎”共用。從夏代到近代，中國一直使用輿轎。後代還有“擔子”，“兜籠”等各種名稱。帝王乘坐者還專有御用名詞“步輦”。但不論是帝王、官吏、貴族、平民，輿轎都是一種十分尊貴的交通工具，被稱之為“萬乘之尊”。

中國中古各個朝代中，輿轎被長期製造和使用；因此在公元6～10世紀之間的壁畫中，為表現有關的佛教內容，也出現了輿輦圖像。這些輿輦圖像大致可分為人力輿轎（肩輿）和畜力輦輿兩類，前者如亭屋式肩輿、箱榻式肩輿、龕帳式神輿、柩輦、椅式以及豪華輿轎等；後者如象輿(輦)、馬輿等。這些輿輦畫像出自表現佛教內容的“賢愚經變”、“彌勒經變”、“涅槃經變”、“勞度叉鬥聖變”和其他佛教歷史故事中；還有表現歷史人物的“出行圖”及供養人像列，涉及的內容比較廣泛。乘坐輦輿者有的是神，也有當時現實生活中的人；輿輦的裝飾從普通到豪華，各顯風采。但無論如何，這些圖像展示了它所產生的那個時代中國輿轎的使用、演變情況，以及社會制度、風土民情等一系列相關的場景，是十分珍貴的歷史資料。

第一節 人力肩輿

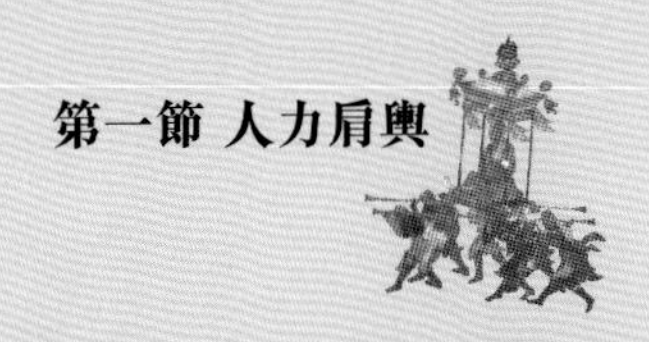

輿轎是一種獨特的交通工具，它並不節省人力或加快速度。輿轎全部使用人力扛抬，因此又稱為“肩輿”。從形式上可分為亭屋式、箱榻式、椅式等類。它在中國起源很早，司馬遷《史記》中就有夏禹治水時“山路乘轎”的記載，可見在最初是為適應不便車輛行走的山道而產生的。由史書記載可知，亭屋式肩輿早在春秋時期的吳國已開始使用，除了有代步功能外，有時也作禮儀之用。現存最早的輿轎實物為河南省固始縣春秋墓中發現的三乘木質輿轎。“輿轎”一詞最早見於《漢書》，秦漢至魏晉南北朝時期，輿轎逐漸普及使用，上至帝王，下及庶民，都留下乘用輿轎的記載。漢人有“輿轎而隃嶺”、“隘道輿車”等記載和稱謂，明確指出了輿轎的使用範圍與功能。輿輦形制也多種多樣，有平肩輿、板輿、欄榻式步輦等形式。

唐代乘轎之風盛行，輿轎種類繁多，抬的方法也有手提杠、杠上肩及肩掛繫帶等形式。這個時期的輿轎，已不是單純的代步工具，而是乘坐者尊卑貴賤身分的象徵。因為在唐代，乘坐輿轎原本作為禮制在皇室運用；但由於民間婦女乘轎之風盛行，朝廷屢禁不止而頒佈乘轎的等級制度，規定一、二品及中書門下三品官的母、妻所乘轎用金銅裝飾，轎夫8人；三品官者轎夫6人；四、五品官者轎夫4人；六品官以下以及百姓者轎夫2人。唐代後期又允許朝中百官及致仕官、患病官員乘轎。敦煌石窟壁畫中的肩輿，多為亭屋式肩輿，出現於唐代中期以後，基本都是按照大唐朝廷制定的等級標準繪製的，反映出當時乘坐輿轎的等級差別。轎夫有8人、6人和4人三類，輿室有六角亭和四角亭兩種，其裝飾從底座到頂蓋都十分華麗和精巧。

初唐第323窟，繪製了敦煌石窟現存最早的一幅輦輿圖，底座為榻輦式，輿身為方頂帳形，即《西京雜記》所載漢武帝用來“居神”與“自居”之“帳”，是來自人間的居處形式。畫中的乘輿者為隋代高僧曇延和尚，奉隋文帝楊堅之詔入京。輿夫6人，是敦煌石窟壁畫中唯一一乘明確繪出的六抬輦輿，可能當時還未受到等級制度的影響。

亭屋式肩輿是中國出現最早，使用時間最長的基本類型，秦漢以後為歷代沿襲，因此在敦煌輿輦壁畫中數量也最多，但基本都出現在唐代定制以後，分四抬與八抬兩類。佛教歷史故事畫中抬運佛頭及歷史人物出行圖中，一品夫人所乘為八抬，而佛母摩耶夫人所乘有四抬也有八抬。

“涅槃經變”中運送佛陀遺體靈柩的柩輦，也是由人力抬運的，雖然多為八抬，如第61、454窟等；但從第148窟所繪看，扛輦者最少有10人。此畫也出現於唐代定制以後，雖形制上與帝王乘坐之步輦相同，但在使用輦夫方面，卻達到或甚至超過帝王的級別。

根據史書記載和傳統的看法是：在唐代以前，不論何種形制、等級和形式的輿轎，轎杠都設在轎輿底部，輿座均為單一的榻輦式，乘轎者盤腿“席地而坐”。直至宋代家具變革以後，輿轎才改變為今天這種置轎杠於轎輿中下部，乘轎者可趺跏而坐的形式，俗稱“椅轎”。然而，我們在9世紀後期的唐代第94窟的出行圖，和10世紀初年的唐代第9窟、第138窟壁畫中，看到了轎杆安置於轎身中下部的豪華肩輿；但畫面上無法顯示屋亭的內部結構，只是從轎杆的位置上，推測它可能是立轎（因轎身較高，乘轎者可站立其中）或椅轎。實際上，比敦煌壁畫早250多年前，這種形式的肩輿就已經出現了。近年發掘的唐昭陵新城長公主墓壁畫中就繪有一幅輿轎（擔子）圖，輿轎為懸山頂式兩面坡屋，轎桿置於轎身上部；只是轎夫為4人，與長公主身分及唐代規定不合。因為這幅壁畫製於公元633年（唐高宗龍朔三年）前後，當時初行坐擔，尚無定制。畫面上也看不到轎屋的內部結構，而只是從轎桿的位置上，推測它可能是立轎或椅轎。如果是後者，那麼這幅轎杆置於轎身上部的擔子或可視作後代椅轎的先聲；而敦煌壁畫中的椅轎是它的進一步完善。唐代出現椅轎圖像，使我們重新認識中國輿轎的製造和使用的歷史變革。

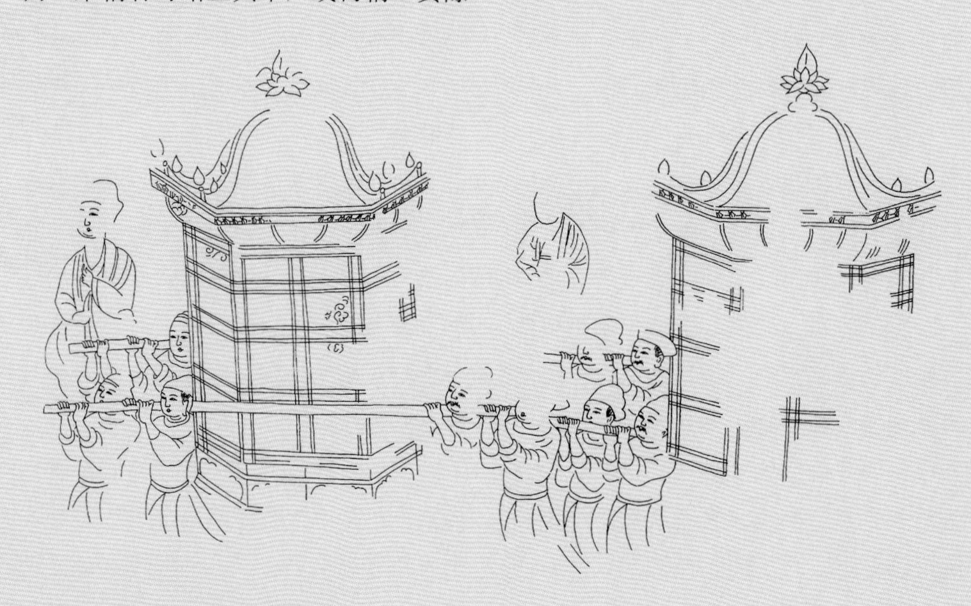

第94窟八抬豪華六角椅轎

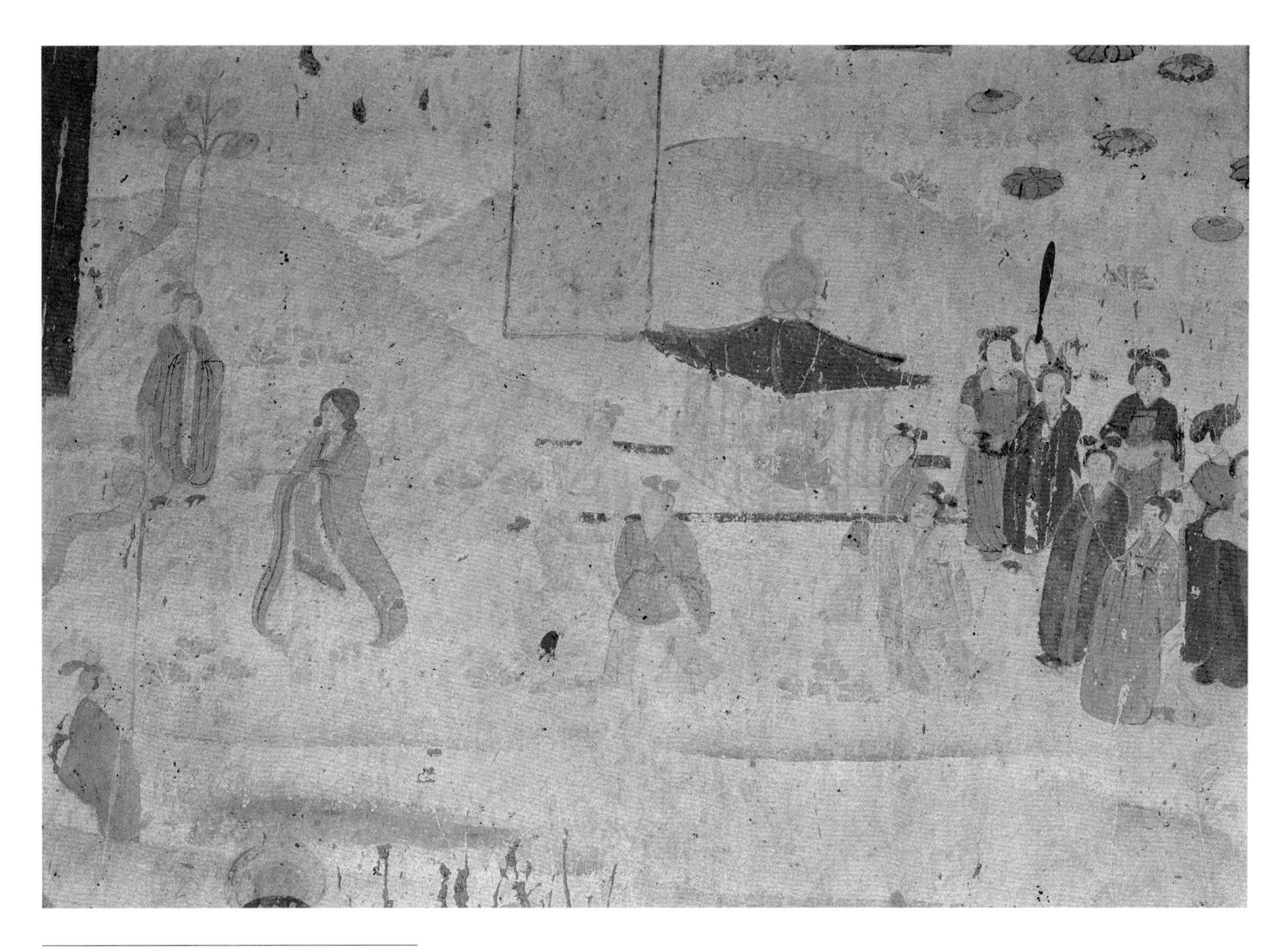

136 **四抬肩輿**

中唐 莫202 西壁

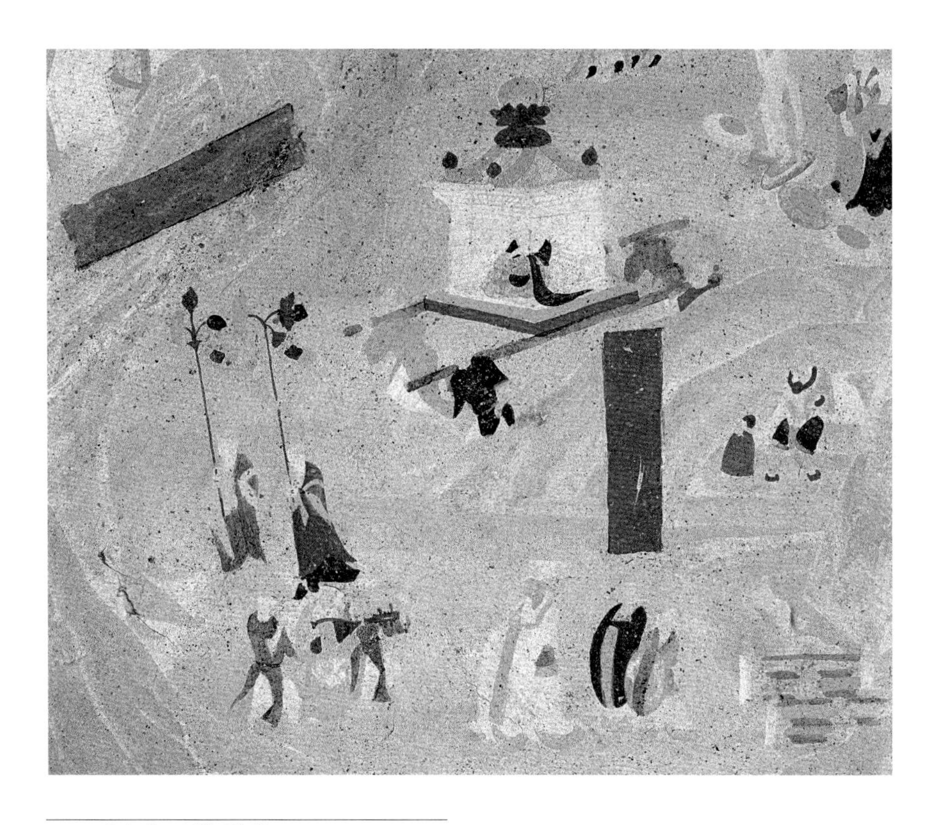

137 **屋式四抬肩輿**

這是屋式轎，由4人肩抬而行，前面有樂隊和二僧開路。

中唐 莫186 窟頂南坡

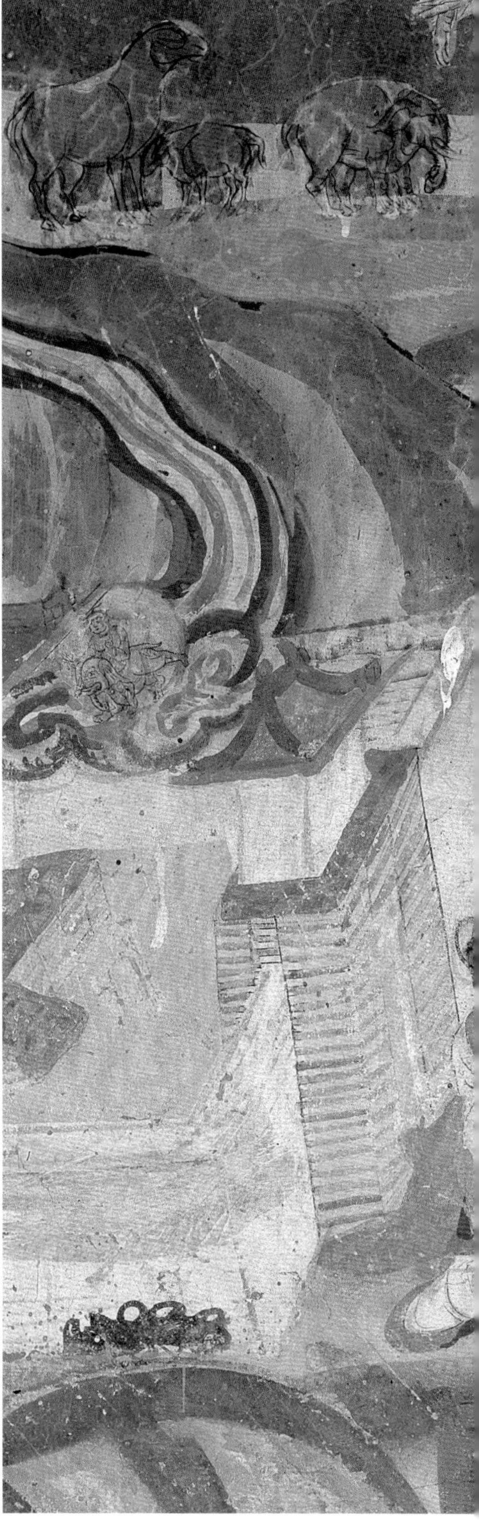

138 **佛母的四抬亭式肩輿轎**

四抬轎分別出現於9～10世紀繪製的莫高窟第72、186、202、205等窟壁畫中，輿型基本為四角亭式，也多為表現"彌勒經變"中佛母摩耶夫人在園中生佛陀後回宮的情節。實際上這些四抬轎反映了當時當地中下層百姓的生活場景。佛母摩耶夫人所乘肩輿似乎與唐代朝廷所定乘轎等級制度無關。佛母在故事中地位雖高，但畫中所乘輿轎，不論四抬還是八抬，外表裝飾都遠不及"出行圖"中的貴夫人所乘豪華，甚至沒有敦煌一般的貴族女供養人所乘的豪華。圖中輿轎上的婦人當為摩耶夫人，所抱的孩子當為佛陀。

五代 莫72 北壁

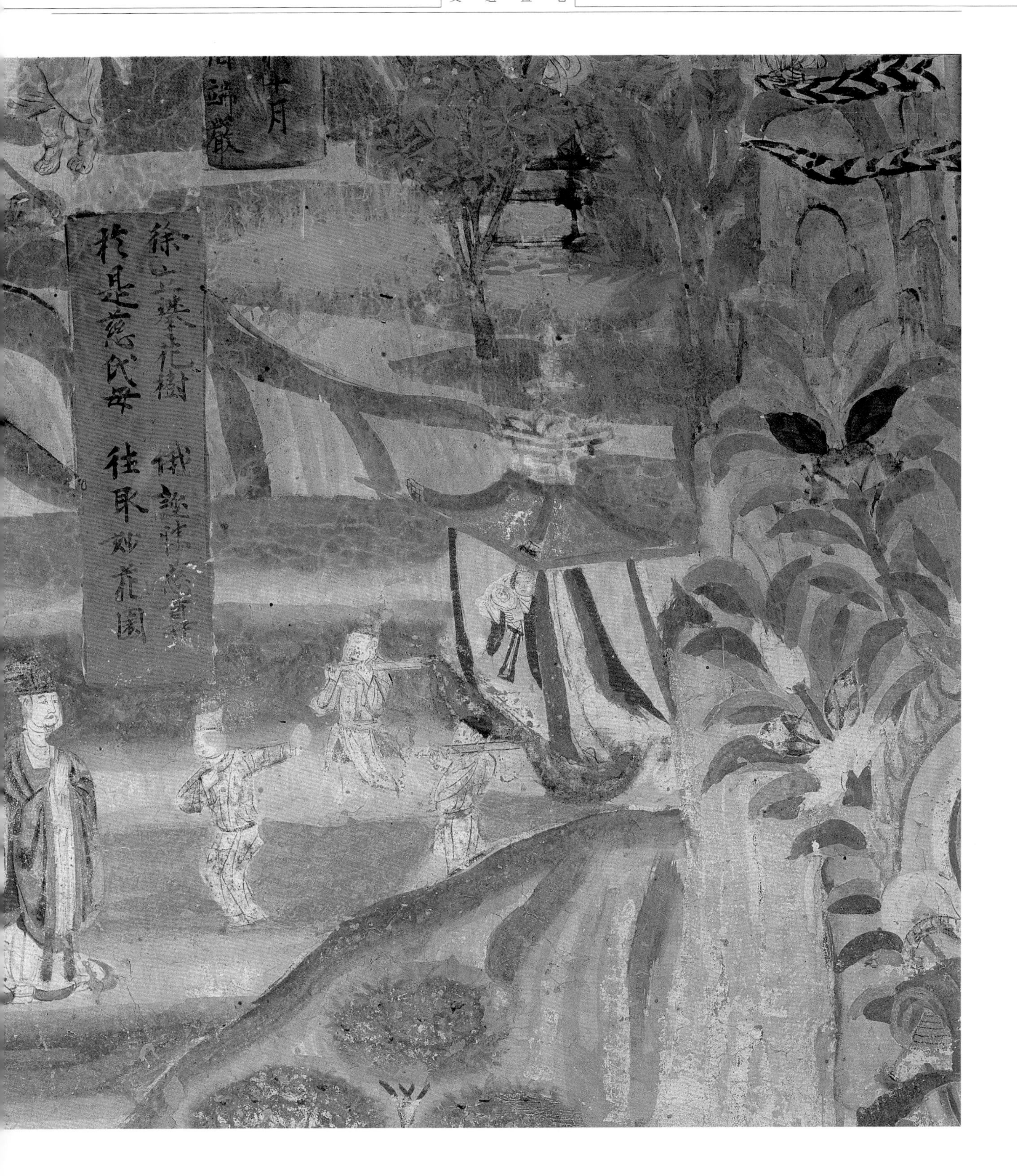
於是慈氏母 往取妙花園

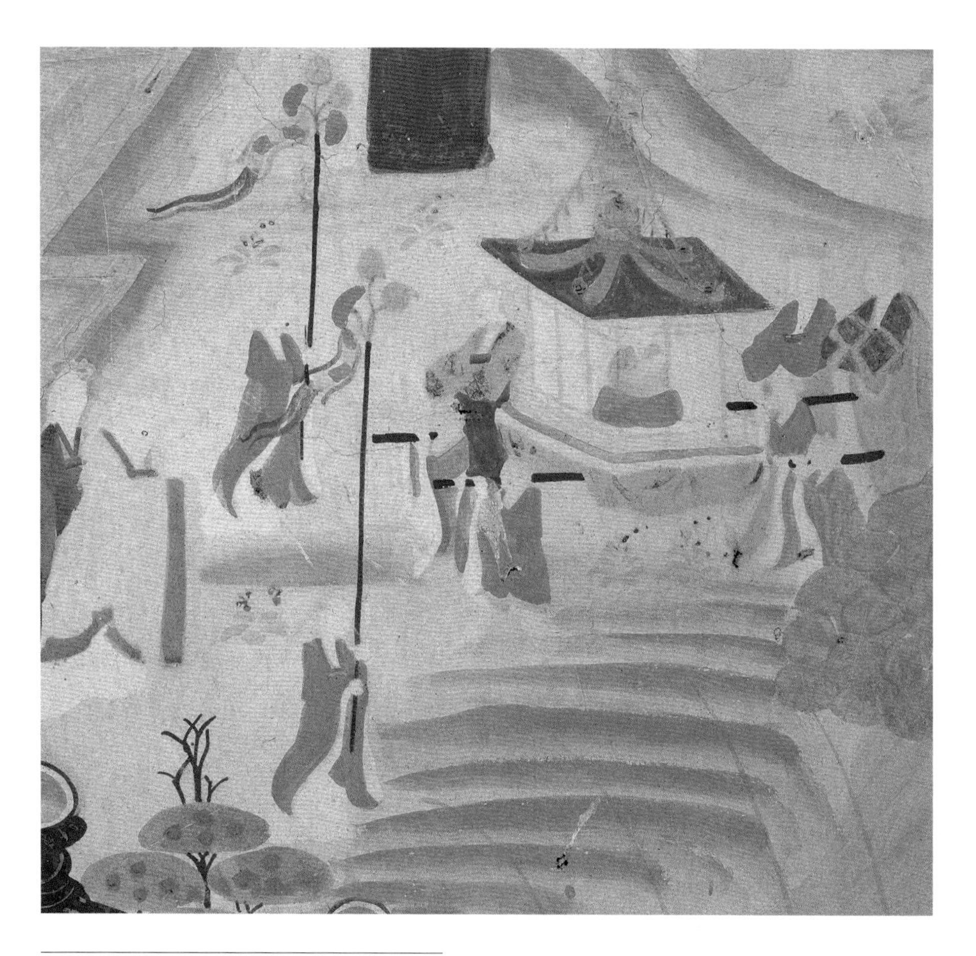

139 **四抬亭式肩輿**

五代 莫205 西壁

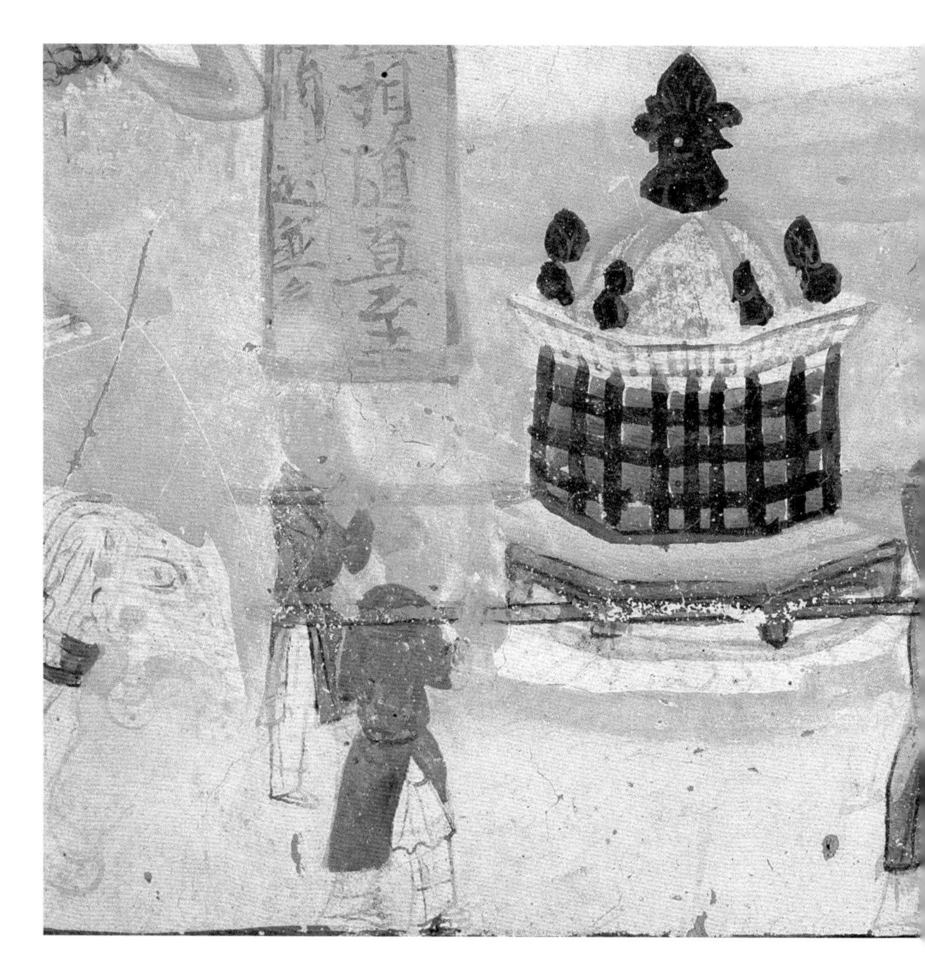

140 四抬亭式肩輿二乘

此圖是“勞度叉鬥聖變”中的一部分。肩輿為六角亭形，但輿體大小及底部的裝飾各有不同：前乘較小，底部垂帷幔，後乘較大，底部無帷幔裝飾，這支抬運隊伍，可能是表現長者須達動身迎請佛弟子舍利弗聖者的途中情節。

五代 莫146 西壁

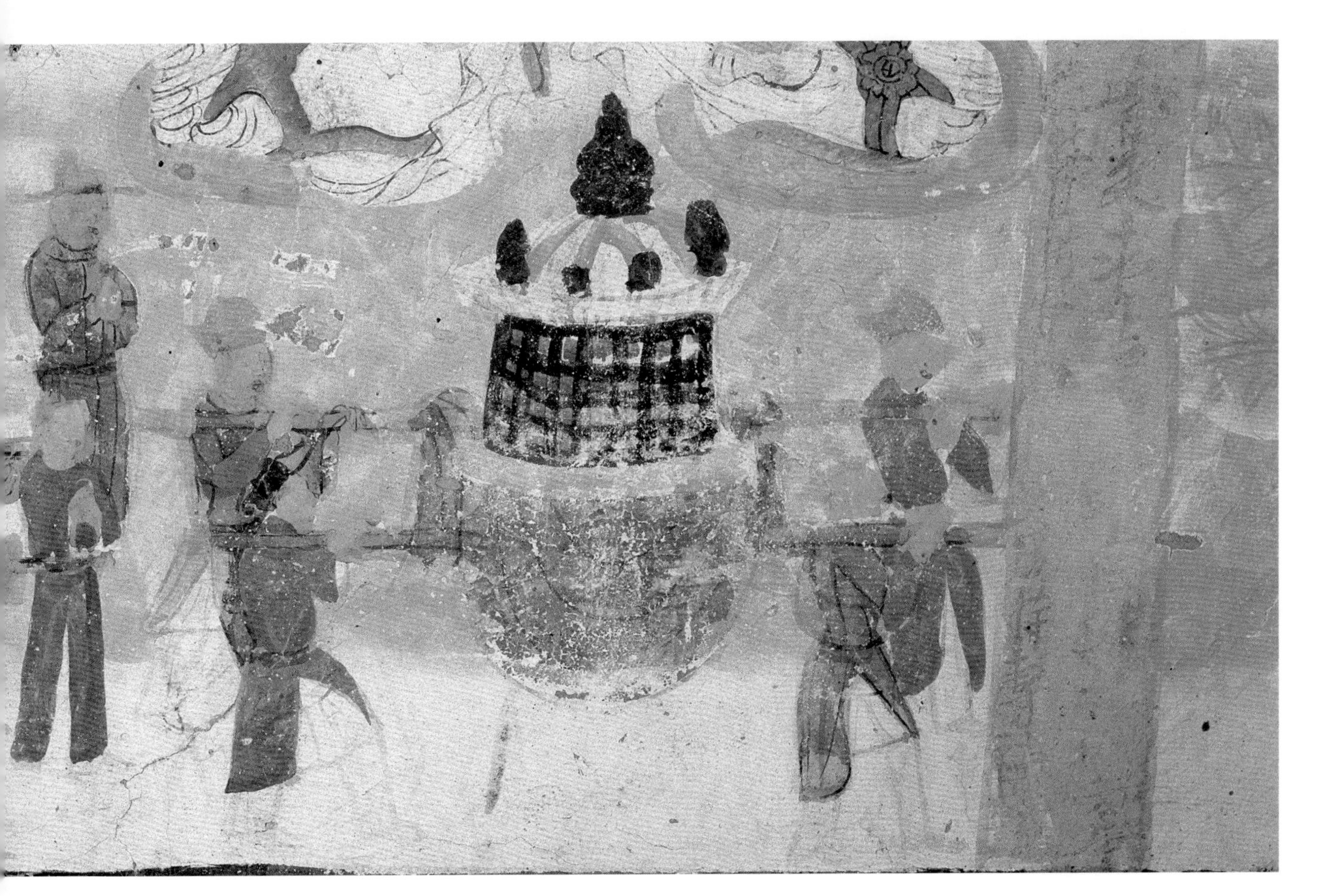

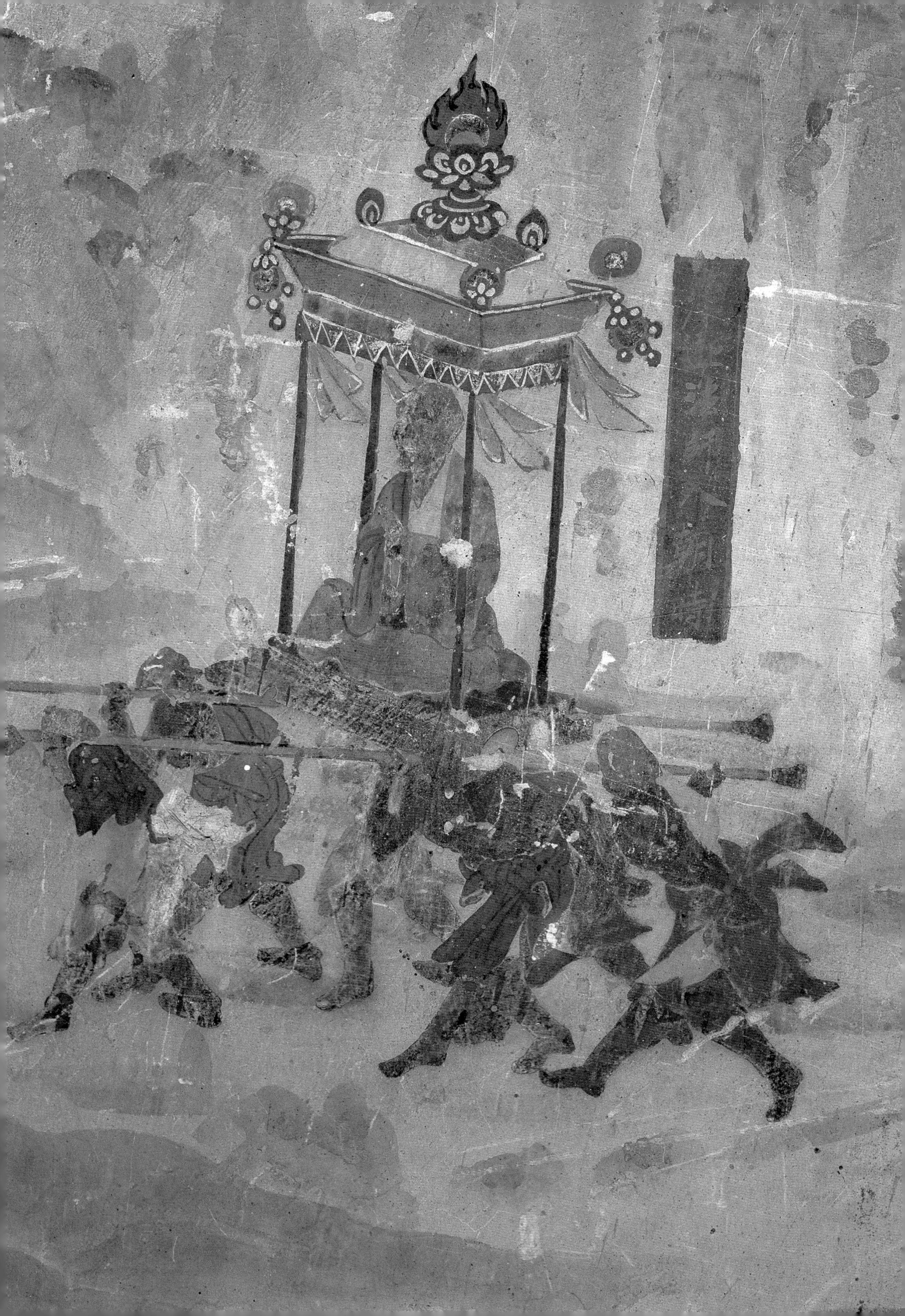

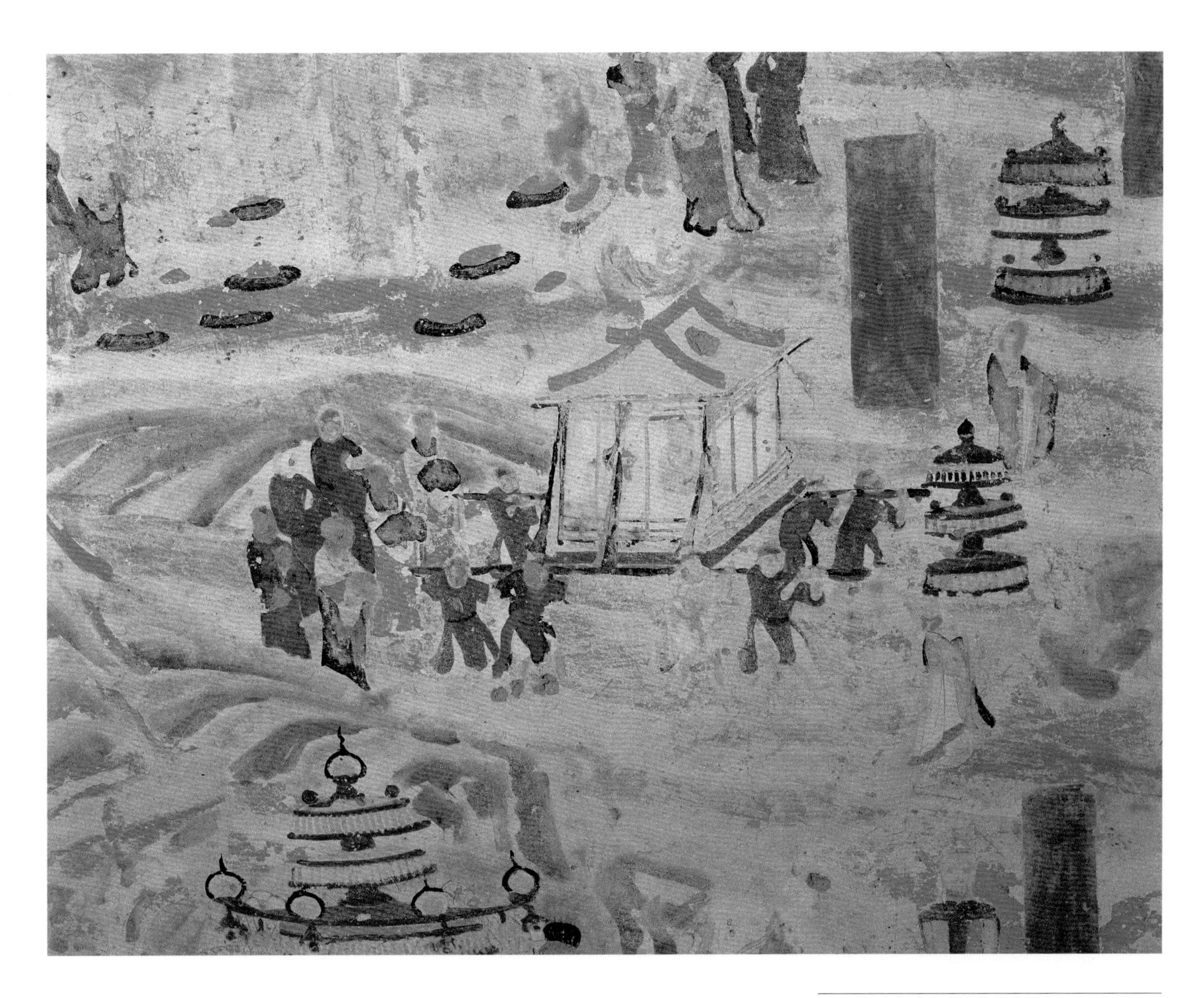

142 八抬屋式肩輿

公元867年建成的第85窟，繪有一乘歇山頂兩面坡屋式肩輿，屋輿四周掛有彩幔，有轎夫8人，前有2人執傘幢引路，後有6人手捧衣物器用等。其內容為表現“彌勒經變”中佛陀誕生於園中樹下後，轎夫抬送佛母摩耶夫人回宮的場面。

晚唐 莫85 窟頂南坡

141 六抬帳式肩輿

這是敦煌石窟壁畫中最早出現的肩輿圖像，屬佛教歷史故事畫，表現高僧曇延法師應隋文帝楊堅之邀，乘肩輿入京。圖中曇延法師所乘的肩輿轎為四角帳式廠(無壁屋)形，頂部放置一圓狀寶珠形物，由前後左右轎夫共6人肩扛運行(輿底兩桿前後各2人，左右兩邊各1人)，旁有榜題”曇延法師入朝時”。六抬肩輿圖像在所有敦煌壁畫中也僅此一見。

初唐 莫323 南壁

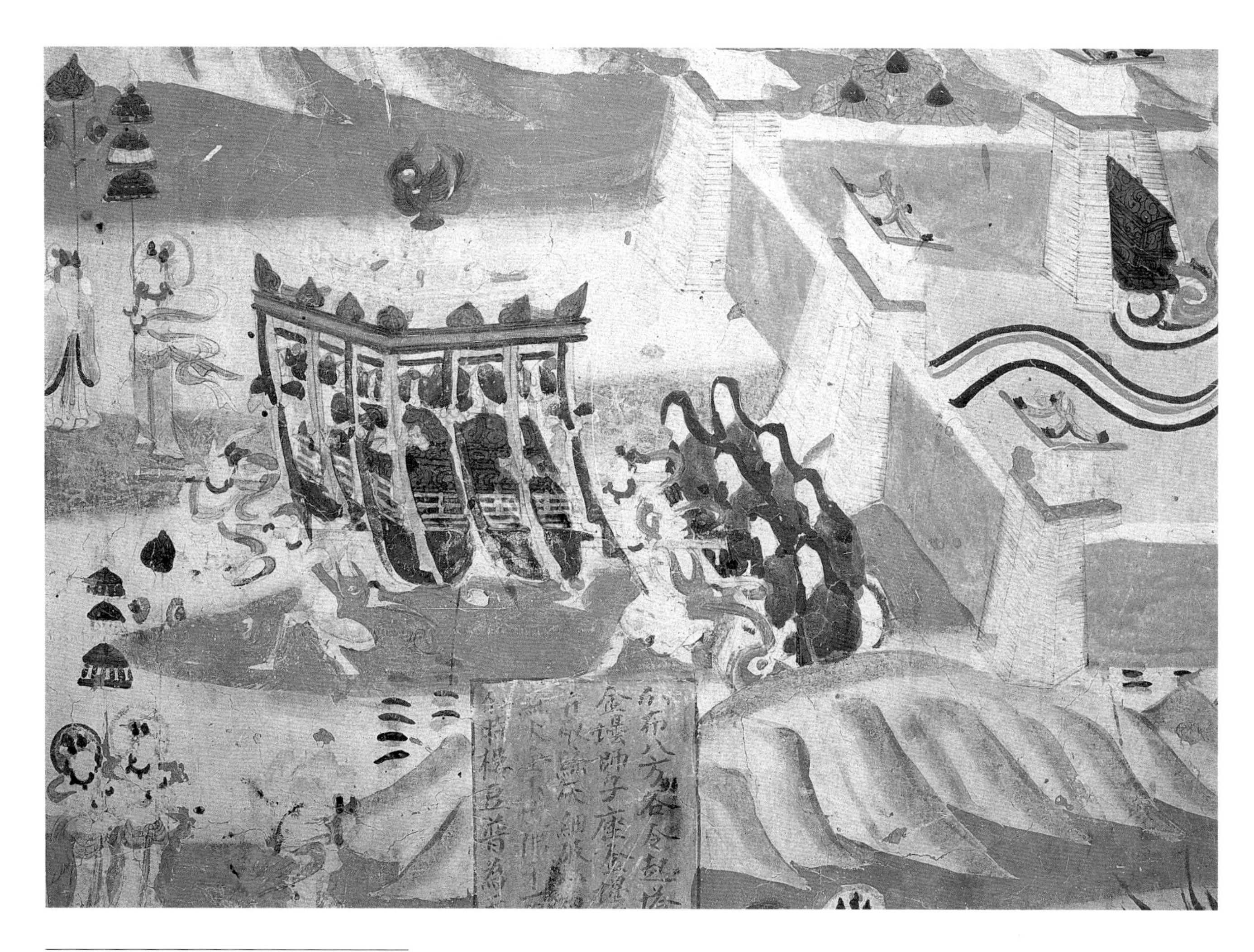

143 **四抬柩輦**

同是公元10世紀前期建成的第61窟，所繪抬運佛陀釋迦牟尼遺體的柩輦，於長方形榻輦上設盝頂帳形華蓋，四周持黑白兩色相間的挽幃，遺體安放於輦上，前後共有轎夫4人及隨從多人。

五代 莫61

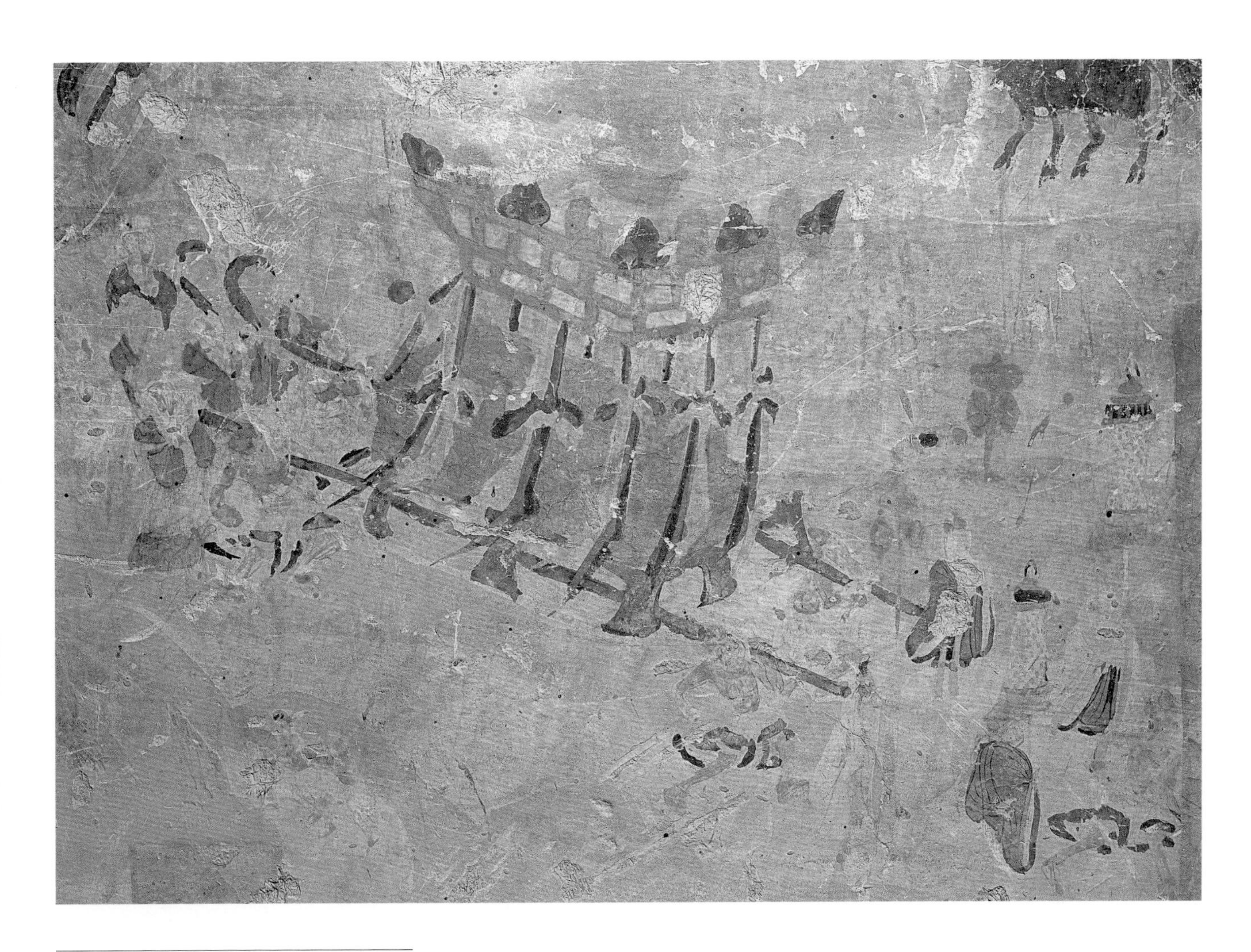

144 **佛陀四抬柩輦**

抬運佛陀釋迦牟尼遺體的四抬柩輦，有長方形榻輦，上有頂帳形華蓋，前後有隨從多人。

五代 莫454 北壁

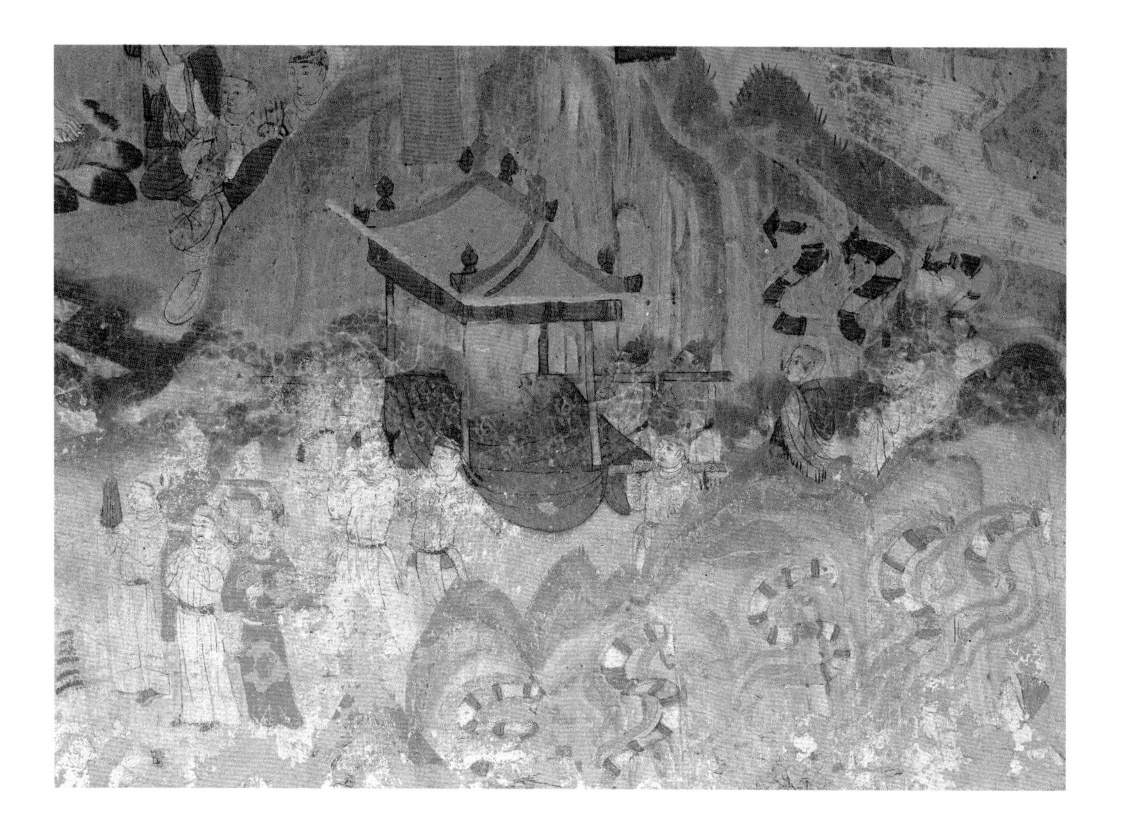

145 **八抬屋式肩輿**

此肩輿出自“劉薩訶因緣故事”，畫中是一頂抬運佛頭的輿轎，為歇山頂兩面坡屋式肩輿，雖有轎夫8人，但輿身部份的裝飾比較簡單。

五代 莫72 北壁

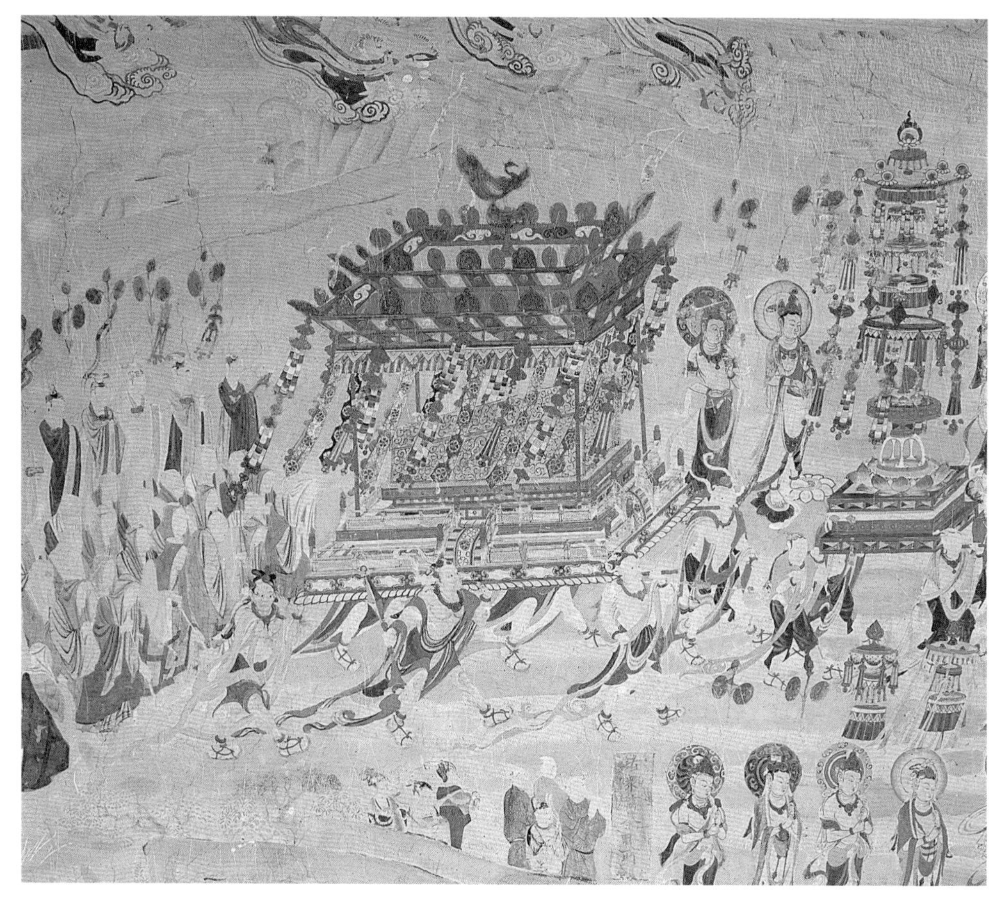

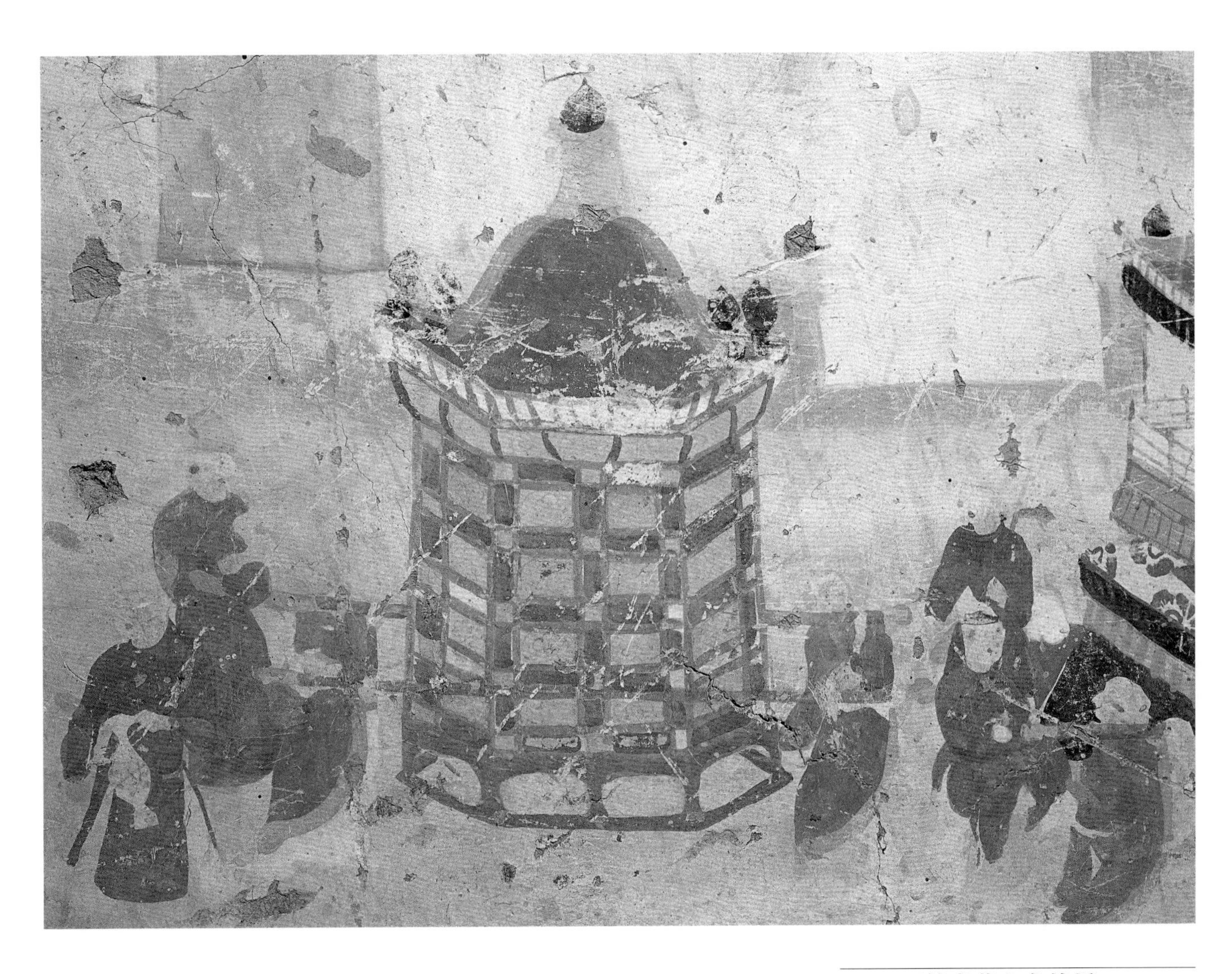

147 四抬豪華六角椅轎

建於公元9世紀末的第9窟，繪有一乘六角形豪華椅轎，轎夫4人；轎身四面全封閉，看不清乘坐者的姿勢，但轎桿置於轎身中下部，由此可知為椅轎。

晚唐 莫9 南壁

146 六抬柩輦

這是"涅槃經變"中運送佛陀釋迦牟尼遺體靈柩的工具，是一座長方形的台榭式豪華榻輦，輦四角豎杆撐起盝頂帳形華蓋（即盝頂帳形無壁屋），四周掛彩綢花色垂幔；輦中置靈柩，輦底部兩杆前後伸出，每根伸出的抬杆壓於2位轎夫肩頭，左右兩邊還有2人用肩扛住輦底，共計抬輦者6人。饒有趣味的是，抬輦者雖然是身掛彩色飄帶的"仙女"或"仙童"裝束，但他們的腳上均着履屐，有些像長行的腳夫，這顯然是畫家根據現實生活的創作。

盛唐 莫148 西壁

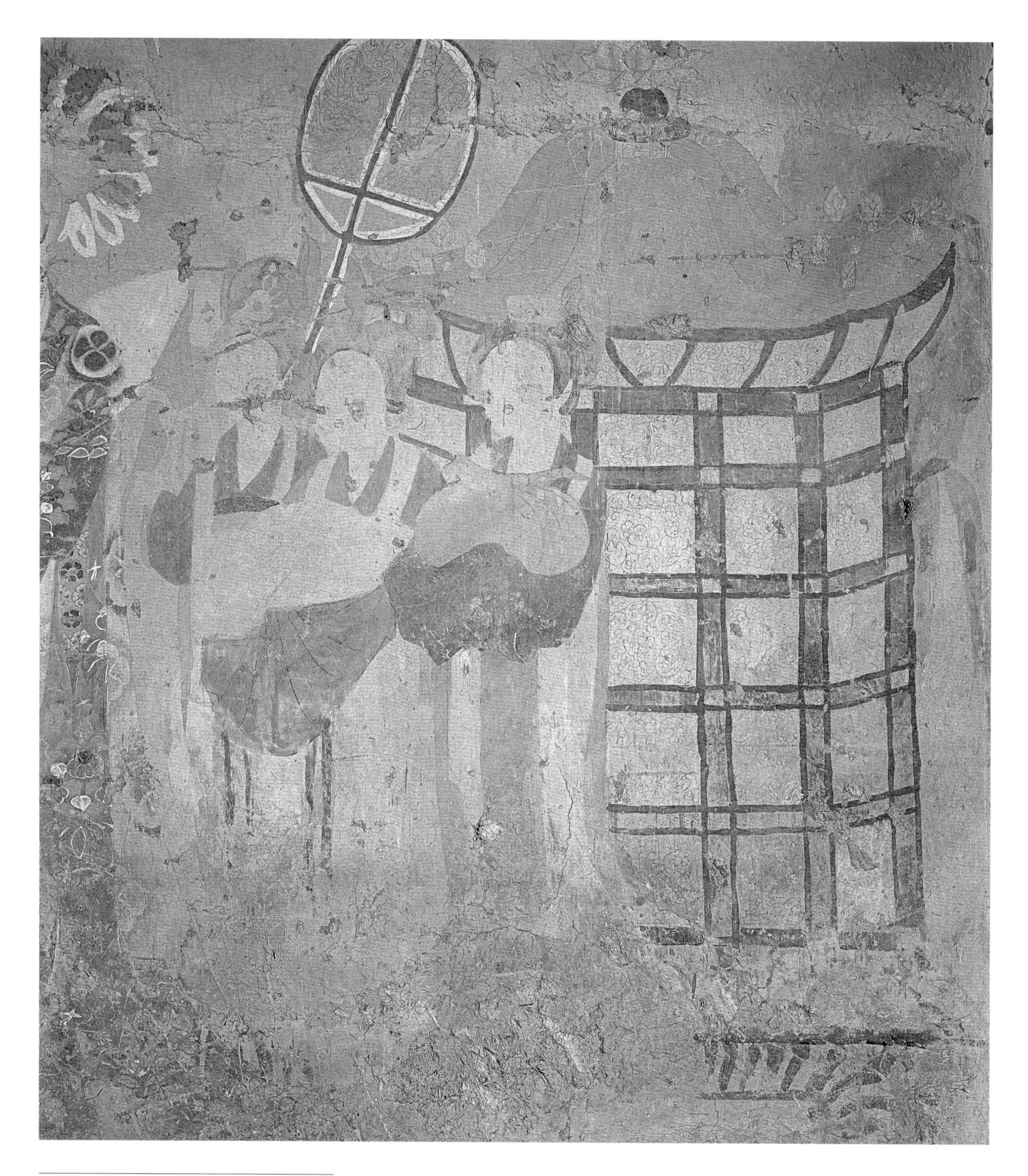

148 豪華八角轎

第138窟亦繪有與第9窟造形相同的輿轎一乘，但未繪轎桿，轎輿置於供養人像後，轎主人為一貴族婦女——窟主陰氏家族的女主人；畫面上沒有轎夫，但從供養人陰氏家族的身份地位來看，此轎應該是四抬轎或六抬轎。

晚唐 莫138 東壁

第二節 象輿和馬輿

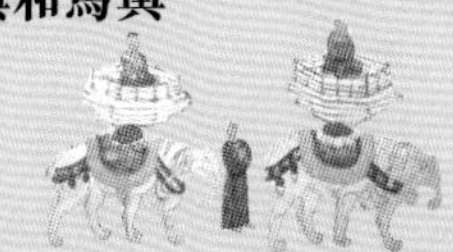

敦煌石窟壁畫中最早出現的輦輿是象輿，公元6～10世紀的洞窟壁畫中都有繪製。象輿是將輦輿安置於象背上供人乘坐，輿座有低欄榻輦掛傘幢（軺車車輿）式、箱包式和亭屋等形式，輿身底部與特製的鞍具銜接。

嚴格地說，象輿並不是我們一般概念中的輦輿。比如在唐代及其以後的敦煌石窟壁畫中，繪製大量的"文殊變相"和"普賢變相"，文殊菩薩和普賢菩薩乘坐的神獅和寶象，背上安置蓮花座或須彌座榻輦，上豎傘幢，分別有獅奴和象奴牽行。這類獅輦和象輦雖然屬於同輦輿有關的乘運工具，但它所載運者為佛界尊神，與人間的交通生活差距太遠。不過，我們還是可以將它視為特殊的交通史料，從中窺視當時人們的社會心態。有一點可以肯定：人類歷史上還沒有馴服雄獅作交通運輸工具或其他生產用途的記錄！文殊菩薩所乘的獅子，只能是創造這位佛教尊神的人們的美好願望。中國古代傳説中有一種會在天上飛行的神獸，形似獅子，稱作麒麟。人們往往把獅子的形象製作成石雕、泥塑、鑄鐵等；為人們"守護"大門，鎮妖壓邪。總之，雄獅和猛虎同類，牠們不可能作為人類的生產或交通工具。

大象是陸地上最大的哺乳動物，分非洲象與亞洲象兩類。非洲象雌、雄均有牙，性情剛烈，不易馴服；而亞洲象僅雄象有牙，性格溫順，易於馴服，因而被廣泛運用於人類的生產和生活之中。亞洲象主要產自南亞和中國雲南等地，佛教發源地印度盛產亞洲象，所以佛經中有許多關於使用大象作戰、馱運的敘述。

中國很早就有關於馴象和使用象的記載。在商、周時代的玉器和青銅器中，就有玉象和象形銅尊。《詩經·周頌》在描述周王室生活時有"維清，奏象舞也"的記載，講述經過馴化的大象可以表演舞蹈，供眾人娛樂。漢武帝時曾有"南越獻馴象"的史事。河南嵩山的兩處東漢石闕上都刻有馴象圖，江蘇省連雲港孔望山還有一座東漢圓雕石象，象的東側鐫刻持鈎象奴，這是同時期的學者王充所述"越奴鈎象"，即南方越僮手持長鈎馴服大象，與後來敦煌壁畫"普賢變"中普賢乘象及象奴有淵源關係。經過馴化的大象可以用來乘騎、馱載和駕車。在中國古代，用於騎馱、駕車和表演的馴象，主要是來自南亞和中國雲南等地的亞洲象。軒轅黃帝就曾"合鬼神於西泰山上，駕象車而六紋龍"。周秦以來，大象騎馱和大象駕車普遍用於作戰和遠行。魏晉以後，象的用途不斷增加，除了騎馱與駕車運輸、作戰外，還大量用於祭祀儀仗和慶祝活動中，以襯托肅穆威嚴的氣氛，而象輿則是這些活動的必需設施。大象及象輿除在祭禮和慶祝活動使用外，又可作遊戲觀賞活動，特別是在慶典中，大象全身及象輿被裝飾得十分豪華，象徵歌舞昇平，穩定和繁榮的太平盛世。在漫長的歲月中，馴象已成為歷代先民樂於使用的運載工具。

敦煌壁畫所見象運，僅乘騎和馱運兩類。乘騎用象一般設榻輦；在象背上設榻輦，對人來說是騎乘，而對象來說仍然是馱運。即是說，象運的乘騎和馱運其實是一回事。我們這裏以象輿或象輦來討論供人乘騎的馴象壁畫。敦煌壁畫中的象輦與象輿，在結構上視其用途有所不同，如"佛傳"故事畫中繪畫佛母摩耶夫人回宮所乘象輿為亭屋式，四周施帷幔；"勞度叉鬥聖變"故事畫中，達官貴人觀看舍利弗與勞度叉鬥法時所乘象輦，是在象背上設高座榻輦，讓乘象輦者居高臨下，清楚地看到一切。另外，有一些象輦比較寬敞，乘者可以仰臥其上。但無論何種形式，古代敦煌不可能有馴象運載，不過從敦煌來往的西域商旅或使者中，可能有一部分使用馴象，因為馴象比較適合長途運輸。西域使臣中也可能有王公貴族乘坐豪華象輿來中原，或向中華皇帝獻上馴象及象輿輦者。這就為敦煌壁畫馴象輦輿的製作創造了生活基礎。

特別值得注意的是，10世紀初年所造第138窟，繪有一幅馬輦圖，馬背上設置方形低欄榻輦，二人坐於輦上。畫師們以馬為象，因為馬背上無法安置榻輦，這幅畫顯然是敦煌古代畫師們接受外來文化後，在想像的基礎上進行的創作，所以它並不反映真實情況。

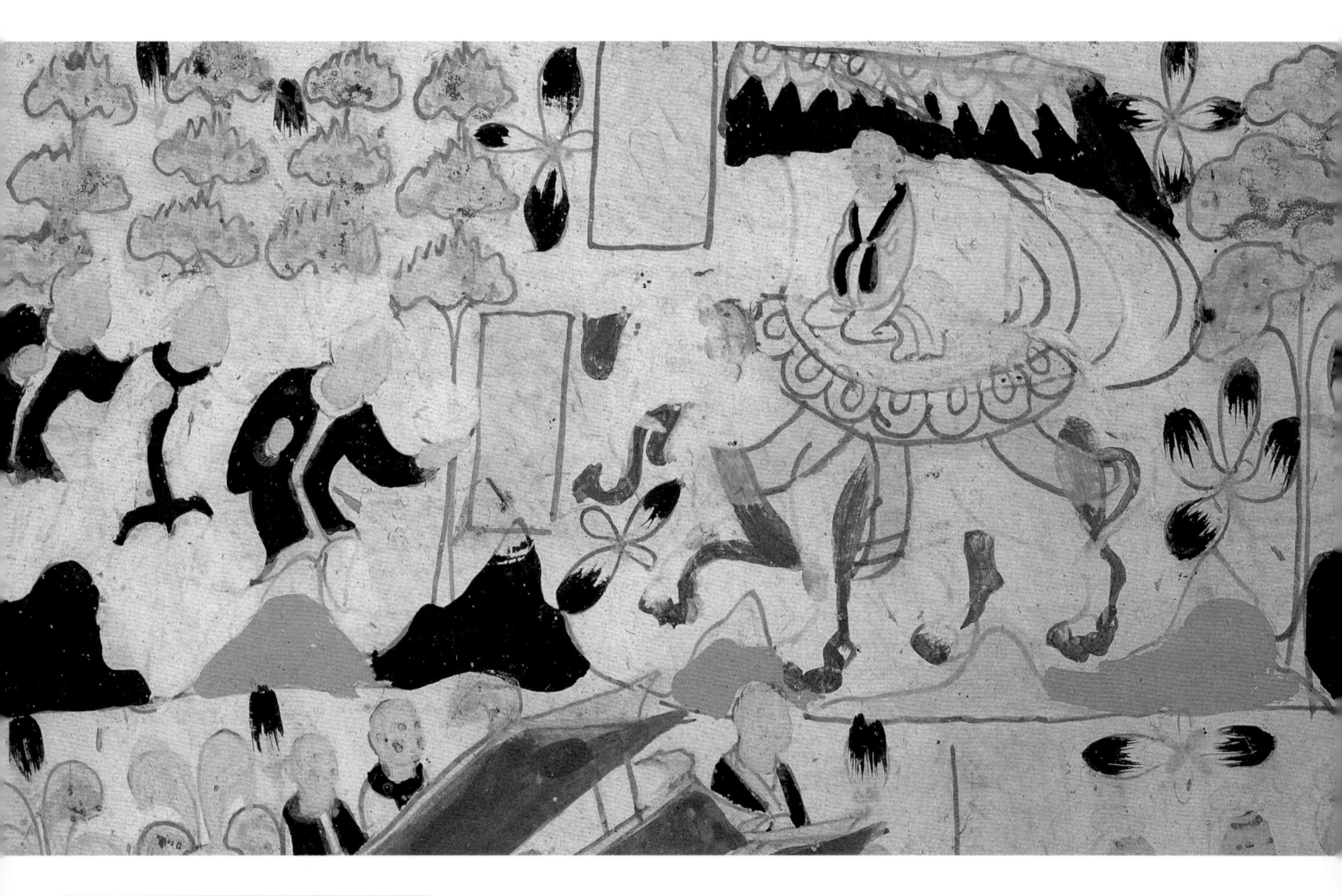

149 太子出遊所乘的象輿

在公元570年前後建成的第296窟有最早繪製的兩幅象輿，實際上是乘象圖。象背上披一邊飾為蓮花圖案的鋪氈，一人跪坐於氈上，後豎傘幢，因之可視為輿。圖中所繪是善友太子乘象出遊受到百姓歡迎的故事。

北周 莫296 窟頂南坡

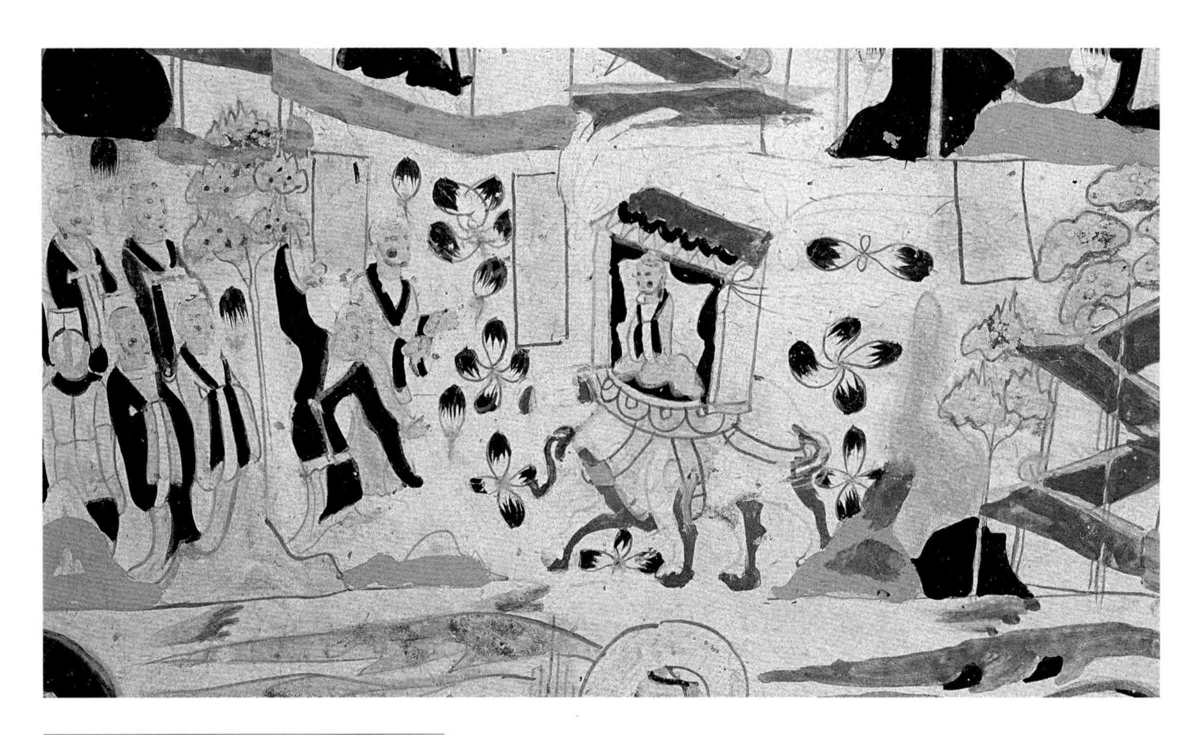

150 **百官迎象輿**

在第296窟的同一壁面，還繪有另一幅象輿圖，輿室為箱形，輿中坐一人。繪畫善友太子出海尋寶，歷盡千辛萬苦後終於回到祖國時受到歡迎的情景。

北周 莫296 窟頂南坡

151 **供養人象輿**

象輿背上的蓮花鋪墊，設置一個方形低欄榻輦，一人在臥輦中屈膝仰臥。這幅象輿圖出現在供養人像列中，可能是反映這位躺在象輦上的貴族是來往於敦煌的西域商旅。他熱衷於營造佛窟，但此時已臥病不起，作為施主又不能不在佛窟裏出現，故此只好繪成躺在象輦上。

晚唐 莫386 前室東壁

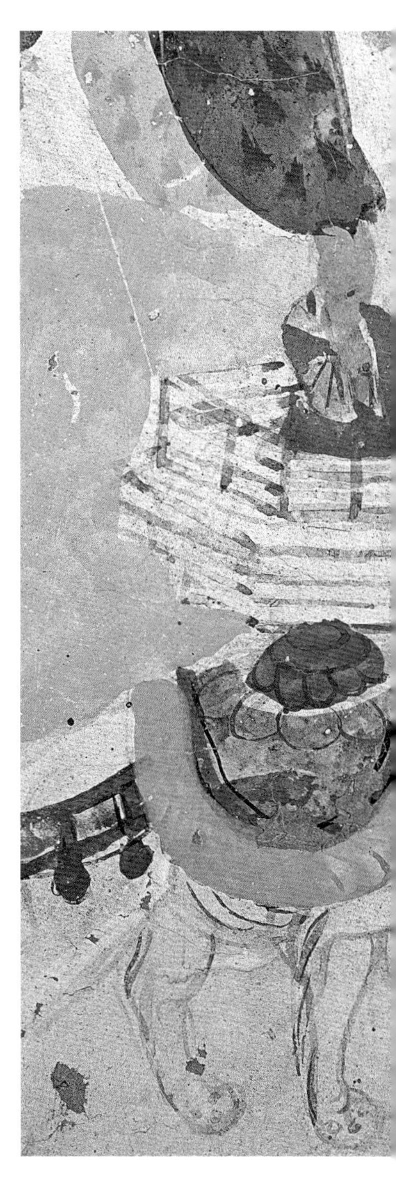

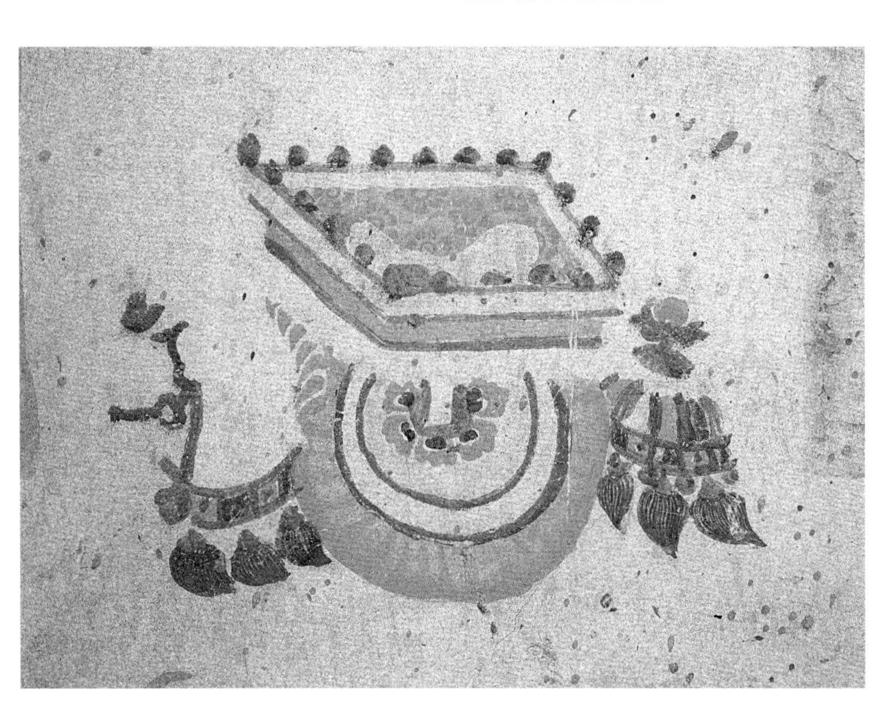

153 佛母回宮象輿 見下頁 ▶

圖中的象輿見於屏風畫“佛傳”故事畫中，除本圖所見3乘之外，畫中還有近10乘象輿，均為須彌方形座，榻輦上又置四角亭，乘坐者置身於亭內。這裏所選為佛陀釋迦牟尼降生後，佛母摩耶夫人回宮時的情景之一。此“佛傳”故事畫中還有象輿數乘，雖表現情節不同，但象輿的形式基本一致。

五代 莫61 南壁

152 象輿二乘

圖中繪象輿二乘，象背上安置須彌座，為六角形低欄榻輦，輦中各坐一人。它所表達的可能是“勞度叉鬥聖變”中達官顯貴們乘用象輦觀看佛弟子舍利弗聖者與外道勞度叉鬥法的情形。因為大象比較高大，又加上高座榻輦，使乘坐者可全面觀看場景。

五代 莫146 西壁

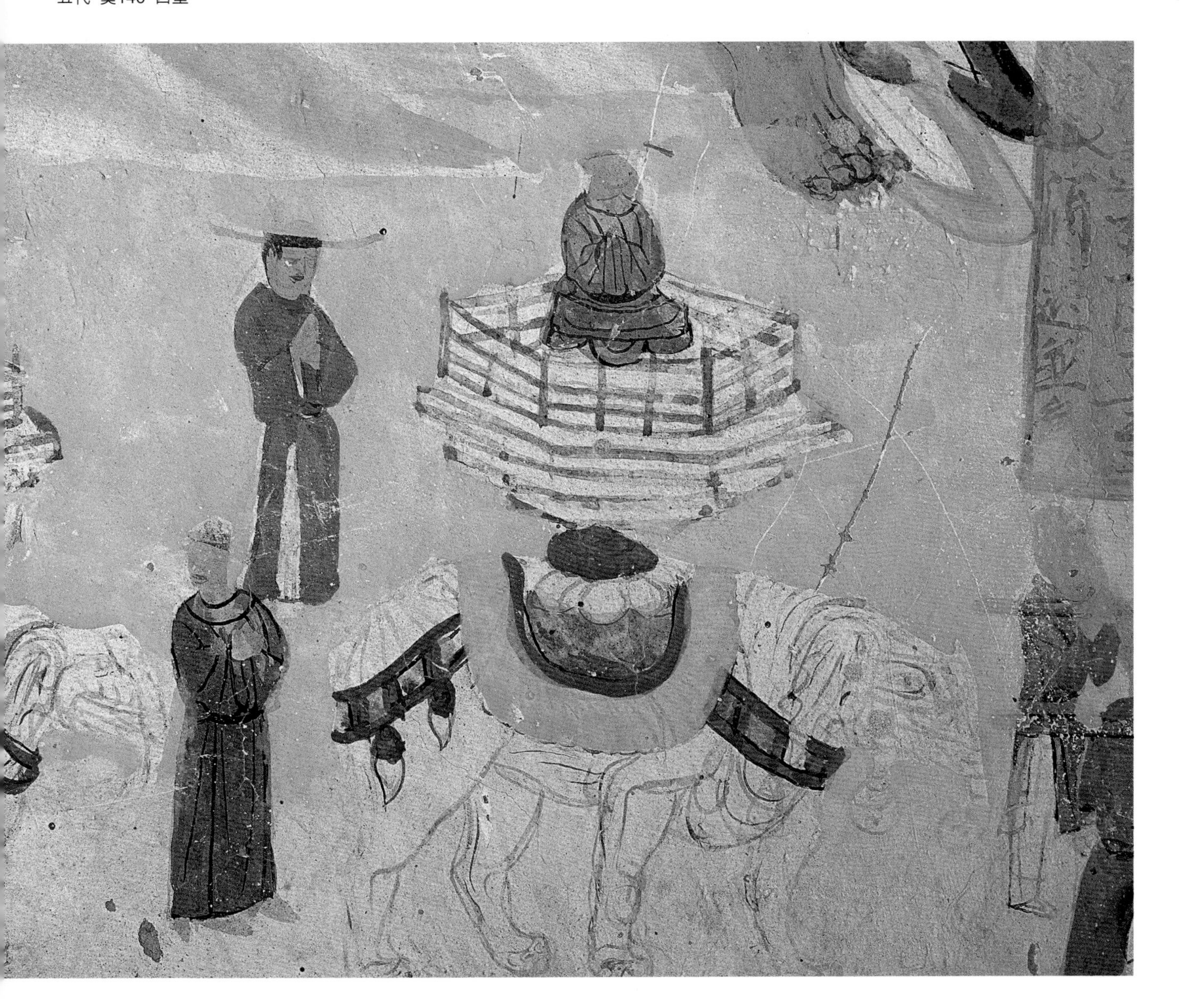

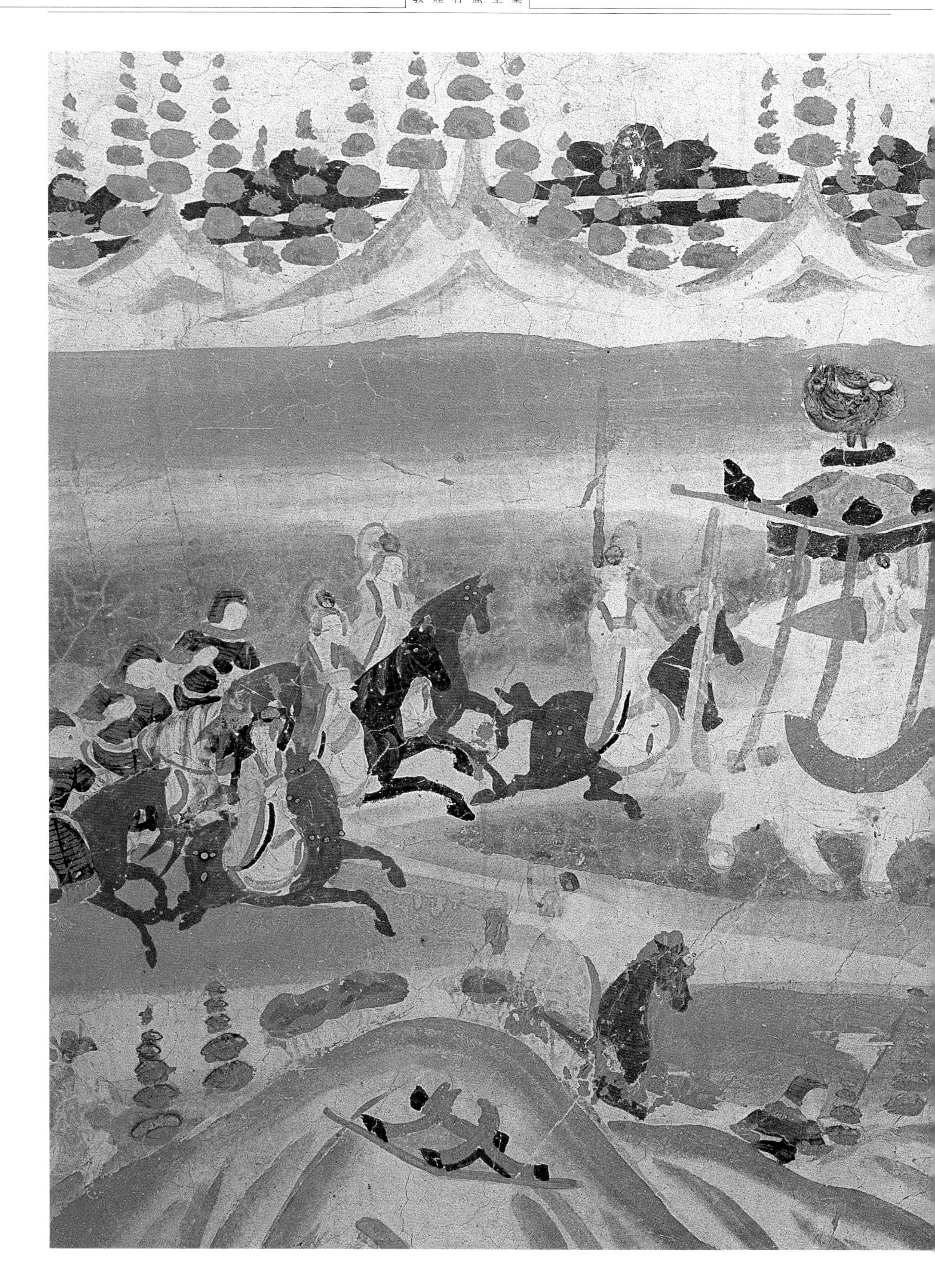

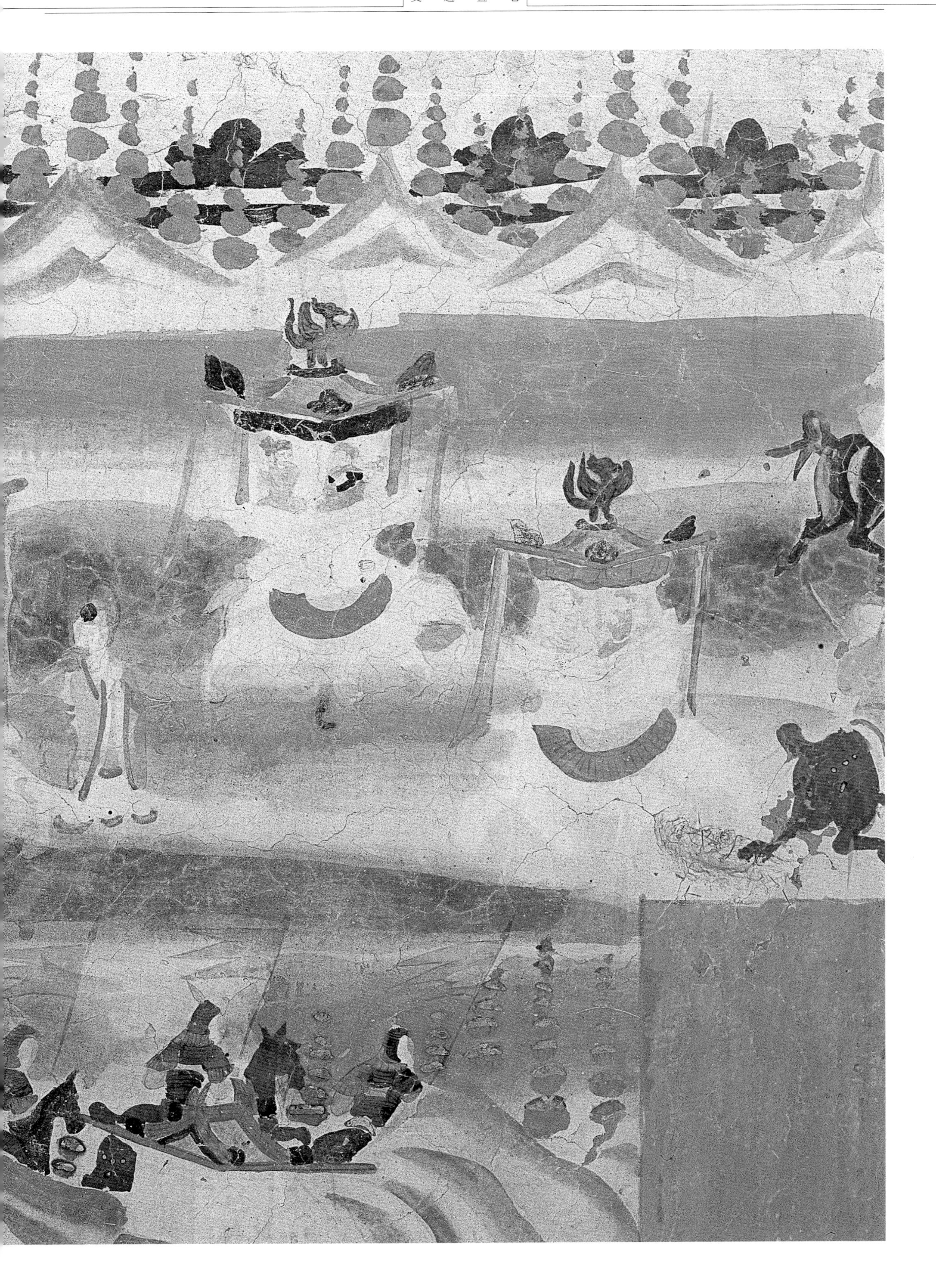

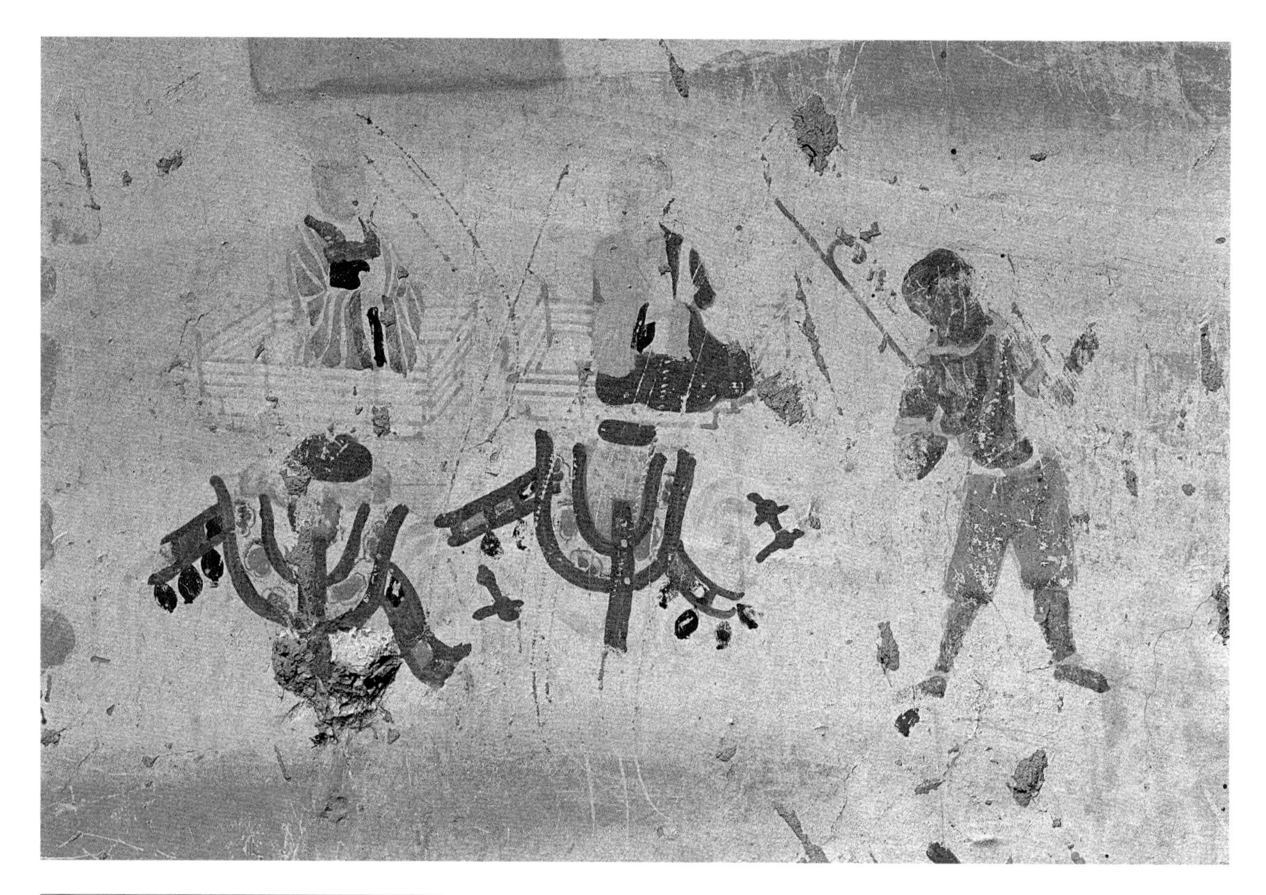

154 越奴鈎象

東漢時代中國學者王充在他的著作中提到"越奴鈎象"，即南方的越人拿着長鈎駕馭大象。圖中的象奴赤裸上身，蓄短髮，手持一鈎，雙臂和雙腕均有環飾，應是南方的越奴。

晚唐 莫9 南壁

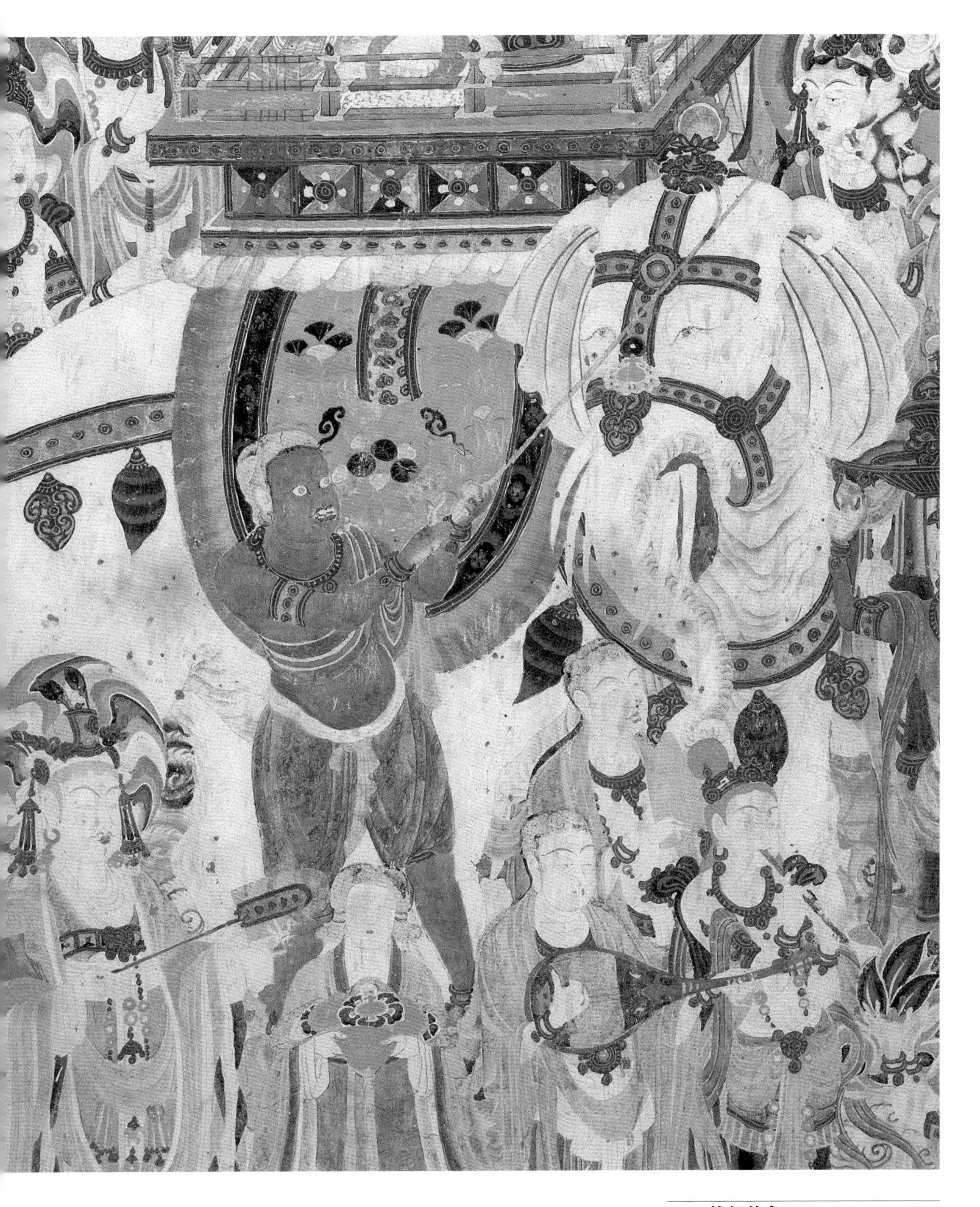

155 **越奴鈎象**

中唐 莫159 龕外南側

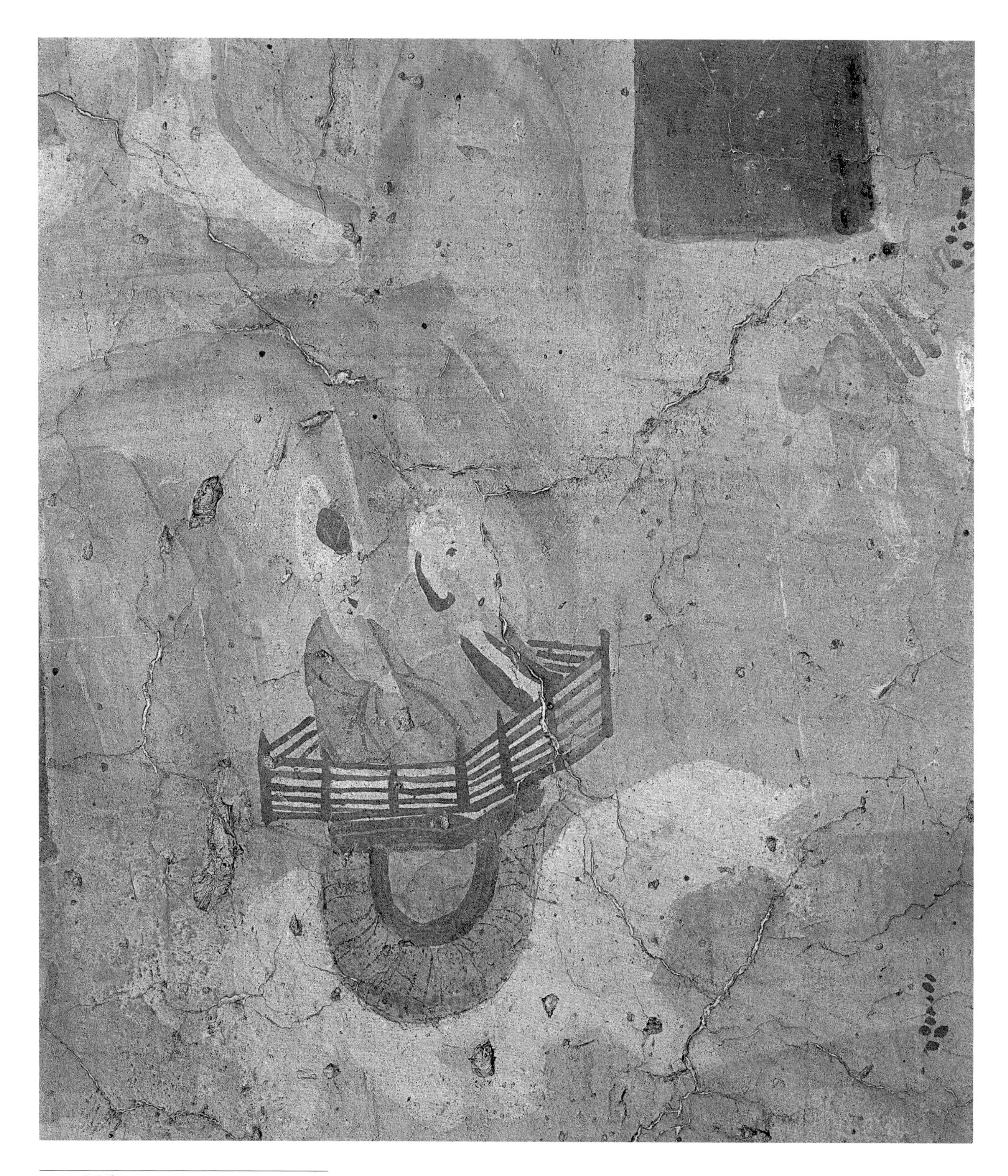

156 馬輿

馬背上設置方形低欄榻輦，二人坐於輦上。這幅畫距現實太遠，因為馬背上無論如何是不能安置這類榻輦的。

晚唐 莫138 北壁

天上人間

——敦煌壁畫的出行圖與神仙車

談到敦煌石窟中有關交通方面的壁畫，不能忽略了反映達官貴人奢華的出行圖和富想像力的神仙車。這是壁畫交通圖中特具魅力的天地。

敦煌壁畫中表現歷史人物活動的“出行圖”，多繪畫在由這些歷史人物家族出資營造的石窟中，如公元865年歸義軍節度使張淮深為紀念其叔張議潮自吐蕃手中光復敦煌重歸大唐的豐功偉業，出資營造了第156窟和繪製了長卷式的出行圖。同出行圖一類的繪畫也見於漢晉和南北朝的墓室壁畫中，唐代時期更有不少出行圖是以手卷形式出現的。

“出行圖”在敦煌石窟壁畫中，一般以夫婦雙方一對一對地出現，題材表現“夫貴妻榮”。很多人都將這些夫人們的“出行圖”看作是古代貴族婦女的“遊春圖”。我們在這些夫人的“出行圖”上，看到了筆直平坦的大道，載歌載舞的出行隊伍，馬駝及車轎等交通運輸工具以及郵政驛馬等。因此，從某種意義上說，壁畫中的貴夫人出行圖，是全面展示敦煌古代道路交通的代表作品。

敦煌石窟早期和前期壁畫中出現的神仙車圖像，是人們在現實車輛基礎上的想像。雖然它被畫在空中，但實際上是陸上交通運載工具的翻版。在研究中國車輛的製造和使用歷史方面，神仙車的可借鑒之處並不很多；但作為藝術作品，卻表現了更深更廣的文化內涵。它反映了中國古代人們對美好事物的嚮往。隨着歷史的發展，許多神話已變成現實，這是人們用勞動創造想像的必然結果。

第一節 出行圖與敦煌的道路交通

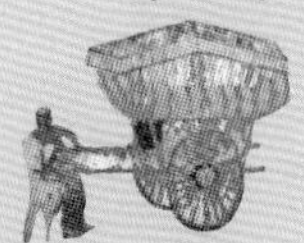

在公元9～10世紀的敦煌壁畫中，出現過一些表現歷史人物活動的“出行圖”，目前保存在壁畫中，或者在壁畫中留有遺迹者共有4窟8幅，即莫高窟第156窟的“張議潮統軍出行圖”和“宋國夫人出行圖”，第94窟被後代壁畫覆蓋的“張淮深出行圖”和“陳氏出行圖”，第100窟的“曹議金出行圖”和“聖天公主李氏出行圖”，以及榆林窟第12窟的“慕容歸盈出行圖”和“曹氏出行圖”。

這4座洞窟的出行圖，第156窟基本保存完好，並有榜書。第100窟仍存上中部2／3畫面，第94窟只露出部分殘迹，而榆林第12窟已漫漶不清。這裏主要介紹第156窟和第100窟的宋氏和李氏出行圖。

第156窟“宋國夫人出行圖”全長8.68米，高約1.1米。宋氏是河西歸義軍政權的創建者張議潮的夫人。從榜題中看，分為歌舞樂伎、前衛隊、行李馬車一乘並驛使、小娘子擔輿二乘、安車（坐車）一隊四乘、樂隊並中衛隊、宋氏本人並侍從、輜重馱馬隊及後衛騎兵隊等。運載方式以騎馱為主，交通工具有古代最尊貴的八抬輿轎，以及運載行李的棧車和供人乘坐的安車。榜題為“小娘子擔輿”的兩乘八抬肩輿，可能是供隨從宋國夫人出遊的三位女公子的乘坐工具；二乘擔輿均為六角式結構，但裝飾上稍有區別。張議潮官高一品，按唐制，他的女兒與夫人都可以乘坐八抬肩輿。而圖中的多數人，如舞伎、士兵、轎夫、車夫、馬夫、侍女等仍然步行。這幅將眾多的人物、各類陸上交通工具和各種行進方式交織在一起的“出行圖”，展示了十分宏偉的古代敦煌地區的道路交通盛況。

聖天公主李氏，是曹氏歸義軍開山祖曹議金的回鶻夫人。回鶻人稱王室之女為“天公主”，李氏為唐朝賜姓。曹議金在李氏之前已有索氏和宋氏兩位夫人，但李氏一直排第一夫人之位。曹議金死後，李氏被曹氏子孫尊為“國母聖天公主”。第100窟建成於曹議金死後的公元939年，窟主為李氏與曹議金長子曹元德，窟號“天公主窟”。窟內的“曹議金出行圖”是李氏對議金歷史功勛的追念。“李氏出行圖”（全名為“國母聖天公主隴西李氏出行圖”）也是一幅遊樂圖，全長12米多，殘高0.5米至1.1米不等，其結構、佈局與“宋國夫人出行圖”相似，但規模更大一些；尤為突出的是圖中有一組馬上樂隊，不僅構圖新穎，而且在所有敦煌壁畫中僅此一例。

這些出行圖所表現的人物，一般都是該石窟的窟主，即當時敦煌地區的最高統治者和他們的夫人。夫妻雙方各自的“出行圖”對稱繪在窟內左右兩壁的下方或前、後壁的左右兩邊。不過，夫妻的“出行圖”雖然規模相當，在窟壁上所佔面積也不相上下，但其內容、性質卻有根本的差異。男“出行圖”所表現的是主人統軍南征北戰的疆場情景：旌旗飄揚，戰馬嘶鳴，鼓角長嘯，戟光劍影。女“出行圖”所展示的則是主人及其隨從的遊樂場景：弦管齊奏，伎樂共舞，行裝豐盈，眾侍簇擁……。兩幅畫面是兩個截然不同的世界，男主人用拼殺來創造歌舞昇平的太平盛世，而他們的夫人則是直接的受益者。因此，男“出行圖”可看作主人歷史功績的記錄，而女“出行圖”則是全面反映當時繁榮穩定的敦煌社會的道路交通畫卷。

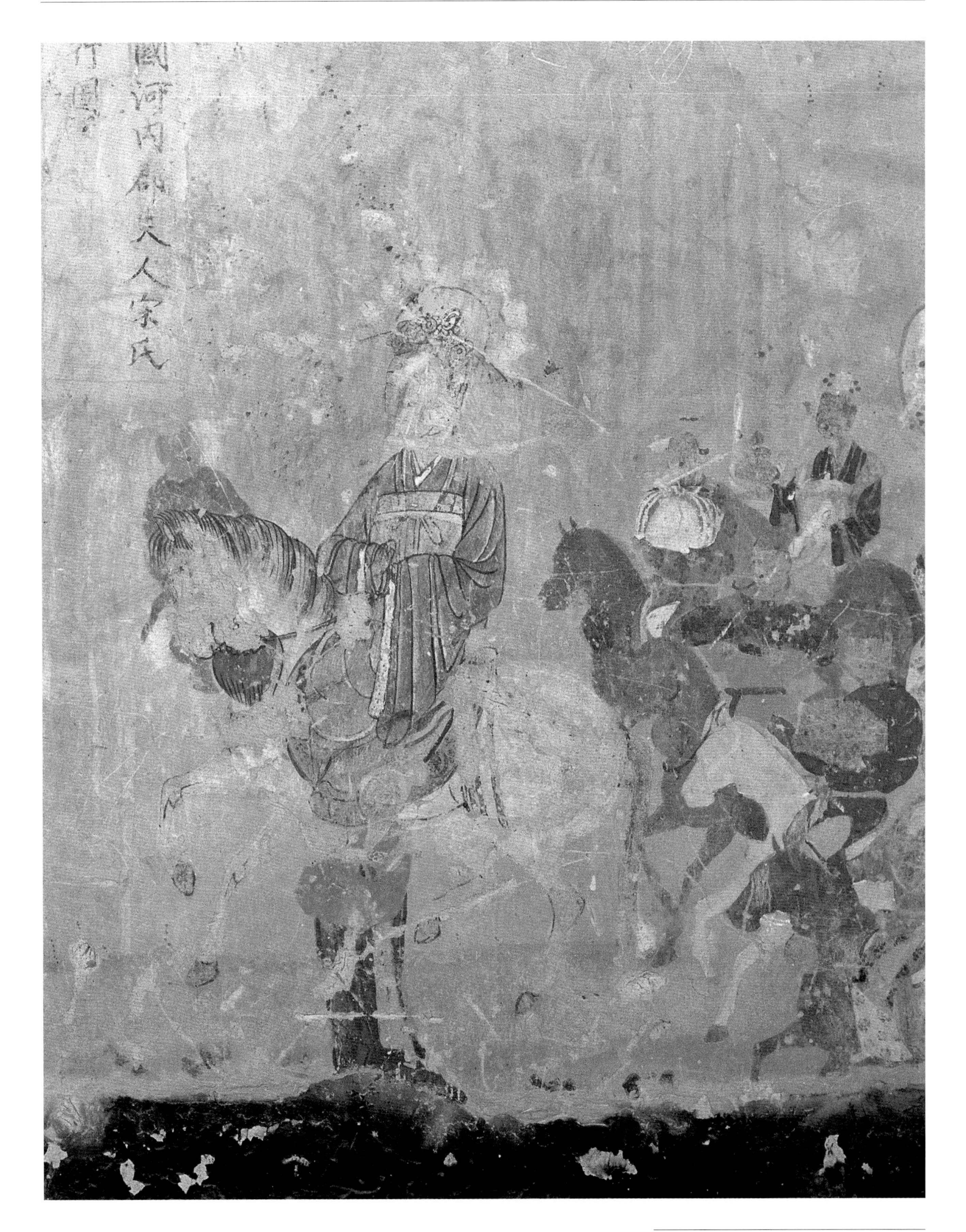

157 **宋國夫人**

晚唐 莫156 北壁

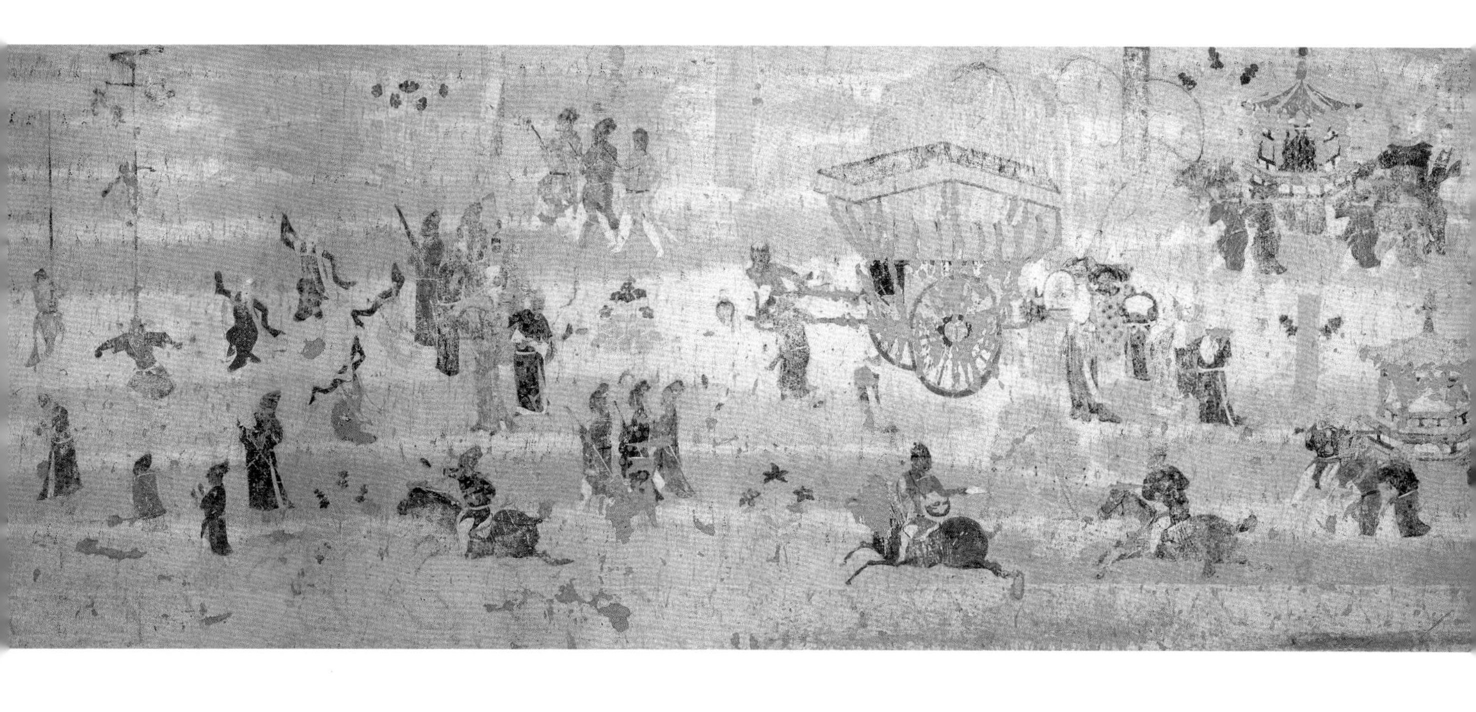

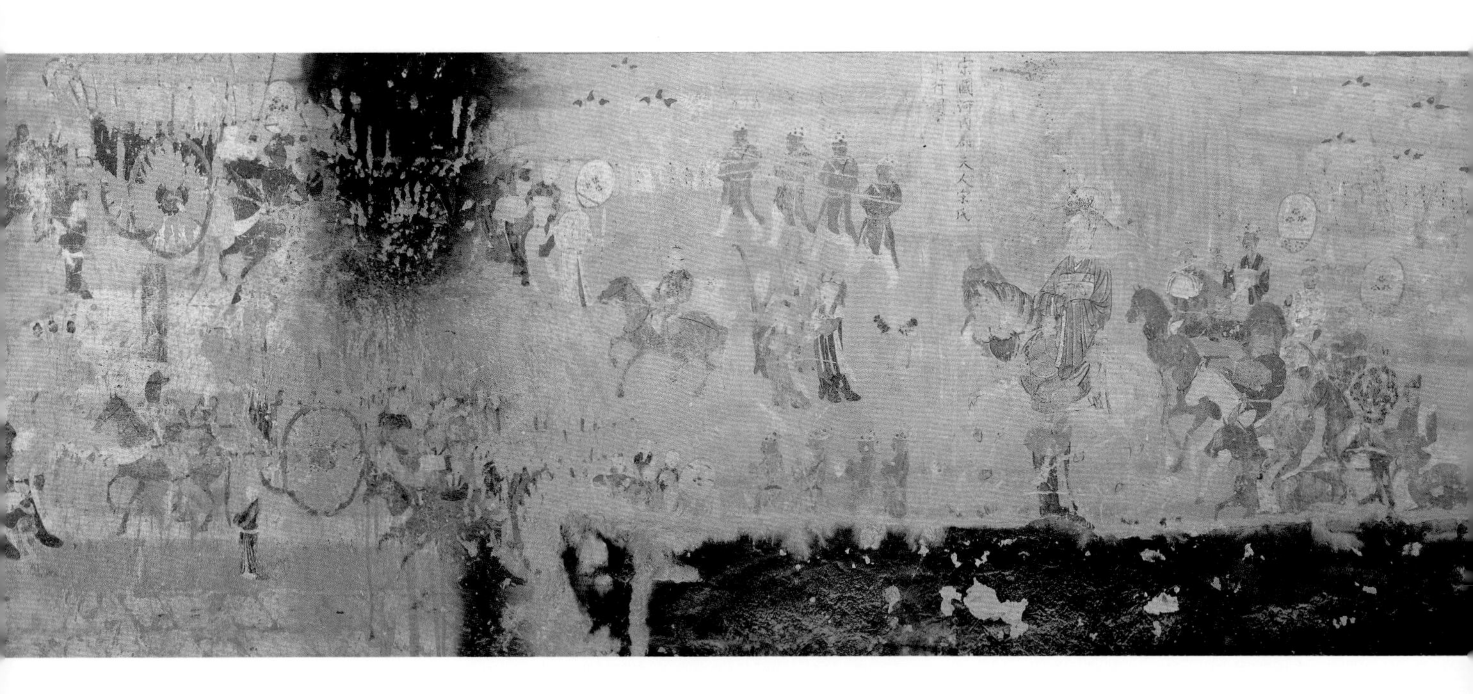

158 宋國河內郡夫人宋氏出行圖

第156窟南北壁及東壁南北兩側的底部，分別繪長卷式“張議潮出行圖”和“宋國夫人出行圖”。宋國夫人即張議潮之夫人廣平宋氏。這幅畫長達8米多，自西至東依次畫樂舞百戲、各種交通運載工具、宋國夫人及其隨從等，從各個方面展示了敦煌當時的陸路交通盛況。畫中主人“宋國夫人河內郡夫人宋氏”騎在馬上，前呼後擁。出行隊伍由左而右，以衛隊分為前中後三部份。圖的左端開路的是耍雜技和10人樂舞隊，緊挨的是前衛隊6人。旁邊有3騎前奔，是出行隊伍的驛使。從中衛隊開始是出行隊伍的中部，宋氏本人騎高頭大馬，其後有兩排騎馬的侍從。

晚唐 莫156 北壁

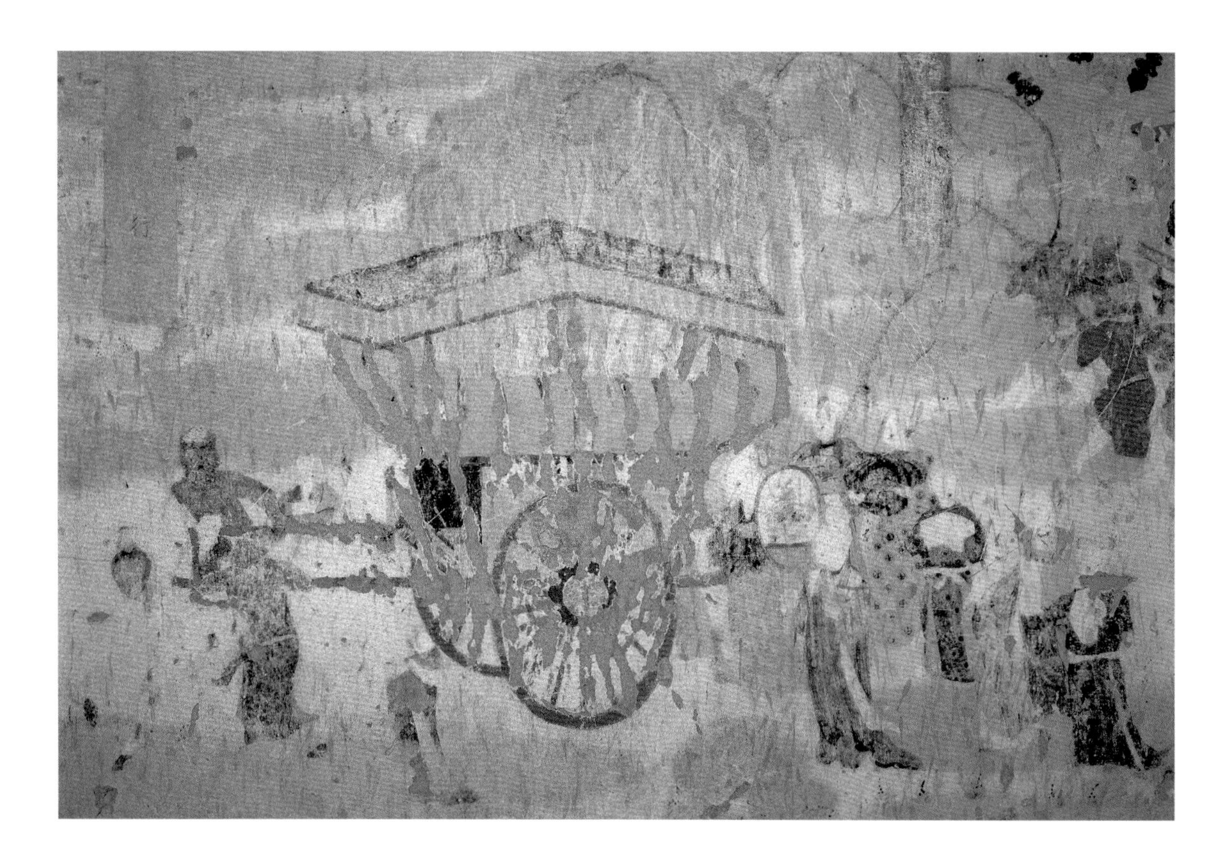

159 行李車馬

選自“宋國夫人出行圖”，為運載貨物的棧車圖像，大輪、高欄。榜題為“行李車馬”。

晚唐 莫156 北壁

160 驛馬傳遞

位於“宋國夫人出行圖”之“行李車馬”之下面，有一人手持書信狀物品，騎馬來回穿梭於人流之中，專家們視其為古代郵政驛馬傳遞圖像。

晚唐 莫156 北壁

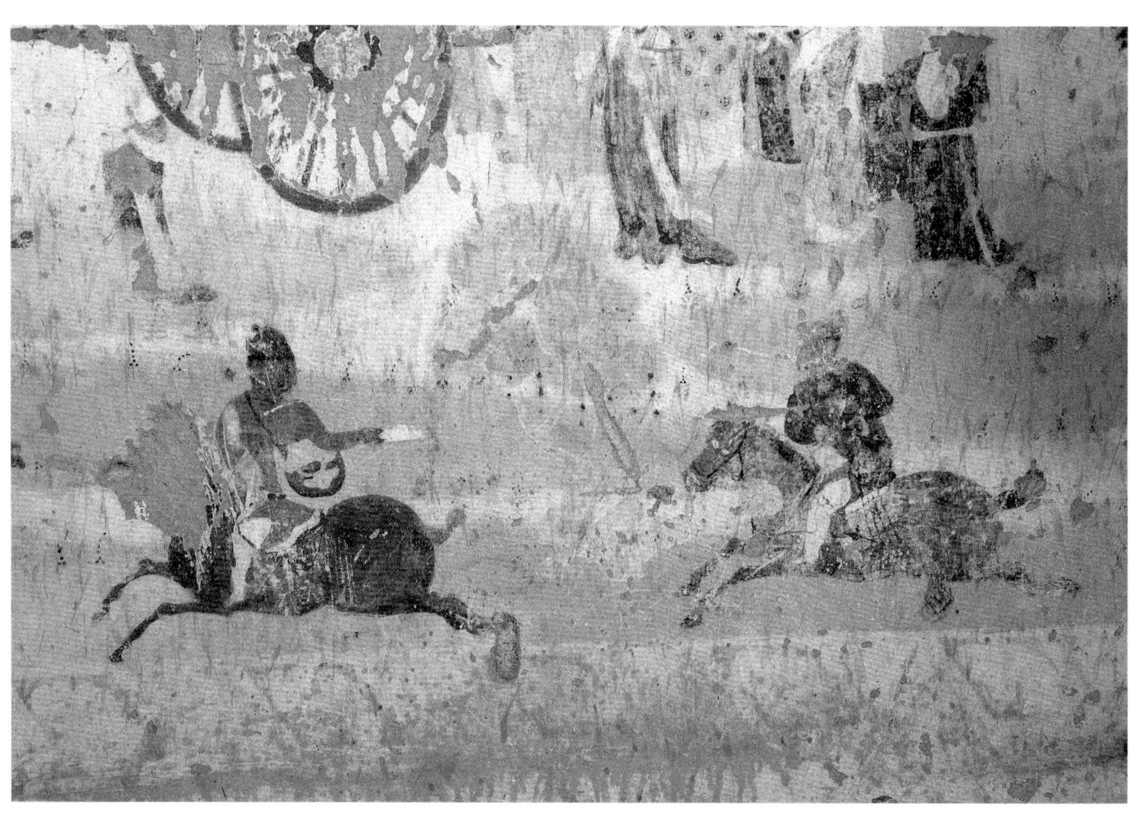

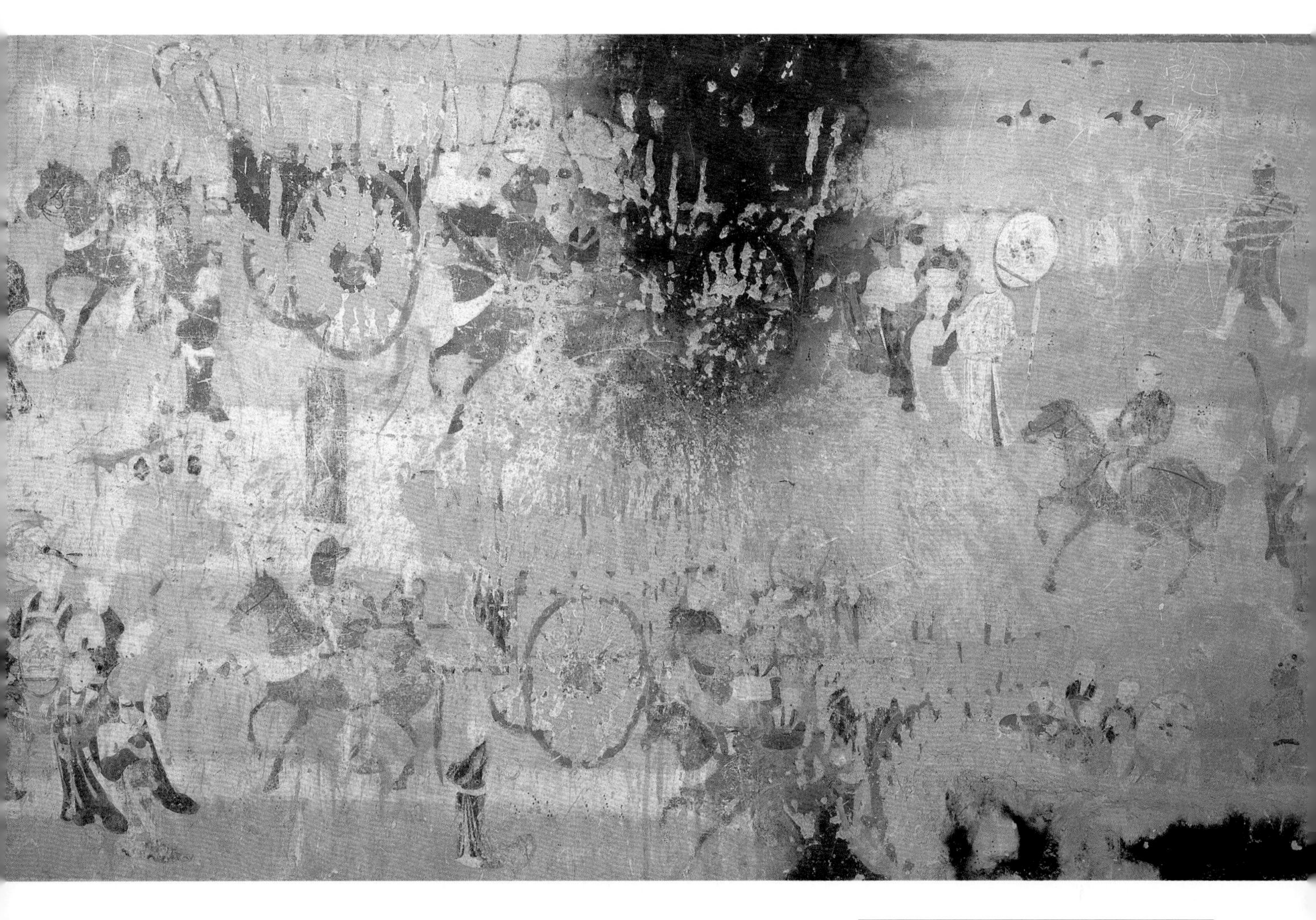

161 “坐車”四乘

榜題為“坐車”的四乘單馬駕馭的雙輪雙轅車，四周封閉，上有卷棚頂，屬安車形，亦為當時的貴族乘用工具。

晚唐 莫156 北壁

162 聖天公主李氏出行圖之一

此窟在公元939年建成，窟主為河西節度使曹元德與其母隴西李氏。李氏為已故節度使曹議金的回鶻夫人。窟內的"曹議金出行圖"及"聖天公主李氏出行圖"即曹元德為紀念父親曹議金和歌頌李氏所作。"聖天公主李氏出行圖"與"宋國夫人出行圖"一樣，是一幅全面反映10世紀敦煌地區交通的佳作。此出行隊伍可分五部分：最前的是百戲，但已漫漶不清，然後是樂隊二組；緊接有馬上樂隊一組，伎樂數人騎在馬上演奏鼓、簫、方響、箜篌等樂器；聖天公主及其侍從在畫面的中間部分；跟在後頭的有肩輿三乘；最後是馬車隊三乘。

五代 莫100 北壁

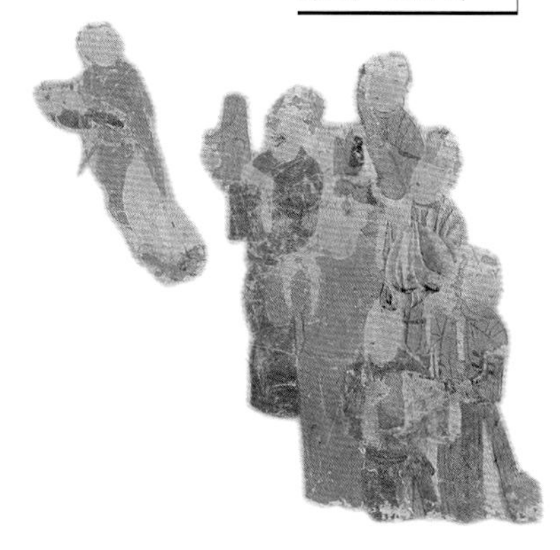

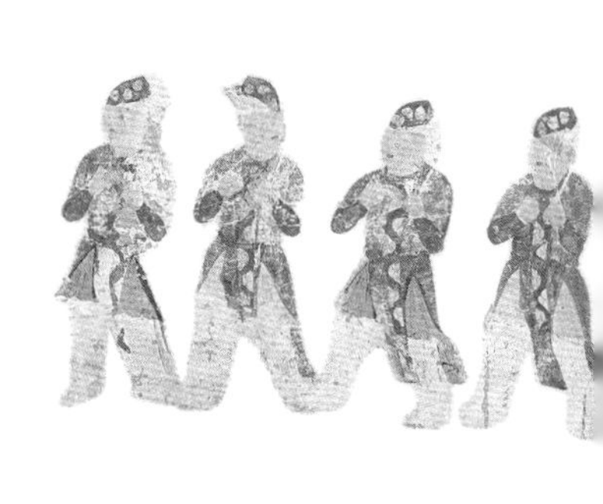

馬上樂隊

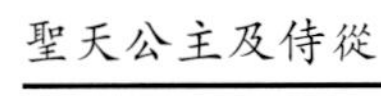

聖天公主及侍從

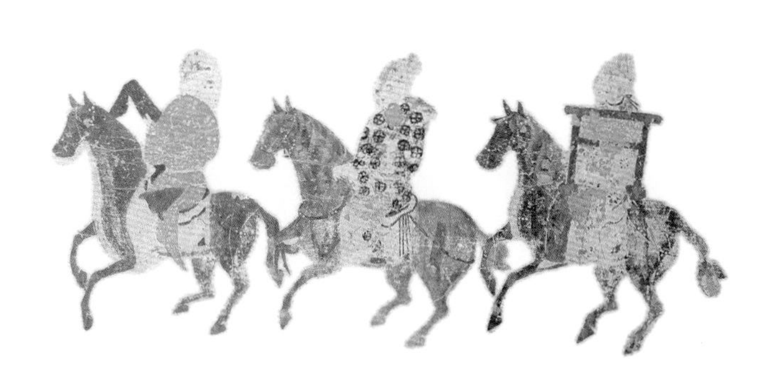

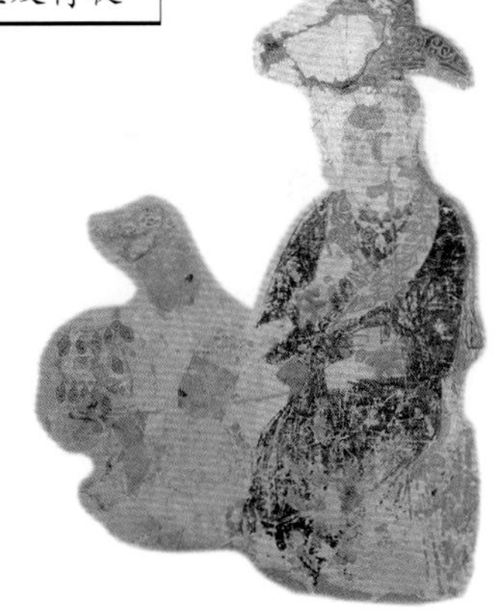

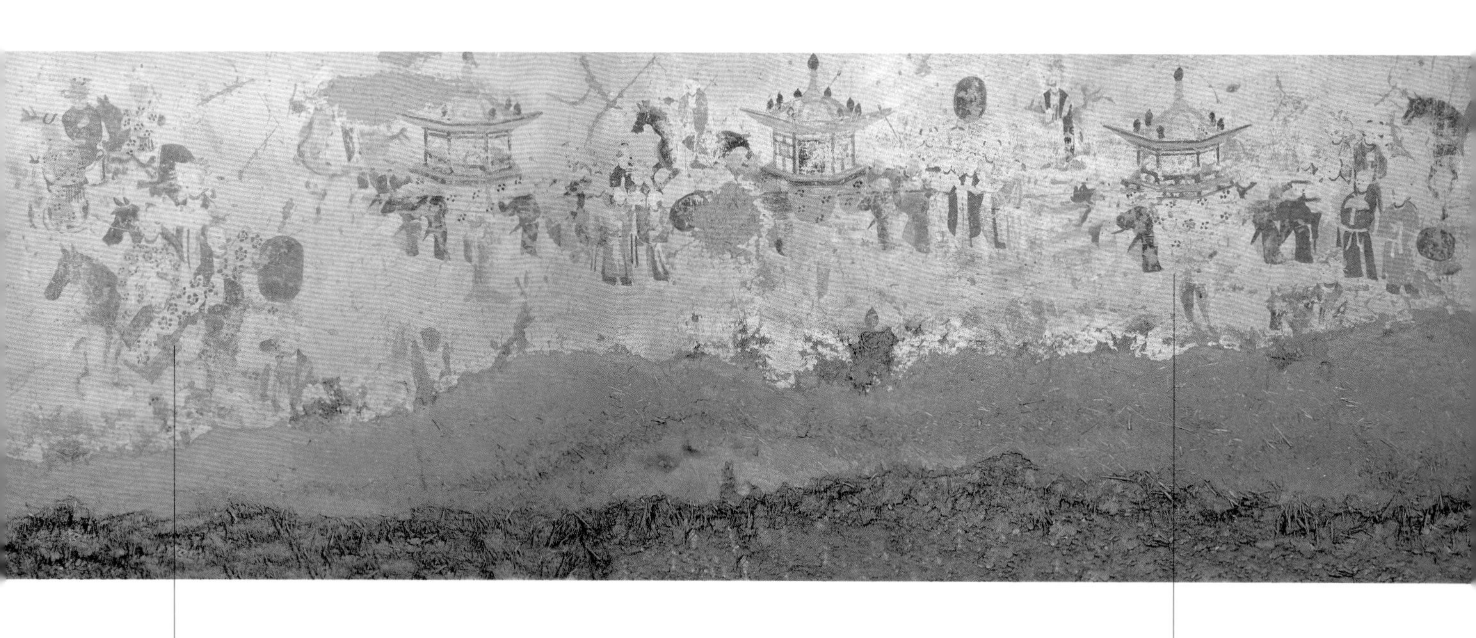

騎馬攜物的隨從

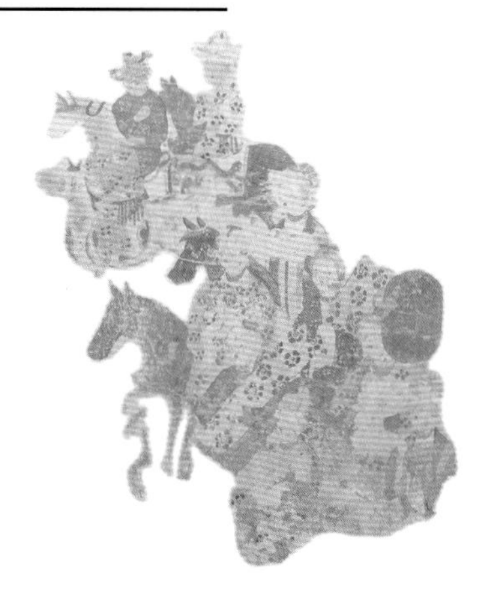

肩輿

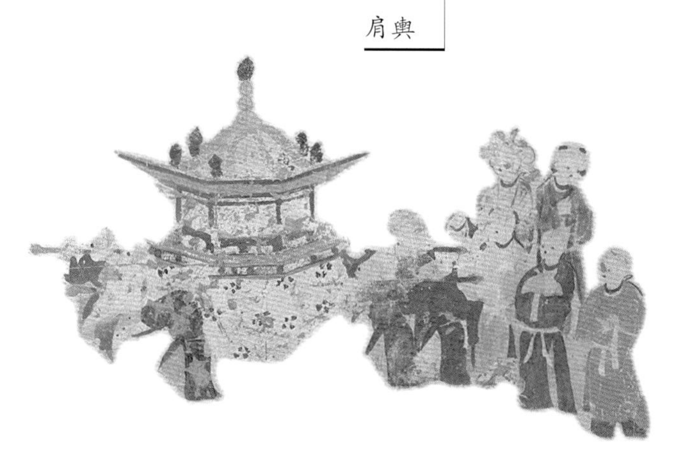

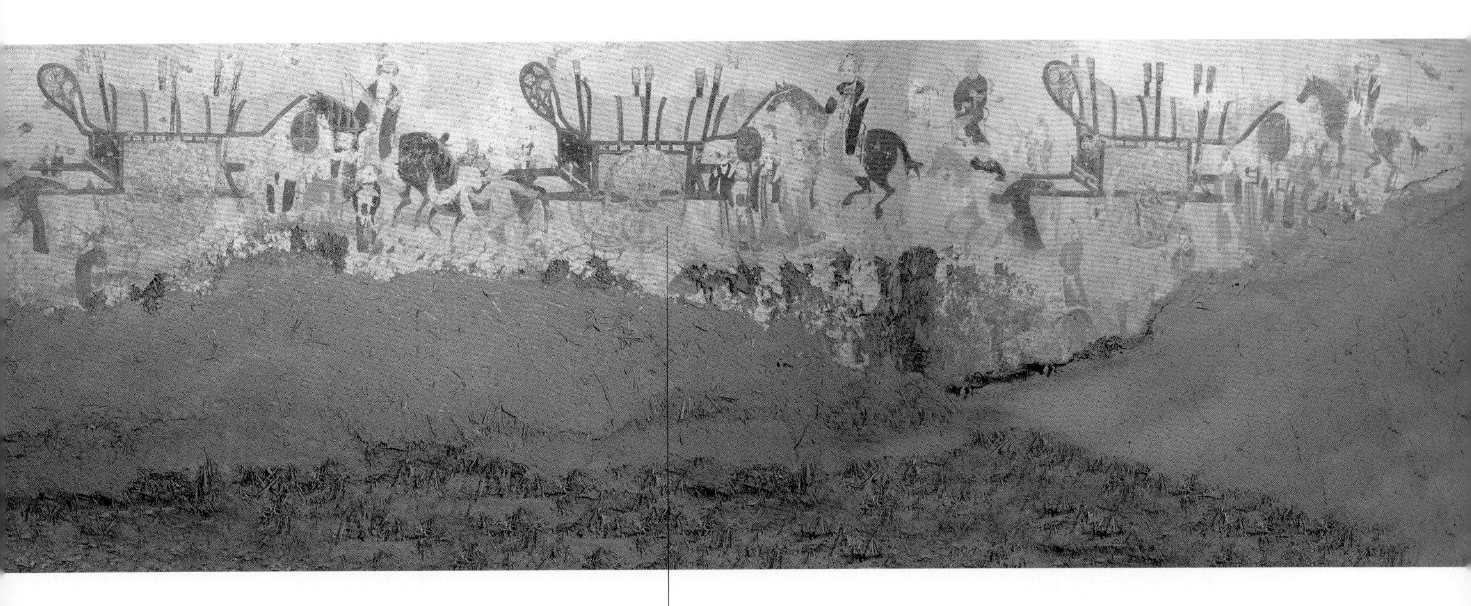

馬車

163 **聖天公主李氏出行圖之二**

五代 莫100 北壁至東壁

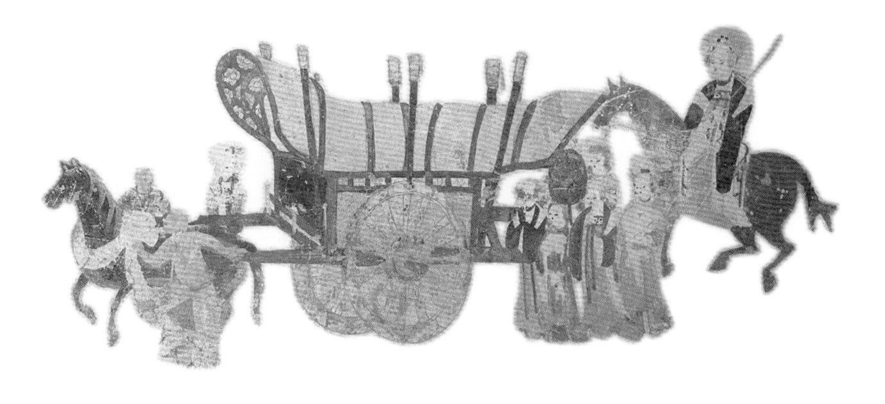

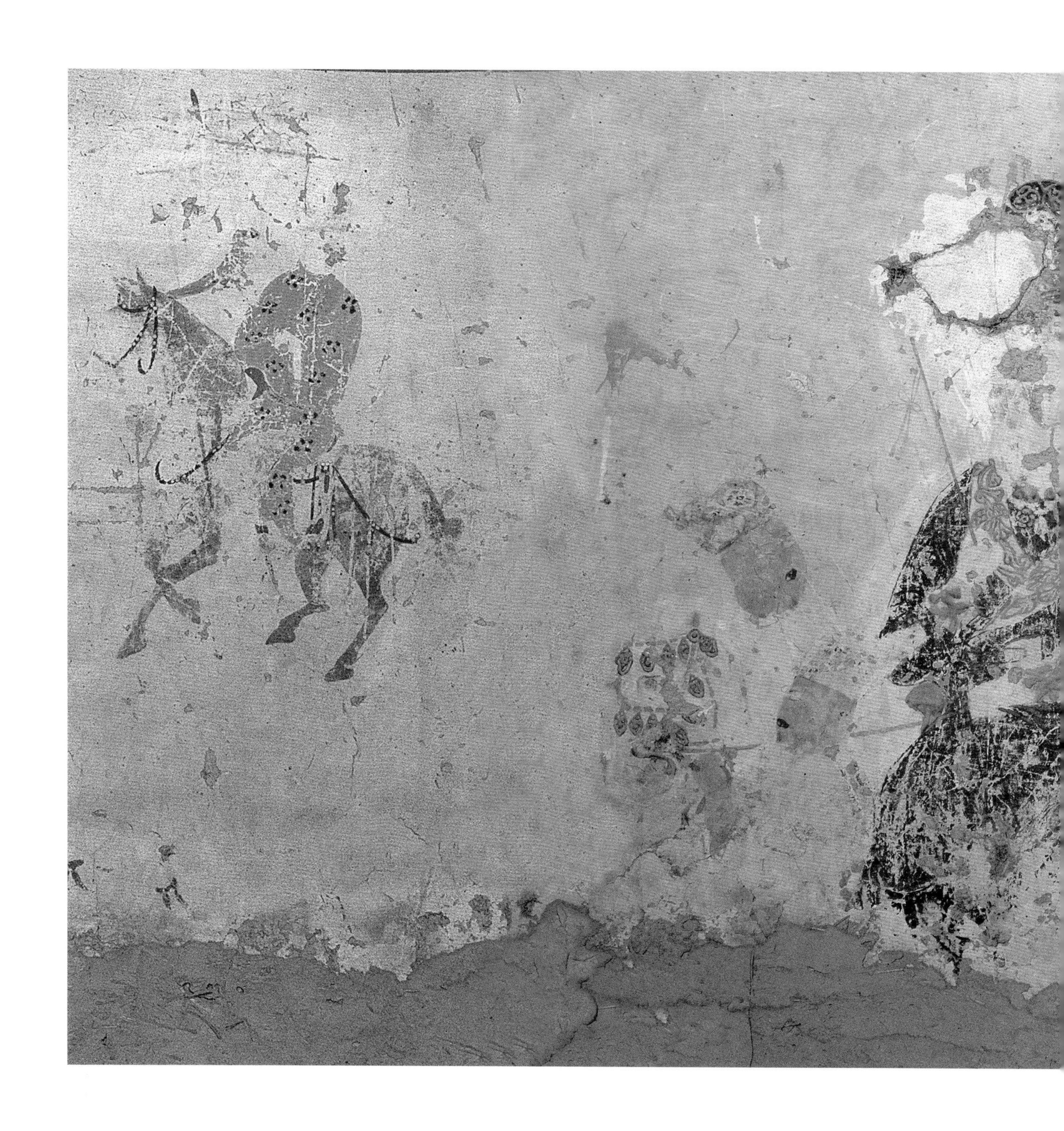

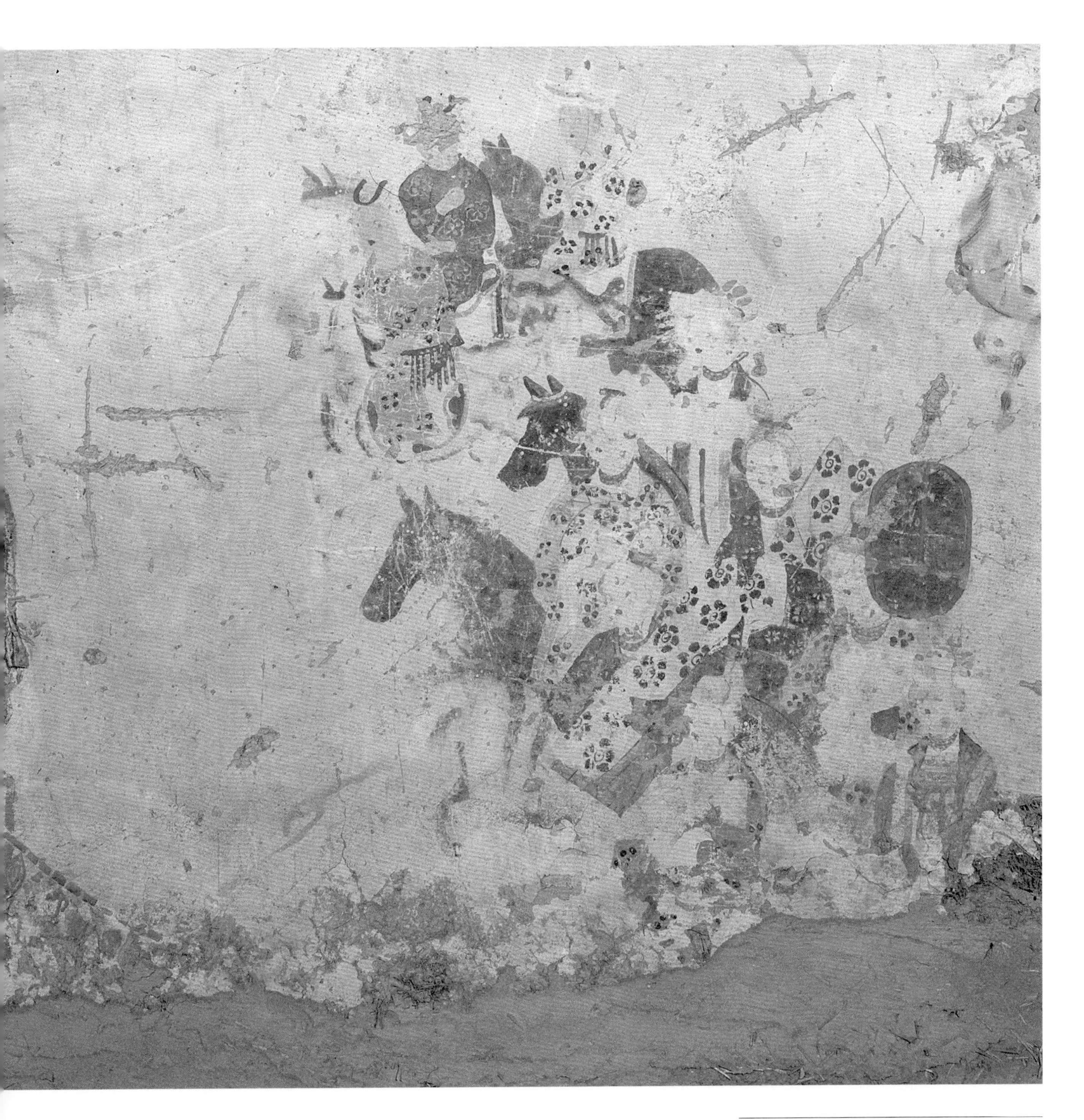

164 聖天公主及隨從

聖天公主乘馬，前面騎馬二人回首顧盼，後面一排騎馬者攜物跟隨，形成前呼後擁之狀。

五代 莫100 北壁

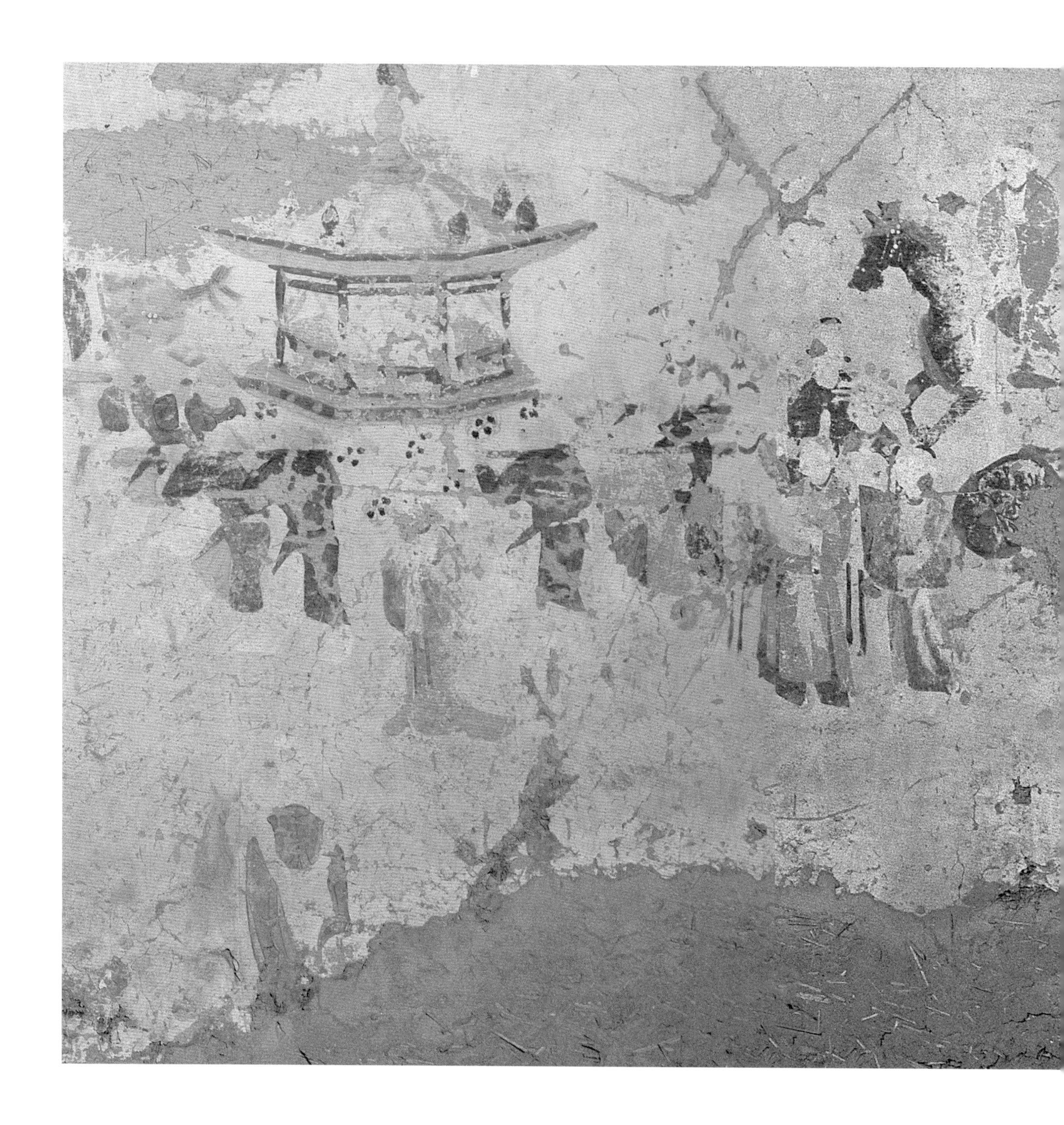

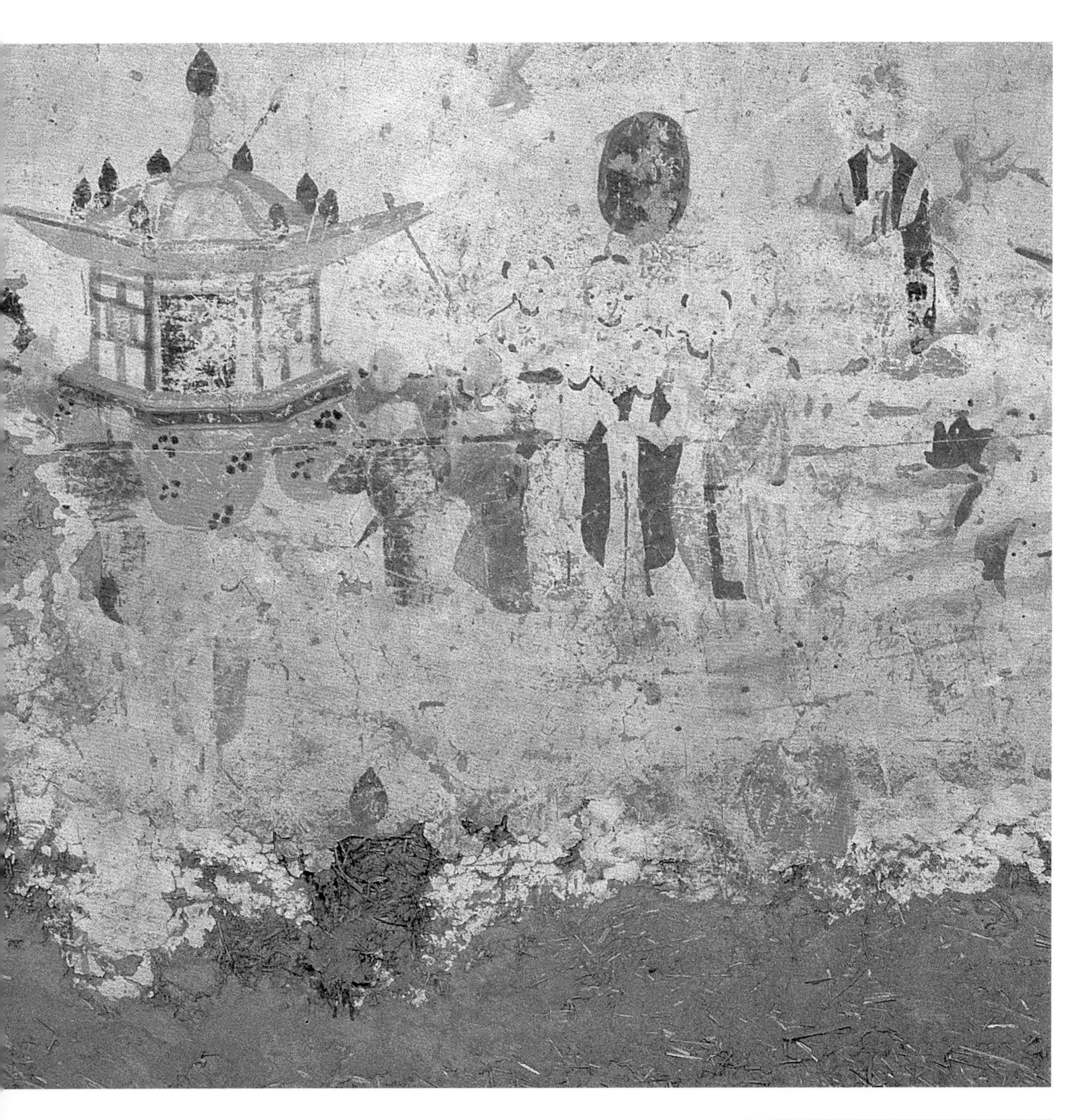

165 八抬肩輿

聖天公主李氏出行圖中現存三乘六角亭形八抬肩輿，下部殘毀的壁畫應原本還有一乘或數乘。從曹議金有眾多的女兒這一點看，這些肩輿也應當是“小娘子擔輿”。

五代 莫100 北壁

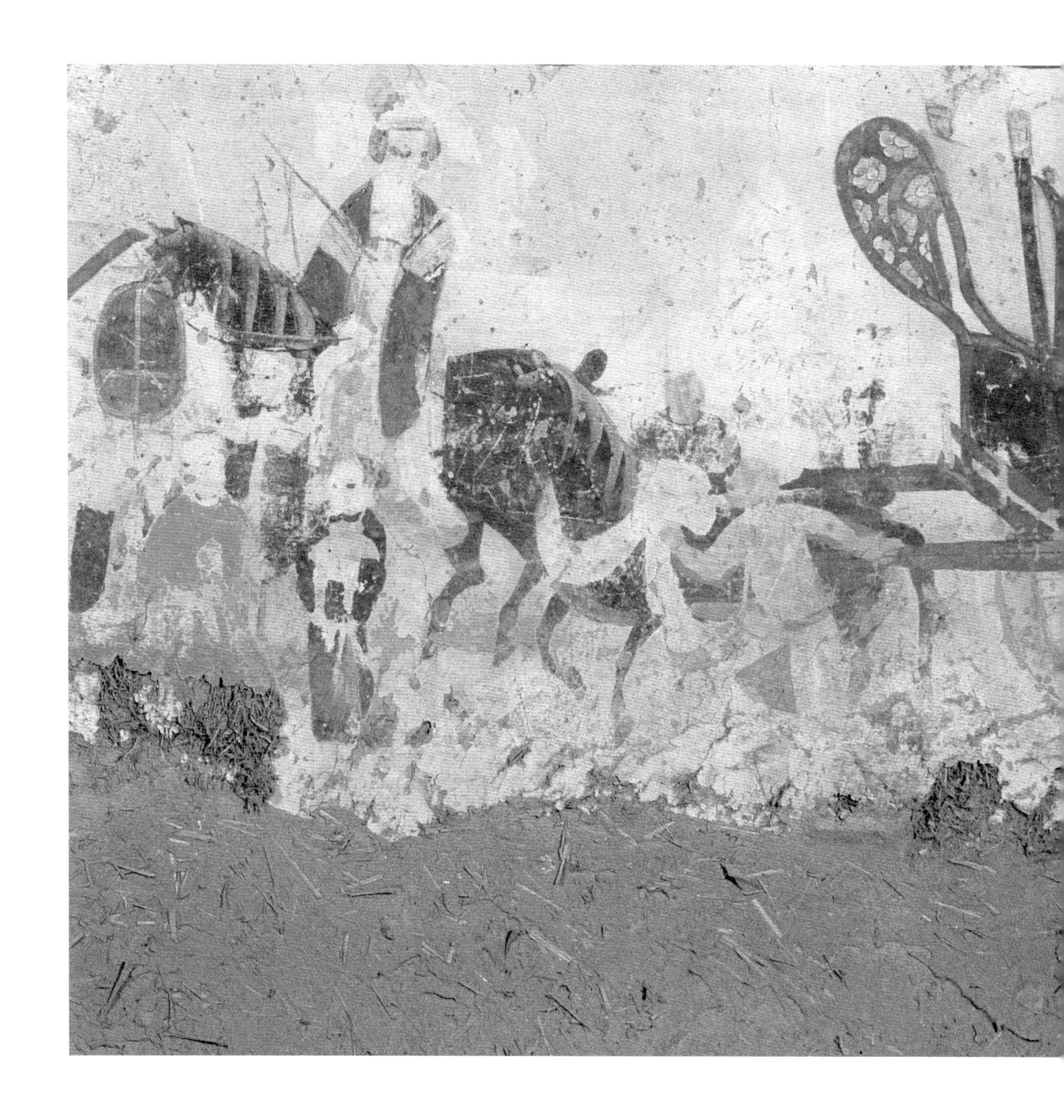

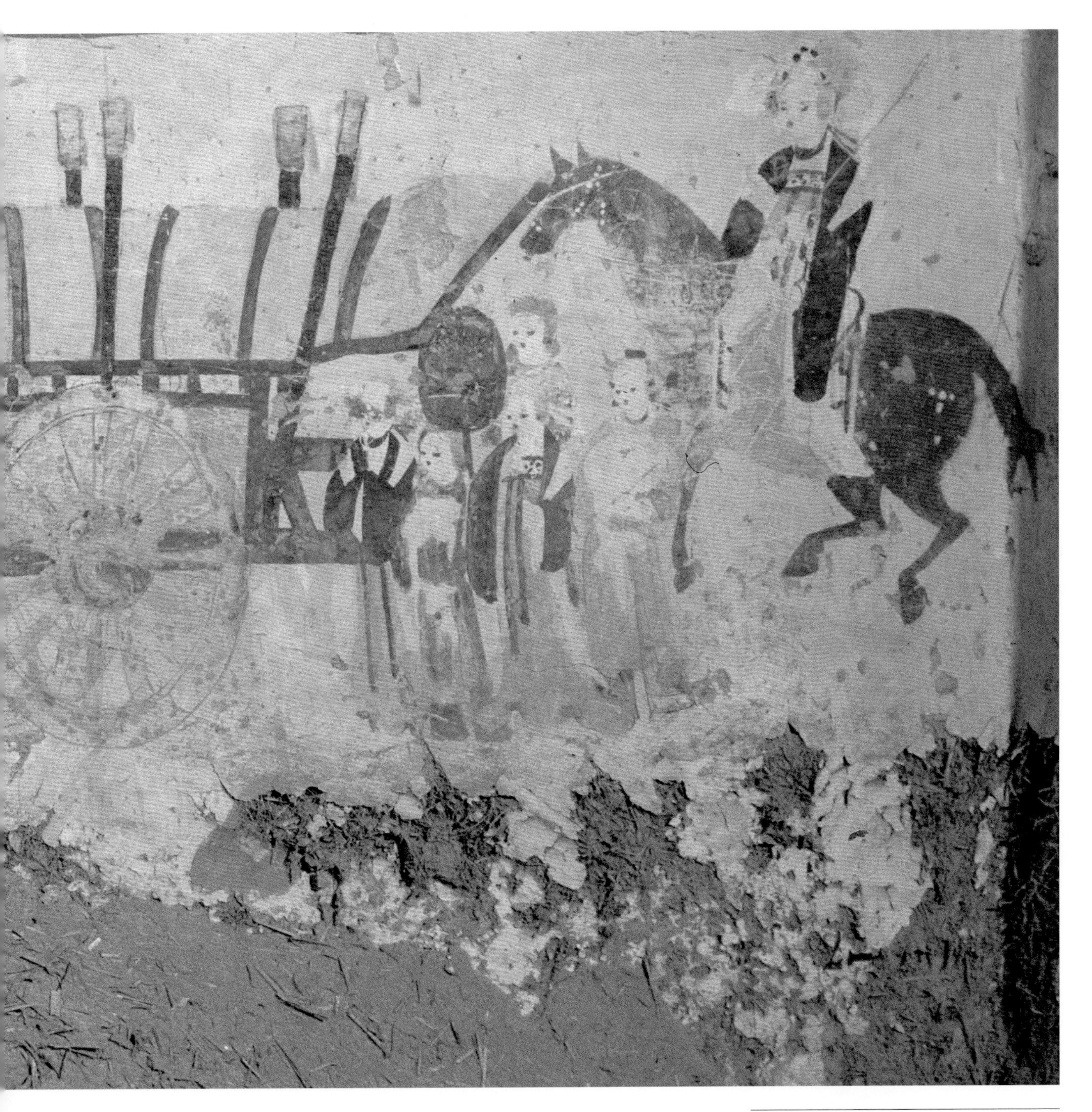

166 單馬駕安車

這是聖天公主李氏出行圖中的棚頂雙轅雙輪單馬駕安車，車身較長，為當時壁畫中常見車型。

五代 莫100 北壁

第二節 神仙車

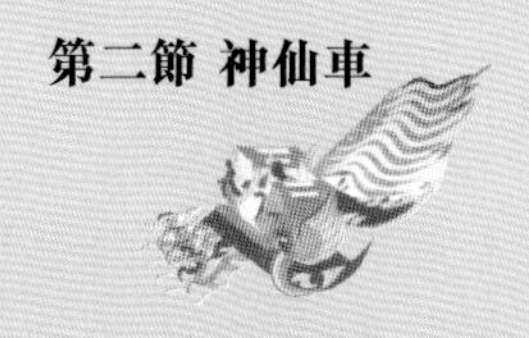

如果説，敦煌後期壁畫中的貴族夫人“出行圖”是現實中描繪的交通狀況的話，那麼，前期壁畫中的“神仙車”就是人們想像或憧憬中的天國交通的神物。

敦煌莫高窟西魏至唐初有神仙車圖像的10多個洞窟中，繪製了由龍、鳳、麒麟（獅子）駕馭，行駛在雲霧之中的神仙車壁畫。神仙車由輪、輿組成，但無轅；車輿為軺車型，有坐椅、靠背、扶手和傘蓋。駕車的龍、鳳、麒麟（獅子）三匹或四匹不等，亦有個別是由馬駕馭的。這種車的形象大抵來自中原，例如晉代著名畫家顧愷之的傳世之作“洛神賦”中就有。魏晉南北朝時代，這種車的形象在中原和敦煌流行，與當時道教盛行有關。

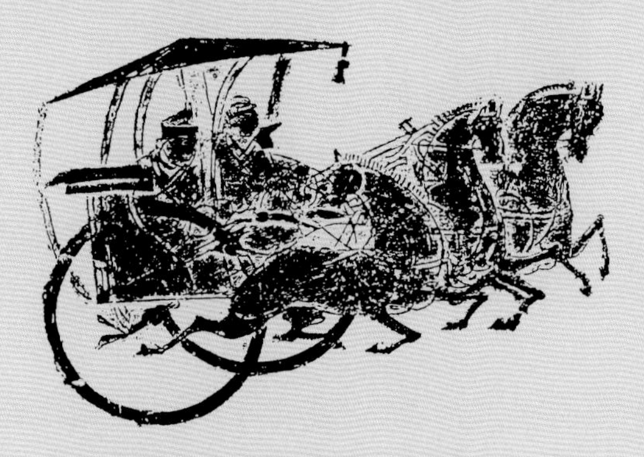

四川成都出土的漢代軺車畫像石

佛教為了求得發展，也利用道教的形式來表現佛教的內容，所以有現代學者認為這是佛教石窟中的道教內容。

神仙車最早在壁畫中出現是在公元539年的西魏時期建成的第285窟，及同時期的第249窟。第285窟是根據佛教密宗經典所載“日天”、“月天”形象而繪製的“日輪車”和“月輪車”。日輪車畫於日輪之中，是一輛無轅的軺車。日天交脛於車內，駕車之四馬兩左兩右，相背而馳；整個日輪與日輪車被托在一力士手中，這位力士和另一位力士馭手又站於一輛前後單輪、無轅、平板的神仙車上，正由三隻鳳凰拉動。月天所乘坐的月輪車基本上與日輪車相同，由四鵠拉動；而手托月輪與作為馭手的二力士站於由三隻獅子（麒麟）駕馭的一輛無轅、平板的神仙車上。鳳車和獅子車原為佛經所不載，是當時的畫家們根據社會的實際需要加以增改的，顯然是道教盛行時的產物。

龍車和鳳車最早出現在西魏時代的第249窟。按照佛經內容，坐龍車的是帝釋天，坐鳳車是帝釋天的天妃悦意，另有一説認為是梵天。畫家在這裏借助道教神仙東王公、西王母的形象來表現。龍車和鳳車均為無輪、無轅之軺車型，駕車者分別為四龍、三鳳，都在天中騰雲駕霧，追星趕月。

第249窟的龍車與鳳車即後來壁畫全部神仙車的雛型，但略有不同：西魏第249窟的鳳車是三鳳駕車，而北周、隋和初唐以後洞窟出現的鳳車，均為四鳳駕車；但所有的龍車自始至終均為四龍駕車。

敦煌壁畫中的出行圖與神仙車，為我們所展現出的一幅幅人間與天上的交通畫卷，啟迪人類社會不斷創造與發展，為我們指出一條通過不斷地探索與追求；從人間到天上，從太平盛世到夢幻境界，通向更加美好的未來的金光大道！特別是那穿雲破霧、追風趕月、翱翔於萬里青天的仙車神輿，激勵我們永遠朝着更加輝煌燦爛的目標奮勇飛進！

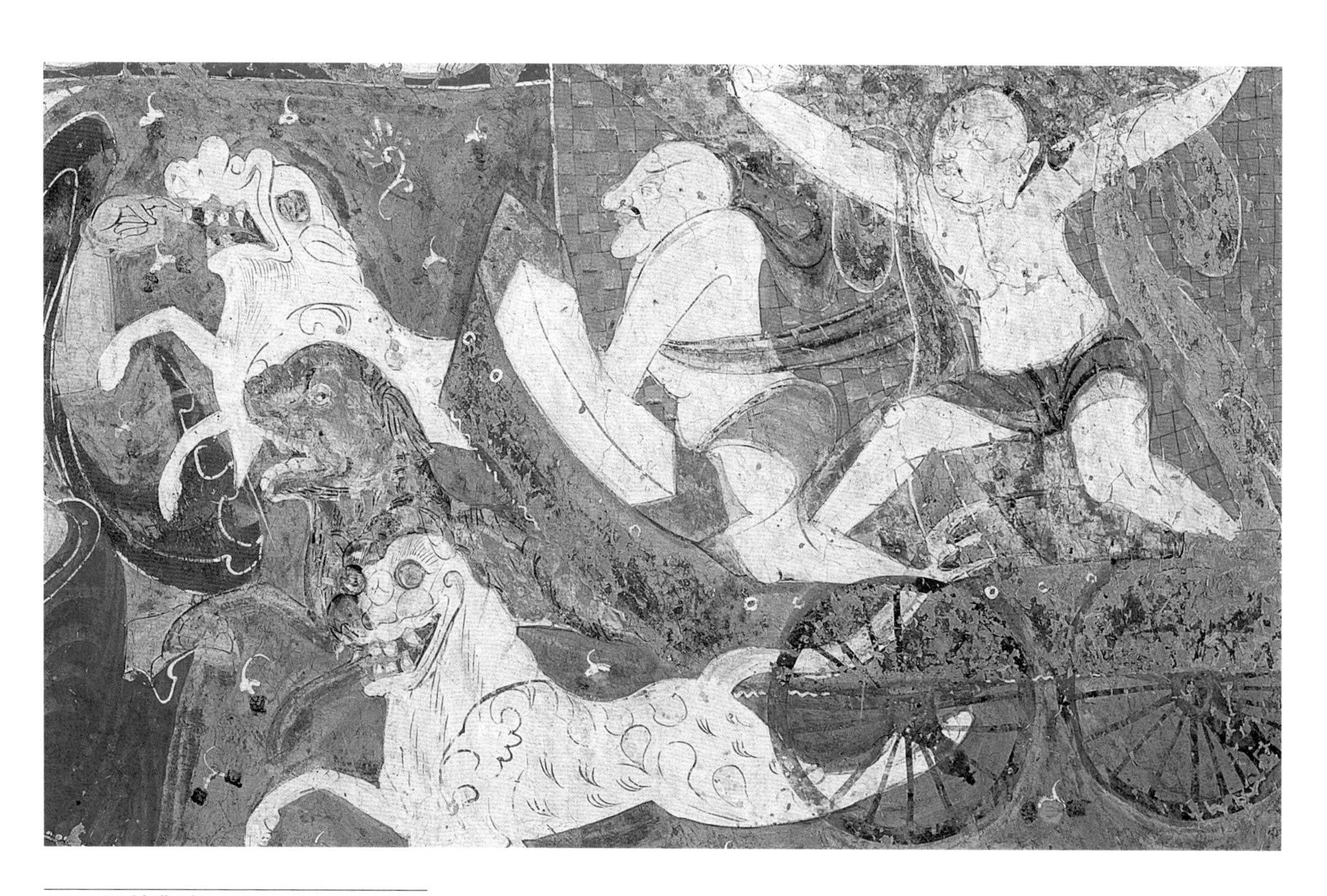

167　四輪獅車

此窟建於於西魏大統年間，有四輪獅車和四輪鳳車，均為無轅、無輿的四輪平板車，駕車者為3隻獅子（麒麟），車上各有力士馭手2人。

西魏　莫285　西壁

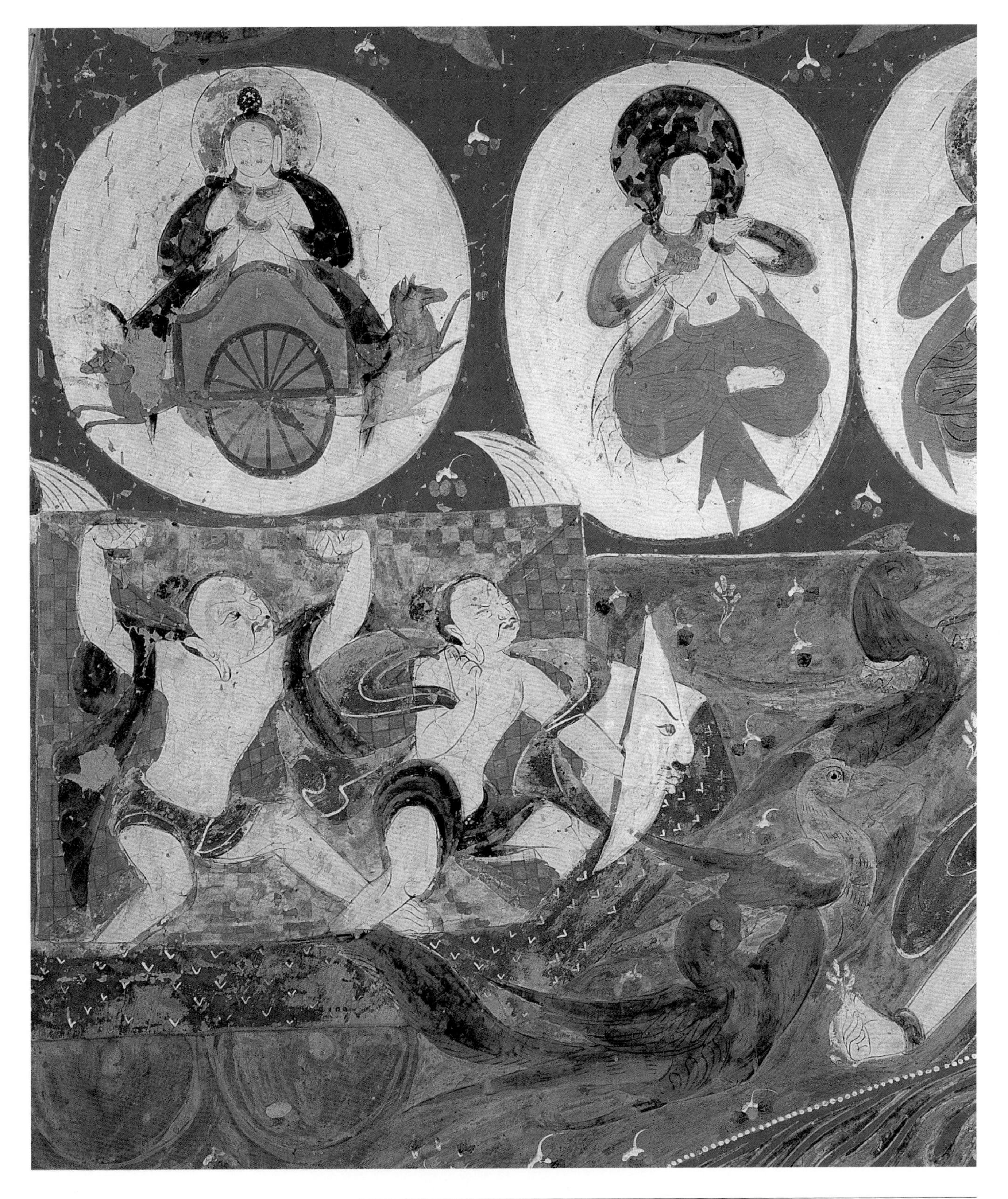

168 四輪鳳車與日輪車

日輪車畫於日輪之中，是一輛僅有輿輪而無轅的軺車，日天交脛坐於車內，駕車之兩馬分頭向左右相背而馳。四輪鳳車與四輪獅車基本相同，只是改獅為鳳。這裏所表現的，是佛教密宗經典所載佛界諸天形象。

西魏 莫285 西壁

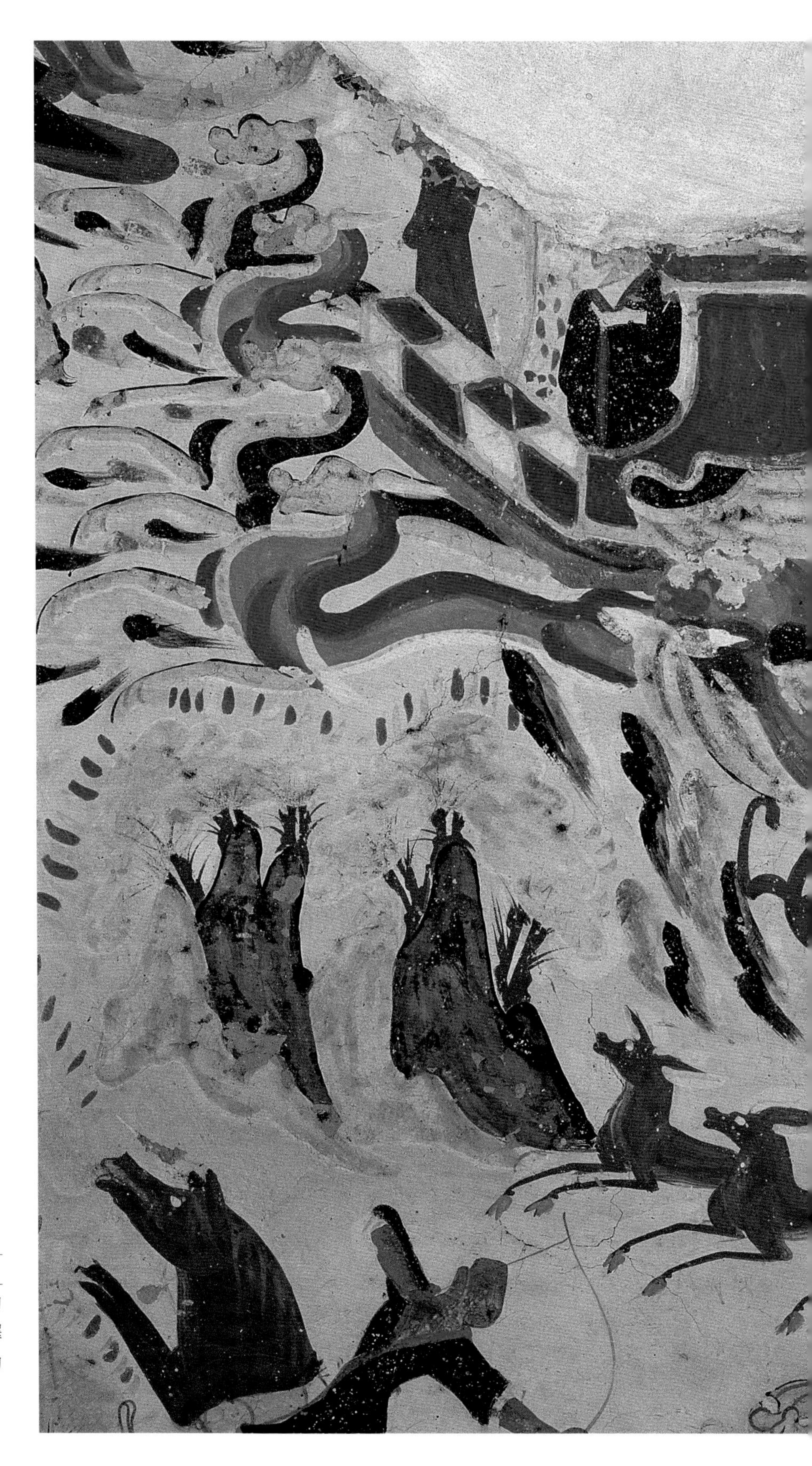

169 **飛龍駕車**

這是敦煌最早繪畫的龍，圖中表現的是諸天赴會的情景，駁龍者是帝釋天，這是借道教東王公的形象表現的佛教題材。

西魏 莫249 窟頂北坡

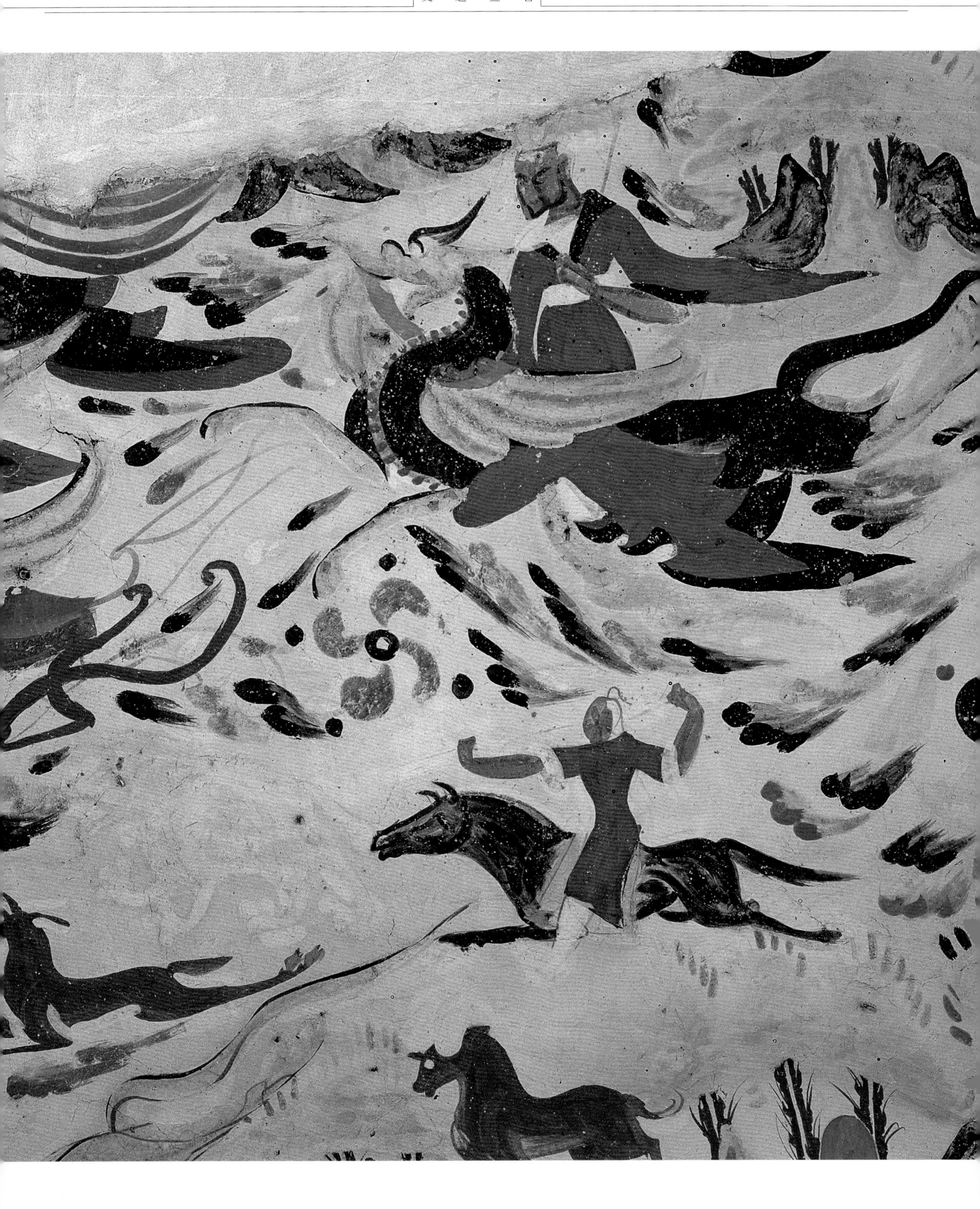

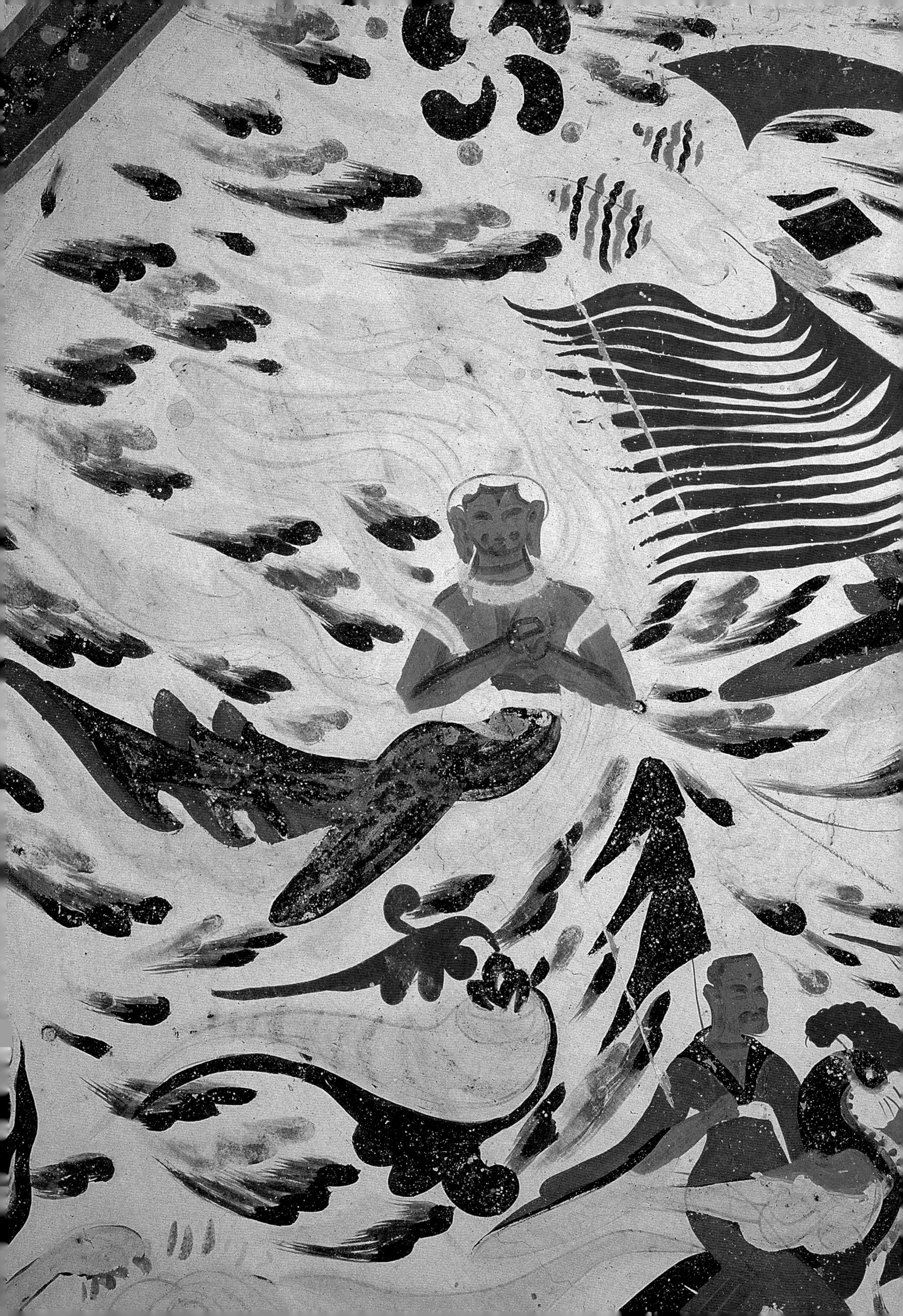

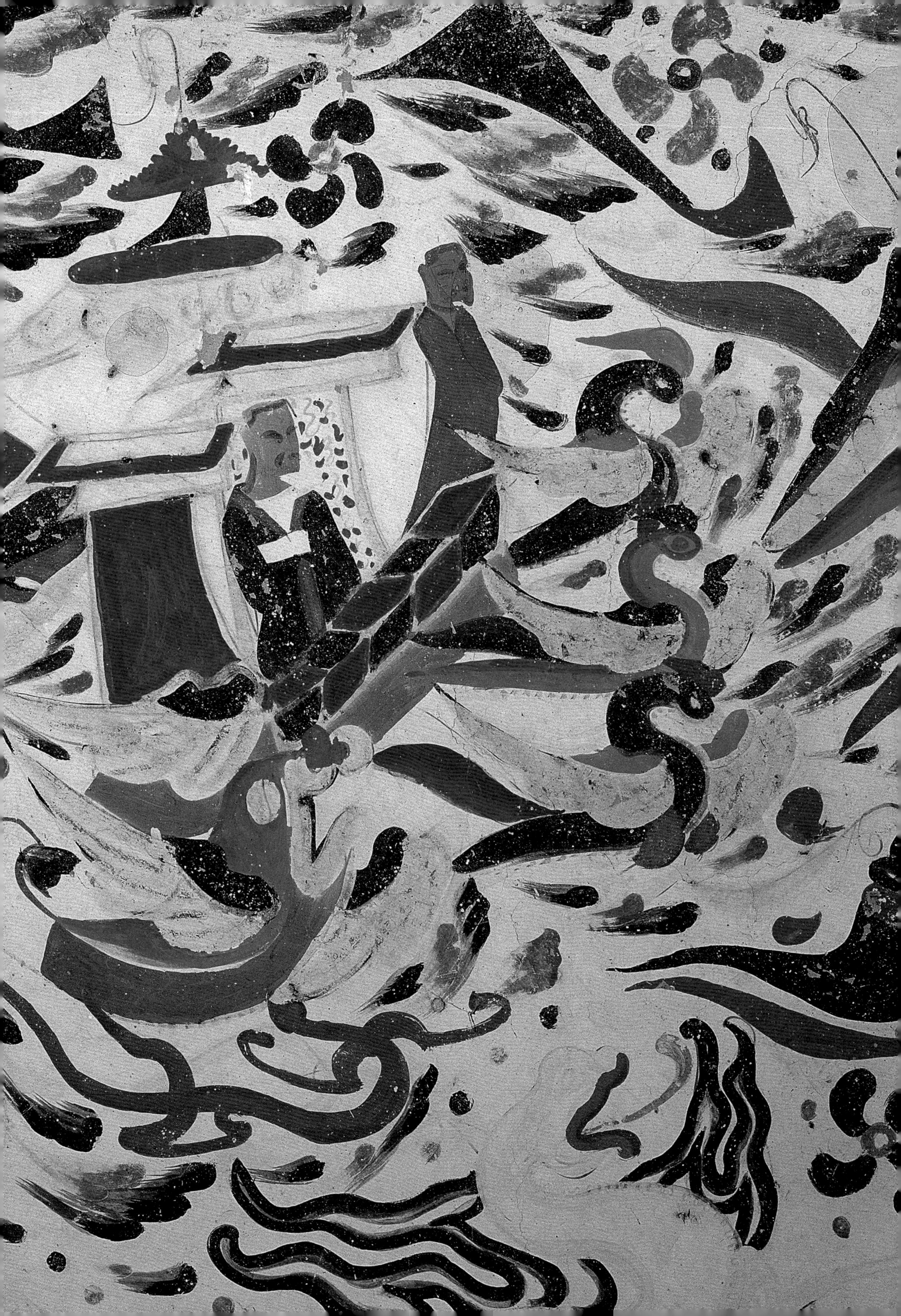

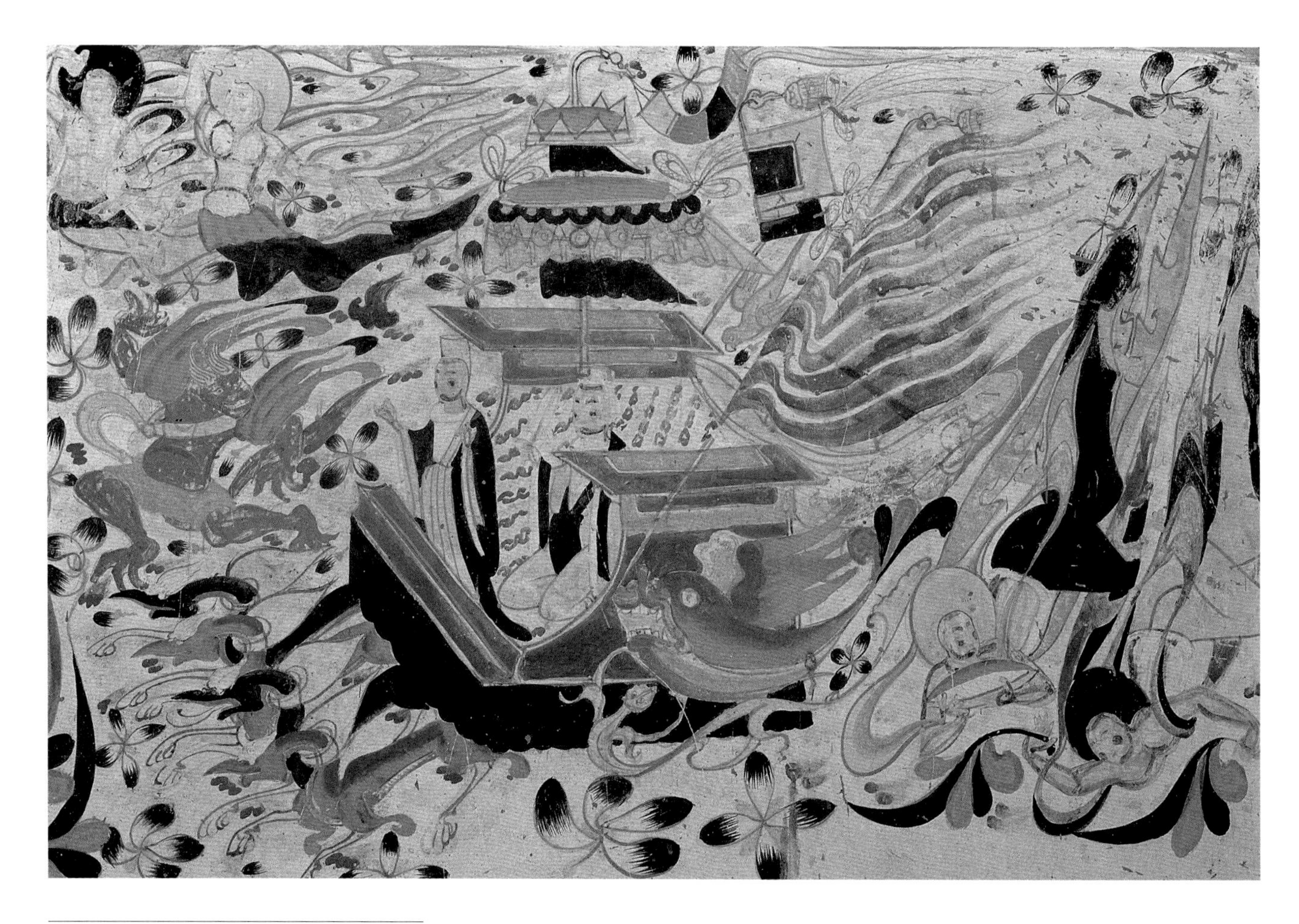

171 **烏獲與四龍車**

龍車左上角及右下角各有兩個飛天，車前是獸頭人身、臂生羽毛，鼓腹着短褲的"烏獲"，他是天宮諸神之一，力能扛鼎。另一説法認為這是佛典的"人非人"，即人獸組合形的力士。

北周 莫296 西壁

170 **三鳳車** ◀ 見上頁

最早出現的鳳車是在西魏時代建成的第249窟，按照佛經內容，這應該是表現佛教天界(諸天)赴會的場面。坐鳳車者為梵天。畫家們在這裏借助中國道教神仙西王母的形象來表現。鳳車無轅，駕車者分別為三鳳，車前部有馭手一人。

西魏 莫249 窟頂南坡

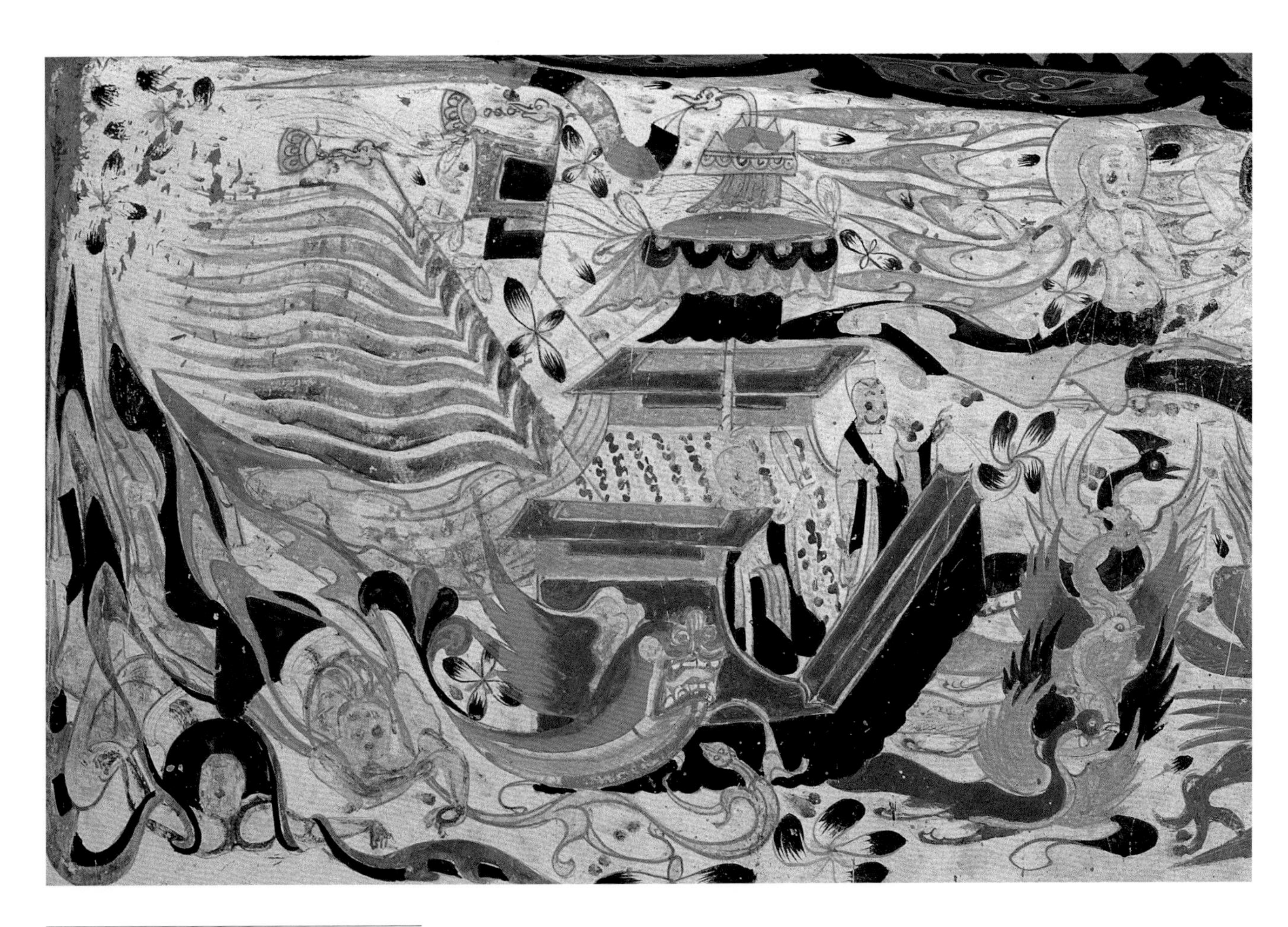

172 四鳳車

敦煌石窟壁畫的鳳車，最早出現時為三鳳駕車。從西魏至北周，壁畫的鳳車已發展為四鳳駕車。鳳車上插牙旗，有一御車者馭四鳳，左下角和右上角有飛天，表現鳳車在天空中飛馳。

北周 莫296 西壁

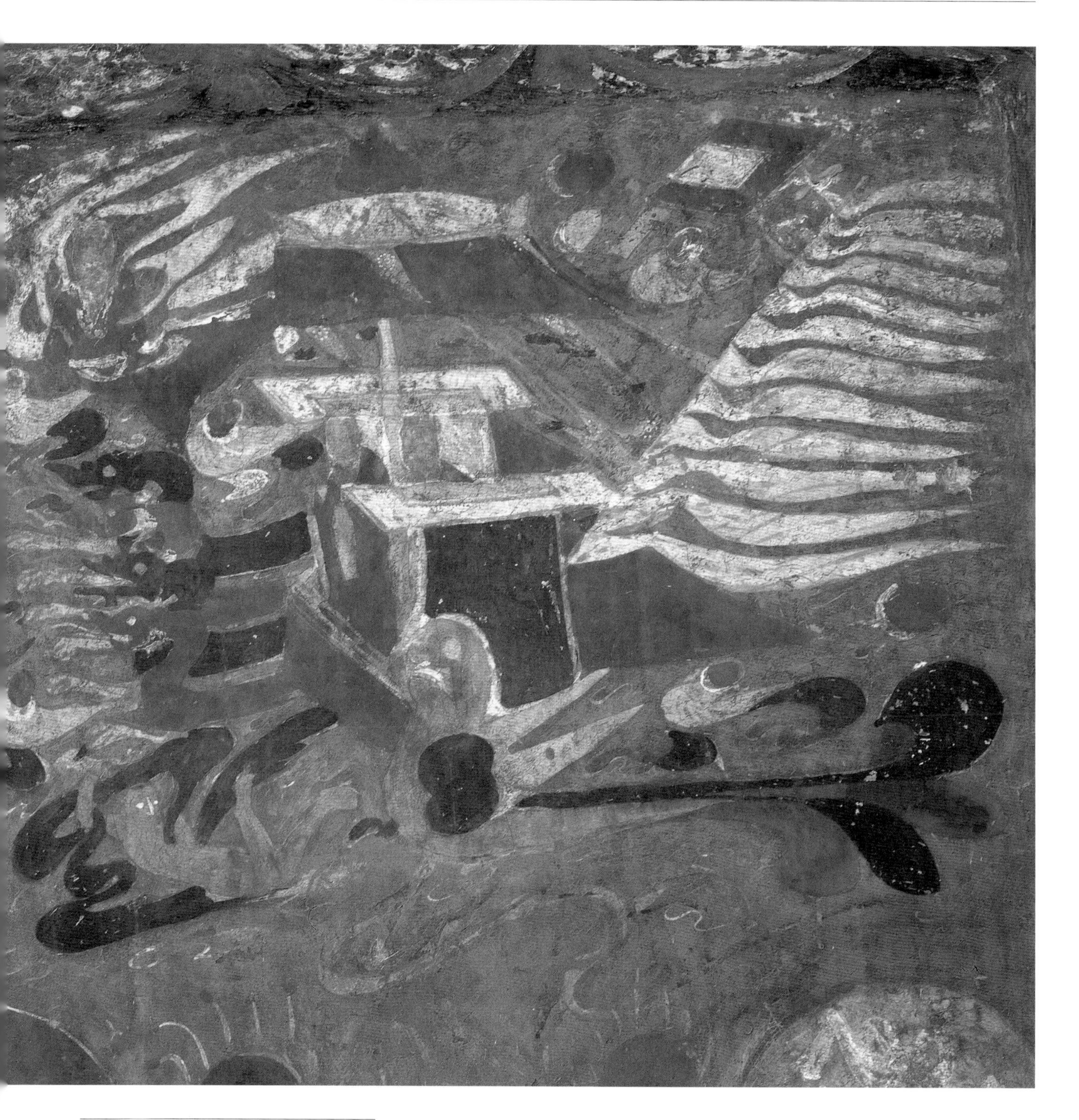

173 **青天翱翔的四龍車**

北周 莫294 西龕外南上角

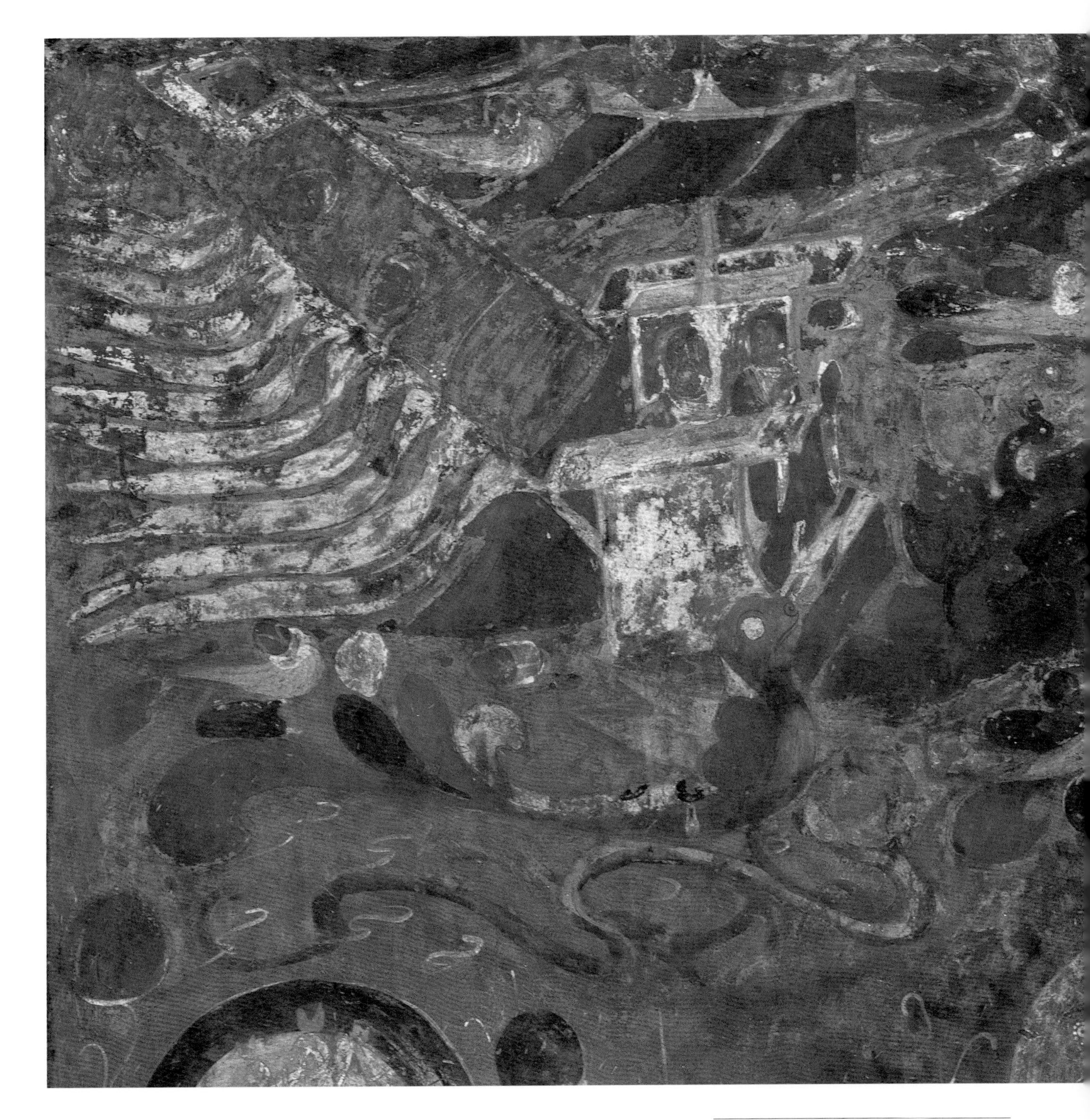

174 **騰雲駕霧的四鳳車**

北周 莫294 西龕外北上角

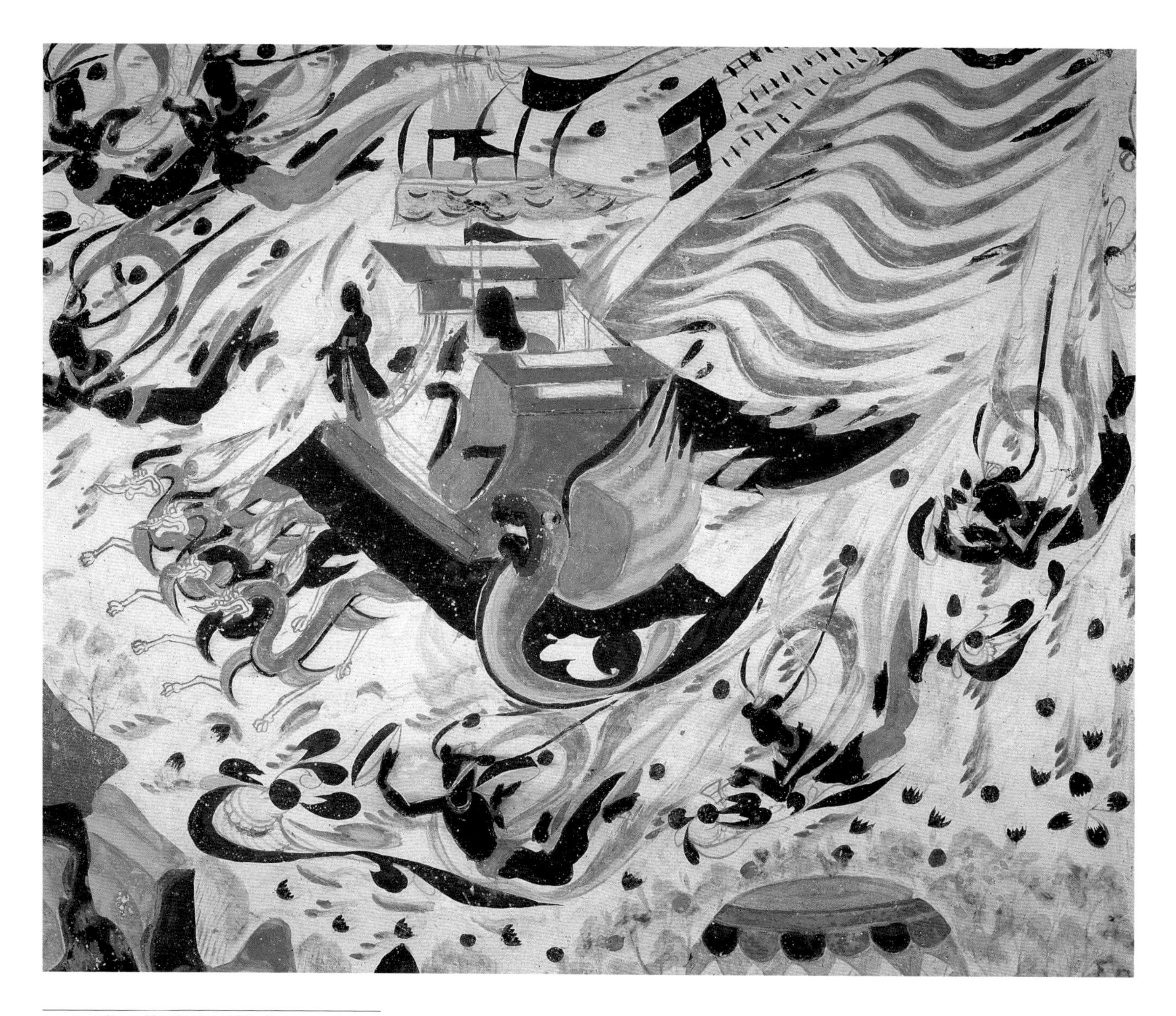

175 **飛天伴隨的四龍車**

隋 莫423 西龕外頂

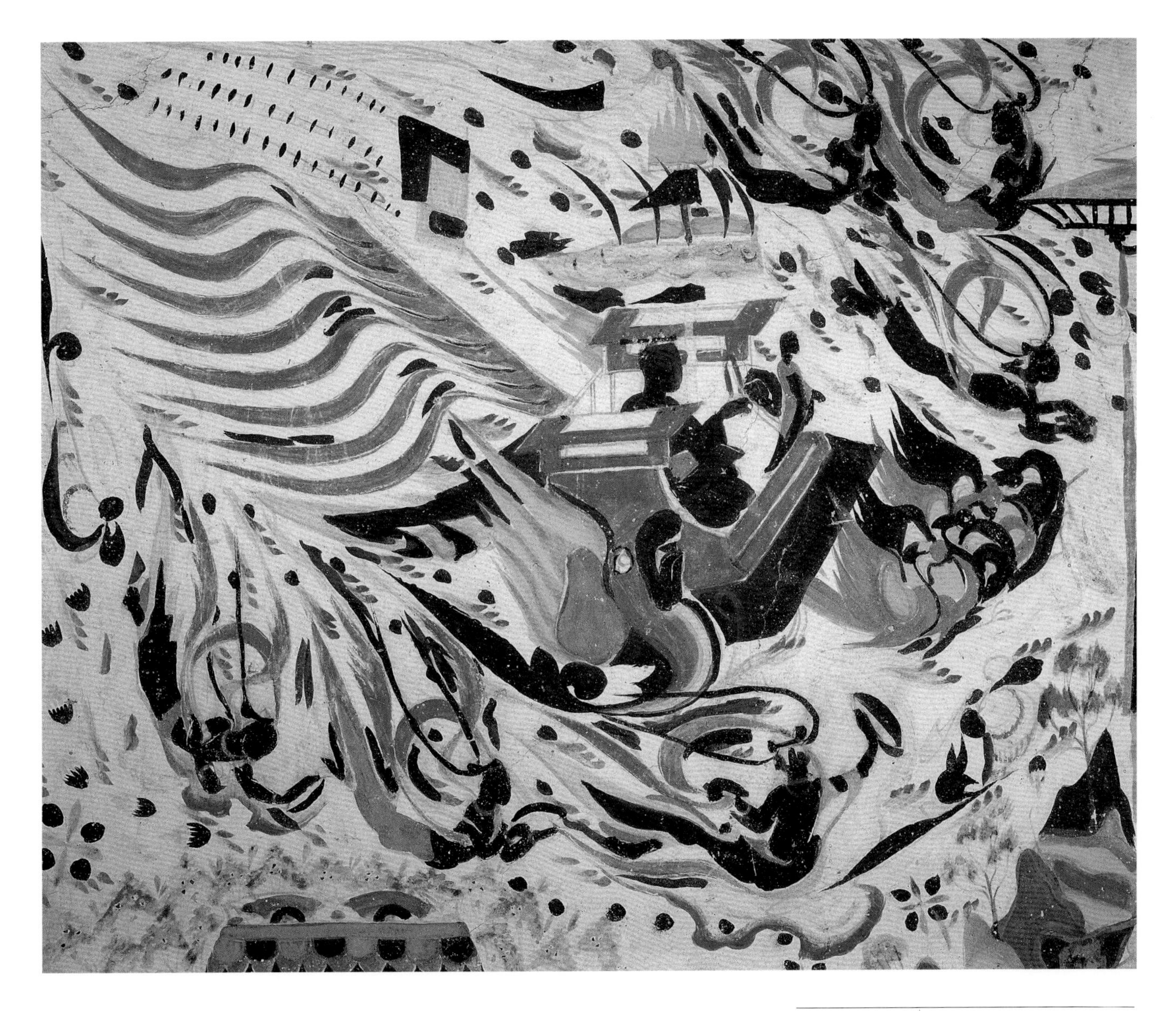

176 四鳳車

隋 莫423 西龕外頂

177 帝釋天的四龍車 見下頁 ▶

帝釋天所乘的龍車，由四龍駕繫，為敞式車輿，車輿底部有垂幔，車的旁邊有神獸，車輿中央豎有華蓋，車的兩側插旌旗。

隋 莫401 西龕內頂

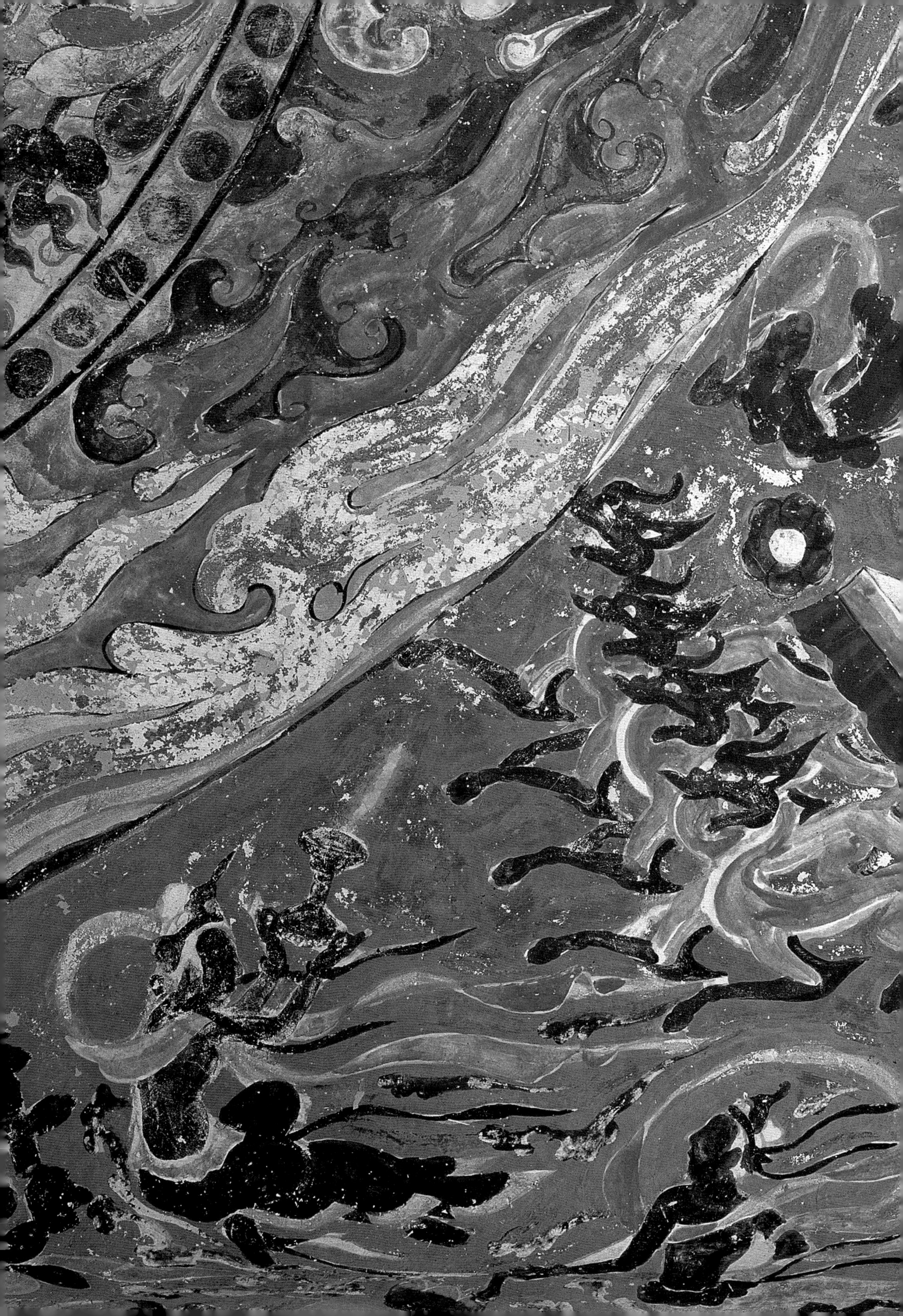

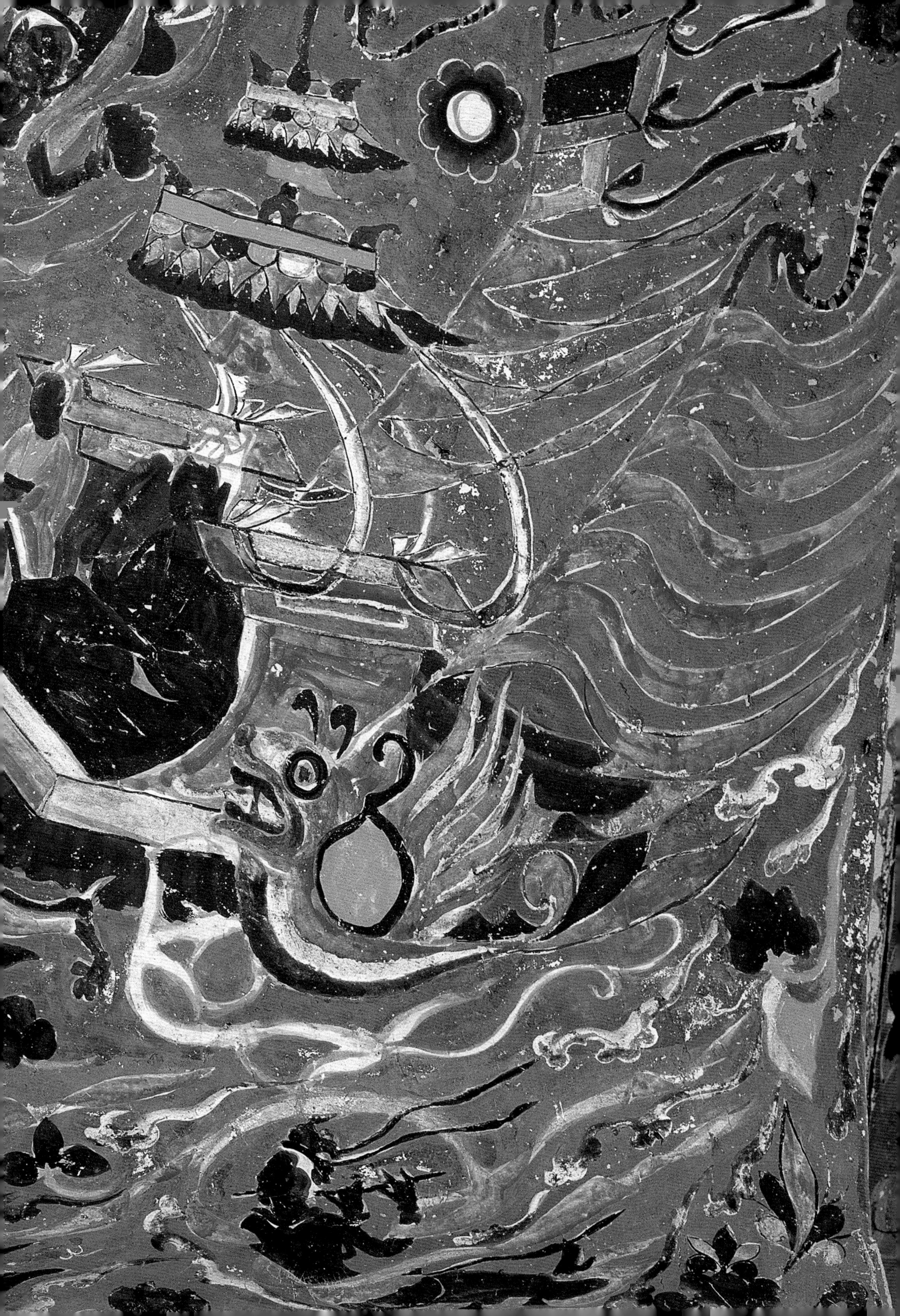

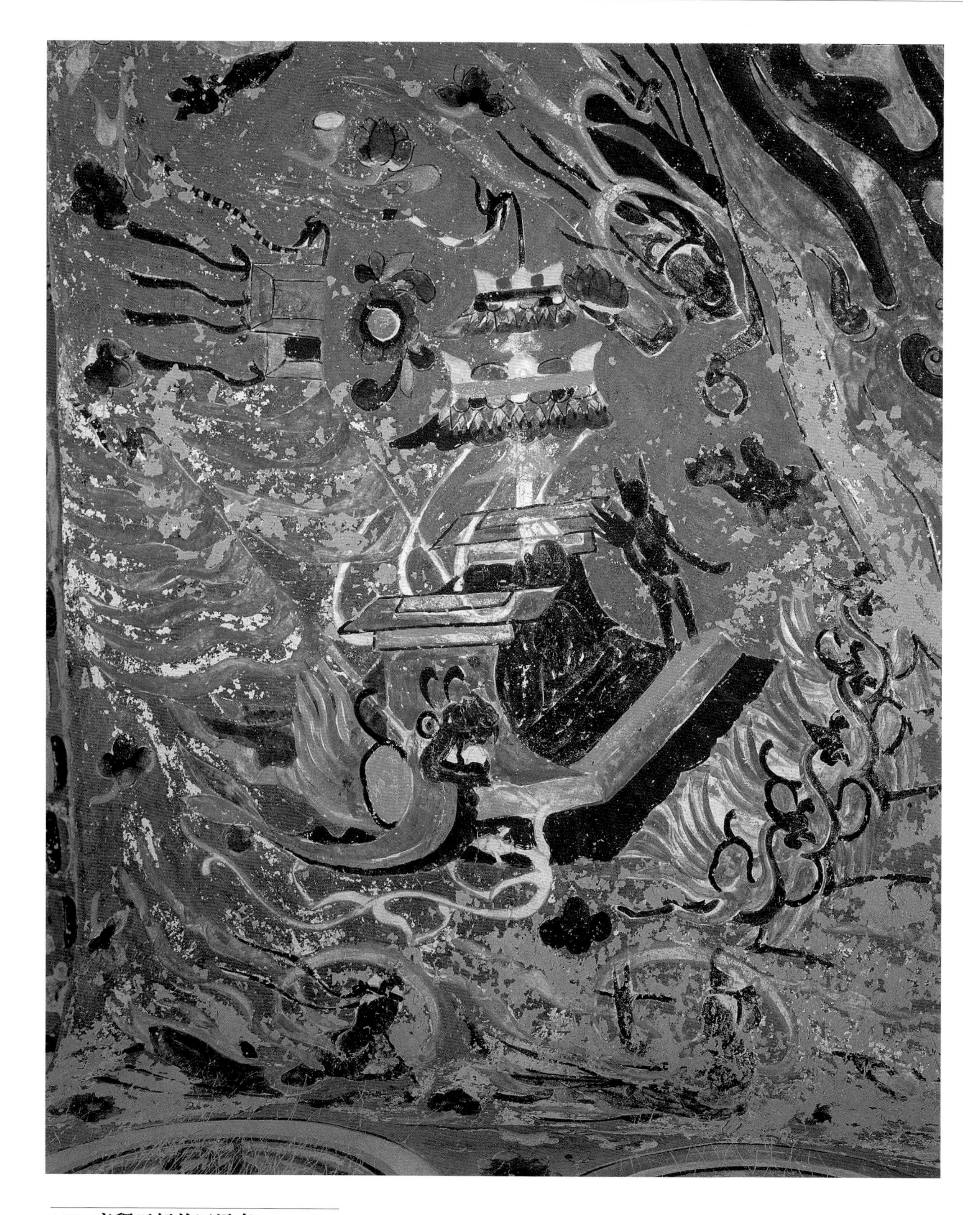

178 **帝釋天妃的四鳳車**

帝釋天妃所乘的鳳車，由四鳳拉挽，無輪，敞式車輿，車旁有神獸，車輿底部有垂幔，車輿中央豎有華蓋，車的兩側插旌旗。

隋 莫401 西龕內頂

圖版索引

敦煌石窟分佈圖

本全集所用洞窟簡稱：莫即莫高窟，榆即榆林窟，東即東千佛洞，西即西千佛洞，五即五個廟石窟。

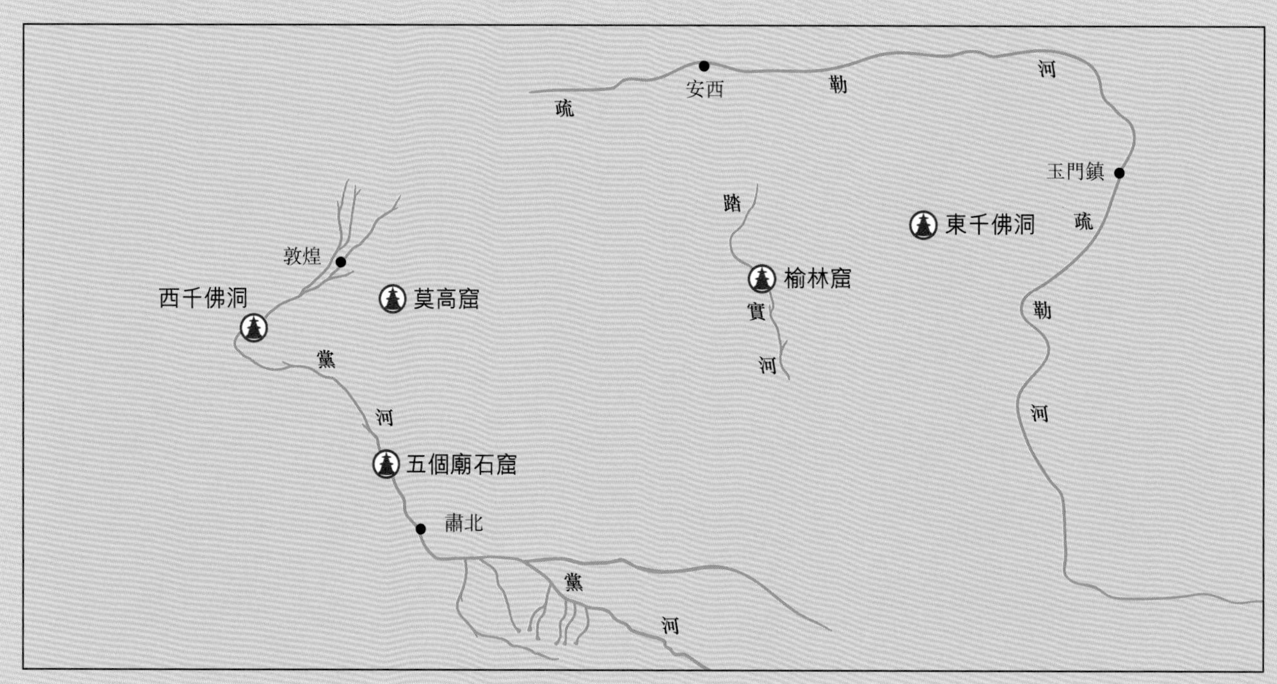

敦煌歷史年表

歷史時代	起止年代	統治王朝及年代	行政建置	備注
漢	公元前111～公元219	西漢 公元前111～公元8 新 公元9～23 東漢 公元23～219	敦煌郡敦煌縣 敦德郡敦德亭 敦煌郡	公元前111年敦煌始設郡 公元23年隗囂反新莽；公元25年竇融據河西復敦煌郡名
三國	公元220～265	曹魏 公元220～265	敦煌郡	
西晉	公元266～316	西晉 公元266～316	敦煌郡	
十六國	公元317～439	前涼 公元317～376 前秦 公元376～385 後涼 公元386～400 西涼 公元400～421 北涼 公元421～439	沙州、敦煌郡 敦煌郡 敦煌郡 敦煌郡 敦煌郡	公元336年始置沙州； 公元366年敦煌莫高窟始建窟 公元400至405年為西涼國都
北朝	公元439～581	北魏 公元439～535 西魏 公元535～557 北周 公元557～581	沙州、敦煌鎮、 義州、瓜州 瓜州 沙州鳴沙縣	公元444年置鎮，公元516年罷，為義州；公元524年復瓜州 公元563年改鳴沙縣，至北周末
隋	公元581～618	隋 公元581～618	瓜州敦煌郡	
唐	公元619～781	唐 公元619～781	沙州、敦煌郡	公元622年設西沙州，公元633年改沙州；公元740年改郡，公元758年復為沙洲
吐蕃	公元781～848	吐蕃 公元781～848	沙州敦煌縣	
張氏歸義軍	公元848～910	唐 公元848～907	沙州敦煌縣	公元907年唐亡後，張氏歸義軍仍奉唐正朔
西漢金山國	公元910～914		國都	
曹氏歸義軍	公元914～1036	後梁 公元914～923 後唐 公元923～936 後晉 公元936～946 後漢 公元947～950 後周 公元951～960 宋 公元960～1036	沙州敦煌縣 沙州敦煌縣 沙州敦煌縣 沙州敦煌縣 沙州敦煌縣 沙州敦煌縣	
西夏	公元1036～1227	西夏 公元1036～1227 蒙古 公元1227～1271	沙州 沙州路	
蒙元	公元1227～1402	元 公元1271～1368 北元 公元1368～1402	沙州路 沙州路	
明	公元1402～1644	明 公元1404～1524	沙州衛、罕東衛	公元1516年吐魯番佔；公元1524年關閉嘉峪關後，敦煌凋零
清	公元1644～1911	清 公元1715～1911	敦煌縣	公元1715年清兵出嘉峪關收復敦煌一帶，公元1724年築城置縣

資料來源：史葦湘《敦煌歷史大事年表》等；製表：《敦煌石窟全集》編輯委員會（馬德執筆）